Henriette Caloy
Die Braut

Henriette Caloy

DIE BRAUT

Das fesselnde Ritual des Eros

Kreuz Verlag

CIP-Titelaufnahme der Deutschen Bibliothek

Caloy, Henriette:
Die Braut : das fesselnde Ritual des Eros / Henriette Caloy. –
1. Aufl. – Stuttgart : Kreuz Verl., 1989
ISBN 3-7831-0977-9

1. Auflage
Kreuz Verlag Stuttgart 1989
Umschlaggestaltung: Jürgen Reichert, Kornwestheim
unter Verwendung eines Bildes von Gustav Klimt,
»Elisabeth Bachofen-Echt«, 1914, Kollektion August Lederer,
Galerie Welz, Salzburg.
Abbildung auf Seite 49: Archiv für Kunst und Geschichte Berlin;
Seite 55: Foto Joachim Blauel, Artothek.
Gestaltung: Brigitte Gnieser
Satz: Typobauer Filmsatz GmbH, Ostfildern
Druck und buchbinderische Verarbeitung: Franz Spiegel Buch GmbH, Ulm
ISBN 3 7831 0977 9

Inhalt

Lied eines jungen Mädchens

Ach fände für mich / Ein Bräutigam sich:
Wie schön wär's nicht da / Man nennt uns Mama;
Da braucht man zum Nähen / Zur Schul nicht zu gehen;
Da kann man befehlen / Hat Mägde, darf schmälen;
Man wählt sich die Kleider / Nach Gusto den Schneider;
Da läßt man spazieren / Auf Bälle sich führen,
Und fragt nicht erst lange / Papa und Mama.

JOHANN WOLFGANG VON GOETHE

Brautgesang

Komm heraus, komm heraus, o du schöne, schöne Braut
Deine guten Tage sind nun alle, alle hin
Dein Schleierlein weht so feucht und tränenschwer
O wie weint die schöne Braut so sehr
Mußt die Mägdlein lassen stehn
Mußt nun zu den Frauen gehn . . .

Mußt die Blümlein lassen stehn
Mußt nun auf den Acker gehn . . .

Wenn die andern tanzen gehn
Mußt du bei der Wiege stehn . . .

Ringlein sieht heut lieblich aus
Morgen werden Fesseln draus . . .

CLEMENS BRENTANO

Fragen einer älteren Frau von heute

Die Braut – ein Fest? eine Formalität?
Rüschenrauschen in Weiß? Schleierwehen im Frühlingswind?
Rosen und Porzellan – ein dekorativer Anachronismus?

Sinnbild der Sehnsucht nach Endgültigem?
Das Glück vor dem Absturz?
Ein schöner Wahn? Ein Achselzucken – was soll's?

Der Apfel vor dem Anbiß?
Lust und List der Mutter Natur?
Wonneschauern des Geistes vor ihrem Mysterium?
Schönstes, edelstes, innigstes Symbol der Schöpfung
oder – patriarchaler Plunder?

Die würdigste Weise, als Frau sich-selbst zu verwirklichen?
Die Verzweckung der Sexualität und Verrechtlichung
des Eros?
Zeichen einer heilen Welt? Die verratene Emanzipation?

Die Braut: Quintessenz aus Staub und Sehnsucht,
Ritual und schönem Schein?

Staub, Sehnsucht und ein Ritual

Braut verkauft sich gut, wenn man dem abwechslungsreichen Angebot der Pro-Nuptia-Schaufenster in den Hauptgeschäftsstraßen und den allvierteljährlich neuen Nummern der Spezialjournale in den Bahnhofskiosken glaubt.

Woran mag das liegen? Was fesselt das Auge des Betrachters, was beflügelt die Vorstellungskraft der Betrachterin an dieser Übergangserscheinung, diesem Eintagsphänomen? Ist es lediglich das Textil? Ist es vielmehr das Vorher oder das Nachher, oder ist es der Augenblick des rituellen Grenzübergangs, ist es das Ritual selbst, das zu Neugier und Nachdenken und damit zur Nach-frage anregt?

Auf das Reizwort *»Braut«* scheint es in unseren Breiten und zur Zeit zwei mögliche Reaktionen zu geben; vielleicht auch drei, schlimmstenfalls vier.

Die einen wollen die Liebesgeschichte lesen. Es interessiert sie das Vorher: Wie kam es dazu? Sie wissen, daß jede Braut das Ende von etwas ist und daß vieles sich bis *dahin* schöner und erhebender anfühlt als danach. Ein Schicksalsroman mit lyrischen Einlagen. Unvergeßliches, glückverheißend ins Unabsehbare. Bis der »schönste Tag des Lebens« endlich vor der Tür steht, vorüberrauscht und der Vorhang fällt. Überholt? Sentimental?

Die anderen interessieren sich mehr für den Eheroman: Wie es wohl – oder übel – weitergeht? Sie wissen, daß jede Braut ein Anfang von etwas ist und daß nicht weniges *nachher* weniger schön und erhebend sich anfühlt als davor. Sie erwarten eine spannende Geschichte, sei es in dramatisch fortschreitender Form bis zum explosiven Ende; sei es im analytischen Rückblick nach sieben, vierzehn, vielleicht auch zwanzig Jahren: psychotherapeutisch behandelt oder, seltener, sozio-ökonomisch durchleuchtet, bis die Schuld der Umstände feststeht.

Kaum von Interesse dürfte sein, daß das institutionelle Nachher auch brav und bieder, friedlich-schiedlich-langweilig bis zum Sterben sein kann. Darüber hinaus ans beinahe Unvorstellbare grenzt die Möglichkeit, daß der Gipfel des Glücks nicht am Hochzeitstage, auch nicht im Vorher oder Nachher kürzerer oder längerer Flitterwochen erreicht werden könnte, sondern erst nach ehe-mühseligem Auf und Ab im Unwegsamen einer schwierigen Beziehung, wenn die Braut von einst ergraut ist und der Abendstern blinkt . . .

Als Drittes käme in Betracht ein Interesse, das weder zurück- noch vorausblickt, sondern sich dem Augenblicke hingibt beim Anblick einer Braut – ganz in Weiß, mit Kranz und Schleier unterm feierlichen Geläut der Hochzeitsglocken –, sich hingibt weniger in persönlicher Anteilnahme als vielmehr in kontemplativ aufsteigender Schau des Allgemeinen und Absoluten im Relativen und Besonderen: Geheimnis deutet sich an, so alt wie die Welt seit dem sechsten Schöpfungstage. Die Braut wird zum Symbol einer höheren Wahrheit; sie wird zum Denkanstoß in mythische Tiefen, in religiöse Höhen, wo das Vollkommene haust: das Ideal, der Archetyp, vielleicht auch das Gottgewollte – was ist's?

Die vierte der denkbaren Reaktionen käme, salopp gesprochen, einer Bauch- und Bruchlandung der dritten gleich: einem Absturz des Ideals in die Niederungen realistischer Gegenwartsbezogenheit. Jemand könnte fragen: Wozu das ganze Theater? Wozu dieses Brautbrimborium? Dieser Jemand ist ein Moralist und er moralisiert also: Wo gibt es denn noch eine richtige Braut in dieser unserer physiologisch-pharmazeutisch aufgeklärten Zeit und emanzipativ-permissiven Gesellschaft? Da strebt die junge Dame in einer Wolke von Glück und Tüll der Kirchentür zu, und der fromme Moralist wird zum Zyniker: Wie lange haben die ohne Trauschein zusammengehaust, und mit wie vielen hat die es ausprobiert, bis sie sich jetzt mit dem da absegnen läßt! Neben diesem Jemand steht eine Jemandin, und auch sie findet das Brautbrimborium überholt und fehl am Platze, aber aus ganz anderen Gründen. Für sie ist es klar, daß das Ideal, dessen Absturz man beklagt, ein schlechtes, schlicht: ein patriarchales Ideal war, dem keine Frau heute sich noch fügen sollte. Also fort mit dem ganzen Plunder. –

Dergleichen Überlegungen stören doch recht beträchtlich das schöne Bild der Braut, die da in einer Wolke von Glück und Tüll . . .

So wären wir mitten im Widerspruch um Wesen und Wirklichkeit der Braut zwischen gestern und heute. Was ist's, das eine Braut zur Braut macht? Worin besteht ihr Zauber? Ihre Irritationskraft? Die Braut – welche? Ein Symbol – wofür?

Angesichts solch offenkundiger Unsicherheit der Gefühle und Wertmaßstäbe im Hinblick auf das Phänomen *Braut* wollen die Stichworte dieses Vorworts als erstes vor-rituelle und vor-institutionelle Wirklichkeiten andeuten, die eine Frau zur Braut gewissermaßen, aber in noch weithin offenem Sinne, prädestinieren. Die Chiffre *Staub* soll realistisch erinnern an die Vergänglichkeit der Kreatur, Erde-von-Erde-zu-Erde; und sie soll zugleich und im Verein mit der Chiffre *Sehnsucht* hindeuten auf das Wunder, daß dieser Staub die Möglichkeit neuen Lebens enthält und somit der Natur, die zerstört, Natur entgegensetzt, die neues Leben schafft. Da jedes Menschenleben von Natur aus auch Geist ist, soll mit *Sehnsucht* zugleich auch angedeutet sein: »Sagt es niemand, nur den Weisen . . .« – bis hin zu einem Brautbegriff jenseits von Glück und Tüll, der auf der Suche nach dem Symbolwert der Braut ein unbestreitbares Recht auf Beachtung hat: die Frau, die »den Schleier nimmt« und Ordensgelübde ablegt.

Gelübde und eine vorgegebene Ordnung, eine Institution und ein *Ritual*: Das dritte Stichwort deutet das im wesentlichen Umstrittene an: die trotz aller gesetzlichen Gleichberechtigung weiterhin und besonders von emanzipierten Frauen als »patriarchal« bemißtraute Einrichtung der *Ehe*. Staub und Sehnsucht vereint ergeben noch keine Braut. Das kann auch in der Wildnis enden wie bei Tristan und Isolde. Eine *Braut* im engen und strengen Sinne des Begriffs gibt es nur im Rahmen eines *Rituals* und aufgrund vorgegebener Rechtsordnungen. Es ist *Braut* eine soziale Rolle und ein öffentliches Ereignis in allen Kulturen der Erde. Kultisches und Profanrechtliches und eine dicke Wolke von Sinngebungen, ethisch, religiös, umgibt das Übergangsritual der Hochzeit. Daher dieser rituelle Aufwand rings um die Braut, der so manche Frau von heute mißtrauisch macht. Warum?

Was man so ungefähr weiß, ist dies: Seit knapp zweihundert Jahren verspricht das Ritual der Hochzeit im Hinblick auf die Ehe Glück und Erfüllung der Liebe; es setzt jedoch zugleich und weiterhin der Freiheit Grenzen, rechtlich, ethisch, aber auch emotional. Die daraus sich ergebenden Konflikte und eine neuerworbene wirtschaftliche Unabhängigkeit geben nun auch der Frau in zunehmendem Maße die Freiheit, sich für oder gegen die Ehe, für oder gegen das Brautsein zu entscheiden. Man möchte auch zu zweit unbehelligt von religiösen Moralvorstellungen und zivilrechtlichen Ritualen miteinander und mit dem Leben zurechtkommen. Jedoch, ob mit Trauschein oder ohne: Freiheit und Gleichheit, auf den Flügeln erotischer Sehnsucht und eines verfassungsmäßig verbürgten Strebens nach Glück, erweisen sich auch hier, in sehr persönlichen Bereichen, als Phantom mit Durchschlagskraft, das Trümmer zurückläßt in dem Staub, in welchem Glück nur dürftige Wurzeln zu schlagen vermag . . .

Braut mag sich noch immer gut verkaufen. So begehrt wie einst scheint diese schönste Rolle im Leben einer Frau indes nicht mehr zu sein. Die emanzipierte Frau, der man die Brautrolle zumutet, fühlt sich nicht selten im voraus »verraten und verkauft« an Ideale, an die sie nicht mehr glaubt. Die Nachfrage könnte also täuschen. Täuscht sie wirklich? Und wenn – wen? Und ist in freier Partnerschaft, *as long as love lasts*, vorbei am Ritual, nicht immer ein Ziel verfehlt? Und wenn – welches?

Nicht jede Frau ist einmal zumindest im Leben eine Braut; aber jede Braut ist lebenslang eine Frau. Von hier aus ergäbe sich die Möglichkeit, das Thema *Braut* methodisch ähnlich darzustellen, wie es die große Kölner Ausstellung des Rautenstrauch-Joest-Museums für Völkerkunde 1985 in ihrem zweibändigen Bilder- und Artikelkatalog vorstellt[1], nämlich als »Rolle der Frau im Kulturvergleich«, konzentriert auf das Institut Ehe – denn wozu taugt eine Frau vorzüglich, wenn nicht zur Ehe? Von der Ehe her läßt sich der Begriff der Braut zweifellos »am richtigsten« definieren. Wir würden der Braut jedoch gern auf die archetypische Spur kommen, um ihren Symbolwert zu begreifen. Auf der Suche nach dem *Wesen* der Braut versuchen wir es daher mit einer phänomenologischen Auseinanderfaltung der verschiedenen Aspekte, die eine Braut als Braut erscheinen lassen, und wir bleiben dabei im eigenen, engeren Kulturkreis, denn hier beginnt der Begriff zu kriseln. Wer *Braut* sagt, denkt oder fühlt, bewegt sich nicht mehr im Selbstverständlich-Eindeutigen. Wie weit dabei Archetypisches und Symbolisches zu Schaden kommt, das soll sich zeigen.

VORBETRACHTUNG

Die Schaufensterpuppen

Monolog zum ästhetischen Phänomen

Warum bleibt eine Frau, sommerlich-salopp gekleidet, akademisch bebrillt und selbstbewußt angegraut; eine Frau im Alter der »Betrogenen« von Thomas Mann; eine, die zwar nicht alle, aber doch einige der fünfzehn Freuden und Leiden der Ehe seit zwanzig Jahren kennt und entschlossen ist, weiterzumachen – nicht weil es anders nicht ginge, sondern weil das Gängige nicht ihr Fall ist; eine Frau, die von Mädchenbeinen an von Gleichberechtigung nicht nur träumte, sondern ihr Teil daran auf eigenen Wegen verwirklicht zu haben meint und die eben deswegen dem neueren Feminismus zwar Interesse, jedoch kritisches, entgegenbringt; manchen Parolen nur über den halben Weg traut und allenfalls zwei Meilen weit mitgeht, nicht aber zwanzig – warum bleibt diese Frau eines Tages, Hände in den Hosentaschen, eine liberale Wochenzeitschrift unter den linken Arm geklemmt, über der rechten Schulter die Handtasche mit beamtlich Selbstverdientem; ohne Lippenstift und Lidschatten und statt allfälliger Psychopharmaka ein winziges Fläschchen Melissengeist als einzigem Talisman gegen Kopf- und sonstige Schmerzen – warum also bleibt sie in der Spätsommersonne und zum ersten Male in ihrem Leben vor dem Schaufenster eines Brautmodengeschäftes stehen?

Warum steht sie nach mindestens drei Minuten immer noch da und so versunken in den Anblick von sieben weißgewandeten Plastikpuppen, daß selbst der verhaßte Gestank des Großstadtverkehrs nicht mehr in ihr Bewußtsein dringt? Als sie wieder zu sich kommt, greift sie sich an den Kopf. Dann runzelt sie mißbilligend die Stirn: Was soll das? Regression in unrealisierte, bis dato erfolgreich verdrängte Jungmädchenträume? Unwahrscheinlich. Als sie siebzehn war, träumte sie von Penthesilea und dachte nicht daran, zu heiraten und ihre »Freiheit« aufzugeben – was immer sie damals darunter verstanden haben mochte. Als sie es dreizehn Jahre später dennoch tat, sollte ihr das offizielle Drumherum höchst peinlich ins Selbstbewußtsein dringen: Sie reagierte gereizt auf Staat und Kirche gleichermaßen. Indes, der Mann, den sie wollte, war anders nicht zu haben, und so biß sie in den sauren Apfel, dem Mann und den Müttern zuliebe. Vielleicht also doch verspäteter Nachholbedarf von allzufrüh und allzugründlich Verdrängtem, da doch nun einmal – und vor allem, von wegen »des Weibes Bestimmung« und so weiter –?

Sie steht und denkt, Unwirsch-Verworrenes. Dann macht sie die Augen auf und sieht, daß sie nicht allein vor diesem Schaufenster steht.

Ein Pärchen hängt da auch herum; sehr jung noch, keine zwanzig; sehr lässig, in Jeans und engumschlungen, und zwischendurch knutschen sie sich ab. Das Mädchen scheint nicht ganz bei der Sache zu sein; ihre Augen wandern, glänzend wie unterm Weihnachtsbaum, von einer Brautpuppe zur anderen. Dann zeigt die Kleine auf eines der Modelle: Biedermeier, Tupfentüll mit rosa Schleifchen an Busen und gerafftem Krinolinenrand.

Die wollen doch nicht etwa –? Aber das ist doch passé! Wer geht denn heute noch aufs Standesamt oder gar in eine Kirche! Wer fällt denn heute noch herein auf den schönen Schein?! Oder – wäre das schon wieder die Reaktion und Symptom der Nostalgiewelle, Sehnsucht nach »heiler Welt«?

Der Jüngling oder Typ scheint nicht sehr begeistert. Er zieht sein Liebchen, seine Biene – oder wie nennt man das heute? seine »Beziehungskiste«? oder ist's gar seine Braut? und was wäre der Unterschied? –, er zieht seine Kleine also fort und weiter zu einem übernächsten Schaufenster: schwere Motorräder. Dort bleibt er vor dem Glase kleben, und das Mädchen scheint nicht recht zu wissen, ob sie Interesse mimen oder Unlust zeigen soll. Taugt sie etwa nicht zur Motorradbraut? Wird sie sich, schmiegsam-unfügsam, zu der ersehnten Hochzeit »ganz in Weiß«, mit rosa Schleifchen, durchquengeln; oder wird sie forsch-entschlossen ihren Typ dahin bringen, wo sie ihn offenbar haben will: vor den Traualtar? Wer kennt sich so genau aus in den Verschiebungen der Schichten im Sozialgefüge und im Schwanken der Statistiken? Wer kennt sich aus in den Träumen der jungen Mädchen von heute und was davon übrigbleibt . . . Die Frauenhäuser und die Scheidungsrichter? Die Psychotherapeuten derer, die sich's leisten können? Die Romanschreiberinnen zweifellos, und die wissen wohl auch am besten, wer oder was schuld daran ist . . .

Aber muß denn alles in die Brüche gehen und über kurz oder lang im Mülleimer enden? Ein Paar mittleren Alters, um die vierzig, mollig sie, er behäbig; beide unauffällig solide gekleidet und ehrbare Bürger der Stadt zweifellos: Sie sind ebenfalls stehengeblieben vor den sieben Bräuten hinter Glas, und mit einem Seufzer, der trotz Verkehrslärm vernehmlich aus tiefster Seele kommt, versinkt die Frau in stumme Andacht. Der Mann wirft einen seltsam ungerührten Blick auf Bräute und Ehefrau und geht, offensichtlich unbemerkt von letzterer, zum nächsten Schaufenster: Stereoanlagen, Videotechnik; dann weiter zum übernächsten: ein Reisebüro, ein großes Plakat mit Pauschalklischee »Palmen und Meeresstrand«; dazu eine dunkle Exotin mit Hibiskusblüte im Haar. Da steht er und versinkt in Männerträume – *»Fly me somewhere east of Suez«* – und daselbst holen Weib und Wirklichkeit ihn nach geraumer Zeit wieder ab; beide, so Frau wie Mann, aus je eigenen Traumwelten erwachend.

Und aus welchen Essenzen besteht der Traum der Frau? Ist es rückwärtsgewandte Sehnsucht; Unerfülltes? Es können doch wohl nicht die Textilien sein, dieses obsessiv-idealistische Weiß mitten in der bunten Wirklichkeit ringsum –?

Das nächste Paar, das angeschlendert kommt, beide um die dreißig, sieht aus, als wären sie zu nüchterner Einschätzung der Frau–Mann-Mann–Frau-Situation fähig und imstande; verheiratet oder nicht. Er, mit dem Flair des kultivierten Geistesmenschen, bleibt wie prädestiniert vor dem Schaufenster zur Linken stehen: Bücher. Sie desgleichen; und sie unterhalten sich eine Weile, vermutlich über Bücher. Dann aber geschieht es. Sie, obwohl nicht minder kultiviert und geistig durch randlose Gläser und blonde Stirnfransen äugend, erspäht das Phänomen zur Rechten und nur drei Schritte weiter, macht sich sanft los und folgt dem Sog des unbewegten Brautreigens und versinkt, ohne Seufzer, ohne Hilferuf . . .

Also auch du, Schwesterchen? Und warum? Warum werden

da Bücher auf einmal langweilig? Warum läßt du deinen – ja, was weiß ich: Freund, Geliebten, Lebensgefährten, ständigen Begleiter, Partner, Gatten oder gar Verlobten –, warum läßt du ihn da so alleine bei den Büchern? Was zieht dich an – an diesem weißen Firlefanz? Weißt du's auch nicht? Du siehst doch aus, als müßtest du wissen, was die Glocke geschlagen hat. Der schöne Wahn ist doch längst entlarvt. Dieses »Märchen vom Glück« – wer glaubt denn noch daran? Du hast sie doch auch singen hören, die Sirenen der Freiheit und der Selbstverwirklichung – zugegeben, bisweilen ein wenig schrill; aber doch notwendig so, für den Sturm auf die bürgerlich-patriarchalen Barrikaden, hinter welchen das älteste aller Sklavenhaltersysteme sich verschanzt hält . . . Du willst doch nicht etwa Hochzeitsglocken läuten hören vom Kirchturm herab und eine weiße Hochzeitskutsche aus dem Museum ziehen? Tja; da stehst du, hingerissen und wie hypnotisiert; und wenn du das da tragen willst und sein willst, dann mußt du in der Tat heiraten, wenn du es nicht schon hinter dir hast . . . Dabei weißt du genau, was dir blüht und daß es hinten und vorne nicht klappt mit der Emanzipation, wenn frau erst einmal in die Falle gegangen ist. Du weißt es; aber du willst es nicht wahrhaben. Was ist's, das so erfolgreich darüber hinwegtäuscht? Doch nicht dieser schöne Schaufensterpopanz? Du kannst doch so gut wie alles haben ohne das: Freundschaft, Erotisches, Sex mit und ohne Kinder, ganz nach Wunsch und ohne staatlich-kirchliche Einmischung in Privatangelegenheiten. Alles kannst du haben; nur auf diese wunderschöne Dekoration für einen Tag müßtest du verzichten . . . und auf eine vorteilhaftere Steuerklasse . . . und auf die Möglichkeit, einen unter Umständen allzu strapaziösen oder auch langweiligen Job aufzugeben und – ja, und was dann? Es könnte ja auch gutgehen, nicht wahr? Aber überwiegen nicht die schlechten Erfahrungen? Und wenn die Ehe noch immer das humanste aller Sklavenhaltersysteme wäre? Was meinst du, Schwesterchen? Was denkst du hinter deinen blonden Fransen und randlosen Gläsern? Warum heiratet eine Frau heutzutage?

Als die Blonde aus ihrer Trance erwacht und merkt, daß eine Angegraute, ihr ansonsten jedoch nicht Unähnliche, sie beobachtet, begegnen sich für einen Augenblick zwei Verlegenheiten; als hätte man sich gegenseitig ertappt. Dann geht eine jede ihres Wegs, zurück zu je einem Mann, der ihnen auch nicht sagen kann, warum. – Im Weitergehen stellen sich Kopfschmerzen ein. Zu lange gestanden im Gestank der Abgase. Zu viel gedacht? Sie kramt nach ihrem Talisman, reibt sich Stirn und Schläfen ein, und der Blick bleibt an dem abgegriffenen Etikett des Fläschchens haften. Eine hintersinnige Vierzahl von Begriffen hat sich da zu einem Markenzeichen vereinigt. Ein Heil- und Hexenkräutlein mit streng durchgeistigtem, zitronengelbem Duft – »Ich rufe für dich an die Göttin Mylitta« – die Gebärerin? Melissa, die Biene? Da sitzen die Bräute von Babylon, die Freudenmädchen im Tempel der Großen Hetäre; Herodot macht sich Notizen, und sie kann nicht umhin mit dem Assoziieren. Dieser disharmonische Dreiklang von Brautbegriffen: die im mittelalterlichen Klostergärtlein bei den Melissen; die im antiken Tempelbordell; und die im spätbürgerlichen Schaufenster der stinkenden Großstadt . . .

Die Patriarchin

Begegnung mit Familiengeschichte

Die Sache könnte damit erledigt sein. Schließlich gibt es im Leben einer berufstätigen, leidlich emanzipierten Frau Wichtigeres als Brautmoden und Bräute. Derselben Frau jedoch passiert es wenige Wochen später, daß sie zum zweiten Male dem gleichen Phänomen in die Falle geht. Das macht nachdenklich.

In der Bahnhofshalle der großen Stadt, wartend auf den Zug, der die Schwiegermutter zu Besuch bringen soll, bleibt sie, die Schwiegertochter, vor dem Bücher- und Zeitschriftenkiosk stehen, überfliegt Schlagzeilen, Titel und Titelbilder und will eigentlich das Sachbuch weiterlesen, das sie bei sich hat; ein politisches Buch, was war's doch gleich? Befreiungstheologie in Lateinamerika? Neokolonialismus in Afrika? Die Chancen der Friedensbewegung und die Risiken der Kernenergiewirtschaft? Eines der vielen wichtigen Bücher, die zu lesen wären in dieser Republik und zu dieser Stunde – das wollte sie weiterlesen, um sich eine Meinung zu bilden. Statt dessen greift sie, halb zerstreut, halb hypnotisiert, nach dem abgegriffenen Ansichtsexemplar eines Modejournals: Brautmoden.

Auch im nachhinein so gut wie unerklärlich. Vor einer Kollektion von Herbstkostümen wäre ihr das nicht passiert. Allenfalls vor einem Angebot preisgünstiger Hosenanzüge. Warum nun also vor diesen, längst dem Bereich persönlicher Gebrauchsmöglichkeiten entschwundenen und gleichwohl aufdringlichen »Träumen in Weiß«? Das Heft ist umfangreich, fast hundertfünfzig Seiten Glanzpapier. Auf beinahe jeder Seite eine Braut; bisweilen auch zwei. Macht zusammen zwar nicht tausendunddrei, aber über hundert auf jeden Fall. Jede einzelne von ihnen könnte, würde man bei ihr verweilen, sinnberükkend wirken, weit mehr noch als die Puppen im Schaufenster mit ihren starren Glasaugen und beschränkten Gebärden. Auf diesem Papier ist alles, obwohl zu fotografischem Stillstand gebracht, lebendig geworden und vermehrt ins Unübersehbare. Diese Bräute führen sich vor. Ihre gespielte Schau wirkt wahrer als die Wirklichkeit; reflektiert und effektbewußt – die Naive, die Kokette, die Mondäne, die Verträumte, die Forsche, die Unnahbare; Brauttypen nach Stimmungen und Temperamenten, multipliziert mit dem Einfallsreichtum der Modeschöpfer.

Unerschöpflich und verwirrend. Da es nicht *eine* ist, die zum Verweilen und zu betrachtender Andacht einlädt; da es ihrer viele sind und eine schöner und interessanter als die andere, beginnt der Blick zu flattern, zu schwirren wie ein irritiertes Insekt; möchte anhalten, schießt weiter, diagonal, kursiv, in hastigem Blättern Einzelheiten wahrnehmend, aber nie ein Ganzes: einen Augenaufschlag hier, eine Lochstickerei da; einen Faltenwurf im Seidenjersey; Gerüschtes am Rocksaum; Lippenpink, Maiglöckchen; ein Schulterband, fingerbreit, und ein Weiterblättern mit dem Gefühl der Willenlosigkeit und gehetzter Gier – die Zeit ist knapp, der Zug kommt gleich, und das Ganze kaufen kommt nicht in Frage. Ein Rest bewußten Widerstandes gegen dieses Hineingerissenwerden in einen visuellen Konsumrausch am Überangebot des Viel-zu-Vielen, Viel-zu-Schönen, viel zu raffiniert Arrangierten. Reizüberflutung. Irritation. Vielleicht wirkt eine Droge so?

Aber was ist's, das diesen Sog bewirkt? Was sollte langweiliger sein als Weiß, nichts als Weiß auf hundert Seiten? Und doch muß es dieses Weiß sein in der Vielfalt seiner textilen Abwandlungen und im Formenreichtum seiner Drapierungen am Körper; an schönen Körpern junger Frauen, die das weiße Kleid auf eine höhere Ebene des Seins erhebt. Dieses Weiß, das wie eine Manifestation von Überirdischem wirkt – dieses Duftig-Schwingende, Schimmernd-Fließende; dieses Kühle, Spröde, Schmeichelnde; Abweisend-Anziehendes, Durchsichtig-Verhülltes; Hauteng-Offenbares; Atemberaubendes, die Sprache Verschlagendes in Taft und Tüll, Spitze und Stickerei, Seidenatlas und Baumwollbatist . . . Was verbirgt sich hinter der ästhetisch berauschenden Fassade dieses Phänomens, hinter Schleiern, Faltengeriesel und Rüschenrauschen?

Der Zug; die Zeit; die Schwiegermutter! Sie reißt sich das Heft aus der Hand, legt es zurück ins Regal, wo alsbald eine andere Hand danach greift: die Hand einer Frau, und nimmt mit langen, energischen Schritten die Stufen der großen Treppe hinauf zu den Bahnsteigen.

Benommen steht sie da. Der Zug fährt ein. Die kleine Mutter steigt aus. »Schön, daß du mich abholst.« – »Schön, daß du kommst. Dein Sohn wird sich freuen, und ich freue mich auch.«

Da trippelt's entlang, ein zierliches Frauchen, grau, fast weiß und faltenreich vor Alter, knisternd vor Lebendigkeit und Geist, und plaudert Aktuelles, und der Brautmodenrausch verfliegt wie Rauch vor starken Winden und wie vor etwas unbegreiflich anderem, wovor der schöne Schein der Brautjournale nicht bestehen kann – was ist's?

Es fühlt sich an wie archaisch Machtvolles; ein Konzentrat seinshafter Überlegenheit in personaler Erscheinungsform. Eine Überlegenheit, die sich verwirklicht hat in naiv-selbstverständlichem Sich-Unterwerfen, nicht dem Willen eines Mannes oder der Gesellschaft, sondern den Gesetzen der Mutter Natur. Ein Gehorchen ohne Befehl, ein Wollen ohne Zwang, und dazu in bestem Einvernehmen mit Sitte, Pflicht und Neigung. Und einer gewissen Unvermeidlichkeit freilich; denn so sehr viele andere Möglichkeiten gab es noch nicht für eine Frau zu jener Zeit . . . Aber dies alles: Achtunggebietendes, der Ehre Würdiges und seiner selbst Gewisses trippelt da den Bahnsteig entlang in Schlotterhosen und großkarierter Flauschjacke, denn es ist kühl. Die Schwiegertochter, obwohl normaler Durchschnitt an Körpergröße, überragt die kleine Mutter um zwei Haupteslängen. Und fühlt sich plötzlich um zwei Generationen unterlegen. Fühlt's und denkt: Unsinn.

Ein skeptisch-scheuer Seitenblick hinab auf Bubikopf, schütteres Haar, wie Schlehdorn im Vorfrühling. Sie kennt die Fotografie von einst: haselnußbraun und üppig gewellt ein lebenslustiges Mädchengesicht umrahmend, das vergnüglich-verliebt zu dem Manne aufblickt, der zum Vater ihrer Kinder ausersehen war. Dem sie diese ihre Kinder, vier, in wenigen Jahren abgewann: Die Zeit war kurz und kostbar. Der Krieg stand vor der Tür, der nahm und nicht wiedergab und überdies verlorenging. Seitdem unsichtbar: der Witwenschleier. Männer-Schicksal; Frauen-Schicksal, im Durchschnitt und vor einem halben Jahrhundert. Geschichte, die darüber hinwegging ohne Rücksicht auf Glücksverlangen und Freiheitsstreben der Individuen, die zudem andere Werte gegeneinander abzuwägen hatten. Zeiten, die vergangen sind und hinterließen: Nachwuchs, der Ansprüche stellt, die einstens maßlos und vermessen erschienen wären. Was legitimiert sie heute?

Die kleine Mutter ist Witwe geblieben. Warum? Weil es keine Männer mehr zum Heiraten gab, damals? Oder weil es den einen nicht mehr gab; weil das Glück so kurz war und nicht genügend Zeit gehabt hatte, sich abzunützen? Und *des*halb lebendig blieb in der Erinnerung und über den Tod hinaus? Der Tod, der Verlust des Geliebten als Preis für das Überleben des Glücks in der abgedunkelten Form, schmerzverdüstert, der Erinnerung? Und die aufgezwungene Freiheit des Alleinseins? Natürlich: die Kinder. Sie begrenzen die mögliche Verzweiflung und geben die Richtung an, in der sich weiterleben läßt. Am späteren Leben erhält die Schar der Enkel; und die überflüssige Frage nach Wesen, Sinn und Zweck der Braut beantwortet sich von selbst . . .

Bei Kaffee und Kuchen sitzt die kleine Mutter zu Besuch und erzählt Familiengeschichte, nicht zum ersten Male. Die Wiederholungen prägen sich ein; manche Einzelheiten wortwörtlich. Viertausend Jahre sind vergangen seit Abrahams Zeiten, da der Patriarch im Kreise der Großfamilie saß, im

Eingang des Nomadenzeltes, in der Abendkühle, vor dem niederbrennenden Feuer, unter den Sternen der syrischen Steppe, und erzählte. Wie alles geworden und Geschichte entstand im Bewußtsein der Nachgeborenen, die ehrfurchtsvoll lauschen; die Männer. Während die Frauen im Zelthintergrund, eher geistesabwesend und sowieso außer Hörweite, die Säuglinge säugen und die kleinen Kinder in den Schlaf summen . . .

Auf dem Paradesofa des Zweizimmer-Appartements sitzt die Patriarchin; sie, die unfreiwillig herrschte in vaterloser Zeit, an Mannes und der Väter statt. Von »Matriarchat« hat sie begrifflich keine Vorstellung; Emanzipation war nie ihr Problem. Nicht, weil den Müttern Herrschaft zukäme, herrschte sie. Von einer »Matriarchin« weiß die Sprache nichts. Sie herrschte, weil ihr nichts anderes übrigblieb. Sie hielt eine Leerstelle besetzt, die Stelle des Patriarchen, und konnte also nur abgeleitet »Patriarchin« sein in der zerstörten Kern- und Kleinfamilie. Nun ist sie es im erweiterten Kreise der Töchter- und Sohnesfamilien und ist stolz auf die Enkel. Sie sitzt und erzählt, und die Spätnachmittagssonne, herbstlich, dünn und zag, spielt durch die Stores und malt eine Aura an die Tapete, schräg über Bubikopf, Schlehdorn und Schleier . . .

»Ja, ihr Lieben; ich mußte eben meine vier Kinder durchbringen. Es hat mir ja niemand dabei geholfen . . .« Der Sohn hört ehrerbietig zu; die Schwiegertochter gießt Kaffee nach, schiebt Kuchen zu und schweift in Gedanken ab in die eigene Vormüttergeschichte. Sie blättert im Familienalbum und hat zwei Hochzeitsfotos deutlich vor sich . . .

Die Großmutter, Mutter der Mutter, zu Anfang des Jahrhunderts, wohlbehütete Tochter rechtschaffener Kleinbürger: Sie steht da im bodenlangen, prinzeßhaft eng taillierten und bis zur Halskrause hochgeschlossenen weißen Kleide, langärmelig. Der lange, dichte Schleier seitlich drapiert; ein Myrtenkranz im Löckchenhaar, Myrtenzweiglein am Busen. Ein sanftes, ovales Gesichtchen mit weit geöffneten Augen: erschreckt. Der Mann an ihrer Seite, leicht auf Distanz und selbstbewußt, Schnurrbartspitzen nach oben, den Blick feldherrlich ins Weite gerichtet, den Zylinder lässig in der Linken, bietet seinen rechten Arm der Braut zur Stütze hin. Stütze? Sie klammert sich an ihrem Brautstrauß fest.

Was liest die Enkelin hinein in dieses Brautbild? Eine Ehegeschichte, als hätte eine Schreckvision die Augen der ahnungslos-ahnungsvollen Braut geweitet: der Bräutigam als Monstrum. Der ehrbar-gottesfürchtige Kleinbürger als tyrannischer Patriarch und die Hölle in engen vier Wänden, unentrinnbar. Eine Beispielsgeschichte. »Laß dich doch scheiden«, rät die Schwägerin. »Ach, da schlägt er uns alle tot. Der liebe Gott wird mir durchhelfen.« Die Tochter, die erstgeborene, gibt das Bild ihrer Mutter weiter an die eigene Tochter, die es nun anders nicht kennt: eine geduldige, fromme Frau, gereift zur Heiligen unterm Martyrium der Ehe. Die Enkelin zögert. Audiatur et altera pars. Du sollst Mutter *und* Vater ehren. Wenn es nun aber wirklich so gewesen wäre, wie die Mutter es darstellt?

Dreißig Jahre später, zwischen den Kriegen und kurz vor dem Zweiten: das Hochzeitsbild der Mutter, einer beinahe – freiwillig? ohne Beruf und unversorgt? – Sitzengebliebenen. Nein, eigentlich habe sie nicht heiraten wollen, sagt sie. Aber da steht sie; in der Gewandung kaum ein Unterschied, nur das Kleid etwas weniger hochgeschlossen. Ein Unterschied jedoch in Haltung und Gesichtsausdruck: Sie hängt am Arm des stattlich großen, zurückhaltend blickenden Mannes, der in der Linken ebenfalls Zylinder trägt, an Bart jedoch nur eine Oberlippenfliege zurückbehalten hat. Eingehängt in seinen rechten Arm, den sie mit beiden Händen umfaßt, die Braut; den Rosenstrauß in den Armwinkel geklemmt; in die Kamera blickend, halb skeptisch, halb schelmisch, eine seltsame Mischung aus mütterlicher Sanftheit und väterlicher Querköpfigkeit und Rechthaberei. Und dieser Mann, was wird er aus dem Seinen hinzufügen, indem er eine Tochter zeugt, um dann ebenfalls in den Krieg zu ziehen ohne Wiederkehr? Eine Ehegeschichte, kurz und nahezu unbedeutend; die große Liebe sicherlich nicht. Aber immerhin: das Kind. Leider nur eine Tochter. Die muß sich Mühe geben, um Gnade zu finden in den Augen einer Enttäuschten und Vergrämten, in ein ärmliches Witwen- und Nachkriegsdasein hinein Isolierten . . .

Diese Tochter schließlich, muttergeschädigt, dreißig Jahre später. Es existiert kein offizielles Hochzeitsfoto, nur ein paar Schnappschüsse, schwarzweiß und ziemlich liederlich. Die Braut ist als solche kaum zu erkennen. Weder langes Kleid noch Schleier; wozu dieser Firlefanz. Sie hat sich ein kleines weißes Kostüm genäht; ja, weiß ist es allerdings und aus sinnvoll-symbolischen Gründen. Sie gestattet dem Bräutigam, ihr den Brautstrauß zu kaufen, kleine Rosen, wasserfarben, zitronensäuerlichsanftgelb, orangenaromarötlich angehaucht; auch symbolisch, aber zu teuer darf er nicht werden. Und überhaupt: so wenig Feierlichkeit wie möglich. Was soll's. Sie glaubt sowieso nicht dran. Tränen der Wut beim Traugespräch, als ein biblizistisch-braver Jungpfarrer drauf bestehen will, daß sie fortan ihrem Manne »untertan« sei: Liebe und Freiheit zum ersten Male im Clinch. Der Verlobte greift ein, fromm, vernünftig, überzeugend, und der Geistliche gibt nach. Sie schämt sich: Weibertränen – statt mit der Faust auf den Tisch. Standesamt. Sie unterschreibt und ist ihren Namen los. Wird fortan jahrelang irritiert reagieren, wenn man sie mit dem Namen des Ehemannes anredet. Zunächst einmal wird sie krank, von einem Tag auf den anderen. Drüsenschwellung am Hals. Der Arzt verschreibt Antibiotika. »Hast du eine Kröte verschluckt?« fragt freundlich-ironisch der, um dessentwillen sie das ganze Theater mitmacht. Kröte? Wie war das mit dem Froschkönig –

» . . .packte das kalte glitschige Ding und schleuderte es mit aller Macht an die Wand. Da stand plötzlich ein schöner Prinz vor ihr und sagte: ›Du hast mich erlöst. Eine böse alte Hexe hatte mich verzaubert.‹ . . .«

Die böse alte Hexe kam in diesem Falle nach der Hochzeit und verwandelte die Prinzessin in ein Aschenputtel, das Mülleimer schleppte und schwere Einkaufstaschen; die Küche aufräumte nach dem Kochen, das Bad saubermachte nach dem Waschen und sich nebenher daran erinnerte, daß sie statt des ungeliebten Berufes ja eigentlich gern noch etwas anderes studiert hätte, ganz wie der Herr Gemahl, der über dem Studieren gern vergaß, sein Versprechen zu halten, im Haushalt mitzuhelfen und nicht bei jeder monierten Kleinigkeit einzuschnappen . . .

Die Schnappschüsse also vom Hochzeitstag. An einer alten Burgruine steht man herum, beim Spaziergang nach Kirche, Kaffee und Kuchen, und versucht sich zu arrangieren samt den mitgeschleppten Rosen. Andere Leute gehen da auch spazieren. Gaffen. Auf dem Foto sieht die Braut so aus, als hörte sie, was die denken in ihren Spaziergängerköpfen: »Dieses ältliche, unschöne Mädchen mit der dicken Brille und dem dünnen Pferdeschwanz – was für einen hübschen Jungen hat die sich da eingetan! Wie ist der bloß an die geraten? Die hat da wohl einen Minderjährigen . . .« Fies, diese Öffentlichkeit, die angafft, was niemanden etwas angeht. Der Hochzeitsschnappschuß an der Burgruine, nahe dem Burgverlies, wo man etwas zufällig, ganz und gar nicht in Brautpaarpose, beisammensteht, dieses Foto zeigt: Sie lächelte. Süßsäuerlich-selbstironisch, achselzuckend gewissermaßen; aber sie lächelte . . .

So war sie also auch hineingerutscht in diese Institution, und das banalste aller Geheimnisse dieser Erde war auch in ihrem Falle registriert worden von den zuständigen Instanzen der Gesellschaft, des Staates und der Kirche. Ganz natürlich würde sich die Welt auch weiterdrehen ohne Standesamt und Traualtar; dafür haben noch höhere Instanzen und ewigere Gesetze gesorgt. Ist die Braut also der Versuch, das Banale weihevoll einzugrenzen und auszurichten auf einen »höheren« Sinn und Zweck? Was geht vor, wenn eine Ehe geschlossen wird – wie ein Gefängnis, wie ein Burgverlies? Jedoch und hinwiederum: War es wirklich so schlimm? Es ging ja doch irgendwie und besser als befürchtet, und es geht immer noch, und eigentlich gar nicht so schlecht. Ja, im Grunde könnte alles viel schlimmer sein . . .

Die Patriarchin auf dem Sofa hat ihre Familiengeschichte beendet, und freundlich interessiert erkundigt sie sich: »Ja, meine Lieben, und wie geht's denn euch so? Besonders unglücklich seht ihr ja nicht aus.«

»Danke, Maman; es geht. Und wenn du nicht wärst, dann wäre ja gar nichts. Wo hätte ich deinen Sohn herbekommen? Es geht besser, als ich zugeben kann.«

»Sie hat nichts gegen mich, Maman. Aber sie kann nicht – kann nicht zugeben, daß sie mich geheiratet hat. Sie hat was gegens Heiraten. Daß ich das nicht verhindert habe, das verzeiht sie mir nicht. Ein verrücktes Huhn, Maman. Aus allem pickt sie stillschweigend die Rosinen heraus, und dann wundert sie sich, wenn das, was übrigbleibt, vorwiegend aus Löchern besteht.«

TEIL I

Phänomenologie der Braut

Vom schönen Schein zur Wesensschau

Ein Phänomen, eine Erscheinung eigener Art ist die Braut. Ein Anblick zum Verweilen; ein Daseinsaugenblick, der einstens und bisweilen vielleicht auch noch heute pathetisch stimmen könnte; er fordert Einfühlung geradezu heraus. Auf den ersten Blick ein Wesen besonders angezogener Art, ist die Braut im tiefsten Gefühlsgrunde des unbefangenen Betrachters ein Wesen geheimnisvoll anziehender Art. Sie *hat* ein Wesen, dessen man gar nicht so ohne weiteres habhaft werden kann, gedanklich sowohl als sprachlich. Phänomenologisch soll es entfaltet werden – was heißt das?

Der etwas abstrakt und anspruchsvoll klingende Begriff der Phänomenologie wird hier sehr absichtsvoll der hohen und ernsten Philosophie entwunden. Hinter dem Rücken von Hegel und Husserl wollen wir ihn der Braut, dem in Frage stehenden Wesen, wie ein edles Perlenkollier umdichten und andenken. Das bedarf einer kleinen Rechtfertigung.

Ich meine, es darf der Braut billig sein, was dem Geiste recht ist.[2] Auch die Braut ist eine komplexe Erscheinungs- und Wirklichkeitswelt. Auch ihrem Wesen mangelt es nicht an Dialektik, an dynamisch-innerem Widerspruch zwischen Sein und Schein, zwischen dem Ideal und dem Leben. Zum anderen läßt sich das Phänomen Braut seinem Wesen nach letztlich nicht rational von einer Idee her definieren und darstellen; es bedarf der Intuition, einer Wesensschau durch die bunten Fenster des Märchens, des Mythos und der Mystik hindurch, beschreibend, einfühlsam.[3] – Schließlich soll, was die Form der Darstellung betrifft, eine Phänomenologie Willen zur Systematik bekunden im Ausgleich zum Essayistisch-Unwissenschaftlichen der Betrachtung. Soll heißen: Wir werden um das vielseitige Phänomen *Braut* herumgehen mit ein wenig Sinn für Ordnung in der Aufeinanderfolge der Aspekte, die, obwohl ineinander verflochten und verstrickt, entwirrt und auseinandergefaltet werden sollen in erstens, zweitens, drittens und so weiter. Ob das Phänomen sich dabei willig entfaltet wie eine vielblättrige Blüte oder ob es am Ende zusammenfällt wie ein Kartenhaus, das wird sich zeigen.

Die Phänomenologie der Braut beginnt mit dem schönen Äußeren der Erscheinung; mit dem, was vor aller Augen ist am Hochzeitstage, sinnenhaft wahrnehmbar: mit dem Ästhetischen im engsten Sinne, dem Schönen. Ist dieses Äußere ein Ausdruck inneren Wesens? Drückt sich das Wesen in der Erscheinung aus, Inneres, Sinnhaftes im Sinnlich-Äußeren? Oder finden hier schöne Täuschungen statt? Zu Fest und Feierlichkeit der Eheschließung, zum Ritual der Hochzeit gehört es auf jeden Fall. Aber könnte es sein, daß eine Braut aus sieben Metern Tüll und Taft besteht – und weiter nichts?

Es folgt der Aspekt des Psychologischen, der Brautgefühle. Verdeutlicht und verfremdet wird es durch Märchenmotive einerseits; andererseits kreist die Betrachtung um literarisch-tragische Brautleidenschaften von Weltruf. Was ist's, das der Braut Innerstes bewegt und sie zum Äußersten treiben kann, in Wahnsinn und Tod statt ins ersehnte Glück der Erfüllung? Wer ist sie selbst, wenn sie Braut ist, die Frau?

Was sodann unter dem Stichwort »Brautsoziologie« Revue passiert, mag auf den ersten Blick verwundern. Gehört es denn zum Wesen einer Braut, ob sie reich ist oder ob sie arm ist? Ist es wichtig zu wissen, wie und woher die Braut als Ehefrau ihr täglich Brot beziehen und wo sie wohnen wird? Ist das nicht völlig nebensächlich? Sehr im Gegenteil. Mir will scheinen, daß an dieser Frage sich heutigentags Wesentliches am Wesen der Braut entscheidet. In diesem Bereiche sozio-ökonomischer Realitäten steht das Wesen der Braut auf dem Spiele, und die Phänomenologie kriegt hier einen historisch-materialistischen Knick, mit dem sie dann weiterlahmen muß durch den Rest der Systematik. Es kriselt nicht nur in der Psychologie der Braut; es knistert auch unüberhörbar im Gefüge der Institution Ehe, und dies nicht zuletzt deswegen, weil die Braut, welche einst das Brot ihres Eheherrn aß, nun ihre Brötchen selber bäckt.

Auf dem unsicheren, in Bewegung geratenen Boden des Sozio-Ökonomischen steht die Sittlichkeit und sucht nach einem Halt. Die Sittlichkeit, das ist: Sitte, Ethos und Moral, Rechtsnormen, Rituale. Im Mittelpunkt der Brautphänomenologie müßte das Übergangsritual der Hochzeit stehen; denn die Braut ist Braut im rundesten und vollkommensten Sinne an dem Tag, da Sitte, Recht und Ordnung eingreifen und zupakken und die Braut ihrer Bestimmung gemäß in die Ehe führen. Hier nun aber schürzt sich ein gordischer Knoten; hier spürt die fast-emanzipierte Frau von heute den Strick um den Hals, das Gängelband der Bevormundung und das Ende ihrer Selbstbestimmung. Trotzdem heiratet sie. Trotzdem spielt sie die uralt hergebrachte Rolle der Braut – warum? Ist alles nur noch Spiel und Theater, eine Party wie andere und weil es Spaß macht? Ist die Hochzeit die brüchige Mitte der ganzen Brautphänomenologie? Schlapp gewordener objektiver Geist; müde und mürbe geworden am neuerwachten Selbstbewußtsein von Frauen, für die das Brautsein – wesentlich? – anderes bedeutet als für ihre Mütter und Großmütter?

Inmitten solcher Brautkrise – die, wohlgemerkt, durchaus nicht alle Schichten der Gesellschaft in gleichem Maße betrifft – suchen wir nach dem Symbolwert der Braut; nach ihrem ideell wahrnehmbaren Wesen. Wir suchen danach im Spannungsfeld zwischen alten, weithin abgelebten Idealen und den neuen Wirklichkeiten der Gegenwart, an welchen der Begriff der Braut entweder scheitern oder sich neu definieren muß. Mythos und Mystik und christlich begründetes Ethos wollen wir nach dem Sinn der Braut befragen, Wertmaßstäbe suchend im Reich des absoluten Geistes für die *bruta facta* der materialen Basis im Biologischen: Sexualität, Mutterschaft, Jungfräulichkeit; hoffend, daß die Braut in solch grundlegenden Zusammenhängen – vielleicht; sicher ist es nicht – ihr Wesen, soll hier heißen: etwas zeitlos Unwandelbares, Archetypisches, offenbare; etwas, das Anspruch darauf erheben kann, nicht nur sinnenhaft schön, sondern auch sinnvoll schön zu sein . . .

Und der Sinn des ganzen Unternehmens? Brautsein ist gewiß nicht jeder Frau Sache, Wunsch oder Schicksal. Das *Ideal* jedoch der Braut, die ideale Braut, die den idealen Bräutigam fordert – sie ist des Nachdenkens und vertiefter Betrachtung wert gerade dann, wenn sie möglicherweise reif ist fürs Museum . . .[4]

1. Jung, schön, ganz in Weiß . . .

Brautästhetik

Eine Braut ist etwas Schönes. Niemand wird es in Abrede stellen. Daß dieses Schöne des Schrecklichen Anfang sein könnte, wie ein Dichter elegisch behauptet, das möchte die Enkelin im Blick auf die Braut nicht wahrhaben und wendet sich ab von den vergangenen Augen der Großmutter . . .

Das Schöne soll für sich betrachtet werden, selig in sich selbst und ungeachtet dessen, wie es danach weitergehen könnte. Andere Dichter haben anderes gesagt, und gegen Rilke läßt sich Keats ausspielen: *»A thing of beauty is a joy for ever. / Its loveliness increases, it can never / Pass into nothingness«*: »Ein Glückhaft-Schönes ist ein Glück für immer. / Sein Liebreiz wächst und dauert, es kann nimmer / im Nichtigen vergehn . . .« – sollte das nicht auch für die einmalig schöne Erscheinung der Braut am Hochzeitstage gelten? Es gibt doch Hochzeitsfotos; und es gibt Erinnerungen, unvergängliche, an den schönsten Tag des Lebens . . . Oder gehört etwa die Vergänglichkeit des Schönen, die Eintagsflüchtigkeit der Erscheinung zum Wesen der Braut?

Darüber nachzudenken hat die Braut keine Zeit. Wenn sie Zeit hat, während ihrer Brautzeit, dann blättert sie vermutlich in den Modejournalen oder flaniert an den Schaufenstern der Brautboutiquen vorüber, und die Entscheidung fällt ihr schwer. Was wird sie anziehen? Wie stellt sie sich dar und zur Schau? Sie weiß, was wir auch wissen:

Kleider machen Bräute

Wir blättern mit der Braut in den Brautmodejournalen. Wir lassen eine Brauttypenrevue an uns vorüberziehen, in welcher Textiles sich mit Psychologischem und am Rande auch mit altertümlichen und aktuellen Gesellschaftsvorstellungen vermischt. Zeige mir dein Brautkleid, und ich sage dir, wer du – gerne wärst. Soll nicht heißen, daß ein Brautkleid immer nur Verkleidung wäre; es kann auch Bekenntnis sein und nach außen gewandter Wunschtraum. – Wir ignorieren das dunkle Straßenkostüm ebenso wie das bunte Baumwollfähnchen oder die engen Jeans der Außenseiterbraut vor dem Standesbeamten. Klassisches Weiß sei die Symbolfarbe aller Brautkleider, und die symbolische Zahl der Brauttypen sei sieben.

1. Die Prinzessin. Wir beginnen mit etwas, das uns als Archetyp der Braut erscheinen will, wie sie vielleicht zwar nicht im kollektiven Unterbewußtsein, dafür jedoch in den bunten Illustrierten und auf dem Bildschirm aller Welt als vorhanden bezeugt wird – mit der Märchenbraut, die eine Prinzessin ist oder spätestens an ihrem Hochzeitstage wird.

Man erkennt sie nicht nur an Kranz oder Krönchen im lockigen Haar, sondern vor allem am Modeschöpfungswunder einer atemberaubenden Brautrobe: etwas von der Prinzeßtaille abwärts weitschwingend Bodenlanges, wie eine hundertblütenblättrige Rose aus Spitzen, Biesen und Volants zu duftiger Fülle gerundet knapp über dem Parkett und so, daß nur die weißen oder blaßgoldenen Satinschühchen gelegentlich sichtbar werden. Oben herum ist die Prinzessin zwar wohlmodelliert, aber keusch verhüllt; bisweilen etwas durchsichtig. Sie ist eine Mädchenknospe, selbstverständlich unbescholtene Jungfrau; Sissi, sitt- und tugendreich, allenfalls ein wenig schnippisch noch zugleich, und ein Hauch von Nostalgie umweht sie, etwas von verlorenem Paradies und Höherem, Edlerem. Das bräutliche Prinzessinnengewand erweckt den Eindruck von dynastisch Ererbtem und fast schon Altmodischem und wirkt vielleicht gerade deshalb so kostbar und hat bisweilen einen Stich ins Teerosenfarbene, so daß an dieser viktorianischen Patina, an diesem puritanisch-aristokratischen Edelrost der Gesittung wie des Textils die luxuriösesten Neuschöpfungen von heute zu Talmi werden. Die Welt, vertreten durch Lieschen Müller am Bildschirm, bewundert. Sie glaubt an Höheres beim Anblick einer solchen Märchenbuchbraut . . .

Gibt es sie noch, diese archetypische Braut, holdselig, jungfräulich wohlverwahrt; eine, die auch als Aschenputtel oder

Gänsemagd am antiquierten Adel ihrer Unberührtheit festhält und das Brautkleid nicht als Verkleidung, sondern als Bekenntnis trägt? Es gibt sie, und wahrscheinlich zahlreicher, als der völlig von der Zeiten Verderbnis überzeugte Moralist zugestehen möchte. Es gibt sie; aber manchmal, das ist wahr, schämt sie sich beinahe, denn der Zeitgeist zeigt mit nackt emanzipiertem Finger nach ihr und erklärt sie für verklemmt. Zum Glück kann man's der Brautrobe nicht ansehen, ob sich darinnen eine archetypisch altmodische Braut darstellt oder eine, die es schon viel weiter gebracht hat.

Was bieten die Modejournale an? Durchaus Zauberhaftes. Jede Braut, die sich als »Prinzessin« fühlen möchte, kann sich verzaubern lassen von der schier unerschöpflichen Vielfalt traumhafter Kreationen aus zartem Organdy, Tüll und Taft;

alles, was da duftig wirkt wie Blütenschnee und durchsichtig-zart wie Zirruswölkchen; alles, was schimmert, matt und sanft; was da weit ausschwingt und beseligt wie ein Walzer und als dürfte es kein Erwachen geben aus dem Traum, Braut und glücklich zu sein und so überaus schön . . . Die Braut hat die Qual der Wahl, und was sie dann endlich erwirbt, ist von der Stange, denn sie ist ja keine richtige Prinzessin; sie ist eine kleine Friseuse und muß sparen auf eine Tiefkühltruhe.

Was nimmt sie also? Es muß nicht unbedingt etwas Bodenlanges sein. Auch im Cocktailstil der fünfziger Jahre gibt es Mädchen- und Prinzeßhaftes mit leicht verlängerter Taille und weitem, glockigem Rock bis züchtig fast zu den Knöcheln, wie beim Abschlußball, wie Roman holidays, ein Herz und eine Krone. Vor allem aber darf das Brautkleid der Durchschnitts-Prinzessin biedermeierlich sein und ganz nostalgisch: der Tupfentüll aus dem Schaufenster, pink, beschwingt und erschwinglich. Will die Prinzessin bescheiden sein, tut es auch ein weißes Baumwollkleidchen, ländlich-lieblich, Batist und Lochstickerei, kostbar, ein raffiniertes Understatement: die Braut als Gänsemagd, die in Wirklichkeit ein verwöhntes Millionärstöchterchen ist; der Vater ist ein Tankerkönig; aber so genau wollen wir das nicht wissen. Wir wollen nichts als die Braut bewundern . . .

Was fehlt ihr zur ästhetisch-symbolischen Vollkommenheit? Richtig: Kranz und Schleier und ein Blumengebinde. Der Schleier ist bodenlang, wenn das Kleid bodenlang ist, und sehr duftig, und es glitzert darin wie Tränen – des Glücks natürlich; Diamanten oder Straß. Zum Cocktailkleid Halblanges und zum Gänselieselkleidchen nur ein Blütenkranz im Haar: Margueriten, Maßliebchen. Der Biedermeierstrauß: klein und bescheiden wie das Veilchen im Moose, aber dennoch lebenslustig-bunt, Anemonen, Traubenhyazinthen und natürlich Röslein rot, aber keine Rosen. Rosen und Lilien bleiben der großen, echten Prinzessin vorbehalten – Madonnenlilien und Jasmin, und an Rosen alles, nur keine dunkelroten; die bleiben einem anderen Brauttypus vorbehalten. Die Prinzessin-Mädchenknospe drückt an ihren Busen zart Angehauchtes, Halberblühtes . . .

2. *Die Kokette.* Äußerlich, von Textilien und Schnittmuster

her, sind die Übergänge von der »Prinzessin« zu diesem zweiten Brauttyp hin fließend. Alles ist eine Frage der Verkürzungen und Enthüllungen: oben Dekolleté und unten Ballerinenhaftes, wolkig, wippend, verspielt, aber doch nicht so kurz, als ob da gespart werden müßte. Sie zeigt ihre schönen Beine bis fast zum Knie; sie zeigt Busen und Schultern, unbefangen, leicht und heiter, wie andere ihre schönen Zähne, die sie auch hat. Dazu eine ebenso lyrische wie spitze Zunge: Sie singt, was sie denkt: »Hab' ich nur deine Liebe, die Treue brauch' ich nicht . . .«

Hier kommt die Operetten-, die Fiametta-Braut, das Flämmchen, fast schon Flittchen, die Rokokoschäferin, leichtgeschürzt und selbstbewußt-selbstgefällig. Bescheidenheit? Daß ich nicht lache! Sie kann zwar Verstecken spielen im Tüllgewühle und sich zum Spaße auch von einem Schleier umwehen lassen; aber ohne ist ihr ebenso wohl. Sie kann das Ganze bei aller Selbstgefälligkeit so ernst nicht nehmen. Ein Kranz von blauen und roten Anemonen ist ihr recht; sie kokettiert aber auch mit Rosen und Margueriten und mit Knabenkraut, obwohl es unter Naturschutz steht . . .

Vielleicht ist die Kokette die Enkelin der »Prinzessin« oder deren Vexierbild – welches junge Mädchen wäre je nur »holdselig«? Ist sie schnippisch-kühl, so bedeutet das Defensive; ist sie kokett, so heißt das Angriff und Provokation als Mittel zum Zwecke der Selbstentfaltung. In voller Pracht entfalten aber kann sich dieser Brauttyp in ganz überraschender Weise als rechtschaffene Hausfrau und Mutter vieler Kinder. Man muß schon zweimal hinsehen und sich nicht verleiten lassen in ein vorschnelles Urteil hinein. Was sich da so verspielt und herausfordernd zugleich gibt, das kann weiblicher Realismus sein und List der Natur. Im übrigen muß sie beileibe nicht Jungfrau sein, wenn sie in die Ehe segelt. Sie kann es werden, von ganzer Seele, wenn das Schicksal ihr den richtigen Mann ans Steuer schickt. Denn: »Die Liebe ist die Knospe, aus der die Treue bricht . . .«

Fließende Übergänge ergeben sich auch zum dritten Typ, und wiederum vor allem äußerlich. Denn was die saloppe Schwester trägt, das würde auch der Koketten stehen – wo nicht der Hosenanzug, so doch das Charlestonkleidchen.

3. Die Saloppe. Sie steht da, lässig, skeptisch, und auch von ihr kann man nicht immer mit Sicherheit sagen, ob sie so ist, wie sie sich gibt. Wenn sie allein am Fenster lehnt und in Park oder Nacht hinausträumt, ist sie auf einmal ganz anders. Aber wen geht das was an. Eine Knäbin ist sie, eine Dreiviertel-Amazone, die Reitgerte in der Hand und Abschätziges im Blick auf Mann.

Und was zieht sie an, wenn sie Braut spielen soll? Entweder etwas, worin auch die Kokette sich sehen lassen könnte; etwas im Charlestonstil der zwanziger Jahre, als die jungen Damen begannen, sich die langen Haare abzuschneiden, um mit Bubiköpfchen biedere Bürger zu schocken, entschlossen, energisch in ihrem Gebaren und sich auch nicht scheuend, daherzuschlampen in bequemen Kleidchen, flachbusig (da macht die Kokette natürlich nicht mit), locker und bei alledem auf unerwartet neue Weise elegant und raffiniert – als Braut in Spitze und Satin, heutigentags in Seidenjersey und von Novarese, »für die kleine Hochzeit auf Landgütern großen Stils«. Ist der Bubi-Braut dergleichen Weichfließendes, sei's kürzer oder länger oder halblang, zu feminin, dann steigt sie um auf Kostümähnliches im gleichen Stil, doch mit breiten Schultern und großen Revers; das Weiß mit einem Stich ins Blaugraue, glatt und kühl und abweisend, porzellanhaft, und die Taille sitzt knapp überm Knie.

Oder sie steigt gleich in die Hosen, die sie sowieso schon anhat und auch fürderhin anhaben wird. Rank und schlank und ganz und gar ohne Busenambitionen, entscheidet sie sich für Frack und Fliege, weiß-in-weiß, mit Satinstreifen, links am Revers eine rote Nelke; denn preußisch-blaue Kornblume ist passé. Und was trägt sie in der Hand, wenn sie außer dem Signal herzwärts Blumen und Blümchen, und selbstverständlich auch den Schleier, verschmäht? Nicht gerade eine Reitgerte. Am ehesten einen breitkrempigen Hut à la Garbo; vielleicht, wer weiß, am Ende doch mit einem Hauch von Schleierlein . . . Sie trägt ihn in der Hand, den Hut. Auf und über ihrem Haupte duldet sie nichts außer dem blauen Himmel und ein paar weißen Wölkchen.

Das wichtigste Accessoire dieser Hosenbraut ist der Mann an ihrer Seite: ebenbürtig, ohne Flausen und Komplexe, ganz in traditionellem Schwarz und Silbergrau und, wenn sie will, mit Zylinder. Ein Paar wie Kastor und Pollux, und Bewunderung verdient in diesem ausgefallenen Falle der Bräutigam: Mut muß er haben, Freund und Kamerad sein können und Pferde stehlen, wenn der Braut die Laune danach steht.

Dieser seltenen Braut wollen wir im Weiterziehen und ganz nebenbei zuflüstern: »Die rote Nelke, meine Liebe, und deine elitär emanzipatorische Attitüde – was für eine aparte Kombination!« Wird sie sich wundern?

4. Die große Dame. Im Unterschied zur Prinzessin, die eine Mädchenknospe ist, steht hier in Frage die reifere Frau, der man Höheres anmerkt und Erfahrungen zutraut und die bei alledem unnahbar wirkt wie eine Fürstin oder zumindest als Braut diesen Eindruck erwecken möchte.

Die Schöpfer textiler Wunschtraumerfüllungen gehen gerne darauf ein und versprechen: »Einen Tag lang fühlen Sie in diesem fürstlichen Kleid von Feudalese blaues Blut in Ihren Adern fließen!« Es hält sich in eleganten Maßen, aber auf jeden Fall bodenlang und meist auch langärmelig. Kostbares Material, Seidenatlas, Organza mit Perlenapplikation, verbindet sich mit großzügigen und nicht alltäglichen Formen: üppig gebauschte Ärmel, schwere Schleppen, verhülltes Dekolleté oder hochgeschlossene Korsage; Reitkostümähnliches samt Hütchen mit angedeutetem Schleier. Ist die Dame schlank, kann statt ausladender Robe auch die klassisch-strenge Eleganz des Empire das Vorbild geben: hochgegürtete Taille, schmaler, gerader Rock und, damit's nicht etwa zu einfach oder gar ärmlich erscheint, eine großzügige Schulterschleppe oder verschwenderische, diamantenfunkelnde Schleierfluten . . .

Doch die große Dame neigt traditionsgemäß zur Üppigkeit sowohl des Leibes wie der Toilette: eine Wagnersängerin, eine Walküre mit tragisch wogendem Busen. Von Tragik müßte hier in der Tat die Rede sein, häufiger als vom Glück – letzteres wäre eine Idee zu plebejisch. Denn wenn die große Dame heiratet, entsteht nicht selten der Eindruck, als heirate sie aus höheren Motiven und nicht etwa aus persönlichem Glücksverlangen. Nicht ihr individuelles Schicksal steht auf dem Spiel, sondern mindestens das einer Dynastie. Man kann sie sich in einem Schloß vorstellen, aber nicht im Bett, und wenn sie tanzt, dann höchstens Polonaise. Sie heiratet auch keinen Mann: Sie vermählt sich einem Gemahl; darin ähnelt sie der Prinzessin. Solchermaßen vom ordinären Glück ausgeschlossen, erscheint es recht und billig, daß die große Dame ihren Brautauftritt zu einem besonders prachtvollen Ereignis gestalte, und wir schauen noch einmal bewundernd zu: hingebreitet wie ein gold- und silberfunkelnder Pfauenschweif eine unerhörte Brokatschleppe über Marmorstufen vor Barockfassaden und Fontänen; raffiniert geraffte Culs de Paris und Tulpenärmel aus Cremefarbenem, glatt und glänzend; kostbare Spitze und Stikkerei, Perlen und Glitzerndes – der atemberaubende Anhauch von Luxus; das längst Verlernte fürstlicher Schönheits- und Verschwendungssucht, und wie es bisweilen ans Pompös-Prahlerische und nicht mehr ganz zu Verantwortende grenzt: so als müßte um die nächste anachronistische Ecke Savonarola kommen und Buße predigen. Aber was soll's. Es ist überwiegend wunderbar, und dem gemeinen Volk bleibt das Maul offenstehen. Die am Rande der großen Gesellschaft vergessen ihr bißchen Elend und ihre Lumpen und schätzen sich glücklich, einen Blick erhaschen zu dürfen von dieser Herrlichkeit auf Erden, die sich da an der großen Dame als Braut offenbart . . .

So war das wohl einst, und was heutigentags in den Brautjournalen nachempfunden wird an großen Roben für den großen Tag, das ist ferner Abglanz auf Glanzpapier. Für Lieschen Müller kommt, wenn sie in reiferen Jahren als Elisabeth zu heiraten gedenkt, dergleichen Prachtentfaltung nicht in Frage. Was es an Exklusivmodellen gibt, ist unbezahlbar und den wenigen vorbehalten, jenen »happy, happy few«, die doch oft, ach, so unglücklich sind . . .

5. Die Extravagante. Wer sich »große Dame« nicht leisten kann und mit der Mondänen nicht verwechselt werden will, dem steht als Braut ein Zwischentyp zur Auswahl, bei welchem es weder um Prachtentfaltung aus Prestigegründen noch ums Paradox der Braut-Kokotte geht. Es geht um die Lust am Phantastisch-Auffälligen, um den Ehrgeiz, aus dem Rahmen zu fallen, und das ist möglich auch für wenig Geld.

Die Braut im Frack entgeht nur knapp der Einordnung in diese fünfte Kategorie. Die Pop-, Punk- oder sonstwie aktuelle Außenseiterbraut, die in Nietenhosen, Lederjacke und einer langstieligen roten Rose auf dem Standesamt erscheint, ist uninteressant für die Modeschöpfer: An ihr ist überhaupt nichts zu verdienen. Die beleibte Braut mit Konfektionsgröße 52, die sich eine Art Pyjama aus Seidenjersey kreieren läßt, um darin selbstbewußt sich selbst als orientalisches Haremsideal vorzuführen, befindet sich auf der Grenze zwischen Extravaganz und Humor. Sie beweist auch Mut. Mut und Selbstbewußtsein: darauf kommt es an bei der extravaganten Braut. Und auf eine linde Lust zu schockieren.

Diese Motive sind vorauszusetzen bei der Braut, die behende in weiße, hochschäftige Stulpenstiefel steigt, sich darüber Rockähnliches aus starrem Gittertüll verpassen läßt; rechts und links waagerecht ausladend wattierte Schultern balanciert, mit Ärmeln bestückt, die den Keulen des Herkules gleichen. Vor sich her auf flach gepanzerter Brust führt sie kaltglitzernd ein fünfzackiges Sternornament mit paillettensprühendem Schweif spazieren – eine Marsjungfrau? Eine Ufo-Braut? Statt des Schleiers ragen ihr parabolisch gekrümmte Antennen aus der rötlich schimmernden Frisur. Und diese Braut stiefelt finster blickend auf den Betrachter zu, die Arme starr ausgestreckt auf der Knisterkrinoline, und ihr Blick ist schmal und kalt und drohend wie der einer Kommissarin von der Spionageabwehr. Unruhig, ja besorgt wird man sich fragen: Was kommt da dräuend auf den Bräutigam zu? Wird er diesem extraterrestrischen Wesen gewachsen sein?

Die extravagante Braut, stets anders gekleidet als die anderen, kann sich auch in eine Art Bademantel oder Mönchskutte aus sattem Satin hüllen, mit Kapuze statt Schleier. Oder in ein Papagenokostüm aus duftig-weißem Organdygefieder zu weiter Capa, engen Hosen und kniehohen Stiefeln. Sie kann auch als Zwitterwesen zwischen Vamp und Nonne über den Laufsteg geistern, tief verhüllten Angesichts und Busens, langärmelig und behandschuht; von den Hüften abwärts aber Hautenges, das im Schreiten nackte Beine freigibt . . . Es gibt nichts, was es nicht gibt, und hier befinden wir uns bereits im Übergange zur mondänen Braut.

Noch ein Blick auf die Extravaganz des nicht-weißen Brautkleides heute: das carmenhaft flammende, rotgeblümte Sommerkleid einer schwarzlockigen Schönen, die sich den Bräutigam im weißen Sakko bestellt. Vielleicht hat sie Kunstgeschichte studiert und weiß, daß Rot einst neben Frühlingsgrün die Lieblingsfarbe der Braut war . . .

6. Die Mondäne. Sie ist hier an sechster Stelle zu nennen: die Abkömmlingin der großen Kurtisanen; Dame, jedoch entschieden hetärisch. So entsteht das Brautparadox: Eine Unbindbare ist bereit, sich zu binden, ohne ihr Wesen zu verleugnen. In der Art, wie sie sich kleidet, schlagen Eleganz wie auch Extravaganz unversehens und folgerichtig um ins Vamphaft-Verruchte der Femme fatale, vom Textilen her mühelos drapierbar: vom großzügigen Dekolleté bis über die Hüften hinab eng gewickelt wie ein Kokon, mehrlagiger Taft auf Figur, eine Schlangen- und Sirenenhaut. Unten herum entweder bodenlange Volants, zwei-, dreistufig, oder ein Futteral, geschlitzt bis zu den Kniekehlen, geeignet für kleine Schritte aus wiegenden Hüften heraus, ganz wie einst Marlene. Dazu vielleicht eine Schmalspurschleppe oder eine breite Atlasschleife mit Straßschnalle, hinten, am unteren Horizont eines unverhüllt schönen Rückens. Auf einen Schleier verzichtet sie; legt ihn sich allenfalls um die nackten Schultern wie eine duftige Boa, sofern sie nicht eine echte aus Straußenfedern vorzieht.

Das Spiel der Entblößungen und Verhüllungen wird verdeutlicht durch das Make-up. Die Braut-Mannequins in den Modejournalen tragen schwere Lidschatten um den Schlafzimmerblick; erotische Mündigkeit um den Mund und auf den Wangen La-Traviata-Blässe oder auch hektisch-düstere Röte – ein ungewöhnliches Schicksal deutet sich an, abseits vom Pfade puritanischer Tugend und damit vom Archetyp der Braut bewußt distanziert. Sie will durchaus nichts verheimlichen; sie bekennt sich zu sich selbst – müßte ihr das der Moralist nicht zur Gerechtigkeit anrechnen? Bleibt das Paradox, daß sie Braut sein will und sich diese Idee um den kleinen Finger und um die Hüften wickelt. – Als Brautgebinde wählt sie Orchideen, purpurviolett und safrangelb. Oder sehr langgestielte, dunkelrote Rosen.

7. Die siebente Braut. Sie lehnt in einer ganz anderen Ecke, versunken in den sehnsüchtig bitteren Duft von Maiglöckchen, eine Rätselhafte und Evasive, die Schlußarabeske der Brautrevue, und es ist schwer, sie zu beschreiben.

Sie wirkt fremdartig-seltsam anziehend. Aber anziehen mag sie, was sie will: Man nimmt es kaum zur Kenntnis. Man sieht nur ihre Augen und fragt sich: Was soll es bedeuten? Ist's Jungfrau oder Fisch? Beatrice oder Loreley? Eine Sphinx, eine seelenwandernde Pharaonin? Eine aus dem Feen- und Nixenreich – Elfe, Sylphe, Seelchen oder Hexe? Am liebsten trägt sie bodenlang Fließendes, die Konturen Verwischendes, Silbrig-Kühles, Griechisches oder Jugendstil, ohne Blößen. Ihr langes Schlierenhaar ist ihr Schleier, aschblond, ins Grünliche oder Rötliche spielend. Wie ein siebenfacher Schleier wirken ihre grüngraublauen Augen, und sie lächelt kaum . . .

Um die siebente Braut webt eine Aura unterkühlter Sinnlichkeit; Garbo-Erotik; etwas, das zur Ehe eigentlich nicht taugt. Dem Fluidum der Mondänen ist es ganz und gar unähnlich. Es narkotisiert nicht; es läßt ein wenig frösteln; es irisiert und irritiert. Dieses Wesen kommt wie von einem sehr fernen Stern, oder von jenseits des Meeres, oder wie aus dem Kloster und als wolle es umgehend dahin zurückkehren . . .

Aber da soll sie nun Braut sein, steht vor dem Spiegel ihrer eigenen Innerlichkeit und schmückt sich geistesabwesend mit Rosmarin und Myrte und kennt sich in den Spielregeln nur ungenügend aus. Wie lange wird sie es aushalten als Ehefrau eines Menschenmannes? Wird sie eines Tages wieder entschweben wie Psyche, davonschwimmen wie Undine; zurücktauchen ins jungfräulich-kühle Nixenreich – »was schiert mich Mann, was schiert mich Kind / Laß sie zu MacDonald's gehn, wenn sie hungrig sind«?[5] Oder wird sie dahinvegetieren, freudlos, zwischen Waschmaschine und Elektroherd und von Seerosen und Narzissen träumen? Und wenn der Staubsauger über den abgetretenen Teppich brummt, das Rauschen ferner Meere hören und die Brandung um einsame Inseln, auf welche ein nie verwirklichtes Glück sich zurückgezogen hat, um daselbst zu wohnen in einer Hütte aus Palmblattmatten? Wird sie sich dorthin sehnen, in ihren Träumen am schattigen Strand unter Palmen wandelnd, sich nährend von der Milch des Absoluten und der Kokosnüsse? Und des Nachts bei Vollmondschein tanzen, allein, über den Wellen und auf dem Rücken der Delphine?

Warum die siebente Braut überhaupt heiratet, ist im Grunde uneinsichtig. Am ehesten ein Versehen. Aber dergleichen soll vorkommen, und deshalb kommt sie schließlich auch in dieser Brautrevue vor: die Braut, die zur Braut nicht taugt.

Weiß, Kranz und Schleier: Symbolisches im Wandel

Vorübergerauscht ist die Brautrevue und in den Kulissen der Modeateliers verschwunden. Was bleibt, ist der Eindruck von glückhaft verwirrendem Weiß.

Warum muß ein »richtiges« Brautkleid weiß sein? Ist es nur schön, oder hat es auch etwas zu bedeuten? Man meint die Antwort zu wissen und wird erst mitten im Satze stutzig. Wir wollen jedoch Sittengeschichtliches hintanstellen und uns zunächst assoziativ mit diesem und jenem beschäftigen, das uns bei »weiß« einfällt.

Winter, Frühling, Bäume und Blumen; schneeweiß die Landschaft, der verschneite Wald; Kirsch-, Birn- und Pflaumenblüte im April, Madonnenlilien, Dichternarzissen, weißer Flieder, Schleierkraut: alles erweckt den Eindruck der Reinheit, Un-berührtheit, Un-schuld, Un-bescholtenheit, Un-beflecktheit – eine Kette von Negationen, hervorgerufen durch eine Farbe, die, wie ihr Gegenteil Schwarz, gar keine Farbe ist, sondern die Negation jeglicher Farbe, eine Un-farbe also. – Weiß sind auch edle Marmorarten; weiß Alabaster, Kalk, Kreide und Gips, leicht zerbrechlich, spröde und kalt, wie die Statue des Pygmalion, ehe Aphrodite ihr Leben einhauchte. Tote Natur. Schnee: so kalt und keusch wie Schneewittchen im Glassarg. Aber eines Tages schmilzt der Schnee, und in den Gärten bricht aus allen Zweigen noch vor dem maienfrischen Grün das unsagbare Weiß der Obstblüte, ein wenig Pink dazwischen, Apfelbaum und Mandelbäumchen, umsummt von Bienen, und an grauen Burgruinen blüht, im Vorfrühling schon, der Schlehdorn – blüht und blüht und kann nichts dafür. Kann die Braut etwas dafür? Sie und die Frühlingsblütenpracht – ist's nicht ein und dasselbe Naturwunder?

Weiß ist aber auch das Gewand gar mancher Nonnenorden, nicht nur der Krankenschwestern. Auch Leichentuch und Leichenhemd sind weiß – ist, was tot ist, nicht zurückgekehrt zur Unschuld der Natur? – Weiß ist die Farbe der Engel, Elfen und Gespenster; im Schottenschloß geistert eine weiße Frau . . . Was bedeutet das? Das frühlingshaft Frische, Kühle, Reine grenzt so eng ans Über- und Unnatürliche, an reinen Geist und Abstraktion; an Noch-Nicht oder Nicht-Mehr; es grenzt an Tod und blankes Nichts. Dergestalt, daß irgendwo im übersinnlich Schwindelerregenden, inmitten des unendlichen Nichts-als-Weißen, eine Art metaphysischer Polarkoller ausbricht: Lebendiges sträubt und wehrt sich gegen das steril Vollkommene des Absoluten und einer nur vom reinen Geist erfahrbaren Transzendenz. In der Gefahr eines solchen Sich-Verlierens ist Rettung nur in reuevoller Rückkehr zur Sinnlichkeit und zum Erdhaft-Natürlichen. Die Braut zieht das weiße Kleid aus und steigt ins Bett. Ihre Unschuld ist eigentlich Schuld: Sie schuldet ihre Unschuld dem Leben.

So weit vorläufig die assoziative Verführung des Geistes durch die Symbolfarbe Weiß. Man kann es sich einfacher machen. Jedermann weiß, daß mit dem Weiß des Brautkleides samt Kranz und Schleier einst die wohlbehütete Tugend, die Jungfräulichkeit der Braut symbolisiert werden sollte. Jedermann weiß desgleichen, daß sich hier Schritt für Schritt und in immer weiteren Kreisen ein Wandel vollzogen hat. »Auch schwangere Bräute schreiten jetzt in voller weißer Aufmachung, inklusive Kranz und Schleier, zum Altar; ein Wandel, den die ältere Generation mit Mißbilligung zur Kenntnis nimmt.«[6] Heißt nicht viel anderes als dies: Für viele Bräute von heute bedeutet das weiße Kleid nicht mehr *»Jungfräulichkeit«*, sondern schlicht und einfach *»Festlichkeit«*. Die Braut soll und will etwas Besonderes darstellen, vor allem optisch: nur sie »ganz in Weiß« inmitten farbenfroher Damengarderobe und feierlichem Herrenschwarz oder -dunkelblau. Damit ist sie ästhetisch absoluter Mittelpunkt, sofort identifizierbar und der Bewunderung zur Schau gestellt. Alles übrige, einst das Wichtigste und bisweilen Keim bürgerlicher Tragödien, ist allerprivateste Nebensache und geht niemand nix an.

Das weiße Brautkleid ist damit zu einem uneindeutigen Symbol geworden; Sinn und Inhalt oszillieren zwischen den Bedeutungen »Festlichkeit« und »Jungfräulichkeit«. Die eine hält fest, was die andere vorzeitig aufgegeben hat, und beide halten fest am weißen Kleide. War dieses weiße Kleid samt Kranz und Schleier seit Urmüttertagen Symbol der unberührten Braut? Um die Antwort vorwegzunehmen: nein. Diese drei Attribute der Jungfräulichkeit haben sich – sieht man von der älteren Brautkrone ab – erst im Verlaufe des vorigen Jahrhunderts ausgebreitet und durchgesetzt. Ein Blick zurück in die Kulturgeschichte Europas zeigt ein überaus buntes Bild der Braut und ihrer Gewänder. Wir blättern also ein wenig zurück, um uns davon zu überzeugen, daß auch historisch betrachtet die Braut in Weiß ein episodisches Phänomen ist.[7]

In Blau und Goldbrokat über weißem Unterkleide, und zuweilen mit weitausladender Hörnerhaube, heiratete die vornehme Dame des späten Mittelalters, wenn sie nicht das Frühlingsgrün der Venus vorzog oder das prangende Rot von Rosen, Blut und Burgunder. Karmesinroten Atlas, über und über mit Edelsteinen und Gold bestickt, trug die Sforza-Braut des Kaisers und »letzten Ritters« Maximilian.

Im sechzehnten Jahrhundert bestimmten strenge Kleidervorschriften, was die Bräute der verschiedenen Stände tragen durften und was nicht. Völlige Freiheit der Prachtentfaltung stand nur der fürstlichen Braut zu; Perlen, Brokat und leuchtende Farben. Die Nürnberger Patrizierbraut hatte das Recht auf eine Brautkrone, einen »Jungfernkranz aus veilchenblauer Seide«: ein Wulst, geschmückt mit Goldflitter und künstlichen Blumen. Sie durfte teure Stoffe und ein enges, dekolletiertes Mieder tragen; dazu reichlich Schmuck an Hals und Armen. Der »gemeinen« Braut aus dem Volke war hingegen nur eine einfache Haube gestattet, wenn sie »unter die Haube« kam. Sie hatte ein hochgeschlossenes, schlichtes Kleid zu tragen; Schmuck war verboten. Sie hatte vermutlich auch keinen.

Um 1600 setzt ein bedeutsamer Geschmackswandel ein. Nach dem Vorbilde der spanischen Mode tragen die »besseren«, heißt reicheren Bräute nun statt Blau, Violett oder Rot – Schwarz. Wie die Puritaner in England, aber aus anderen, ästhetischen statt moralischen, Motiven: Schwarz gilt hier nicht als ernst-bescheiden, sondern als vornehm und elegant. Das »kleine Schwarzseidene« der kaum vergangenen Gegenwart ist ein Nachzügler dieser Vorliebe fürs Feierlich-Vornehme.

Peter Paul Rubens (1577–1640)
»Die Vermählung der Prinzessin Maria von Medici per procuratorem mit König Heinrich IV. von Frankreich«, Musée du Louvre, Paris

Genau um die gleiche Zeit fällt zum ersten Male ein fast weißes Brautkleid auf im barock-verschwenderischen Rahmen der Hocharistokratie: Maria von Medici vermählt sich im Jahre 1600 mit Heinrich IV. von Frankreich in einer weiß-goldenen Brokatrobe. Rubens hat es gemalt, und die Brautmodenforscher glauben hier den Ursprung des »Weißen« bewundern und dingfest machen zu können. Mit der Vorstellung »Jungfräulichkeit« hat dieses Medici-Weiß freilich noch nichts zu tun. Etwas der Art könnte eher die Virgin Queen Elisabeth I. von England ins Spiel gebracht haben mit ihrer Vorliebe für Weiß. Spensers schönes Hochzeitscarmen, sein »Epithalamion« von 1595, besingt die Braut, *»Clad all in white, that seemes a virgin best«* – »Ganz weißgewandet, wie's der Jungfrau ziemet«, am besten zu Gesicht und Gesittung steht; ein symbolisches Weiß also. Im übrigen waren es die englischen Bräute jener Zeit, die sich statt mit Brautkrone oder Haube lieber mit einem Kranz von frischen Blumen schmückten, mit Rosen und Myrten, beide der Liebesgöttin heilig. Von Schleiern ist keine Rede. Als Zeichen der Jungfräulichkeit gilt, überall in Europa, das lange, offene Haar.

Während die Brautroben aus Silberbrokat und weißem Atlas im siebzehnten/achtzehnten Jahrhundert bei Fürstenhochzeiten zunehmend in Mode kommen und auch der übrige Adel langsam nachzieht, folgt die vornehm-reiche Braut dem Wandel der – vorzüglich französischen – Mode: Goldbrokat auf schwarzem Grund oder schwere, großgemusterte Seiden im Barock; im Rokoko rosafarbene Brauttoiletten, und alles ohne eine Spur von Schleier oder Kranz. Die Braut trägt Frisur; genauer: Perücke.

Dann kommt die Französische Revolution, und man trägt »Republik« nach römisch-antikem Vorbild: weiße, bodenlang fließende Kleider aus dünnen Stoffen. Unter Napoleon heißt das »Empire«, und aus der allgemeinen Vorliebe für »klassisches« Weiß entwickelt sich um 1800 das weiße Brautkleid der Neuzeit, und auch der Schleier kommt auf. Frankreich, das ist Paris, diktiert Mode auch nach Waterloo, und Europa folgt, hingerissen. Es gibt keine Kleiderordnungen mehr; was dem Adel einst recht war, ist dem Bürger nun billig, auch wenn es noch so teuer ist; er kann sich's leisten, und die bürgerliche

Braut wird zum Spiegelbild des politisch frisch emanzipierten dritten Standes. Modejournale mit Schnittmusterbogen, Nähmaschinen und fabrikmäßig hergestellte preiswerte Stoffe machen es alsbald möglich, daß jede bessere Bürgersbraut wie eine große Dame auftreten kann. Es gibt daneben auch noch genügend kleine Näherinnen.

Der Brautschleier setzt sich »von oben her« durch. Ein Vorbild gab die Queen Victoria, die 1840 als Braut einen kurzen Spitzenschleier trug. Einen bodenlangen zu weißem Schleppkleid trug vierzehn Jahre später Elisabeth von Österreich, jene »Sissi«, die noch hundert Jahre danach als Traumbild der jungfräulichen Märchenbraut über die Leinwand flimmerte. Derweilen trug um 1870 die Tochter eines Handwerkers ein Brautkleid aus dunkellila und hellblauer Seide, verziert mit schwarzer Maschinenspitze. Sie trug es danach als Sonntagskleid, wie solches in den unteren und ärmeren Schichten von jeher der Fall gewesen war.

Ein weißes Kleid kann sich heutigentags und hierzulande jede Braut leisten, und die meisten leisten es sich auch. Wenige sind des Weißen überdrüssig; etwas Neues und Apartes müßten die Modeschöpfer sich einfallen lassen für die neue Brautelite. Die rote Nelke am weißen Brautfrack tut's nicht.

Ergibt sich etwas aus dem kulturgeschichtlichen Rückblick? Hochzeitsmode kann zum Spiegel sozialer Wirklichkeit werden. Was auf den ersten Blick aussieht wie etwas »rein Ästhetisches«, das entpuppt sich für den sozial-kritischen zweiten Blick als ein standes- und wirtschaftspolitisches, vielleicht sogar als klassenkampfschwangeres Phänomen. Wer webte die kostbaren Gold- und Silberbrokate, die Spitzen- und Seidenstoffe in den Manufakturen des Merkantilismus? Wer zerstach sich die Finger, verdarb sich die Augen und saß sich den Rükken krumm in den Nähstuben – etwa die Braut höchstpersönlich, die fürstlich-adelig-großbürgerliche? Über die kostbaren Roben der Bräute des Ancien régime flackert der Blut- und Feuerschein der bürgerlichen Revolution von 1789, die weder Bauern noch Arbeiter noch Frauen befreite. Und während sodann das europäische Bürgertum die Handelskontore in aller Welt besetzt hält und die großen Damen der guten Gesellschaft ihre kostbaren Brautkreationen zur Schau tragen, springt der

Funke von provinziellen Weberaufständen im Zickzack hinüber zur Bauern- und Proletarierrevolution des Jahres 1917 . . .

Reichtum, Macht und Privilegien, Lust an festlich-verschwenderischer Prachtentfaltung und nicht selten ein sicherer Sinn fürs Sublime und beglückend Schöne eines textilen Kunstwerkes, wie es schöner als an einem Brautkleide gar nicht dargestellt werden kann – alles dies spiegelt sich wider in der Erscheinung der »großen Braut«, in welcher die Idee der Hoch-zeit sich am sinnfälligsten manifestiert. Daß das ästhetisch Schöne, unter einem anderen Blickwinkel betrachtet, von gesellschaftskritischen Schatten getrübt werden kann, das liegt nicht im Wesen der Braut. Wir fahren daher betrachtend fort und besinnen uns darauf, daß es Wichtigeres im Dasein und in der Erscheinung einer Braut gibt als das schöne Kleid, das man ihr schnöderweise neiden kann mit dem Neid der Besitzlosen.

Jung und schön und das Gegenteil davon

Wichtiger als das Kleid, das Kultur, Stand und Geschmack der Braut anziehen, ist das, was Mutter Natur der Braut zum Geschenke macht: Jugend und Schönheit. Die ideale Braut ist jung und schön, und wenn sie arm ist und in Lumpen daherkommt, so erhöht das möglicherweise noch ihren Reiz. Was sind Gold und Silber, Diamanten und Perlen gegen den pfirsichblütenzarten Teint der Braut, taufrisch und makellos von oben bis unten; klein und ebenmäßig und schneeweiß sind ihre Zähne, wenn sie lächelt oder lacht; kirsch- und korallenrot ihre Lippen ohne die mindeste Malkunst. Gold- und Seidengespinst ist ihr Haar oder kastanienbraun glänzendes Gelock in üppiger Fülle, oder eine blauschwarze Pracht, mühsam gebändigt, herrlicher als die herrlichste Krone. In ihrem Blick ist das verträumte Veilchenblau abendlicher Frühlingshimmel, und wenn sie übermütig ist, lacht die goldene Sonne aus ihren Augen – die Dichter, vor allem die romantischen, haben es besungen, hingerissen, unermüdlich.

Es gibt eine englische Volksballade, die von einem afrikanischen *König Kophetua* handelt, der ein Bettlermädchen zu seiner Gemahlin machte: Sie war so überaus schön. Burne-Jones, der Rossettischüler und Verehrer Botticellis, hat es gemalt auf präraffaelitisch, ohne sich freilich sehr um afrikanisches Milieu zu kümmern. Betrachten wir das Bild. Da sitzt, in sehr schmalem Hochformat, das Bettelmädchen in einem prunkvollen, engen Säulengehäuse mit Ausblick auf Orangenbäumchen und Myrtengesträuch. Sie sitzt auf einer Steinbank wie auf einem Thron, ein wenig scheu zur Seite gerückt. Sitzt da in ihren grauen Lumpen, mit nackten Armen, knappem Mieder, das den Busen dennoch züchtig verhüllt, und ihr ovales, weißes Gesichtchen unter glatt gescheiteltem Haar blickt madonnenhaft, blumenhaft, in sich versunken. Zu ihren nackten Füßen, zwei Marmorstufen tiefer und in Höhe ihrer Hüften, sitzt der junge König, schwarzgelockt, unbedeckten Hauptes, aber gepanzert und geschient über reicher Gewandung. Die Königskrone hält er auf den Knien wie eine darzubringende Gabe; das Haupt erhoben, blickt er zu seiner Braut empor wie in ewige Andacht versunken und als würde er nie mehr von dieser Stelle weichen. »Wenn ich, von deinem Anschaun tief gestillt . . .« Oben an der Balustrade des luftigen Gemaches lehnen zwei Pagen, engelhaft, und blicken versonnen in vergilbte Pergamente oder Notenblätter – singen sie, um den ewigen Augenblick zwischen König und Bettelmaid hörbar zu machen? – Das Bild entstand 1884; es atmet eine ähnliche Traumstimmung wie das 1797 im Opiumrausch niedergeschriebene Gedicht »Kubla Khan« von Coleridge – *»It was an Abyssinian maid . . .«*: die Seelenbraut des Gesangs, des Dichters Dasein begnadend und befähigend zur Weltschöpfung; Beatrice und Laura und alle übrigen Musen drängen sich alsbald herzu; aber wir verschieben sie auf später.

Der afrikanische König und die abessinische Maid sollen uns noch einen Wink geben, einen ästhetischen. Sie sollen uns zu bedenken geben, daß die idealisch schöne Braut durchaus nicht mitteleuropäischen Schönheitsvorstellungen entsprechen muß. Ebenso schön, nach dem Geschmack ihres eigenen Kulturkreises, ist die ebenholzschwarze, kraushaarige, palmölglänzende Bantubraut in einem immer unauffindbarer werdenden afrikanischen Busch; geschmückt mit Tätowierungen, um die Hüfte eine Schnur mit weißen Kaurimuscheln, einen Pflock in Ohren oder Lippen und mit spitz gefeilten Vorderzähnen . . .

Wir wissen es und vergessen es nur zu oft: wie relativ und subjektiv das ist, was als »schön« gilt; wie schwierig die Grenzübergänge ins Unbestreitbare sind. Nur in extremen Fällen herrscht Eindeutigkeit und Übereinstimmung. Etwa wenn sie hinkt und schielt, die Braut; mit Flecken und Runzeln und faulenden Zähnen daherkommt, mit krummer Nase, tropfend; mit Kropf und Warzen, eine richtige »alte Hexe« aus dem Märchen; dann ist es allen klar, daß so etwas nie und nirgends als schön empfunden werden kann, und mit der Vorstellung »Braut« wird man solch einen Ausbund von Häßlichkeit nicht verbinden – es sei denn als Paradoxsymbol der Kirche.

Ein Beispiel aus Mode statt Märchen mag beiläufig zeigen, wie sehr Geschmack sich wandeln kann im Hinblick auf das Erscheinungsbild der Braut. Vor dreißig Jahren bildeten Gläser vor den sehschwachen Augen einer Braut in Weiß und Schleier eine Art Stilbruch. Man hätte ihr ebensogut ein Hansaplast über der Nase zumuten können. Sie nahm, wenn sie Brillenträgerin war, die Brille ab und ging kurzsichtig in die Ehe. Das hat sich geändert. Es fehlt nicht viel, so setzt die selbstbewußte Braut von heute auch in voller weißer Montur sich noch eine modische Brille aus schierem Fensterglas vor die kerngesunden Augen – einzig um des intellektuellen Flairs willen.

Jung und schön ist die Braut – und wie steht es mit dem Gegenteil? Sind etwa alle jungen Mädchen schön, nur weil sie jung sind? Wie steht's mit der von Mutter Natur in dieser Hinsicht stiefmütterlich behandelten Braut? Glück hat sie gehabt, sagen die Freundinnen, daß sie überhaupt einen Mann gekriegt hat. Dabei wissen sie ganz genau, daß zum Brautwerden mehr gehört als nur ein »hübsches Lärvchen«. Das häßliche junge Entlein, das sich wider alle Märchenlogik *nicht* zu einem wunderschönen Schwan entwickelt, das schwimmt dafür vielleicht in vermögenden Verhältnissen, im Gelde sozusagen. Oder es ist mit einem Krönchen auf dem Kopf und somit für eine Dynastenhochzeit geboren, eine häßliche Prinzessin also, ein seltenes Vorkommnis. Oder es – noch immer das häßliche

Sir Edward Burne-Jones (1833–1896) »König Kophetua und die Bettlerin«
London, Tate Gallery

Entlein – ist mit einer schönen Seele begabt, die ihr unsichtbares Gefieder verführerisch zu entfalten weiß. Oder es zeigen sich da Charakter, Tatkraft, Herzensgüte und schließlich auch der richtige Mann, der das zu schätzen weiß. Bleibt, ein wenig im Abseits, die – vielleicht schon ältere – Intellektuelle mit steiler Stirnfalte und skeptischen Linien um den dünnlippigen Mund; sie, von der ein Ästhetiker des vorigen Jahrhunderts sinngemäß sagte, Intelligenz stehe einer Frau nicht zu Gesicht; es beeinträchtige ihre natürliche Anmut. Wird sie einer nehmen, oder nimmt sie sich einen, der den Verführungen des Geistes lieber erliegt als den Listen der Natur?

Literarisch ernst und psychologisch interessant wird das Problem der häßlichen Braut in Stifters Rahmennovelle (1844) *Brigitta.* – In gehobenen Kreisen wächst da zwischen zwei schönen Schwestern ein häßliches Mädchen heran; ein störriges und schweigsames Wesen, in sich gekehrt, eigensinnig, unbeachtet. Tanzen kann sie nicht, aber reiten. Ein weltgewandter, umschwärmter Mann fühlt sich angezogen von diesem düsteren Anderssein und beginnt zu werben. Sie findet ihn liebenswürdig; doch sie warnt ihn: »Ich weiß, daß ich häßlich bin; darum würde ich eine höhere Liebe fordern als das schönste Mädchen dieser Erde.« Der Mann nimmt diese Herausforderung an. »Die Umgebung begann das Unglaubliche zu ahnen, und man erstaunte unverhohlen. In wenigen Tagen wird Brigitta die erklärte Braut des gefeierten Mannes.« Man heiratet. Eine Zeitlang geht alles gut. Ein Sohn wird geboren. Dann geht es schief. Warum? Des Mannes Bewunderung weicht dem Mitleid und der Verlegenheit: daß er eine so häßliche Frau hat. Brigitta aber will kein Mitleid, kein Almosen. Als eine andere, eine schöne Frau, episodenhaft dazwischenkommt, fordert sie die Scheidung und lebt fortan ihr eigenes Leben. Sie ist vermögend und kann es sich leisten, und es bleibt ihr der Sohn. Der Mann zieht in die weite Welt und kehrt nach vielen Jahren zurück, geläutert, ebenbürtig der schönen, tatkräftig-stolzen Seele seiner häßlichen Frau. Nachsommerglück. »O wie heilig muß die Gattenliebe sein«, ruft der Rahmenerzähler aus, und damit ist das Ästhetische aufgehoben ins Ethische.

Brigitta ist vierzig, als Stephan Murai von neuem und endgültig ihre wahre Schönheit entdeckt. Wie wichtig ist das Alter der Braut? Schönheit verbindet sich natürlicherweise mit Jugend. »In der Blüte ihrer Jahre« steht normalerweise die Braut. Ist sie schon nicht schön, aber wenigstens jung und gesund, so kann sie immerhin den natürlichsten ihrer Zwecke erfüllen und für Nachkommenschaft sorgen. Ist sie aber schon alt oder älter, dann ist sie eben »verblüht«, und ein ältliches Mädchen als Braut widerspricht dem natürlichen Empfinden, das sich für normativ und »gesund« hält. Man weiß von politischen und wirtschaftlich bedingten Ausnahmefällen. Die Markgräfin Mathilde von Tuszien, jene mächtige und ergebene Bundesgenossin der Päpste im Investiturstreit, auf deren Burg Canossa im Winter 1077 der deutsche Kaiser Heinrich IV. Kirchenbuße tat; diese bemerkenswerte Dame heiratete als Witwe und mit dreiundvierzig Jahren den siebzehnjährigen Herzog Welf von Bayern – eine »unnatürliche«, rein politische Ehe. Im vorigen Jahrhundert heiratete nicht selten der Geselle, wenn der Meister starb, die bis zu zehn oder mehr Jahre ältere Meisterin und damit den Handwerksbetrieb. Wie steht es heute mit der älteren Frau und dem »minderjährigen« Mann? Häufiger werden die Bräute, die erst mit dreißig wissen, daß und wen sie wollen. »Seit Ende der sechziger Jahre zeichnet sich ein neuer Trend ab: Frauen ab 35 entscheiden sich häufiger als früher für jüngere Partner. Männer . . . sind zunehmend bereit, auch bis zu zehn Jahre ältere Frauen zu heiraten.«[8] Das zu brechende Tabu heißt dennoch weiterhin »Lieben Sie Brahms?« – die Frau um vierzig, die sich in einen zwanzig Jahre jüngeren Mann verliebt oder/und er sich in sie.[9] Kann das gutgehen? Episode, Tragödie, Literatur – gewiß. Aber Ehe, aber Braut –?

Fest und Feierlichkeit: das Dekorative

Von der Ästhetik des Naturschönen, das sich idealiter in der jungen und schönen Braut verkörpert, wenden wir uns abschließend dem Dekorativ-Ästhetischen der Hochzeitsfeier zu, dem festlichen Rahmen, in welchem die Braut in Erscheinung tritt. Vom *Sinn* des Rituals ist hier nicht die Rede, sondern allein vom Schmuckwerk drumherum.

Das Dekorative war ursprünglich und ehe sich die Schaufensterspezialisten, die Innenausstatter und das Kunstgewerbe seiner annahmen, das, was zu Ruhm und Ehre gereichte: eine sittliche Zierde. Im rituellen Rahmen, der die Braut umgibt, ist das Dekorative das, was sich gehört, was sich schickt anläßlich einer Hochzeit und bezogen vorzüglich aufs Arrangement unendlich vieler Dinge, groß und klein: Alles soll zusammenpassen und am rechten Orte, zur rechten Zeit in richtiger Weise stehen, sitzen, liegen, sich bewegen und geschehn. Es soll das Decorum gewahrt werden. Es handelt sich um eine mittelgroße Hochzeit nicht gar zu mittelloser Leute hier und heute.

Man kann sich leicht denken, was das bedeutet und was es kostet – an Planung, Genie und Schweiß, vielleicht auch Ärger, und sei's auch nur, weil man zu guter Letzt den falschen Wetterbericht eingeschaltet hat. Die vielen tausend Kleinigkeiten, die wochen-, wo nicht monatelang vorausbedacht werden müssen, können Braut und Bräutigam, sofern sie nicht mit dem Organisationstalent eines Top-Managers oder mit dem Gleichmut eines Stoikers begabt sind, schon geraume Zeit ehe es ernst wird, zermürben. Um dem nach Möglichkeit vorzubeugen, begibt man sich zum nächsten Kiosk und kauft sich ein Brautmodejournal, in welchem »Die Ehe Schritt für Schritt« erläutert wird, angefangen bei ernsten Formalitäten, endigend mit neckischen Tischkärtchen. Wie alles sich zusammenfügt in Form und Farbe: Blumen und Porzellan, Damaste und Kerzen; Eiskrem passend zum Ton-in-Ton des Brautbuketts; die grünen Erbsen in der Suppe nicht zu giftgrün; Wein und Fleischliches richtig aufeinander abgestimmt; die Hochzeitstorte und das kalte Buffet am Abend; ein dekoratives Lokal in dekorativer Gegend; dekorative Musik, nicht zu schwer und mehr im Hintergrund; dekorative Reden, launig, keine Predigten – das alles und manches mehr wird da hilfreich erläutert, und viele Details kann man im voraus genießen, bunt auf Glanzpapier und exzellent fotografiert. Es ist wunderschön, und es soll für alle ein unvergeßliches Erlebnis werden: der Augen Lust, aber auch des Gaumens Freuden, und alles soll der Braut zur Ehre gereichen (und dem Bräutigam auch).

Das Dekorative des Rahmens dient der Festlichkeit. Wo es

feierlich wird, stellt sich neben dem Erhebenden gern auch etwas Beengendes, Beängstigendes ein – man wagt kaum zu atmen. Viel lieber möchte man doch feiern, feucht-fröhlich, geräuschvoll und mit viel Bewegung, das ist: Tanz und Musik. Ob das Hochzeitsfest mehr zur Feier oder zum Feiern neigt, das entscheidet der Soziologe, der sich auskennt zwischen »Milljöh« und besserer Gesellschaft. Wenn in Bert Brechts »Dreigroschenoper« Polly Peachum dem Mackie Messer die Hand fürs Straßenräuberleben reicht, dann wird gefeiert; eine Feier hingegen wird's, wenn der Renaissance-Gentleman Edmund Spenser seine edle Lady-Braut heimführt. Und wenn heutigentags eine Tochter aus gutem Hause, eine gebildete junge Dame, ihrem Erwählten das Jawort abgenommen hat und man solches anschließend feiert, dann werden Lautstärke und Bewegungsabläufe verhaltener ausfallen, als wenn zwei von Discosound und knatternden Motorradsinfonien Begeisterte samt Freundesschar das gleiche Ereignis im »Rebstock« oder »Ochsen« feiern.

Wo bleibt bei alledem das Feierliche? Man kann es andeutungsweise auf dem Standesamt mitbekommen; im allgemeinen aber bleibt es der kirchlichen Trauung vorbehalten, dafür zu sorgen, daß die Hochzeitsfeier auch der Feierlichkeit nicht entbehren muß. Es geht hier gewöhnlich um einen Kontrasteffekt: Zwischen die eher kühl registrierenden Formalitäten des Standesamtes und die bunte, oft auch laute Festlichkeit mehr zwanglosen Beisammenseins in Familie und Freundeskreis schiebt sich eine schmale Stunde gedämpft-besinnlicher Feierlichkeit: die kirchliche Trauung, die dem weißen Kleid der Braut gewissermaßen eine höhere Weihe verleiht.

Es variiert, je nach Konfession; aber äußerlich doch nur geringfügig. Denn zur Betrachtung stehen hier nicht dogmatische Unterschiede, sondern nach wie vor das nach außen hin Sichtbare, in diesem Falle eine Kirche von innen. Für nicht wenige Brautpaare samt Gefolge ein ungewohnter Anblick, eine ungewohnte Räumlichkeit. Auch hier weiß der Soziologe bestens Bescheid; doch ihn wollen wir jetzt nicht hören. Uns geht es um das Gefühl fürs Dekorativ-Atmosphärische, um jene seltsame Mischung aus Verlegenheit und geschmäcklerischem Ein- und Abschätzen der Kulissen für das feierliche

Ritual. Dem puristischen Kunstfreund und Kenner aller Stile dreht sich der Magen um: neugotischer Sandsteinkitsch mit eisernem Gestänge als Verstrebungen in der Kuppel über dem Altar. Er macht die Augen zu und denkt an ein Barockkirchlein im Oberbayrischen. Es kann auch eine helle, moderne Saalkirche sein – mit großen, abstrakten Glasfenstern, einfach und daher einladend zur Begutachtung der Blumendekoration im Altarraum: ein bißchen zu ordinär bunt; was – nur ein paar Sonnenblumen – hat's zu mehr nicht gereicht? Oh, ein Meer von Rosen – was für eine Verschwendung! Ein Kreuz ist auch da, wie es sich gehört; aber was hat das mit einer Hochzeit zu tun? Die Orgel setzt ein; sie werden doch hoffentlich alles richtig machen, die beiden. Keiner kann die Lieder; es tönt dünn und katzenjämmerlich – aber wozu ist die Orgel da. Der Geistliche waltet seines Amtes als Zeremonienmeister. Wird er die missionarische Gelegenheit wahrnehmen? Er möge sich möglichst unaufdringlich vernehmen lassen! Das Brautpaar hört sowieso nicht zu. Die haben ihre Gedanken ganz woanders. Die sind hier, weil's nun mal so Sitte ist und weil die Braut in einer Kirche so schön zur Geltung kommen kann. Im Auto unterwegs sieht sie ja sonst keiner mehr . . .

Soweit der mutmaßliche Bewußtseinsstrom unter den anwesenden Hochzeitsgästen, das Dekorative betreffend. Einseitig ausgewählt, zweifellos; aber darum nicht minder den Tatsachen einer Volkskirche entsprechend. Reduktion der Religion aufs Ästhetische? Das Ästhetische als angemessener Rahmen für die ethische Forderung, ob sie nun beherzigt wird oder nicht? Oder verbindet sich das Feierlich-Schöne hier mit rein Psychologischem, in diesem Falle mit einem Mischgefühl schwer definierbarer Art – halb Glück und Glücksverlangen, halb Angst und Zweifel? Schmückt man die Braut, wie man einst Opfer zu schmücken pflegte? Der Sinn des Schönen und des Decorum rings um die Braut kann sich letztlich nur aus dem tieferen Sinn des Hochzeitsrituals ergeben; der aber ist unserer Betrachtung noch nicht erschienen. Im schönen Rahmen eine schöne Braut – das ist für's erste alles. Ob schöner Schein, ob Erscheinung des Wesens: das kann sich erst am Ende zeigen.

2. Glück im Zwiespalt der Gefühle

Brautpsychologie

Der »schönste Tag des Lebens« und die »strahlende Braut« sind stehende Redewendungen. Die Braut strahlt, das weiß alle Welt hierzulande, weil sie glücklich ist.

Glück – was ist das? Ein Gefühl in diesem Falle. Ein himmelhoch jauchzendes, klatschmohnrotes, pralles Daseinsgefühl. Nie ist das Gras so grün und der Himmel so blau; nie blühen die Rosen so lodernd rot und verschwenderisch – und warum? Der Grund dieses übergroßen Glücksgefühls? Eben. Nichts anderes und kein anderer: der Eine, der Ersehnte, der Mann an ihrer Seite, der Prinz ihrer Träume, der Bräutigam, ihr Ein und Alles von nun an bis – nun, das weiß keiner. Hier und jetzt jedenfalls kann sie ohne *ihn* nicht mehr leben. Die Seine will sie sein – ja, vorläufig für immer und ewig. So groß, so überwältigend ist das Gefühl. Denn: »Das Leben ist so kurz, das Glück so selten / So großes Kleinod, einmal sein –«[10], glücklich sein *und* als glücklich gelten: wann in aller Welt und in diesem Leben, wenn nicht als Braut, ich, vereint mit *ihm*, der Erfüllung aller meiner Wünsche?! Mit dürren Worten: Sie ist verliebt.

Brautglück – Gipfelglück: Glück als Schlüssel zur Psychologie der Braut? Der Skeptiker hebt eine Augenbraue; die Kennerin alter Familienalben erinnert sich der todernsten Brautmaske so mancher Ahnfrau; die eine oder andere Braut von gestern hat bis heute die gemischten Gefühle nicht vergessen, mit welchen sie einst zum Standesamt ging oder zum Altare schritt. Wie also? Was also? Glück oder Nicht-Glück?

Das Ideal will die glückliche Braut. Das Kino will sie; die Trivialliteratur. Das Märchen auch. Die höhere Literatur geht mit des Schicksals Irrungen und Wirrungen oft tragischer um: Am Ende steht das Unglück der Liebe, das Scheitern der Brautsehnsucht. Das Glück ist wirklich selten; und selten auch sind die Gefühle der Braut eindeutig. Es flimmert überaus zwielichtig, nicht nur in der hohen Literatur, sondern auch in den Tiefen der Volksweisheit, im Märchen, ehe der Vorhang fällt und das Glück sich über die Braut stülpt. Dem wollen wir frei phantasierend nachgehen, ehe wir uns einer Auswahl literarisch-tragischer Bräute zuwenden, die das Glück in Frage stellen.

MÄRCHENBRAUTTRÄUME: SCHÖN UND SCHAURIG

Sie ist uns bereits als Prinzessin begegnet im Märchenbrautkleid. Nun wüßten wir gern um ihre Gefühle. Was weiß das Märchen davon zu erzählen?

Das Märchen weiß vieles, und es sagt gar manches; aber mehr noch verschweigt es. Es weiß Geheimnisse und raunt sie zwischen den Zeilen; mit einfühlsamem Gefühl, nicht mit dogmatischer Gewalt, lassen sich Sinn entlocken und Tiefe erschließen. Will man einen schulmeisterlichen Entzifferungscode anwenden, sei's Freud, sei's C. G. Jung oder deren Nachfahren, so wird es mühsam und nicht selten kontrovers. Wir wollen zum Reden bringen durch Überreden über den wörtlichen Wortlaut hinaus – Dornröschen und das Königskind aus dem »Froschkönig« sollen zugeben, daß im Turm und am Brunnenrand sich mehr abspielte, als unsere Faktenvernunft sich vorstellen kann. Wir wollen Träume belauschen; wir wollen die Prinzessinnen im Schlaf reden hören; wir wollen die Seelenlicht- und Schattenspiele ihrer Brautzeit uns einbilden . . .

Es gibt der Brautmärchen erstaunlich viele. Schneewittchen, Aschenputtel und Rapunzel, Jorinde und die Jungfrau Maleen – lauter Märchenbräute, denen es hart und traurig ergeht, im gläsernen Sarg, im steinernen Turm, in rußiger Küche, im Hexenschloß, in bitterer Armut, bis die Zeit der Prüfungen, Verwandlungen und Wandlungen vorüber ist und die Braut des Glücks teilhaftig wird. Wir wählen als besonders archetypisch »Dornröschen« und den »Froschkönig« aus. Bei aller äußerlichen Verschiedenheit wollen sie im Grunde das gleiche darstellen: wie ein Kind, ein Mädchen sich zu einer jungen Frau entwickelt, »zur Jungfrau erwacht«, wie es einst so unwiederholbar schön hieß. Entwicklung von innen her und sehr viel wirklicher als Somatisches, das zwar da und vorhanden ist, aber eher wie eine offene Tür, die man nicht einzurennen braucht. Das Märchen erzählt Innerlichkeit, Seelisches im Werden, im Wandel; es deutet an, wie fatal – wörtlich: todesnah – dieses Erwachen ist; von welchen Gefahren, Ängsten und

Sehnsüchten, von welch dornenvollen Widersprüchen der Gefühle das Erblühen der Braut umrankt ist. Es weiß, daß auf dem Grunde des Brunnens ein – Frosch sitzt, nackt und kalt und widerlich. Kurz, das Märchen weiß, daß Braut-sein beides ist: schön und schaurig.

Dornröschen im Tiefschlaf: Prinzenrevue

Im Königsschloß geschieht's: Die kinderlose Königin sitzt im Bade, ein Frosch kriecht herbei und verheißt eine Tochter. Die Feen erscheinen zum Fest; die dreizehnte droht mit dem Tode, die zwölfte mildert ab zu hundertjährigem Schlaf. Und so geschieht es: Zu angedrohter Stunde ist das Mädchen ganz allein im Schloß und schweift umher, neugierig, und da sind der Turm und die Wendeltreppe und das Stübchen, und da sitzt das alte Weib, die böse Fee, und was sie sprach, das Fatum, erfüllt sich – ein Spindelstich in den Finger der Prinzessin, an ihrem fünfzehnten Geburtstag. Das ist kein Kind mehr, aber auch noch keine Frau. Das ist das labile Übergangsstadium zwischen nicht-mehr und noch-nicht. Zeit der Verpuppung; und es bildet sich die Chrysalis im Elfenbeinturm der Träume . . .

Da liegt sie nun, auf einem Bett, allein und in tiefen Schlaf versunken. Die Außenwelt, das ganze Schloß mit allen seinen Bewohnern bis hin zum Hahn im Hühnerhof, alles versinkt; die Zeit bleibt stehen. Nur die Hecke beginnt zu wachsen, lauter Dornen ringsum, undurchdringlich, die Introversion der Pubertät; das Stachlige, die Abwehr – laßt mich in Ruhe, ihr versteht mich ja doch nicht.

Was träumt die Prinzessin? Das Märchen erzählt's von außen. Junge Prinzen kommen von überallher, angelockt durch die Mär von der wunderschönen Prinzessin, die da zu erlösen und zu gewinnen sei. Doch jeder Versuch, durch die Hecke in das Schloß einzudringen, scheitert und endet tödlich. So viele Prinzen bleiben in den Dornen hängen und verschmachten elendiglich. Die Jungfrau schaut's im Traume, kann nichts dafür und hat noch weniger dagegen – es geschieht den Knaben recht, den wilden wie den zahmen. Und sie murmelt und monologisiert vor sich hin, und wir übersetzen es uns in ein etwas gegenwartsnäheres, aber auch schon fast überholtes Idiom.

– Es geschieht ihnen recht, den wilden Knaben, aber auch den zahmen. Wer hat sie geheißen, in mein Schloß einzudringen. Mir ist's wohl in meinem Turm. Ich brauch' euch nicht. Aber so von oben und von ferne schau' ich mir das Schauspiel gerne an. Ja, neugierig bin ich, und ein wenig Angst hab' ich auch; das rieselt so durch mich hin; es ist heimlich-unheimlich schön, neu und fremd und ich-weiß-nicht-wie. Ich ruhe hier in guter Ruh, und doch ist alles unruhig in mir . . .

Da kommt der erste angesprengt auf hohem schwarzem Roß; ein ganz Wilder und Charmanter, ein Sieggewohnter offenbar. Blitzt um sich mit blankem Schwert und blaugrauen Augen und meint wohl, das Ganze sei ein Kinderspiel und versuchen könnt man's alleweil. Ach, da hangt er, ach, da bangt er, seufzt vergeblich und vergeht. Eigentlich schade, aber das kommt davon.

Zögernd nähert sich der nächste, zu Fuß, den Braunen am Zügel. Errötet er schon von ferne? Weiß er recht, was er hier will? Da steht er und sucht das undurchdringliche Geranke ab, unschlüssig, und lacht ein bißchen verlegen. Nun versucht er's schließlich doch, und ach, schon umarmt die Dornenhecke ihn und läßt nicht mehr los. Ist nicht ein einziges Röslein für ihn erblüht? Er rührt mich irgendwie. Einer wie er . . .

Wie! Da kommt schon der dritte in Sicht, wie der erste hoch zu Roß, stolz und spröde, daß es klirrt. Die Augen hell wie Nordlicht; aber er blickt starr und tut, als sehe er nichts, weder Turm noch Hecke. Er reitet darauf zu, als wandelten so Roß wie Reiter im Schlafe. Aber nun nimmt er den Helm ab, und dunkelblonde Locken wehen im Wind, und es blitzt zu mir empor – weh mir und meinem Mädchenherzen! Was ist's, das da sprüht bis zu meinem Stübchen herauf? Ein einziger Blick und aus so weiter Ferne? Es sticht, wie die Spitze der Spindel stach, hier, wo ich atme. – Möge die Hecke ihn festhalten und strafen dafür, daß er mir diesen Schmerz zufügt, der so wehwohlig zieht und zehrt . . .

Lange nichts. Dann wieder ein Schüchterner und ganz in Hellblau. Auf einem Schimmel mit silbernem Zaumzeug reitet er langsam heran über die weite Ebene, unter dem hohen

Himmel, barhäuptig, dunkellockig, sanft wie ein Mädchen. Blauer Prinz, du blickst so ganz verträumt wie mein Schloß; aber die hundert Jahre sind noch nicht um. Auch du wirst hängenbleiben in der großen Hecke. Es ist schön und ein bißchen traurig, dich so heranreiten zu sehen über die grünen Wiesen, durch das weiße Wiesenschaumkraut . . .

Wieder eine Weile nichts, und es wird schon fast ein wenig langweilig – hei, da kommt's herangestürmt wie ein Frühlingswind! Mit flatterndem Fähnlein und auf geschecktem Roß, und sein Mäntelchen weht wie bei den Husaren. Ein Seeräuber kann das nicht sein; aber vielleicht ein Räuberhauptmann, als Ritter verkleidet? Mir klopft das Herz; es wird ein wenig ungemütlich. Träume ich, so beginnt der Traum zu flackern. Ist's Wirklichkeit, um so schlimmer, um so beängstigender. Hecke, halt den Ungestümen fest! Hecke, laß ihn heran, aber nicht zu nahe!

Hinter ihm taucht schon der sechste auf. Will's denn gar kein Ende nehmen; sind die hundert Jahre noch nicht um? Was ist mit diesem da? Er spielt sich auf als »Schwarzer Prinz« und meint wohl, ich müßte mitspielen. Er läßt seinen Rappen tänzeln, schwenkt den Helm zum Turm herauf, als hätt' ich nur auf ihn gewartet, als müßt' ich ihm von Schicksals wegen in die Arme fallen – ach, in den Arm wird ihm das Schicksal fallen. Schade um deine schönen Augen so blau und um dein dunkellockiges Haar – die Dornen werden dich stechen, die wilden Ranken dich zausen, und auch du bist dahin . . .

So träumt und sinniert die Prinzessin im Tiefschlaf, und wieder vergeht eine ganze Weile, denn hundert Jahre sind eben lang. Die Prinzessin beginnt immer unruhiger zu träumen. Es rumort und flimmert ihr in der Seele; es gärt, süß und sauer durcheinander, sie ist ja nicht aus Marmelstein. Das Märchen schweigt sich so penetrant darüber aus, daß die Phantasie ein wenig nachhelfen muß, um die hundert Jahre auszufüllen. Gegen Ende des langen Tiefschlafes könnte der Traummonolog der Prinzessin sich so anhören:

– Ach, wie ist auf einmal alles so öde, und doch liege ich hier wie auf Haberstroh, es piekt und prickelt, und ich weiß nicht, was soll es bedeuten – all die toten Prinzen in der Hecke um mich her . . . Die Luft ist auch plötzlich so schwül wie vor einem Gewitter. Kein einziger Vogel würde singen, wenn sie nicht sowieso alle schliefen . . . Es wird Abend, und ich habe Angst vor der Nacht. Da – am dunklen Horizont beginnt's zu wetterleuchten, falb und rosenrot, und jetzt fegt ein Luftzug über die Ebene, hui! – und bäumt sich gen Himmel wie ein Roß ohne Reiter –

> *»Dans la plaine / Naît un bruit / C'est l'halaine de la nuit / Elle brame / Comme une âme / Qu'une flamme / Toujours suit . . .«*[11]
> Und die Ebene / Horch, erwacht / Es ist der Atem- / zug der Nacht / Wie der Wehe- / laut von Seelen / die da schwelen / Dumpf entfacht . . .

Es wird unheimlich. Etwas Bedrohliches liegt auf der Lauer. Was hat das hier zu suchen? Eine seltsam prickelnde Angst breitet sich aus: Der siebente Prinz naht; er naht bei Nacht.

Im Märchen geht es unkomplizierter und kindgemäßer zu, wie man weiß. Es wird keine romantische Schauerstimmung gemalt. Als die hundert Jahre um sind, erscheint der Prinz, diesmal der richtige – »richtig« einzig und allein, weil er im richtigen Augenblick erscheint. Die Zeit ist reif. Auch er geht mutig auf die Dornenhecke zu; er hat Glück und weiter nichts: Die Dornen verlieren ihre tödliche Macht; die Hecke erblüht zu Rosen, rot und weiß. Der Prinz geht hindurch wie durch ein Ehrenspalier; er findet die enge Wendeltreppe und gelangt in das winzige Turmgemach; er sieht die schlafende Prinzessin, ist so entzückt von ihrer Schönheit, daß er sie küssen muß, und mit diesem Kuß weckt er sie auf.

Sexualsymbolik hin oder her, es ist keine Heldentat des Prinzen; es ist einzig und allein die Gunst des richtigen Augenblicks. Es wird dann noch vom Wiedererwachen des ganzen Schlosses erzählt und, kurz und knapp, von der Hochzeit. Kein Wort über die Leichen oder die Skelette all der Prinzen, die in der Hecke hängengeblieben sind. Es ist eben eine Märchenhecke; eine Hecke, die das Traumabenteuer der Prinzessin umhegte und vor unzeitiger Störung bewahrte. Alles braucht seine Zeit, und besonders viel Zeit brauchen bisweilen Mädchenträume, Prinzessinnenträume im Turmgemache wohlverwahrter Leiblichkeit: abweisend und sehnsüchtig zugleich. Aus solcher Spannung entsteht, was dem Dornröschenmärchen hinzuinterpretiert wurde: die Virulenz ritterlich larvierter pubertär-erotischer Phantasien, die um so reicher, poetischer und fesselnder ausfallen, je offener die Möglichkeit ihrer Verwirklichung bleibt.

Der siebente Prinz: Wir ließen ihn nahen bei Nacht und halten uns noch eine Weile zurück, sein wahres Wesen zu enthüllen mit Hilfe eines anderen Märchens. Wir wollen uns zunächst noch einmal den toten Prinzen zuwenden; ihr Tod ist bedeutsam. Sie starben in die dornenumrankten Träume der Prinzessin hinein. Ihre Annäherung rief Widerstreben wach, und es ist ohne weiteres klar: Die Dornenhecke ist ein Symbol jungfräulicher Widerborstigkeit und Sprödigkeit. Sie *will* nicht. Was hat es für einen Sinn, so zu tun, als hätten immer nur eifersüchtige Väter oder besorgte Mütter oder eine übergeordnete leib- und lustfeindliche Moral die jungen Mädchen eingesperrt in ein freudlos behütetes Jungfrauendasein und nur, weil »der Mann« Wert auf eine unberührte Braut legte? Es gibt sehr wohl ein natürliches Widerstreben, einen Widerwillen, einen regelrechten Abscheu gegen das Sexuelle (nicht gegen das Erotische), für das sich weder christliche noch bürgerliche Prüderie allein verantwortlich machen lassen. Simone de Beauvoir hat es ausführlich beschrieben; zudem darf man sich fragen: Wo hätten wohl Mythen und Märchen ihre jungfräulichen Gottheiten und widerspenstigen, ja grausamen Prinzessinnen her? Die toten Prinzen in der Dornenhecke bezeugen eine grausame Grundwahrheit jungfräulich-bräutlicher Psychologie: Sie hat ihre Lust daran, zu quälen und »gefühllos« zu sein.

Zwischenspiel: Tagebuch des Verführers[12]

Als Gegenprobe eine bürgerliche Braut aus dem vorigen Jahrhundert: einerseits, um zu zeigen, wie hier der junge Mann es ist, der sein Spiel treibt mit den Gefühlen eines jungen Mädchens; andererseits, um die Behauptung zu erhärten, daß Erotisches und damit Bräutliches reich, poetisch und interessant ist, solange Sexuelles aus dem Spiele bleibt.

Das Erotische subsumiert unter die ästhetische Kategorie des Interessanten: Darum geht es Kierkegaard, dem Philosophen und religiösen Moralisten in der Maske des Ästhetikers und Psychologen.

Ein junger Mann der besseren Gesellschaft Kopenhagens verliebt sich in ein junges Mädchen gleichen Standes, ehrbar, arglos, sehr sensibel und gewiß nicht dumm. Johannes fühlt sich als Don Juan, aber auf einer distanziert-reflektierten Ebene: Er will das Erotische genießen *vor* aller Berührung mit der grobsinnlichen Wirklichkeit. Was kann interessanter sein, als die Seelenregungen eines jungen Mädchens zu studieren, das langsam zur Liebe, ja zur Leidenschaft erwacht – über fast zweihundert Seiten schwebt der unbeschreibliche Duft und Genuß der Stimmungen aller erotischen Nuancen und Ambivalenzen; von den zartesten, veilchenduftenden Gemütsregungen bis zum schwindelerregenden Gipfelpunkt des Begehrens. Der Verführer wirbt, da es in diesen Kreisen nicht anders geht, offiziell um das Mädchen. Cordelia liebt und lebt auf diesen einen und einzigen Mann zu und sieht in der Ehe die natürliche Konsequenz ihrer Liebe. Nicht so Johannes. Für ihn ist die Liebe ein erotisches Kalkül zum Zwecke des Genusses erlesener Gefühle. Ihm geht es um die diffizilen, zwischen romantischer Schwermut und subtilem Zynismus oszillierenden Empfindungen des romantischen Verliebtseins; mehr noch um die erotisch-ästhetischen Möglichkeiten des Verliebtmachens. Es geht um die Entfaltung ungeahnt vielfältiger Seelenregungen, provoziert durch nichts als Geist. Keine Geste der Begehrlichkeit; nichts von verliebter Tolpatschigkeit. Auf das feinempfunden Schöne-und-Wenige kommt es an; ein einziger Blick, ein Anflug von Lächeln genügen; eine mehr oder weniger zufällige Nähe; eine beiläufige Bemerkung. Und viele Briefe – making love by letters.

So improvisiert der Verführer auf dem hochempfindlichen Seelenklavier der Braut (es kommt zu einer Verlobung), und die Impromptus sind nicht nur hinreißend melodiös; wo sie disharmonisch werden, werden sie nur um so interessanter. Beide befinden sich auf der Höhe bürgerlich gebildeter Ebenbürtigkeit: eine unerläßliche Voraussetzung dafür, daß soviel psychologisches Raffinement überhaupt möglich wird. Bei alledem werden die herkömmlichen Spielregeln gewahrt: *Sie* hat abzuwarten und zu reagieren; *ihm* steht die Initiative zu.

Nach dem genialen Kalkül des Verführers geht die Sache auf einer letzten Seite schief. Da findet die erste Liebesnacht statt, und zwar nach aufgelöster Verlobung. Der Romantiker hat dem Mädchen klargemacht, daß wahre Liebe nur in Freiheit sich entfalten kann. Sie ist intelligent genug, das zu begreifen. Sodann verläßt der Heißgeliebte die Liebende. Warum? Um sie und sich und vor allem »das Erotische« vor den Banalitäten einer Ehe zu bewahren. Ehe ist etwas Unästhetisches. War nicht schon die Verlobung vom Standpunkt des Ästhetikers aus eine Zumutung, vor allem in Gesellschaft? »In einem fort, den ganzen Abend durch, hört man ein Geräusch, als ginge einer mit einer Fliegenklappe umher: das sind die Küsse der Liebenden . . . Liebe liebt Heimlichkeit; eine Verlobung ist eine Veröffentlichung.« – Cordelia sieht das ein; die Braut gibt den Bräutigam frei und sich selber vorbehaltlos hin, und das ist das Ende. – »Erhabner Geist, du gabst mir, gabst mir alles . . .«

Der Unterschied zu Goethe-Faust und Gretchen: kein umgebrachtes Kind, keine Hinrichtung, die Zeiten waren fortgeschritten. Kierkegaard schreibt 1840 hinter dreifachem Pseudonym; beschreibt das Unglück seiner Verlobung und seines Lebens, ehe er stirbt, vierzigjährig; einer, der zum Dichter wurde durch die Braut, die er verließ.

Der siebente Prinz war ein Frosch

Zurück ins Schloß der Prinzessin. Das zweite Brautmärchen soll uns Näheres über den siebenten Prinzen erzählen. Ein Frosch sei das gewesen, gibt es ganz unbefangen zu; wir aber fragen: Wieso und warum, und was soll es bedeuten?

Wir rufen uns in Erinnerung, was geschah. Im Walde nahe beim Schloß spielt die Prinzessin mit ihrem goldenen Ball. Sie ist die jüngste und die schönste und noch ganz verspielt. Da fällt ihr der Ball in den Brunnen, und ein Frosch taucht auf, als sie sitzt und weint. Ein Frosch mit grüngoldenen Augen, aber mit einem »dicken, häßlichen Kopf«. Ein nacktes, nasses Tier. Um ihren Ball wiederzubekommen, macht die Prinzessin Versprechungen, die sie alsbald wieder vergißt.

Wir halten inne. Warum mußte sie so unbedingt ihren Ball wiederhaben? Was mag das sein, das ihr da, im Spiel und unbedacht, ins nasse Reich des Frosches fiel? War's ihr rund in sich ruhendes, kostbares Prinzessinnen-Selbst? Ein Stück davon zumindest; ein Wesensteilchen ihrer mondenen Mädchenseele. Es dunkelt schon, und es ist ein wenig kühl, und durch die hohen Bäume quillt der Mond, blaßgolden wie bei Hofmannsthal. Sie sieht den Mond und ist auf einmal verwirrt, und da entfällt ihr der goldene Ball, und nun glänzt das durcheinander, Mond, Seele, Ball – ein Ding, ein Mensch, ein Traum –, im tiefen Brunnen des Unbewußten, im dunklen Wasser, das Unvorhergesehenes birgt und entbirgt. Ist's ein Glück oder ein Unglück, daß der Frosch auftaucht? Zum Glück bringt er den goldenen Ball zurück, das königliche Spielzeug ihres eigenen Selbst. Aber zum Unglück stellt er Bedingungen: Ihr »Geselle und Spielkamerad« will er sein; von Tischlein und Bettlein hört sie ihn reden, aber sie hört kaum hin. Sie schlägt in den Froschhandel ein, denn sie will ihren Ball wiederhaben. Sie sagt ja und verspricht und ist, vermutlich ohne daß es ihr recht zu Bewußtsein kommt, geschweige denn zu Herzen geht, verlobt und eine Braut.

Sie eilt davon ins Schloß und will von dem Vorfall nichts mehr wissen. Kommt eben noch zurecht zur Abendtafel: blütenweißer Damast, Kerzenschimmer, Musik im Hintergrund und vor ihr ein zärtlich-strenger Vater. »Na, mein Töchterchen, du bist ja ganz erhitzt; hast du zu wild gespielt mit deinem Ball und so allein im Walde?« – »Ach« – und es fällt ihr wieder ein. Wie dumm. Wie unangenehm. Und sie schiebt es energisch beiseite. – Pitsch-patsch platscht's die Marmortreppe herauf, zum Vergnügen aller Kinder, die noch Märchen erzählt bekommen, statt bequemem Mattscheibenstumpfsinn ausgeliefert zu werden. »Königstochter, jüngste, mach mir auf.« Da hilft alles nichts, und alsbald sitzt das kleine triefende Ekel auf dem weißen Damast neben dem goldenen Tellerlein der Prinzessin, die plötzlich, und wen wundert's, keinen Appetit mehr hat. Niemand sonst nimmt Anstoß. Die königliche Dienerschaft samt dem königlichen Vater behandelt den Frosch mit ausgesuchter Höflichkeit. Der sitzt da und guckt die Prinzessin an mit seinen grüngoldenen Augen, die ein bißchen traurig schimmern im Kerzenlicht. Eigentlich gar nicht böse; eigentlich beinahe lieb – aber nein, nein, nein!

Die Tafel wird aufgehoben; die Prinzessin läuft in ihr Jungmädchengemach und knallt die Tür hinter sich zu, was in einem Schlosse ungewöhnlich klingt, und der König muß es gehört haben. Der Frosch patscht ihr folgerichtig nach. »Königstochter, mach mir auf!« Sie denkt nicht daran. Sie fürchtet und sie ekelt sich vor dem glitschigen Ding. Da klopft der königliche Vater an die Tür: »Meine Tochter, was man versprochen hat, das muß man auch halten.« Das Herz klopft ihr bis zum Halse; sie öffnet die Tür; das Ungeheuer hüpft herein, als sei es hier zu Hause. Der Vater schließt die Tür von außen ab. Eingesperrt, zu zweit allein, die Prinzessin und der Frosch. Der hockt mitten im Zimmer und wiederholt ganz unumwunden, was er will: In ihrem reinen, weißen Bettlein will er schlafen – nackt und naß und kalt, dieses sexsymbolische Ekel! »Königstochter, komm und trage mich in dein –« Die Prinzessin steht in ihrem Nachthemdlein und zittert – vor Kälte? Vor Furcht? Oder gar vor –? Sie gibt sich einen Ruck; sie kommt; sie packt das kalte, nackte Ding und schleudert es wütend gegen die Wand. Plattgeklatscht, schlaff und leblos soll es da herunterfallen – und siehe da: Aufrecht und sehr lebendig steht vor ihr ein schöner junger Prinz, weder nackt noch kalt, allenfalls schweißgebadet ob der Entzauberungstortur; höfisch-elegant gekleidet steht er da, verbeugt sich artig und sagt: »Du hast mich erlöst. Eine böse Hexe . . .« und so weiter. Am nächsten Tag die große Happy-End-Hochzeit, das nachträglich zelebrierte Ritual zum Geheimnis der Entfroschung.

Seltsam mutet die Gewalttätigkeit der Prinzessin an. Seltsam und ganz natürlich. Der siebente Prinz, der richtige, der vom Schicksal bestimmte »Geselle und Spielkamerad«, der Erlöser im hundertsten Jahr der Verzauberung ist selber entzauberungs- und erlösungsbedürftig. *Ihm* wird Gewalt angetan von der Jungfrau rein und zart; denn für sie, die da Braut sein soll, ist er, im unrichtigen Licht oder Augenblick betrachtet, ein sexuelles Scheusal, das *ihr* Gewalt antun will. Was ist er in Wirklichkeit? Wirklich ist nur der Affekt, der bewirkt, daß der andere so ist, wie er gerade empfunden wird. Das wahre Wesen des siebenten Prinzen hängt also ab von den wechselnden und widersprüchlichen Gefühlen der Prinzessin. Der Prinz ist ein ekelhafter Frosch oder zum Tode in der Dornenhecke verdammt, solange die Gefühle des Widerstandes bei der zur Braut bestimmten Prinzessin überwiegen. Er wird zum erlösenden oder erlösten Prinzen, sobald die unterschwellige Neugier oder Sehnsucht siegt, das heißt: sobald der richtige und günstige Zeitpunkt da ist oder auch – ein mutiger Entschluß gefaßt wird.

Dornröschen und der Froschkönig ergänzen und bestätigen einander auf nahezu ideale Weise. Das eine Mal ist die Prinzessin, das andere Mal der Prinz verzaubert. In beiden Fällen aber ist es die Braut, von welcher Widerstand oder Gefahr ausgeht – eine Gefahr, die sich als rettend erweist, sei es, weil der richtige Augenblick da ist, sei es, weil die richtige, die notwendige Tat geschieht. Im Märchen von Dornröschen ist auseinandergenommen, was im Froschkönigmärchen in eins geschaut wird: Dort trifft die vielen das Todesschicksal, weil sie zudringlich werden zu unrechter Zeit. Nur einer, der letzte, hat Glück, ganz unverdientes. Hier hingegen vollzieht sich an dem einen und einzigen Tod und Erlösung durch die mutige Tat der Braut: Er stirbt in ihren Widerstand, in ihr Nein hinein; in seiner Niederlage aber offenbart sich ihr sein wahres Sein-für-sie. Sie sieht ihn mit neuen Augen – der Frosch ist zum Prinzen geworden.

Weisheit des Märchens, in eine Nußschale verpackt: Die Braut, die *archetypische*, lebt im Widerspruch mit sich selbst. Ihre Gefühle sind dornig, disharmonisch, zwiespältig. Sie träumt Sehnsüchtiges; vor der nackten Wirklichkeit weicht sie entsetzt zurück. Die tödliche Dornenhecke, das ekelhafte Tier – es sind die symbolischen Verschlüsselungen gemischter Brautgefühle.

BRAUTLEIDENSCHAFTEN: LITERARISCH-TRAGISCH

Märchenweisheit erfreut sich zwar wieder großer Beliebtheit; der Zusatz an interpretierender Phantasie zur Ausfällung der Bedeutungssubstanz ist jedoch bisweilen so bedenklich hoch, daß man besser gleich und ohne Umwege in die Bereiche der Fiktion und der schönen Literatur abwandert. Daselbst nämlich, auf dem Gebiete von Drama und Roman, sind Brautgefühle zu Weltruhm gelangt, sprachgewaltig dargestellt, analysiert mit Einfühlung und einem psychologischen Scharfblick, der manche Schulpsychologie als diplomierte Stümperei erscheinen läßt. Ein Happy-End kommt selten vor. Es sind die Tragiker nicht nur und oft genug die besseren Theologen; sie sind ganz zweifellos auch die besseren Psychologen. Sie wissen um die »purpurne Schwermut des Glücklichen«, sie »schaudern in geheimer Lust«, und selbst die arme kleine Anni der vielbewunderten, vielgescholtenen Hedwig Courths-Mahler wird uns dargestellt »zitternd vor Schmerz und Seligkeit«.

Verwirrend Vielfältiges blüht im Brautgarten der schönen Literatur, und es wundert uns gar nicht. Denn alle große Literatur will nicht vereinfachen auf eine Grundwahrheit hin, wie dies weithin im Märchen der Fall ist; sie durchschweift des Lebens schicksalhafte Labyrinthe, rechnet mit allen Unberechenbarkeiten und möchte nach Möglichkeit die Dinge so darstellen, wie sie von Schuld und Schicksal zusammengefügt werden. Wie es dabei den Bräuten ergeht, was sie empfinden, tun, nicht tun, sagen und verschweigen, das wuchert zu einer Wildnis, in der gut und böse kaum noch zu unterscheiden sind. Der Humus, aus dem das wächst, das Zugrundeliegende, ist das, was bereits das Märchen erbrachte: ein Gefühlswiderspruch, nicht immer klar und deutlich abgrenzbar, meist unentwirrbar verfilzt, oft verschleiert, unterschwellig schwelend. Klar und deutlich wird nur eines: Die rundum und durchweg glückliche Braut gibt es nicht. Es gibt sie nicht in der schönen und großen Literatur, der wir uns nun zuwenden wollen.

Wir beginnen in der griechischen Antike, ohne welche auch

moderne Bildung und Literatur noch weithin undenkbar sind. Sodann zwei Bräute aus der besseren Gesellschaft des vorrevolutionären Rußland. Schließlich wieder drei Schritte zurück ins abendländische Mittelalter und kontrapunktisch dazu zwei Schritte vorwärts in die französische Vorromantik . . .

Rosenbekränztes Medusenhaupt der Haßliebe
Kleist, Penthesilea

Das goldene Mittelmaß, das Normale, erkennt man an den Extremen. Die Braut, die den Bräutigam in einem Haß- und Liebesrausch umbringt: So etwas kommt glücklicherweise nicht alle Tage vor. Man martert einander allenfalls langsam, durch Jahrzehnte hindurch, zu Tode. Das bräutliche Ende mit Schrecken, es ist mythisch-antik und klassisch zugleich; man sah es uraufgeführt in Berlin am 25. April 1876. Bis dahin war es ein Lesedrama, erschienen 1808. Goethe las und war befremdet. Der Dichter war Heinrich von Kleist.

Penthesilea –? Wir schlagen in einem alten Konversationslexikon nach: »Königin der Amazonen; kam im Trojanischen Krieg nach Hektors Tod den Troern zu Hilfe, wurde aber von Achill getötet.«

Amazonen –? Ein kriegerisches Weibervolk aus grauer, angeblich matriarchaler (Bachofen-)Vorzeit. Aber wie kamen sie dazu? Die Königin Penthesilea erzählt's im fünfzehnten Auftritt des Kleistschen Dramas. Einst fielen Äthiopier ins Land der Skythen ein, machten die Männer nieder und zwangen die Frauen zur Ehe. Diese ließen sich das nicht gefallen, verschworen sich und brachten eines Nachts die neuen Herren um. Sie gründen einen Frauenstaat, in welchem Mars und Diana verehrt werden, der Kriegsgott und die jungfräuliche Göttin der Jagd. Für Nachkommen wird gesorgt, indem mannbare Jungfrauen in auswärtige Kriege eingreifen, um sich Helden zu erkämpfen, die sie gefangen in ihr Reich bringen. Dort wird das »Rosenfest« gefeiert, das keine Eheschließung ist, sondern ein Liebesfest. Reich beschenkt und nicht selten unter Tränen werden die Begatter sodann in ihre Heimat zurückgeschickt. Dies ist ehernes Staatsgesetz der Amazonen, der »Busenlosen«.

Dieses Gesetz, im Verein mit ihrem Stolz und ihrer Leidenschaftlichkeit, wird Penthesilea zum Verhängnis.

Kleist hat die antike Episode aus dem Trojanischen Krieg gründlich umgebaut und eine Brauttragödie von schrecklichen, psychopathologischen Ausmaßen daraus gemacht. Aber was heißt, so könnte man fragen, »Braut« in dieser verkehrten Welt, wo »das Weib« den Mann mit kriegerischer Gewalt erobert? Penthesilea ist Braut, weil das Gesetz ein Ritual vorsieht, das man Hochzeit nennen kann, obwohl es nicht in eine Ehe führt. Außerdem ist sie Braut, weil sie liebt und geliebt wird; sie und Achill, der schönste und kühnste der Griechenhelden, sind füreinander bestimmt und einander verfallen. Warum dann können sie einander nicht haben?

Es ist kompliziert und doch ganz einfach. Es begegnen sich hier zwei Ebenbürtige. Ebenbürtig an fürstlichem Rang, an kriegerisch-technischer Gewandtheit, an Stolz und Selbstbewußtsein – und dennoch nicht zwei Männer, sondern Jungfrau und Jüngling, wie sie schon lang nicht mehr geträumt, viel weniger noch gelebt werden. Die Liebesleidenschaft entzündet sich und flammt empor auf dem Schlachtfeld, aggressiv und tänzerisch zugleich, ein Spiel mit dem Tode und um den Preis des höchsten Glücks. Die Liebe des Achill ist bereit zur Täuschung: Um den Stolz Penthesileas zu schonen, läßt er die im Zweikampf Überwundene und in Ohnmacht Gefallene beim Wiedererwachen in dem Glauben, *sie* sei die Siegerin und er der Gefangene. Brautglück rauscht auf, Empfindungen wie Rosenduft, ein Meer der Seligkeit; große Liebes- und Geständnisszene im fünfzehnten Auftritt, am Rande des Absturzes in die Wahrheit: daß sie, Penthesilea, eine Besiegte ist.

Nun? Ist das nicht wunderbar, als Liebende besiegt zu werden von dem Geliebten? Ach, leider ist's ganz so einfach doch wieder nicht. Dieses unmögliche Weib hat einen Stolz und eine Ichstärke, die fast identisch sind mit den Gesetzen ihres Staates und ihrer Götter. Achill will sie in *sein* Reich als *seine* Königin mitnehmen; er betrachtet sie, und nicht ganz zu Unrecht, als *seine* Gefangene und zukünftige Mutter *seiner* Kinder: »Du sollst den Gott der Erde mir gebären!« (Im Amazonenstaat werden alle neugeborenen Knäblein umgebracht.) Penthesilea, in all ihrer Liebesverwirrung, denkt nicht daran. Zurück nach

Themiscyra will sie, und der Geliebte soll *ihr* folgen. Doch der will zurück nach Phtia und will die Amazonenkönigin kurzerhand wegschleppen, wie man das so macht. Die kriegerischen Jungfrauen greifen ein und verhindern die Verschleppung ihrer völlig aus der Fassung geratenen Herrscherin. Die will, einen Augenblick lang, dem enteilenden Geliebten nacheilen, sich ihm doch noch unterwerfen, wer weiß, der Wahnsinn und die Liebesleidenschaft, das gleicht bisweilen wie ein Ei dem anderen. Das Chaos ist schon angebrochen; Sitte und Gesetz sind schon verletzt. Die Katastrophe naht.

Sie naht in der Gestalt eines Herolds im zwanzigsten Auftritt. Dieser Unglücksbote überbringt der fassungslosen Penthesilea Achills Herausforderung zu einem erneuten Zweikampf – und kann nicht hinzufügen, was er nicht weiß und was dem Odysseus im nächsten Auftritt als heller oder auch dunkelster Wahnsinn erscheint: Achill, ebenfalls von Liebesleidenschaft umnebelt, will sich der Amazone ohne Waffen stellen und sich gefangennehmen lassen; denn: »Eine Grille, die ihr heilig / Will, daß ich ihrem Schwert im Kampf erliege . . .«

Derweil bereitet Penthesilea den Angriff vor. Mit Elefanten, Sichelwagen und einer wilden Hundemeute gedenkt sie dem Geliebten entgegenzuziehen: Sie glaubt sich von ihm verhöhnt, und das ist unerträglich. »Mit allen Zeichen des Wahnsinns, während die Hunde ein gräßliches Geheul anstimmen« und der Donner rollt, verwandelt sich die Liebende zur rasenden Mänade, zum hilflosen Entsetzen ihrer Gefolgschaft. Der Dämon erscheint; das Medusenhaupt taucht auf: Eros, unberechenbar, chaotisch, tödlich – und warum? Weil der Hohn, der vermeintliche, auf Heiliges tropfte. Was kann heiliger sein als – »alterthümlich« gesprochen – einer Jungfrau erste und absolute Liebe? Sie war es zumindest einmal, und die Zeiten ändern sich. Der Hohn auf das Heilige ist unvergebbar. Aber ebensowenig ist die Rache der Beleidigten zu rechtfertigen – der sich beleidigt Wähnenden. Sie wird aus diesem Wahn erwachen und sich selber richten.

Doch was geschah? Es ist nicht nacherzählbar. Die da erzählen soll, was sie sah, die Amazone Meroe, sie steht zunächst starr: »Die afrikanische Gorgone bin ich / Und wie ihr steht, zu Steinen starr ich euch.« – Sie hat ihm, der ihr waffen- und arglos, liebend und vertrauend entgegentrat, einen Pfeil durch den Hals geschossen; dann hat sie sich mit ihren Hunden auf ihn geworfen und ihn am Boden mit Zähnen und Nägeln zerfleischt. Rief der Sterbende: »Penthesilea! Meine Braut! Was tust du? / Ist dies das Rosenfest, das du versprachst?«

Achill ist tot. Die Liebende, die Mörderin, erwacht aus ihrem Liebeshaßwahnsinn, begreift, was sie getan. Was war's? Ich – ihn umgebracht? »So war es ein Versehn. Küsse, Bisse, / Das reimt sich, und wer recht von Herzen liebt, / Kann schon das eine für das andre greifen.« Und sie bringt sich um in wenigen Augenblicken, ohne Dolch, ohne Pfeil – sie vernichtet sich von innen her, mit der Absolutheit ihres Gefühls.

Liebeshörigkeit unterm Holderbusch

Kleist, Käthchen von Heilbronn

Das Gegenteil der Penthesilea ist die Braut, die, ebenfalls und selbstverständlich Jungfrau, sich dem traumhaft vorherbestimmten Bräutigam wie hypnotisiert, hörig, ja hündisch, unterwirft. Es ist solches der Fall beim »Käthchen von Heilbronn« von ebendemselben Heinrich von Kleist. Goethe ärgerte sich, warf sein Exemplar des »großen historischen Ritterschauspiels« in den Ofen und schimpfte über »die verfluchte Unnatur«, sei's der kupplerischen Cheruben, sei's der Liebeshörigkeit dieser abenteuerlichen Maid, die ihrem »hohen Herrn«, dem wacker-edlen Ritter Grafen vom Strahl, nachläuft über Stock und Stein, durch Wind und Wetter, Wasserfluten und Feuersbrünste, sich mit Füßen treten und als »Metze« beschimpfen läßt und bei alledem fünfzehn Jahr alt ist. Ärgerlich muß diese Liebesunterwerfung aber auch der Frau von heute sein; anstößig, lächerlich, eine Zumutung; Masochismus, entwürdigend and what not. Oder könnte es am Ende doch etwas anderes sein? Etwas Traumhaft-Wunderbares?

Eines ist klar: Jeglicher Zwiespalt der Gefühle ist diesem Käthchen fremd. Es fühlt nur eines und ganz Einfaches: Dieser »hohe Herr« ist der ihr bestimmte Bräutigam, und sie liebt ihn mit einer Selbstverständlichkeit und Unschuld, die an ihrem Verstande zweifeln lassen. Es ist eine herzenseinfältige, geradlinige Liebe; rein wie eine Madonnenlilie, duftend wie eine blaßrosa Heckenrose, oder auch wie Heidekraut, wenn man der hymnischen Festspielrede Gerhart Hauptmanns von 1928 folgen will, etwas »von einer bezwingenden Holdseligkeit und Einfachheit«. Damit das noch plastischer hervortritt, wird als Gegenspielerin eine falsche Braut recht künstlich konstruiert: das buhlerisch-tückische Fräulein Kunigunde.

Was tut also das Käthchen, das so vieles nicht versteht und trotzdem hellsichtig immer das Richtige und Rettende tut, wenn es um Leib und Leben ihres geliebten »hohen Herrn« geht? »Es« legt sich demselben einfach zu Füßen; es nächtigt in seinem Pferdestall oder unter dem Holunderbusch an der verfallenen Burgmauer, wo es auch im Schlafe spricht: »Zu Ostern übers Jahr wirst du mich heuern« und den Silvesternachts-Cherubentraum ausplauscht, der Licht ins Dunkel bringt. Bis dahin nämlich ist dem Ritter dieses Käthchen sehr peinlich, ja lästig; er greift sogar zur Peitsche – er weiß ja noch nicht, daß diese schlichte Bürgerstochter in Wirklichkeit eine natürliche Tochter des Kaisers ist, eben jene, die ihm ein Cherub zeigte, als er todkrank darnieder lag . . .

»Es« – das Käthchen? Im Grunde ist »es« etwas Unbewußt-Geheimnisvolles, das mit traumwandlerischer Sicherheit dieser Liebenden Schritte lenkt, allen schäbigen Verdächten und aller Abweisung zum Trotz. Nicht der mindeste Zweifel an dem Geliebten kommt in dieser Seele auf. Sie weiß nur eines: daß sie *ihm* gehört, und sie will nichts anderes als seine gehorsame Dienstmagd sein, und so kommt es zu dieser sklavischen Unterwürfigkeit, zu dieser Hörigkeit; zu dieser hingebungsvollen Verehrung, zu dieser Anbetung des Geliebten. Wo ist der Stein des Anstoßes? Wie ist er beschaffen? Ist's knochenhart getrockneter Kot? Ist's ein Kristall, ein Diamant?

Man sage nicht, das hänge ab von der Würdigkeit oder Unwürdigkeit des Geliebten und mit solch selbstverleugnender Liebe dürfe ein Mensch allenfalls Gott lieben. Sagt nicht Plato, immer sei der Liebende göttlicher als der Geliebte? Warum wird trotzdem mir, als Frau, so ungemütlich zumute, wenn ich dieses Käthchen vor ihrem Ritter auf den Knien sehe? Liegt's daran, daß ich nicht Gerhart Hauptmann bin? Liegt's daran, daß ich weiß, daß Plato nicht vom Weibe, sondern von aristokratischer Homoerotik redet? Daß für ihn, wie für die lieben Apostel christlicher Ehemoral, gilt: »Demut lerne das Weib beizeiten nach seiner Bestimmung«? Dieses Käthchen ist so sehr die Idealisierung, die romantische, des gehorsamen, dienstwilligen Weibes – gewiß, sie wird am Ende als Kaisertochter legitimiert, sonst würde das schöne Schauspiel als Tragödie enden. Aber: Auch als Katharina von Schwaben wird dieses Käthchen eine gehorsame Ehefrau sein. Der schließlich ebenfalls in die Knie gesunkene Graf Wetter vom Strahl erhebt sich bald wieder und wird der Herr im Hause sein. Aber davon abgesehen: Wäre wirklich dieses durch Demut und Liebe Bezwingen die höchste und schönste Macht einer Braut?

Penthesilea ist schrecklich, selbst wenn man die Triebkräfte ihrer Raserei versteht. Käthchen muß vielen Frauen von heute als peinliches Schauspiel erscheinen. Vielleicht, weil es so schwer ist, das Geheimnis zu durchschauen; denn dreierlei geht hier durcheinander: eine patriarchale Tradition, die vom Weibe Unterwerfung fordert; Freiheit, die da sagt: Ich will; und Trieb: Ich kann nicht anders.

Brautrivalitäten um einen »Idioten«

Dostojewski, Der Idiot

Von den antiken und mittelalterlichen Jungfrauen, spröde oder hörig, folgsam oder grausam, wagen wir den Sprung ins neunzehnte Jahrhundert und zu den Halbweltdamen, die inmitten ihres Favoritinnen- oder Kurtisanendaseins plötzlich zu einer einzigen und wahren Liebesleidenschaft erwachen und auch gerne Braut und Gattin wären, wenn das Schicksal es nicht meistens anders wollte, angefangen bei der Lady Milford aus Schillers »Kabale und Liebe« und noch lange nicht aufgehört bei der »Kameliendame« von Dumas, der »Traviata« von Verdi. Unter diesen vom Wege Abgekommenen, Gefallenen, von der guten Gesellschaft Verfemten gibt es *eine*, die an ihrem unverhofften Brautsein aus Gefühlsabgründen heraus verzweifelt, die für heutiges Empfinden fast schon unbegreiflich anmuten mögen. Die Rede ist von Natascha Filipowna aus Dostojewskis Roman »Der Idiot« (1868).

Schuld an der Gefühlsverwirrung Nataschas ist natürlich der, welcher sie heiraten will, dieser Fürst Myschkin, soeben aus einer Schweizer Heilanstalt entlassen, ein Epileptiker, Unruhe und Neugier stiftend auf dem gepflegten Parkett der Petersburger Gesellschaft: ein Fromm-Einfältiger, Leidensbereiter, ein Heiliger, in dessen Dunstkreis die Engel sich drängen und die Dämonen; ein reiner Tor in seinem Vertrauen auf das Gute im Menschen, in seinem Mitleiden mit den Erniedrigten und Beleidigten, kurz – ein Idiot, noch keine dreißig Jahre alt.

Diesem begegnet Natascha, eine düster-bleiche Schönheit, die, in unschuldig-jungen Jahren von einem reichen Lebemann verführt, seitdem als Frau von zweifelhaftem Ruf einen Salon unterhält, verfolgt von der Haßliebe ihres Verehrers Rogoschin. Man will sie mit irgendeinem Sekretär verheiraten, damit ihr Verführer um eine höhere Tochter anhalten kann. Da greift dieser »Idiot« ein und macht ihr einen Heiratsantrag. Wie das? Soeben hat sich der Fürst in die helle, reine, idealistisch edle Aglaja verliebt, die Tochter eines Generals. Zwei Ebenbürtige im schönsten Sinne: beide aristokratisch, wohlhabend, gebildet, und auch ihrer beiden Seelen scheinen vollkommen zusammenzustimmen. Scheinen; denn Aglaja begreift eines nicht: des Fürsten tiefes Mitleiden mit dem Seelenleiden der gedemütigten und sich selbst verachtenden Natascha. Diese hat das Urteil der Gesellschaft verinnerlicht und hält sich für »das lasterhafteste, das am tiefsten gefallene Geschöpf der Welt«. Sie liebt den Fürsten; er ist die Verkörperung ihrer tiefsten Sehnsucht nach Reinheit. Gerade darum will sie ihn nicht beflecken mit ihrer Verworfenheit. Sie fühlt sich durch und durch unwürdig und stößt zurück, wonach sie sich sehnt: Sie schlägt des Fürsten Hand aus und wendet sich in selbstzerstörerischer Verzweiflung wieder dem ihr verfallenen Dämon Rogoschin zu. Damit nicht genug; sie versucht, in qualvollem Widerspruche mit sich selbst, die Verbindung zwischen Myschkin und Aglaja zu fördern: *Sie* soll er heiraten, der Reine die Reine. Was soll daraus werden?

Aglaja liebt stolz und schwärmerisch. Sie ist sich ihres Wertes voll bewußt. Sie liebt leidenschaftlich und fordert vom Geliebten eine ganze und ungeteilte Liebe – Eros von Gipfel zu Gipfel, vollkommenen Egoismus zu zweit, Ausschließlichkeit. Mit dem »Idioten« aber ist eben etwas nicht richtig. Der meint nämlich einerseits, er müsse die »gefallene« Natascha in eine ehrbare Ehe »retten«; und andererseits erwartet er, daß Aglaja dies verstehe. Wie soll sie? Daß im Widerstreite zwischen Eros und Agape in des Fürsten tief mitleidensfähiger Seele die Agape siegt; daß er unter Schmerzen Aglaja opfert, um Natascha zu retten – das muß ihr unbegreiflich bleiben. So sagt sie der Rivalin den Kampf an und beleidigt sie tödlich bei nächstbester Gelegenheit. Die edle, idealistische Aglaja vergißt sich und wird zur mitleidlosen Megäre, die in den Staub tritt, was schon am Boden kriecht. Sie tut es nicht aus Bosheit, sondern weil sie ihre Liebe gefährdet sieht; ihre edle, reine, aufrichtige Liebe, geopfert für eine wie die da! Ist es nicht begreiflich, daß sie um sich schlägt im wilden Schmerz der Liebe? Sie fordert vom Fürsten eine sofortige Entscheidung: sie oder ich!

Und was tut der »Idiot«? Da steht die leidenschaftlich entflammte Aglaja, schöner denn je. Hier steht die leichenblasse Natascha, die auch ihre Zunge nicht geschont hat, aber nun am Boden zerstört ist. Dazwischen steht der Heilige, und es knistert im Salon. Der Fürst, in schrecklichem Kampf mit sich selbst, zögert einen einzigen Augenblick, schwankt – und die stolze Aglaja erträgt es nicht. Gut; dann eben nicht. Nimm diese Hure, wenn sie dir wertvoller erscheint als ich. Sie schlägt die Tür hinter sich zu, und der Fürst, wie betäubt, wendet sich Natascha zu und wiederholt seinen Heiratsantrag. Diesmal nimmt sie ihn an. Der Hochzeitstermin wird festgelegt. Kurz vor der Trauung flieht Natascha zu Rogoschin, der sie ersticht, weil er es nicht erträgt, daß die von ihm so leidenschaftlich Geliebte den »Idioten« tiefer liebt als ihn.

Das Ende? Mörder und Heiliger sitzen eine Nacht lang am Bett der toten Braut, Hure und Geliebten. Der Mörder fieberphantasiert; der Fürst fährt ihm mit zitternder Hand liebkosend durch das Haar. Man kommt: Zuchthaus für Rogoschin; Heilanstalt für Myschkin, der in völliger Idiotie verdämmert.

Eine spannende Geschichte? Eine Vierfach-Liebestragödie, bei welcher uns in erster Linie die Psychologie der beiden so gegensätzlichen Bräute interessierte; diese Gegensätzlichkeit entzündet sich an dem geliebten Mann, der ein ganz Ungewöhnlicher ist. Aglaja wird das Opfer höherer Menschenliebe; ein vergebliches Opfer. Natascha richtet sich selbst und den Fürsten zugrunde – eine Braut, die an ihrem eigenen Reinheitsanspruch scheitert: Ist das nicht archaisch-unbegreiflich? Oder – steckt da noch etwas anderes dahinter, das bei Dostojewski nicht recht zum Ausdruck käme? Natascha liebt als Frau, erotisch. Der Fürst aber liebt sie eher aus Mitleid und Erbarmen, agapisch. Will sie etwa diese mitleidend-rettende Liebe nicht, die nicht die Frau liebt, sondern das gefallene Geschöpf? Sie hat ja auch ihren Stolz, wenngleich sie sich verachtet weiß von der guten Gesellschaft und darunter leidet. Sie hat ihren Stolz als Frau, die erotische Macht ausübt – siehe Rogoschin. Wenn sie solche Liebe im Geliebten nicht wecken kann; wenn sie ihn nicht reizt als Weib – dann kann sie auch auf sein Mitleid verzichten. Wie sprach doch Penthesilea, des Grimms und der Verzweiflung voll, nachdem Achill sie niederwarf im Kampf? »Staub lieber als ein Weib sein, das nicht reizt« . . .

»Der Idiot«: Zwei Frauen scheitern an einer Christusgestalt, an einem, der seinerseits zusammenbricht unter dem Anprall ihrer Liebe, die unbedingt und zu keinerlei Kompromissen bereit ist. Beide lieben mit bräutlich-erotischer Liebe. Beide leiden. Dazwischen steht das Mitleiden des Fürsten Myschkin. Die eine begreift es nicht; die andere will es nicht.

Die falsche Braut I: romantischer Ehebruch

Gottfried von Straßburg, Tristan und Isolde

Bei »falscher Braut« fällt uns zunächst das Märchen ein; da gibt es überraschend viele falsche Bräute, aber alle müssen sie am Ende der rechten Braut weichen: die schwarze der weißen; die Stiefschwestern dem Aschenputtel; die böse Kammerjungfer der königlichen Gänsemagd; die häßliche Königsbraut der schönen Jungfer Maleen. Heldin ist immer die richtige Braut, die zwar viel leiden muß, aber am Ende doch den ihr bestimmten Königssohn bekommt. Der falschen Braut ergeht es schlecht; sie wird verstoßen oder hingerichtet, denn sie ist eine Betrügerin, die sich anmaßt, was einer anderen zukommt.

In der großen Literatur ist es anders. Da sind die falschen

Bräute die Betrogenen. Betrogen sind sie um ihr Glück; denn »falsch« sind sie, weil man sie zwingt, einen Mann zu heiraten, den sie nicht lieben, während ihnen gleichzeitig die Leidenschaft zu einem anderen im Herzen brennt. Dergleichen kommt im Märchen nicht vor. Dafür ist die Tragödie zuständig, das Epos oder der Roman und schließlich Richard Wagner. Bei dieser Braut, der wir uns nun zuwenden, klaffen Liebe und Ehe heillos auseinander, und der Ehebruch ist vorprogrammiert. Beklagenswert ist diese Braut, weil sie ihrem Herzen nicht folgen darf. Also darf man wohl fragen: Wer oder was ist da letzten Endes falsch? Die Gefühle der Braut sind echt; sie liebt den einen und nur ihn. Falsch gewickelt müssen also die Umstände sein, die Gesellschaft, die Gesetze, die Moralvorstellungen, die von einer Liebenden verlangen, daß sie ihre Liebe verleugne und sich mit einem Ungeliebten ehelich abfinde. Kann das gutgehen? Ist das zu rechtfertigen?

In den meisten Fällen ging es irgendwie, weil es gehen mußte; vor allem aber ging es, solange niemand auf die Schnapsidee kam, Liebe und Ehe gehörten zusammen, unabdingbar und auf jeden Fall. Daß diese Idee erst den vom Wein des Absoluten berauschten Romantikern zu Kopfe stieg, hat sich längst herumgesprochen. Die Geschichte von »Tristan und Isolde« aber stammt aus dem Mittelalter und aus noch früherer keltischer Sagenzeit. Wie kam man damals auf die häretische Idee, eine absolute Liebesleidenschaft rechtfertige den Ehebruch? Man rechtfertigte zunächst überhaupt nicht; man stellte fest: dergleichen kommt vor, und man erklärte es als Wirkung eines Zaubertranks, der aus Versehen getrunken worden war von den beiden, die einander nun schicksalhaft verfallen sind. Mag man fragen: Aber warum heiratet diese Isolde den König Marke, wenn sie doch Tristan liebt? Wer zwingt sie dazu? Es zwingt sie dazu ein nach ehernen Gesetzen abrollendes gesellschaftliches Ritual. Tristan hat für Marke den Brautwerber gespielt; er kann nicht ankommen und sagen: Ich hab' mich unterwegs in sie verliebt, lieber Oheim, ich will sie selber. Noch weniger kann Isolde zurück. Und selbst wenn sie könnte: Würde sie den Geliebten überhaupt heiraten wollen?

Das ist es eben. Die verschiedenen Fassungen der berühmtesten Liebes- und Ehebruchsgeschichte der Weltliteratur reden zwar, jede auf ihre Weise, sagenhaft-magisch oder psychologisch-allegorisch darum herum; aber bei Gottfried von Straßburg wird's doch deutlich: Das Hohelied der Minne wird gesungen inmitten des Skandals, weil Ehe und Liebe, Liebe und Ehe unvereinbar sind. Das haben die Troubadours der lavendelduftenden Provence und die Liebeshöfe fürstlicher Damen so ausgetüftelt und, in Verse gebracht, zur Laute geschlagen, daß »edele Herzen« gar nicht anders können und daran glauben müssen. Die wahre Liebe, die große Liebesleidenschaft kann nur außerhalb der Ehe ins Absolute lodern – und wenn der ganze Tugendschnee verbrennt und die Gletscher von Gesetz und Sitte schmelzen und in ihren Fluten alles untergeht . . .

Untergehen tun aber nur die Liebenden, und zwar mit Notwendigkeit und innerer Konsequenz. Wie soll eine solche Leidenschaft lebensfähig bleiben? Die Liebenden isolieren sich von der übrigen Menschheit. Sie lieben einander im wilden Wald, in mystischer Liebesgrotte zu zweit allein und zwei Schritt vom Abgrund: der zieht sie an. Sog des Absoluten; Sinfonie der großen Gefühle; Rausch des Glücks und des Augenblicks, der nicht dauern kann; Erlösung ins Nichts. Der Vorhang fällt; die Zuschauer, Zuhörer sind betäubt; man weiß nicht, ob man klatschen soll . . .

Das also ist die Braut, die einem gänzlich Ungeliebten angetraut wird und sich damit quasi das Recht zum Ehebruch erwirbt. Isolde, Tristan im Herzen, reicht König Marke die Hand zum Ehebunde vor Priester und Altar. Die Braut, die schon im voraus weiß, daß sie die Ehe brechen wird, und die sie in ihrem Herzen bereits gebrochen hat. Wie ist es möglich, daß ein Gottesgericht sie, die Ehebrecherin, später losspricht? Was meint der Dichter mit dem dunklen Spruch: »daz der vil tugenthafte Crist wintschaffen alse ein ermel ist« (heißt: seinen Mantel nach dem Winde hängt)? Man rätselt daran herum. Soll es etwa heißen: Gleichwie der Geist, der da wehet, wo er will (Joh. 3,8), so weht und wirkt auch Eros, wie es ihm gefällt? Und der Christ, der wirklich etwas taugt, muß sich vom Geist und von der Liebe treiben lassen, und die zwei wären eins? Da wäre in der Tat der Wurm der Häresie drin, und Denis de Rougemont, dieser hinreißende Moralist, hätte recht mit seiner Vermutung, daß die höfische Minne, diese Liebe, die immer *»à* *travers«* kommt, sich querlegt gegen Gesetz und Sitte; daß diese Liebesauffassung, deren Apotheose der Liebestod Tristans und Isoldes ist, ihren Ursprung bei den mittelalterlichen Katharern, also bei Ketzern hat.[13]

Und was wäre damit gesagt? Nun, daß man sich davor hüten soll. Denn erklärt wäre damit wenig oder gar nichts. Wozu auch. Wo aber käme dergleichen heutzutage noch vor, bei uns? Ehebruch, natürlich, und fast schon ein Gesellschaftsspiel. Aber eine Braut, die, in Tränen aufgelöst oder vor Schmerz versteint, zum Altar schreitet, um einen ungeliebten Mann zu heiraten, während sie dem Geliebten entsagen muß und doch nicht kann, und zwei, die dann beide ihre Liebe *und* ihren Ehebruch, konsequent und weil sie anders nicht beieinander bleiben können, mit dem Tode besiegeln –?

Eine solche Isolde gibt es heute nicht mehr, und diesen Tristan auch nicht. Oder sind sie in ihren Metamorphosen nur so schwer zu erkennen? Eine Verkürzung der langen, komplizierten Geschichte und ein psychologischer Kunstgriff wären notwendig, um heutigentags Isolde in jeder Braut zu entdekken, die da meint, ihren Tristan, den schicksalhaft einzig möglichen Mann, zu lieben und zu heiraten, um dann erst nach einigen Jahren, vielleicht vier, vielleicht sechs, zu entdecken, daß es der König Marke ist, ein braver, korrekter, aber langweiliger Ehemann. Da sieht sie sich denn um: Tristan, wo bist du? Und siehe: Irgendein Tristan findet sich im nachhinein. Aber was für einer?! Um unserer Liebe willen in den Tod? Ohne mich, meine Liebe. Allenfalls in die Karibik oder ins Kleine Walsertal, so lange das Geld und der Urlaub reichen. Und was dann? Dann wird man sich schon arrangieren, irgendwie, wenn eine Scheidung nicht in Frage kommt. Ist das nicht vernünftig?

Die falsche Braut II: vorromantische Tugend

Rousseau, Julia oder die neue Heloise

Vernunft wäre das eine; Tugend ist ein anderes. Mit dem Sieg der Tugend würden wir's gerne kurz machen; aber so einfach ist es auch nicht, und zudem hat Rousseau einen langen Briefroman daraus gemacht: »Julie ou la Nouvelle Héloïse«, 1764. Das ist schon einige Zeit her und nicht mehr ganz modern. Man schwelgte damals in Empfindsamkeit und pries den Liebesverzicht um des Anstandes oder der Ehre willen. Letzteres hatte schon Racine klassisch vorgedichtet, als er seine *Bérénice* von 1670 der Staatsräson zuliebe auf ihren kaiserlichen Titus verzichten ließ. Was bei Rousseau zu solchem Verzicht hinzukommt, das kam über den Ärmelkanal, allen voran Richardsons tugendhafte *Pamela*: das einfache Mädchen, das allen Versuchungen der wüsten großen Welt widersteht, dadurch das Herz und die Hand eines Wüstlings gewinnt, den sie als Gemahlin noch vollends zum ehrbaren Menschen erzieht. Man las mit Hingabe; man weinte vor Rührung – man: nicht nur Frauen. Auch Männern standen Tränen damals wohl an.

Vor diesem literarischen und Empfindungshintergrund knüpft Rousseau jedoch noch weiter hinten an: bei der in schönem Mittellatein überlieferten »Geschichte der Kalamitäten« des Frühscholastikers Peter Abälard, der als Hauslehrer die Nichte eines höheren Herrn verführt und dann heimlich geheiratet hatte (er wollte seine Klerikerkarriere nicht gefährden). Der wütende Oheim ließ den Abälard entmannen; dieser zog sich in ein Kloster zurück, und auch Heloise nahm den Schleier. Von Kloster zu Kloster schrieben die Getrennten einander einige der berühmtesten Liebes- und Leidensbriefe der Welt. Daher Briefroman; denn Liebende sagen am liebsten »ich« und »du«. Ansonsten aber ist bei Rousseau manches ganz anders, deshalb die »neue« Heloise.

Sie heißt Julia und ist eine Adelige; ihr Hauslehrer heißt zwar Saint-Preux, ist jedoch ein Bürgerlicher. Damit hat das Schicksal schon vorweg entschieden: Es kann nichts daraus werden. Ehe Julia zur »falschen« Braut des edlen Herrn von Wolmar wird, erwachen, wie bei Isolde, die wahren Brautgefühle in ihr – nicht durch einen Liebestrank, sondern durch das ebenso sicher wirkende Zaubermittel gemeinsamer Lektüre und geistiger Osmose. Das hat große Vorbilder und viele Nachahmer, und eines Tages lasen auch diese beiden nicht weiter. Wie das so ist mit jungen, schwärmerisch-intelligenten Mädchen und ihren Lehrern; was da entsteht, vermittelt sich auf dem subtilen Umwege des Geistes und der Lernbegier;

meist ist die schöne Literatur, bisweilen auch die Philosophie, die unerkannte Kupplerin; denn mit der Mathematik ist's schwieriger, wenngleich auch nicht unmöglich. Julia erwacht zur großen Leidenschaft und gibt sich ihrem Gefühle und dem Geliebten bedingungslos und ohne Bedenken hin – gerade nachdem im Philosophieunterricht Abälard sittlich verdammt wurde.

Das heimliche Glück zu zwein währt nicht lange. Ein Duell droht; Julia verhindert es. Die Ehre der adeligen Familie steht auf dem Spiele – soll sie durch einen Bürgerlichen besudelt werden? Die Liebenden, ja bereits heimlich Verlobten wollen – müssen? – großherzig aneinander handeln. Saint-Preux gibt Julia frei; Julia heiratet auf des Vaters Wunsch einen Mustergatten: verständnisvoll, aber tugendstreng. Bei der Hochzeitsfeier, vor dem Traualtar, hat die liebend-verzichtende Braut ein Schlüsselerlebnis, ein innerlich-religiöses: Ehe bedeutet heilige Pflicht, und sie will sie erfüllen; die Leidenschaft, derer die Ehe nicht bedarf, die bleibt für ewig unerfüllt, dem Geliebten aufgespart, der währenddessen, dem Selbstmord knapp entrissen, von einem Freund auf Reisen mitgenommen wird.

Was ist falsch an dieser Braut? Nach heutigen Begriffen dies, daß sie nach alter Tradition Liebe und Ehe auseinanderdividiert. Sie ehrt und achtet ihren Gatten, der ihrer auch ganz und gar würdig ist. Sie ist eine vorbildliche und opferbereite Mutter seiner Kinder. Aber wohin mit der selig-unseligen Liebe, die nicht vergehen will? Eine solche Liebe, erfährt sie nicht ihre schönste Verklärung im Verzicht? Dann wäre die Tugend ein Mittel, sie am ewigen Leben zu erhalten? Und der Gatte wäre betrogen, gerade weil die Gattin so tugendhaft ist? Vielleicht macht's ihm nichts aus. Vielleicht aber doch. Herr von Wolmar versucht's mit überlegener Güte und erzieherisch: Er lädt den zurückgekehrten Saint-Preux in sein Haus ein; man macht gesittete, ehrbare *ménage à trois*. Wolmar möchte das, was zwischen den Liebenden ist, »lieber ordnen als auflösen«. Das ist human und lobenswert; für die beiden aber wird's zur Qual. »Man erstickt an großen Leidenschaften; selten gelingt es, sie zu läutern«, schreibt Julia an den Geliebten. So wird auch hier der Tod zur Erlösung. Ihren Sohn aus dem See rettend – Unfall? Zufall? Herbeigewünschtes? –, zieht Julia sich eine tödliche Krankheit zu. Sie stirbt und gesteht sterbend noch einmal ihre Liebe, ihre erste Mädchen- und Brautliebe zu ihrem Lehrer, Erwecker und Verführer. Dem Geliebten legt sie den Gatten ans Herz, der sie doch schließlich auch liebt – freilich mit einer sehr ausgeglichenen, ab- und aufgeklärten, fast schon väterlichen Liebe. Eine Tragödie, die dennoch versöhnlich ausklingt. Es konnten die zwei zwar zusammen nicht kommen; aber ihre Liebe gab ihrem Leben schmerzliche Tiefe – und was wäre die Liebe ohne den Schmerz?

Vermischtes

Die Braut, die zur »falschen« wird, weil sie den falschen Mann heiraten muß – es war dies im vorigen Jahrhundert noch ein großes und tragisches Thema, nicht nur an Fürstenhöfen, sondern auch im Bürgertum: »Meine Mutter hat's gewollt / Den andern ich nehmen sollt / . . . / Was sonst in Ehren stünde / Nun ist es worden Sünde / Was fang ich an? / . . . / Ach, könnt ich betteln gehen / Über die braune Heid!«[14] Das kann todtraurig sein, wenn man sich recht einfühlt, und man möchte weinen. Warum? Weil hier *kein* Ehebruch stattfindet, sondern nur die grenzenlose Klage um das unmögliche Glück. Der erzwungene Verzicht, der so einsam und heimatlos macht, daß man auf dieser braunen Heide ein Grab sich wünscht und drei Lilien darauf . . . Die Sehnsucht der Braut nach dem Geliebten stürzt zwar nicht ab in das Nichts des Nicht-Geliebtseins, wie im Falle der verlassenen Braut Ariadne auf Naxos oder der zurückgestoßenen und im Wahnsinn endenden Ophelia, aber ein sehr viel besseres Schicksal ist ihr auch nicht beschieden: Sie wird gewissermaßen eingemauert, lebendig begraben, soll sterben und kann nicht, quält sich, stößt sich wund an dem, was die Liebeserfüllung verunmöglicht – meistens sind es Standesschranken oder der Wille der Familie, die eine andere Verbindung für günstiger und vernünftiger hält. So steht hier am Ende unserer literarischen Stichproben nicht die glückliche, sondern die todunglückliche Braut. Glücklicherweise werden wir hinzufügen dürfen: In Wirklichkeit kann es sie kaum noch geben, heutigentags und hierzulande. Die Zeiten haben sich geändert und die Verhältnisse auch. Der Zwiespalt der Gefühle mag sich durchgehalten haben hier und da und wenn der Braut zu Bewußtsein kommt, daß die Ehe kein Kinderspiel ist. Aber unglücklich, gar todunglücklich kann sie als eine, die freiwillig das Risiko der Ehe eingeht, nicht mehr sein.

Wo man mit Brautgefühlen anfängt, da ist kein Ende in Sicht. Wir haben ja abgesehen von den Gefühlen geraubter und verkaufter Bräute; von Angst und Entsetzen vor roher Gewalt und von den Gefühlen der Demütigung und Entwürdigung da, wo nach den Gefühlen der Braut überhaupt nicht gefragt wird. Das alles ist ja auch ziemlich fern und fremd. Soll man ferner zu den Gefühlen die Gleichgültigkeit zählen, die eine Braut dem Bräutigam gegenüber empfinden mochte, wenn rein pragmatische Zwecke und Motive die Frau zur Ehe bestimmten: der Wunsch nach ehrbar erworbenen Kindern; nach Versorgung; nach Sozialprestige, und vor allem, weil einer Frau durch die Jahrhunderte hindurch in den meisten Fällen nichts anderes übrigblieb zwischen Kloster und Bordell, zwischen alter Jungfer-Tante und lebenslänglicher Dienstmagd fremder Herrschaften als eben die Ehe?

Hier befinden wir uns bereits auf der Grenze zum Sozio-Ökonomischen; hier bekommt die Phänomenologie ihren historisch-materialistischen Knick. Gewiß werden die Gefühle einer Braut in erster Linie bestimmt von ihrem persönlichen Verhältnis zu dem Manne, der ihr, dem sie zugedacht ist. Sie werden aber zweifelsohne auch geprägt, zumindest jedoch modifiziert durch das, was nach der Hochzeit an Ehelichem auf die Frau zukommt. Von Luft und Liebe läßt sich, wie man weiß, nur in den seltensten Fällen leben. Das tägliche Brot fällt nicht als Manna vom Himmel, und wohnen muß sie auch irgendwo. Am Begriff soll nicht gerüttelt werden: Eine Braut ist eine Braut, wenn ein Mann da ist, der sie, den sie zur Ehe will oder auch nehmen muß. Aber ob dieser Mann die Braut mit fürstlichem Gepränge in sein hochherrschaftliches Domizil heimführt oder ob »widele, wedele, hinterm Städtele« der Bettelmann Hochzeit hält und als Gäste »alle Mäusele, alle Läusele« geladen sind und das Brautbett im Heuschober versteckt ist – das macht doch einen kleinen Unterschied. Von größeren soll noch die Rede sein.

3. Bäu'rin, Bürg'rin, Arbeiter- und Edelfrau . . .

Soziologisches: Braut, Brot und Häuslichkeit

Ob das Sein das Bewußtsein bestimmt oder umgekehrt, das ist eine der Grundfragen für Denker vom Dienst, genannt Philosophen, die in Rot und Blau auseinanderdenken, was dem unbefangenen Laienauge als Lila erscheint. Man möchte logisch streng deduzieren; aber mit der Logik der Wirklichkeit ist es wie mit der Logik der Frauen: Man muß ihr mißtrauen. Sie ist nämlich nicht zwei-, sondern dreiwertig. Sie sagt nicht ja, sie sagt nicht nein; sie formuliert auch kein dialektisches Jein. Sie sagt: Vielleicht. – Es kann so sein; aber auch anders. Das hängt immer davon ab.

Wir werden uns hier nicht mit Haut und Haar und sämtlichen grauen Gehirnzellen dem historischen Materialismus verschreiben und das Bewußtsein der Braut, ihre Gefühle und Anschauungen und was praktisch alles daraus folgen kann, einlinig von ihrer sozioökonomischen Situation herleiten und erklären. Andererseits jedoch kann das Verhaftet-Sein der Braut und Ehefrau im Materiellen und Konkreten der jeweiligen Gesellschaft nicht den schönen und schaurigen, absoluten oder tragischen Gefühlen zuliebe außer Betracht gelassen werden. Brot und ein Dach überm Bett mögen zwar nicht ausreichen, eine Braut zu definieren; sie sind aber notwendig, solange die Braut mit beiden Beinen auf dieser Erde wandelt. In seltenen Fällen mag es anders sein: wenn die Braut sich ganz ins Blau verklärt und die Welt in wesenlosem Scheine hinter ihr zurückbleibt.

Mit der Liebe nämlich, der erotischen und insbesondere mit Brautliebe, ist es wie mit der Religion. Das Gottesverhältnis kann sich in mystischer Unbedingtheit ganz auf Gott beziehen: »Wenn ich nur dich habe, so frage ich nicht nach Himmel und Erde.« Das ist aber die rare Ausnahme. Normalerweise ist es so und kann auch gar nicht anders sein, daß die Umstände und

Zufälle dieser Welt und meines Lebens das Gottesverhältnis auch gefühlsmäßig bestimmen; ob ich zu denen da gehöre, die am Rande der Gesellschaft und im Dunkeln dahinvegetieren, oder zu diesen hier, die als angesehene Bürger der Stadt oder noch weiter oben im Rampenlicht der Öffentlichkeit die Geschicke anderer mitbestimmen. Ob ich Hunger leide oder übersättigt bin. Ob ich in einer lärmbelästigten, engen Großstadtmietskaserne hause oder in einer weitläufig-idyllischen Villa am Chiemsee residiere. Schließlich: ob ich eine Studierte bin oder meine notdürftige Grundschulbildung mit Bild-Zeitung und billigem Fernsehquiz aufstocken muß – wenn mir das nicht auch zu blöd wird auf die Dauer und ich lieber in die Disco geh'.

Noch einmal und zugegeben: Raum ist in der kleinsten Hütte für ein glücklich liebend Paar. Das ist ja das Wunderbare (und manche sagen: das opiumhaft Benebelnde) an der Liebe wie an der Religion, daß alle diese sozioökonomischen Sachzwänge zur Nebensache werden und versinken können. Der Normalfall jedoch ist das nicht, und wir wollen die Beine vorerst auf dem Boden der gewöhnlichen Tatsachen behalten und einen klaren Kopf dazu. Um die Brille freilich kommen wir nicht herum. Die Gläser sind lila eingefärbt; aber das Lila schielt ins Rötliche. Das ist die Farbe von überzüchtetem Gartenlaubenflieder.

In diesem Kapitel soll uns also – der Bettelmann mit seiner Bettelbraut hat es angedeutet – die Frage beschäftigen, wie die Braut nach dem Hochzeitsmahle zu ihren täglichen Brötchen kommt und zum übrigen Lebensunterhalte. Wo und wie sie wohnt; welche Häuslichkeit sie als Hausfrau umgibt und aus welchen vier Wänden oder Zimmerfluchten sie gegebenenfalls ausbricht.

Wir werden wieder mit der Prinzessin beginnen, obwohl ein alter Kinderabzählreim mit dem Bauern beginnt und der Bauernbraut also das natürliche Vorrecht zustünde. Denn: »Als Adam grub und Eva spann / Wo war da der Edelmann?« Ja, wo ist er denn heute? Eine solche Frage seriös zu beantworten, das würde uns viel zu tief in die europäische Geschichte zurückführen; es genüge daher der halbseriöse Hinweis, daß der Edelmann und seine Edelbraut heute in den Illustrierten zu finden sind in liebevoll gehätschelten Überresten einer katastrophalen Vergangenheit.

In die wechselvolle Geschichte des europäischen Adels also wollen wir uns nicht verheddern. Mit der Prinzessin aber beginnen wir, weil sie dem Archetyp der Braut so nahekommt, dem Ideal, dem Ur- und Vorbild. Ist nicht jede Braut eine Prinzessin? Die Schönste, die Liebste, die Erste schlechthin. Was danach kommt, an Bauern- und Bürgerbräuten bis hin zur Arbeiterbraut, das kann nur noch Abglanz sein, und am Ende, wer weiß, stehen wir vor dem schieren Nichts – vor der Braut ohne Trauschein. Und schuld ist? Das Sozioökonomische.

Die Prinzessin

Die Wahrheit des Märchens besteht in abstrahierender Vereinfachung auf das jeweils wesentlich Erscheinende hin. Im Blick auf die Prinzessin interessierte nur das symbolisch verschlüsselte Widerspiel der Gefühle. Unberücksichtigt blieb die Fülle der Umweltvariablen, durch welche junge Mädchen überall und jederzeit, also diesseits der Zeit- und Ortlosigkeit des Märchens, zum Brautsein bestimmt, bewegt oder auch gezwungen werden. Wir fragen uns:

Wie groß oder klein mag die Zahl der jungen Mädchen sein, die so lichte, leichte, goldgestreifte Luft atmen wie die Märchenprinzessin? Sie braucht sich um nichts anderes zu kümmern als um sich selbst und ihre Gefühle diesem oder jenem Prinzen oder auch einem Frosch gegenüber. Sie braucht nicht um ihr täglich Brot zu bangen; die Tafel ist allezeit gedeckt mit goldenen Tellern, gebratenen Täubchen, Erdbeeren, die noch nach Erdbeeren schmecken, und Schlagsahne. Sie braucht sich nicht zu sorgen um Kleider und Schuh, um Schloß oder Park; eine geschäftige Dienerschaft nimmt ihr alle Arbeit ab. Die zarten weißen Fingerchen der Prinzessin kommen nie mit fettigem Spülwasser oder mit den Eingeweiden geschlachteter Hühner in Berührung. Eine goldene Karosse steht bereit, sie an schönen Sommertagen durch ein weites, friedliches Reich spazierenzufahren, vorbei an wogenden Weizenfeldern mit blauen Kornblumen darinnen und noch blauerem Himmel darüber, und in den Bächlein helle schießen die Forellen dahin in froher Eil' . . . Fährt sie nicht spazieren, dann verbringt die Prinzessin ihre Tage damit, im schattigen Walde mit goldenem Balle zu spielen, und ihre Nächte oder ganze hundert Jahre verbringt sie damit, von Prinzen zu träumen . . .

Abstrakt ist die Prinzessin, weil sie nur mit sich selbst und ihren Gefühlen beschäftigt ist. Das Ideal, der Archetyp des jungen, zur Braut erwachsenen Mädchens kann dadurch sehr rein – märchenhaft-chemisch-rein – dargestellt werden. Widerstand und Einwilligung erscheinen in einprägsam vereinfachter Form. Das »Tagebuch des Verführers«, nicht von ungefähr eingeschaltet zwischen die beiden Brautmärchen, kommt in seiner Darstellung von Brautgefühlen dem Märchenhaft-Abstrakten so nahe, weil es die erklärte Absicht des (fiktiven) Autors ist, nur das Erotisch-Ästhetische herauszupräparieren durch eine kunstvoll ausgeklügelte psychologische Methode. Ethisches und Religiöses werden ausgeklammert, und Standesschranken oder Versorgungsprobleme kommen nicht ins Spiel, weil die Beteiligten dem wohlständig-ehrbaren Bürgertum angehören. Wie im Märchen ergibt sich dadurch die Möglichkeit, losgelöst von banalen Brotsorgen das widersprüchliche Spiel der Gefühle einer Braut zu provozieren und reflektierend zu genießen aus der ästhetisch-erotischen Perspektive des Verführers.

Zurück zur Prinzessin. Im Märchen ist die Begegnung mit dem Prinzen das größte Abenteuer ihres Lebens, und wir versuchten, ihre diesbezüglich widersprüchlichen Gefühle zu entschlüsseln. In der historischen Wirklichkeit war es ein wenig anders. Gefühle mochte eine Prinzessin haben, so viele sie wollte; sie entschieden nicht darüber, welcher der Prinzen als Gemahl in Frage kam. Darüber entschieden der königliche Vater, der fürstliche Familienrat oder das Kabinett. Die Prinzessin hatte zu nehmen, was man für sie ausgesucht und ausgehandelt hatte, und mußte froh sein, wenn sie auf diese Weise standesgemäß unter die Haube, heißt: auf einen Thron kam.

Im Märchen fällt der Vorhang nach der Hochzeit, »und sie lebten glücklich bis an ihr Ende«. Diesen Vorhang wollen wir beiseite schieben, um einen Blick ins prinzeßliche Eheleben zu tun und in einigen vergilbten Seiten der Geschichte zu blättern, wo Dinge geschehen, die das Märchen nicht vorsieht.

Zuerst aber einen Blick auf das Schloß der Prinzessin. Es gehört natürlich ihrem Prinzen, aber was tut's. Es ist ein herrliches Meisterwerk der Architektur, Renaissance, Barock oder Rokoko; vielleicht auch etwas Klassizistisches; mit Spiegelsälen und Brokattapeten, Fayencen und Gemälden drinnen und Gärten, Parks und Marmorstatuen draußen drum herum. Die Fontänen rauschen, und Nelken, weiße, hochgestielte, wiegen sich im Winde zwischen den Taxushecken . . . Wäre die Prinzessin nicht in einem Schloß geboren, man könnte es verstehen, wenn sie ihren Prinzen um eines solchen Schlosses willen geheiratet hätte, besonders wenn sie Kunstverstand hat und gerne repräsentiert.

Denn das Repräsentieren gehört zu den vornehmsten ehelichen Aufgaben einer Prinzessin. Das weiß man bis zum heutigen Tage. Es kann ihr nie langweilig werden. Wenngleich sie als Hausfrau keinen Finger zu rühren braucht, um ein Süppchen zu kochen oder Staub zu wischen – als Gemahlin ist sie vollbeschäftigt, und das mit politischer Notwendigkeit. Das Schloß, soviel dürfte hinlänglich klar sein, ist keine vielzimmrige Wohnung, in die man sich zurückziehen kann; es ist ein Lebens- und Wirkungsbereich von überaus öffentlicher Art. Die meiste Zeit sitzt die Prinzessin auf dem Präsentierteller, und wehe, wenn sie sich da nicht so benimmt, wie man es von ihr erwartet! Das kann anstrengend sein, wer will's bezweifeln. Aber meistens macht's doch Spaß. Über Mangel an Emanzipation wird sie sich nicht beklagen; denn ihr Standes- und Verantwortungsbewußtsein ist stärker als irgendwelche bürgerlichen Vorstellungen von Freiheit und Gleichberechtigung. Sie weiß, was Pflicht und Ehre fordern, und so kann sie sich auch nicht, wie manche Person von niedrigerem Stande, »Affären« leisten. Ihr gesellschaftlich exponierter Status, ihr Prinzessinnen-Selbstbewußtsein verbieten ihr dergleichen. Sie kann sich nicht gemein machen mit dem gemeinen Volk. In ihrem Falle gilt: *Quod licet bovi, non licet Jovi*; frei zu deutsch: Was den Kühlein auf der Weide erlaubt ist, das ziemt der hehren Juno nicht. So mag es zu Tragödien kommen, wie in dem antiken

Falle der Prinzessin Phädra, die keinen anderen Ausweg sieht, als sich umzubringen.

Wenn man sich in der fürstlichen Ehe zu ennuyieren beginnt und nichts mehr miteinander anzufangen weiß, dann ermöglichen getrennte Wohnbereiche ein reibungsloses Miteinander auf höflicher Distanz. Selbst wenn man wütend aufeinander ist, wird man doch nicht so weit gehen, vor den allgegenwärtigen Höflingen und Domestiken einander zu beleidigen. Adel verpflichtet auch in diesem Falle; und außerdem gibt es so viele wichtigere und interessantere Dinge im Leben einer Prinzessin als die Ehe und den Herrn Gemahl. Auch die fürstlichen Kinder werden ja nicht von der Prinzessin bemuttert, sondern von Ammen gesäugt und gewindelt und später von Hauslehrern erzogen. So hat die Prinzessin die Möglichkeit, neben ihren Repräsentationspflichten noch mancherlei anderes zu unternehmen. Mit dem berühmten Baumeister kann sie den Bau eines maurischen Lustschlößchens in einem idyllischen Winkel des weitläufigen Parks planen; einen Seerosenteich anlegen lassen; Theateraufführungen inszenieren oder mit großem Gefolge auf die Jagd gehen. Sie kann sich zur Mäzenin berufen fühlen für Künstler aller Art und selber zu dichten anfangen. Kurz, ihrem Einfallsreichtum sind kaum Grenzen gesetzt, und am Ende wird sie großformatig und in ihrer prächtigsten Robe in der Ahnengalerie des Gemahls, dessen Stammbaum zu erhalten, fürstliche Besitztümer zu vermehren und reichspolitische Karriere zu fördern sie geheiratet wurde, verewigt.

Nun, die Zeiten der großen Staatshochzeiten sind längst vorbei, von wegen *»tu, felix Austria, nube«*. Es gibt keine Maria von Burgund und keine Margarete Maultasch mehr, mit welchen zusammen begehrte Erblande sich erheiraten ließen zur Vermehrung habsburgisch-habgieriger Hausmacht. Der Restadel des westlichen Europa mag weiterhin seine standesgemäße Heiratspolitik betreiben; das erfreut die bunten Illustrierten. Es beschäftigt aber keinen Reichskanzler von Bismarck mehr, ob mit Rücksicht auf den russischen Zaren eine Prinzessin von Preußen den Battenberg-Alexander von Rumänien heiraten darf oder nicht. Man hat noch eine blasse Erinnerung daran: Der Hochadel pflegte Endogamie bis zur Inzucht. Die Einbruchstelle war weiter unten: Wo der adlige Rittmeister von

Soundso bankrott war und mit einer reichdotierten Bürgerlichen den Erbbesitz sanieren konnte, da gab man nach. Kam Liebe mit ins Spiel, dann wurde es nicht selten dramatisch oder gar weltweit hochinteressant bis ins zwanzigste Jahrhundert hinein. Ferdinand, der adelige Offizier, darf die Musikustochter Luise Millerin nicht heiraten; man greift zu Intrige und Gift. Das ist Schillertheater, aber es kam auch in Wirklichkeit vor. Bewegender noch: Dem britischen Thronfolger wird vom Premierminister die Zustimmung zur Ehe mit einer geschiedenen Amerikanerin versagt, und der Prinz verzichtet – auf den Thron. Andere Zeiten hatten dafür andere, elegantere und weniger hochherzige Lösungen. Der hohe Herr auf dem angestammten Throne ließ sich von den Ministern eine legitime Gemahlin ins Bett legen und baute für seine Mätressen Lustschlösser etwas auswärts. Oder er nahm sich eine »morganatische«, und damit war der Katz gestreut.

Die Rivalin der Prinzessin war die »Bürgerliche«, die Unebenbürtige. Ihre Zahl ist durch Märchen und Roman rührend, unterhaltsam, oft aber auch tragisch vervielfältigt worden. Die Braut, die erst durch die Hochzeit zur Prinzessin, zur fürstlichen Gemahlin erhoben wird, die beschäftigte Volkes Phantasie seit jeher und beschäftigt sie noch immer. All die Aschenputtel, die da durch der Liebe Macht und Verklärung als Prinzessin auf einem Thron und in einem Himmelbett landen oder zumindest auf einem adeligen Landsitz im Sommer und winters in einem feudalen Palais der Residenzstadt – willkürlich angefangen bei Richardsons bereits erwähnter »Pamela« und ebenso willkürlich aufgehört bei »Graf Ulf brach sein Versprechen« von weiß der Kuckuck wem. Im zwanzigsten Jahrhundert setzt sich solche Romantik fort: die Filmschauspielerin und der, wenn auch etwas kleine, Monarch; die Olympia-Hosteß und der, etwas größere, König, in dessen Dynastie dergleichen immerhin kein Novum ist. Vor allem der Frauen Gemüt erbaut sich daran heute so wie einst, als die Seele noch am Spinnrocken saß statt vor der Mattscheibe . . .

Bleibt ein letzter, erwähnenswerter Aspekt im Leben der Prinzessin: Sie kennt keine Sorge ums tägliche Brot. Sie säet nicht und erntet nicht, und ihre Dienerschaft im Schlosse samt allen Untertanen im Lande erhalten sie doch. Wie das? Man müßte widerwillig in die komplizierte Geschichte ihrer Vorfahren zurückgehen, die Ahnengalerie entlang, bis man auf den Herzog mit blankem Schwerte stößt, der vor einem Haufen Eroberer einherzog in wirren Völkerwanderungszeiten; oder auf einen hochverdienten Dienstmann im Gefolge eines Kaisers, der mit einem stattlichen Lehen, heißt: sehr ausgedehntem Grundbesitz, ja mit ganzen Ländern belehnt wurde. Wer das Schwert führt oder wer da guten Rat geben kann, wie man es am erfolgreichsten führt, bei dem ist die Macht und die Herrlichkeit, der Grund und der Boden, die Gerichtsbarkeit und was sonst noch dazu gehört, um das Volk zu beschützen und zu dankbarer Versorgung des Herrscherhauses zu verpflichten. Davon profitiert die Prinzessin; sie muß ihre Brötchen weder selber backen noch kaufen – sie hat sie ererbt oder erheiratet. Daß sie in diesem langen Vererbungsprozeß nicht frisch blieben, versteht sich von selber. Es war auch bisweilen zuviel Bauernschweiß mit hineingebacken; aber das kümmerte die Prinzessin wenig. Sie saß auf ihrem Präsentierteller und auf ihren Privilegien; manchmal und aus Langeweile weidete sie, als Schäferin kostümiert, parfümierte Schäfchen im Park von Fontainebleau; dann verwickelte sie sich in eine Halsbandaffäre und beschloß ihr Leben auf der Place de la Concorde zu Paris, genauer: auf der Guillotine, als »Witwe Capet« und zum Entsetzen der gesitteten Welt.

Das sind verworrene Geschichten, tragisch und korrupt durcheinandergemischt. Die Prinzessin war verwickelt ins Schicksal ihres Standes. Man kann kaum sagen, daß sie als Braut in erster Linie Frau war. Sie war eine Privilegierte und als solche ein Stein im Schachbrett des politischen Heiratsmarkts. Von einer Liebesheirat konnte in den seltensten Fällen nur die Rede sein. Nicht persönliche Neigung war das oberste Gebot, sondern politische Vernunft und Berechnung, genannt »Staatsräson«. Das ist der historische Pferdefuß der schönen Märchenbraut; sie mag in mancher Hinsicht gar nicht so beneidenswert erscheinen.

Was das Leben der Prinzessin außerhalb des Märchens so unangenehm affizieren kann, das ist jedoch weniger der Verzicht auf eine Liebesheirat als vielmehr der holprige Gang der Geschichte; Revolutionen, Kriege, Wirtschaftskrisen. Da kann es geschehen, daß die plötzlich Geächtete ins Exil muß; oder daß sie im eigenen Lande aller Privilegien beraubt dasteht und nicht einmal mehr bürgerlich sein darf, weil das Bürgerliche in einem Aufwasch gleich mit abgeschafft wurde. Froh kann sie sein, wenn sie überhaupt mit dem Leben davonkommt. Ein wenig weiter östlich wird nach dem nächsten großen Krieg in ihrem Schloß ein volkseigener Betrieb eingerichtet oder ein Altersheim, und all die schönen, schattigen Bäume im Park werden zu Brennholz gemacht in einem bitterkalten Winter. Noch etwas weiter fort sind Wälder und ganze Städte verbrannt, und danach ist vieles ziemlich anders, aber doch nicht ganz. Es gibt nun noch größere Fabriken, die noch mehr qualmen, noch größere Städte und in den Dörfern keine Misthaufen mehr. Wo die Schlösser nicht Museen oder Altersheime geworden sind, da verstecken sie sich in den Parks und im verbliebenen Großgrundbesitz und dienen weiterhin den Repräsentationspflichten unenteigneter Eigentümer samt Bräuten und Ehefrauen, die auch weiterhin kein Emanzipationsbedürfnis zeigen. Woran mag's liegen? Daran vielleicht, daß Reichtum, von welchem manche, die ihn nicht haben, so verächtlich sagen, er versklave – ganz automatisch emanzipiert, schmerzlos sozusagen? Die Prinzessin, die von gestern und die von heute, hat Emanzipation einfach nicht nötig. Sie kann sich die patriarchale Ehe gelassen leisten. Sie weiß, daß es Wichtigeres gibt als eheliche Gleichberechtigung – die soziale Ungleichheit.

Die Bauernbraut

Vom Schloß der Prinzessin siedeln wir über auf den Bauernhof. Wir gelangen dahin, wo das Brot wächst: zu den Getreidewurzeln menschlicher Kultur, die als Ackerbaukultur begann. Wir wollen nicht zu weit schweifen; die geraubten, getauschten und verkauften Bräute urtümlicher Jäger- und Sammlergesellschaften in den Rückzugsgebieten der Kalahari und des Amazonas überlassen wir den Anthropologinnen. Desgleichen auch verzichten wir auf die Nomadenbraut in den Oasen der Sahara oder der arabischen Wüste, die da schwarzverhüllt und mit schwerem Silberschmuck behangen im Schatten eines Ziegenhaarzeltes sitzt und im Dunstkreis des Kamelmists. Wir wenden uns der Dorf- und Bauernbraut des eigenen Kulturkreises zu.

Was bietet uns der Heimatfilm? Natur und Volkstrachten, alpenländisch. Da kommt die junge, frische Maid singend von der Alm: »Hab' ein Herz frei und froh / Und Verstand sowieso / Aber sonst gehört mir nix / Als minus-x / Holldrio.« Wird der reiche Erbhofbauer sie heiraten, wenn schon der gute Kaiser Franz auf sie verzichten muß? Wer Verstand sowieso hat, der weiß, daß es so einfach nicht ist. Er weiß, daß auch die dörflich-bäuerliche Gesellschaft stark gegliedert sein kann. Wo es Reiche gibt, da gibt es immer auch Arme. Schließlich braucht man auf einem großen Erbhof viele Knechte und Mägde für die viele Arbeit. Vor allem aber braucht's die richtige Braut, und die Großbäuerin wird dafür sorgen, daß der Erbsohn die richtige Erbtochter nimmt. Mit einer, der nix gehört als minus X soll er ja nicht daherkommen! Ordnung braucht's und koa G'fui; denn wenn sich hier Braut und Bräutigam zusammen ins Bett legen, dann legen sich auch die Äcker zusammen, die Wiesen und das Vieh. Also muß der Erbe oder die Erbin nach dem richtigen Partner Ausschau halten, wenn nicht sowieso die Eltern, die Familien die Heirat und das Zusammenlegen aushandeln – ganz wie bei der Prinzessin.

Die Braut einer Großbauernhochzeit konnte sich in der Tat an familienpolitischer Bedeutung mit jeder fürstlichen Braut messen. Nicht nur ihre Mitgift ist entscheidend; sie muß dem Hof auch den Erben schaffen, und man erwartet von ihr, daß sie wirtschaften kann, Knechten und Mägden zu gebieten weiß und den Überblick behält. Sie muß, wenn es sein muß, heißt: wenn der Bauer krank wird oder stirbt, Haus und Hof selbständig führen können bis zur Volljährigkeit des Erben. So entsteht vor uns das Bild einer ziemlich selbständigen Frauensperson. Sie steht auf markigen Knochen, die Ärmel aufgekrempelt, die Arme in die breiten Hüften gestemmt, nahrhaft vollbusig – eine Archetypin »Große Mutter« von wahrhaft beeindruckendem Format. Zu diesem Ideal hin soll sich die Bauernbraut entwickeln; es muß in ihr angelegt sein. Eine schmächtige, von schönen Gefühlen verwirrte oder gar von des Gedankens Blässe angekränkelte junge Dame wäre hier fehl am Platze; das leuchtet ohne weiteres ein.

Die rechte Großbäuerin kann sich fühlen wie eine Fürstin in ihrem Reich, freilich mit dem Unterschied, daß sie wacker zupacken muß. Von zarten weißen Händchen kann bei ihr keine Rede sein. Sie rackert sich rechtschaffen ab. Der Hof ist groß und nicht für Ferien gedacht. Es mag sich alles recht malerisch anschaun – Fachwerk und Geranien vor den Fenstern; dazu der große Garten mit Obst und Gemüse, Beeren und Blumen (Georginen und Levkojen für die Lyriker) –, und der Städter mag sich naturkundlich ergötzen an fast allem, was der Mensch seit der Jungsteinzeit gezähmt hat: Pferd und Rind, Schaf und Ziege; dazu das liebe Federvieh samt Hund und Katze – für die Bauernbraut bedeutet das alles Arbeit vom ersten Hahnenschrei bis zur Dämmerstunde. Die Ehe der Bäuerin ist eine Basis-Produktionsgemeinschaft; die Arbeitsteilung ist nicht sehr streng durchgeführt. Zwar wird der Bauer nicht am Herde stehn und Quittengelee kochen; aber die Bäuerin wird mit auf den Acker gehen – sie kann notfalls alles, was der Bauer kann; aber der Bauer kann nicht alles, was sie kann. Heißt: Ein Bauernhof kommt notfalls ohne den Bauern aus, aber nicht ohne Bäuerin. Wo dergestalt das Besitz-, Wirtschafts- und Herrschaftsbedürfnis einer Frau befriedigt wird und hinzu der ehrenvolle Status der Mutterschaft kommt, da bleibt wenig Zeit und Energie für romantische Seelenverknotungen. Für dergleichen ist, in ländlicher Umgebung, erst wieder Raum auf einer höheren Ebene, wenn die Prinzessin Kitty Schtscherbatzkaja den Gutsbesitzer Lewin heiratet und Leo Tolstoi ins Schwärmen gerät, siehe weiter unten.

Wenn's nun aber keine reiche Großbauernbraut ist, sondern ein armes Maidli mit nur einer Kuh im Stall oder nicht einmal einer Ziege im Verschlag der elterlichen Hütte; wenn sie als Magd oder uneheliche Waise auf dem Hof des Reichen lebt, wie das Vreneli bei Jeremias Gotthelf? Dann wird der Dichter dafür sorgen, daß Uli, der Knecht, sich wacker hocharbeitet und eines Tages das Vreneli heiratet, das sich zu guter Letzt und nach vielen Schicksalsschlägen doch noch als reiche Erbin herausstellt. Oder es geht wie bei Anzengruber, wo die arme Helene nach vielen demütigenden Umwegen doch noch ihr

Ziel erreicht, Sternsteinhofbäuerin zu werden. Hier geht es nicht um Liebe zu einem Mann, sondern um den bäuerlichen Urtrieb zum Besitz von Acker, Haus und Hof, der in einer Frau noch stärker sein kann als in einem Manne. In der Scholle liegt der Sinn des Lebens: Die Bauernbraut ist nicht auf einen Mann fixiert, sondern auf Acker-, Vieh- und Leibesfrucht. Die Helene Zinshofer bewirtschaftet denn auch schließlich, als der Sternsteinhof-Bauer im Kriege fällt, den Hof allein und zieht Sohn und Stieftochter mit gleicher Liebe zu Erben heran. Sie arbeitet, sie plagt sich. Darum muß eine Bauernbraut gesund und kräftig sein, fast wie ein Mann. Auf Schönheit kommt's so sehr nicht an. Die Ehe ist so pragmatisch auf Produktion und Reproduktion ausgerichtet, daß in manchen Gegenden, wie man weiß, die Braut erst ihre Fruchtbarkeit unter Beweis stellen muß, ehe eine Ehe eingegangen wird. Und wenn die Bäuerin krank wird oder stirbt, dann hat die Magd, die tüchtigste der Tüchtigen, eine Chance . . .

Wie lange ist das alles her? Wo gibt's das heute noch: Gotthelf und Anzengruber, Vreneli und Helene? Man liest's und hört es gelegentlich doch immer wieder, daß ein Jungbauer von heute Mühe habe, eine Frau zu finden – eine Bäuerin? Selbst wenn er Traktoren und Mähdrescher in der Scheuer hat und Melkmaschinen im Stall und in der Küche sämtlichen Elektrokomfort und in der Garage den Mercedes und zudem subventionsberechtigt ist: Wo ist die Frau, die da noch mitmacht? Knechte und Mägde sind längst davongelaufen in die Städte, weil's am Fließband oder im Büro offenbar doch schöner ist als in der frischen Luft der freien Natur. Die Bäuerin ist alleine mit dem Bauern und den Kindern und irgendeiner Monokultur an Milchkühen, Mastkälbern oder -schweinen. Der Supermarkt an Eingemachtem, an Gepökeltem und Geräuchertem, den sie einst selber produzierte, der ist viel bequemer in der Stadt erreichbar. Und der Hunger und der letzte Krieg sind weit dahinten. Der Bauernhof ist zum landwirtschaftlichen Betrieb geworden, und damit ist doch im Grunde auch die Bauernbraut überholt. Wer will eine landwirtschaftliche Betriebsbraut sein? Vielleicht eher eine Agronomenbraut, die als Ehefrau aber keine Agronomin ist, sondern schlicht eine »Landfrau«. Soll sie sich trösten damit, daß sie immer noch selbständig wirtschaften darf? Im Sozialismus auf der anderen Seite gibt's weder Bauernhöfe noch Bauernbräute. Die landwirtschaftliche Produktionsgemeinschaftsbraut (kurz: LPG-Braut) ist die Sorge um Privateigentum los. Sie kann sich auf den Mann konzentrieren, den sie heiraten will ...

Wir werfen einen Blick zurück in das Land, aus dem der Sozialismus kam. Wir tun es unter anderem deswegen, weil sich hier am anschaulichsten zeigen läßt, in welche Extreme »bäuerliches Leben« auseinanderklaffen kann. Entsprechend konnte auf eine Braut, die sich entschloß oder der es bestimmt war, ihr Leben als Ehefrau im ländlich-wirtschaftlichen Bereich zu entfalten oder zu fristen, sehr Verschiedenes warten. Agrargesellschaft, das war im zaristischen Rußland: Feudalismus und Leibeigenschaft; eine über den Grundbesitz verfügende aristokratische Oberschicht und die Masse der an die Scholle Gebundenen und Geschundenen. – Da ist also die obgenannte Kitty, Prinzessin Schtscherbatzkaja, das positive Gegenbild der unglücklichen Anna Karenina; eine zarte und liebreizende junge Dame der großen Petersburger Gesellschaft. Sie willigt nach einigen Umständen ein, die Frau des Gutsbesitzers Lewin zu werden, der mit Leib und Seele und mit allen seinen Knechten, Mägden, kleinen Pächtern und besitzlosen Tagelöhnern ein »Bauer« ist und sein will. Auch Kitty liebt das Landleben; aber mehr noch liebt sie ihren charakterfesten, redlichen und ganz im Bäuerlich-Ursprunghaften verwurzelten Lewin, der hart zu arbeiten weiß, bei der Mahd etwa; aber auch naturmystisch zu genießen – Frühlingserwachen, eine Nacht auf freiem Felde, erleuchtet von tiefen Lebenserkenntnissen. Eine Bäuerin ist diese Kitty natürlich nicht. Eine große Dame ist sie in einem herrschaftlichen Gutsherrenhaus, und ihre höchste Erfüllung, das Endziel ihrer Bestimmung, erreicht sie in der Mutterschaft und in ihrem umsichtigen Wirken für die Familie. Das genügt ihr. Sie gleicht den »Gnädigen« der großen Rittergüter in jenen Gegenden ostdeutscher Vergangenheit, deren Namen heute keiner mehr kennt. Tolstoi schreibt nach der Aufhebung der Leibeigenschaft (1861 durch Alexander II.). Er weiß um die Problematik der Bauernbefreiung, und sein Held Lewin versucht sein Bestes, möglichst schuldlos damit zu Rande zu kommen. Von einer Braut aus diesem der Verelendung anheimgegebenen »befreiten« Unterbauerntum lesen wir bei Tolstoi nichts. Es gibt nichts zu feiern, wo es nichts zu beißen gibt. Man säuft. Vor Hunger, vor Hoffnungslosigkeit, und prügelt die Frau.

Bei Dostojewski, in den »Brüdern Karamasoff«, begegnet uns ein Typ »Braut« aus den untersten Volksschichten zwischen Land und Kleinstadt, an welchem wir bei dieser Gelegenheit nicht vorübergehen wollen. Es ist Lisaweta, genannt »die Stinkende«; eine dralle Schwachsinnige, harmlos umherstreunend, überall wohlwollend geduldet. Ihr Brautbett ist hinter einer Hecke, fast im Straßengraben. Daselbst wird sie eines Nachts im Vollmondschein vergewaltigt von einem Betrunkenen, dem Gutsbesitzer Karamasoff, dem Vater der Brüder, dem Scheusal. Das derart gezeugte Kind, ihr Sohn Smerdjakoff, im Hause des Vaters zum Lakaien erzogen, wird tun, wovon zwei seiner Stiefbrüder nur phantasieren: das Vater-Scheusal ermorden. Die Mutter starb bei der Geburt. Wer sich auskennt, wird einwenden: Lisawetas Vater wird als »Kleinbürger« bezeichnet, nicht als armes Bäuerlein. Das ist richtig und ändert nicht viel. Das besitzlose Kleinbürgertum hat wie das dahinvegetierende Muschik-Bauerntum im zaristischen Rußland und sonstwo der besseren Gesellschaft die Domestiken und Prostituierten geliefert. Es hat damit unter anderem den Bräuten der höheren Stände die Keuschheit ermöglicht und der Dame des Hauses nicht nur das Eheleben, sondern auch das Repräsentieren erleichtert. Daß ausgerechnet Smerdjakoff, der Lakai, den Gutsbesitzer umbringt, das hat Dostojewski prophetisch-symbolisch vorweggedichtet; ganze siebenunddreißig Jahre.

Vom schweiß- und blutgetränkten Boden jenseits der Weichsel wenden wir uns abschließend noch einmal hinüber in die seit einigen Jahrhunderten friedliche Bauernwelt der Schweiz. Wo es hier tragisch wird, ist es nicht die Schuld ererbter Feudalsysteme. Wie aus bäuerlicher Entwurzelung Liebe und Tod wachsen, das beschreibt Gottfried Keller in »Romeo und Julia auf dem Dorfe«. Weil die Väter über einem schmalen Streifen Ackerland sich zerstritten haben und darüber verarmt und verlottert sind, wird den besitzlosen Kindern, dem Sali und dem Vrenchen, die Liebe zueinander zum einzigen Besitz. Aber warum gehen sie in den Tod? Sie könnten doch leben, sich als

Knecht und Magd verdingen, bis sie sich die Heirat zusammengespart hätten! Sie könnten dem fahrenden Volk in die Wildnis der freien Liebe folgen. Nein, das wollen sie nicht. Was ihnen noch bleibt, außer der Liebe, ist die Ehre, fixiert auf die Idee der Ehe als ewiger Treue. Das aber vermischt sich mit einem Übermaß an plötzlicher Leidenschaft, hervorgepreßt aus dem Elend, ekstatisch, die das Ewige im Tod sucht. Dem jungen Mädchen »lohte das Brautwesen im Blut, und je hoffnungsloser es war, um so wilder und unbezwinglicher«. Sie suchen sich ihr Brautbett auf einem Heuschiff; feiern, steuerlos flußabwärts treibend, ihre Hochzeitsnacht und lassen sich in der Morgenfrühe eng umschlungen in den Fluß gleiten. Die Kategorie des Sozialen ist aufgesprengt zum Absoluten hin: Brautglück und Tod.

Auf der Suche nach der bürgerlichen Braut

Prinzeßbraut und Bauernbraut: beider Begriff ist anschaulich und plastisch. Die Prinzeßbraut ist – aus Meißner Porzellan, zierlich und zerbrechlich, ein luxuriöses Kunstwerk der Kultur. Die Bauernbraut ist aus solidem Holz geschnitzt; man kann sie ruhig einmal fallen lassen, Kontakt mit der Erde schadet ihr nicht. Nun aber der Begriff der »bürgerlichen Braut« – er fühlt sich ziemlich teigig an. Man kann ihn kneten so oder so, je nachdem, was unter »bürgerlich« verstanden werden soll, zu einer groß-, klein-, gut-, spieß- oder spätbürgerlichen Braut.

Daran ist jedenfalls die Geschichte schuld, vor allem die jüngere und jüngste, die so manches durcheinander- und in Gärung gebracht hat, so daß auch der Begriff des Bürgerlichen ins Schwimmen und ins Zwielicht geraten ist. Heißt: Es ist nicht mehr einfach, einer, sagen wir: klein- bis gutbürgerlichen Braut ansichtig zu werden. Einst – wie lange ist es her? – wußte man, wo sie zu suchen war. Sie saß, wenn der weiße Flieder wieder blühte, in der Gartenlaube, siebzehn- oder achtzehnjährig, und stickte an ihrer Aussteuer. Auch wenn noch kein Freier in Sicht war, fühlte sie sich doch als zukünftige Braut; denn man – meist war's der Vater – hatte ihr gesagt: »Ein Beruf? Höhere Schule? Gar studieren? Wozu? Du heiratest ja doch.« Sie fand sich damit ab und wartete auf den »Richtigen«, wofern es die Spielregeln ihrer Kreise nicht vorsahen, daß sie, in der Obhut von Mutter und Tanten, auf »Männerfang« ging, winters auf Bällen, sommers auf Landpartien. Auch wenn sie sitzen und warten mußte, hatte sie doch noch gutbürgerliches Glück: Sie brauchte sich nicht als Dienstmädchen zu verdingen oder gar in die Stadt auf den Strich zu gehen. Sie gehörte zum ehrbaren, wenn vielleicht auch nicht eben wohlhabenden Bürgertum. Hätte sie zum höheren, gebildeteren und daher oft auch liberaleren Bürgertum gehört, so hätte man sie großzügig studieren lassen, notfalls in Zürich. Denn Heirat oder nicht – wo es auf's Geld nicht ankommt, da kann auch höhere Bildung nicht schaden, nicht einmal bei Töchtern. – So war das vor noch nicht gar zu langer Zeit, bis ins erste Drittel dieses Jahrhunderts. Die in der Gartenlaube saß und wartete. Vielleicht lernte sie einmal einen kennen, im Kreise der Freundinnen, der ihr zugesagt hätte – da war die Konfession verschieden, und es konnte nichts daraus werden. Schließlich, was soll sie machen, will sie doch einer, und sie nimmt ihn, auch wenn's nicht unbedingt der Traumprinz ist. Sie kriegt ihre Kinder, und das Rad dreht sich weiter . . .

Wir aber drehen auf der Suche nach der bürgerlichen Braut heute das Rad der Geschichte um ein Beträchtliches zurück; denn das Verschwommene der Gegenwart erklärt sich aus Wirren der Vergangenheit. – Einst, so möchte es scheinen, war es einfach und alles schön in Ordnung: Es gab Stände und Standesschranken, oben den Grund und politische Macht besitzenden Adel; unten die Bauern, die den Boden bewirtschafteten und meist nicht viel davon hatten, und dazwischen das Bürgertum (eventuell noch den Klerus, wie in Frankreich). Das waren ihrer drei bis vier und alles schön übersichtlich. Jeder wußte, wo er hingehörte. Der Bauer war mit Leib und Leben an seinen Herrn und die Scholle gebunden; »die da oben« waren mit dem Regieren und dem Kriegeführen beschäftigt, und der Klerus gab seinen Segen dazu. Die Bürger aber, die in den Städten, das war ein unsteter Stand und die treibende Kraft der Geschichte, im Guten wie im Bösen. Des Bürgers Geld-, Besitz- und Machtstreben (die nordische Hanse, die süddeutschen Fugger, die fliegenden Holländer, die sie überflügelnden Engländer, schließlich auch noch der nachjapsende und sich aufblähende deutsche Michel) – es brachte das schöne Gleichgewicht ins Wanken. Im Namen von Freiheit und Gleichheit machte das Bürgertum Revolution gegen den Adel, und sie köpften sogar eine Prinzessin. Der Brüderlichkeit aber mit dem aufkommenden vierten Stande (man redete dann vom Industrieproletariat) vergaßen sie völlig, und von Schwesterlichkeit war noch lang nicht die Rede. Das strebsame Bürgertum, verächtlich »Bourgeoisie« genannt, konzentrierte sich darauf, die Wirtschaft zu entwickeln, zu erfinden und zu produzieren; es gab genug Maschinen und noch mehr Maschinenmenschen. Die »Klassen«gesellschaft entstand; andere reden lieber von »Schichten«, das soll uns hier nicht stören. Nach dem Grauenvollen einer weiteren Revolution wurde das Bürgertum abgeschafft – nicht nur die Prinzessin hat's schmerzlich zu spüren bekommen. Glücklicherweise blieb das östlich lokal begrenzt. In deutschen Landen gab's republikanische Wirren und dann noch einen großen Krieg, der die Welt in zwei Hälften spaltete und das Reich in drei Teile, und die bürgerliche Braut sitzt da und fragt: Was hat das mit *mir* zu tun?

Der historische Nachhilfeunterricht soll ihr zu Bewußtsein bringen, daß sie ein lokal begrenztes und in anderen Teilen des alten Europa bereits überholtes Phänomen ist – zumindest begrifflich. Im Sozialismus gibt es sie nicht. Im westlichen Kapitalismus (was an ihm »spät« ist, ist sozial) aber ist ihr Begriff ins Schwimmen und ins Zwielicht geraten, erstens, weil eine freiheitlich-freibeuterische Wirtschaftsordnung ihr neue Möglichkeiten der Emanzipation eröffnet; zweitens, weil sie damit möglicherweise und ohne es recht zu wissen eine alte Schuld ihres »Standes« weiterschleppt: im Haben auf Kosten anderer sich selbst zu verwirklichen; und drittens, weil etwas, das man »Verbürgerlichung« nennt, fast alle Schichten der Gesellschaft durchdrungen hat.

Wie also steht es mit der gesellschaftlichen Schichtung dieser Republik? Man versucht's von unten nach oben mit Asozialen, Arbeitern, Angestellten als »neuem«, Handwerk und Kleinhandel als »altem« Mittelstand und meint damit zweifellos etwas Bürgerliches. Hinzu kommt eine gestaffelte und breit gefächerte Beamtenschaft, auf daß Wissenschaft und Lehre, aber auch die Bürokratie nicht untergehen. Parallel dazu, dem Sozialprestige nach, gibt es die Fülle der freien Berufe, bis hinauf ins Großunternehmertum von Industrie und Handel. Irgendwo dazwischen geistert die »Intelligenz«, abwechselnd von links und rechts des Verrats an Staat und Gesellschaft angeklagt. Es gibt den Bauernstand und die von ihm betriebene Landwirtschaft; und schließlich noch, zum Teil identisch mit dem Unruheelement der Intellektuellen, das Künstler- und Studentenvolk; Männlein und Weiblein, wohlgemerkt.

Mit diesem *Schichten*modell vor Augen, fragen wir uns also noch einmal: Wo ist die bürgerliche Braut? Angestellte, Beamte, freie Berufe kommen in Frage; denn das Bürgerliche hat einen Beruf; es arbeitet nicht nur. Sogar der Politiker hat einen Beruf. Hat der Künstler einen? Was ist auszuschließen? Der Asoziale, zweifellos. Der Arbeiter nur mit Vorsicht und bedingt, hierzulande. Die Studentin, der Student? Sie meutern sich in den meisten Fällen vom Bürgerlichen los, gerade weil sie von dorten kommen und dahin auch zurückkehren werden. – Welche Braut und Ehefrau welcher *Berufs*richtung könnte uns also am ehesten interessieren unter dem zweifelhaften Oberbegriff der »Bürgerlichkeit«? Die des Topmanagers, Konzerndirektors, Ministerialdirigenten? Des Professors und Chefarztes; des Berufsoffiziers oder Stararchitekten? Des Kapitäns zur See oder im Cockpit? Des Maschinenbauingenieurs, des Chipkonstrukteurs? Des Immobilienmaklers oder Versicherungsspezialisten? Des Elektro-, Bäcker- oder Bürgermeisters? Typisch. Warum werden hier Männer und ihre Berufe aufgezählt, so als hätte die Braut selber keinen Beruf? Das soll uns noch sehr zu denken geben und zu schaffen machen. Trotzdem müssen wir uns zunächst für eine bürgerliche Berufsrichtung entscheiden. Was tun also, um einer typisch bürgerlichen Braut ansichtig zu werden?

Wir machen die Augen zu, greifen auf gut Glück hinein ins nebulös Geschichtete dieser Republik, und was fischen wir heraus? Die Pfarrbraut.

Oder ist's die »Pfarrersbraut«? Die »Pastorenbraut«? Wir wollen versuchen, sie ordentlich in den Griff zu bekommen, denn sie windet sich – begrifflich – wie ein Fischlein – und warum? Das wird sich noch zeigen. Und warum gerade sie?

Weil sich an ihr am eindrücklichsten die gegenwärtige Umstrukturierung des Instituts Ehe auf der Grundlage wirtschaftlicher Veränderungen veranschaulichen läßt.

Die Frau im Pfarrhaus

Wie das Schloß der Prinzessin und der Hof der Bäuerin, so war auch das deutsche protestantische Pfarrhaus bis kürzlich noch der Inbegriff für etwas Rundes und Ganzes und Besonderes. Es war das Haus mit den sprichwörtlich gläsernen Wänden und ein offenes Haus für beinahe jedermann, zumindest theoretisch. In den Patrizierhäusern des Großbürgertums mochte dieser oder jener Geist herrschen; das ging niemanden etwas an. Auch anderer Bürger Ehe- und Familienleben war Privatsache. Nicht so das Leben im Pfarrhaus. Der Pfarrer und seine Frau samt Kindern und Gesinde, so vorhanden, waren verpflichtet, vor Gott und ihrem Gewissen, vor allem aber vor der Gemeinde ein Vorbild christlichen Ehe- und Familienlebens vorzuleben. Daß »christlich« und »gutbürgerlich« dabei gleichbedeutend wurden, das gehört, geschichtlich betrachtet, zur Größe und Tragik des protestantischen Pfarrhauses. Dabei hatte der Pfarrer doch gar keinen weltlichen Beruf; er verdiente sein Brot doch nicht mit weltlichen Geschäften. Er hatte eine Berufung.

Der Pfarrer war berufen, Gottes Wort rein und lauter zu predigen und entsprechend rein und lauter auch zu leben. *War* berufen? *Ist* er es denn nicht mehr? Wir werden hier in Schwierigkeiten geraten mit den Tempora. Die Zeitströmungen haben, wie schon angedeutet, manches verschoben, auch wenn anderes beim alten geblieben ist. Den gewissen Abstand von »der Welt« – »die Welt«, mit dem Herrn Kortüm aus Thüringen zu sprechen, »ist ein schmutziges Hemde / Hier (im protestantischen Pfarrhause) ist das deutsche Inwendige«; mit frömmeren Worten: »Habt nicht lieb die Welt, noch was in der Welt ist« –, diesen Abstand von »der Welt« also kann sich das Pfarrhaus heut' nicht mehr so unbefangen leisten wie einst. Mit Bürgerrechten und -pflichten in zwei Reichen kann es ganz schön in die Bredouille kommen zwischen rechts und links, innen und außen. Eines freilich hat sich stetig gebessert seit früheren Jahrhunderten: Der Verkündiger des Wortes braucht nicht mehr nach Pfründen zu schielen; es gibt keine Hungerpastoren mehr. Das Pfarrhaus ist beamtlich ordentlich abgesichert in Stadt und Land gleichermaßen. Es ist eine Dienstwohnung mit Betonwänden und meist in recht guter Wohnlage. Die Pfarrbraut weiß also dienstbezüglich ungefähr, was auf sie und ihren Pfarrherrn zukommt: ein gutes Auskommen.

Wir wenden uns der Frau im Pfarrhaus zunächst in der Vergangenheitsform zu. Wer war sie? Was harrte ihrer? Welche Rolle war ihr zugedacht? – Wer sie war, dürfte nicht schwer zu erraten sein. Sie war, als Erwählte und Zukünftige, ein braves und frommes, nicht selten sehr gescheites und energisches junges Mädchen aus gutem Hause; häufig eine Pfarrerstochter, oft auch eine junge Dame aus dem niederen Adel, wie jene Katharina von Bora alias Käthe Luther, die das protestantische Pfarrhaus mit sechs Kindern begründete, nachdem sie, die entflohene Nonne, erklärt hatte, keinen anderen als den dickschädeligen Reformator selbst heiraten zu wollen. Als Pfarrerstochter oder kleine Adelige war die zukünftige Pfarrfrau mit ihrer Aufgabe im voraus bestens vertraut: Pfarrhaus und Rittergut waren beide ohne tatkräftige, kontaktfreudige und gastfreundliche Frau des Hauses nicht denkbar. Es erging einem Pfarrer also im Grunde nicht anders als einem Erbhofbauern oder einem Fürsten; er konnte nicht mit irgendeiner daherkommen, in die er nichts als verliebt war. Die richtige Braut für ihn war die, welche sich zur Mitstreiterin für das Evangelium berufen fühlte und ihrer Aufgabe mit gutem Willen gewachsen war. Die Braut des Pfarrers glich darin allen jenen Bräuten, die nicht eigentlich einen Mann an sich und für sich heiraten, sondern eine öffentliche Aufgabe mitübernehmen über die Aufgabe als Ehefrau und Mutter hinaus. Der Pfarramtsanwärter mußte seine Zukünftige noch vor der Verlobung und bis weit ins gegenwärtige Jahrhundert hinein seinen Vorgesetzten zur Begutachtung ihrer charakterlichen Eignung für die anspruchsvolle Rolle der Pfarrfrau vorstellen. Unvorstellbar offenbar, daß der Gottesmann sich im Falle der Nichteignung seiner Erwählten einen anderen Beruf statt eine andere Frau gesucht haben könnte . . .

Wie stellt man sich noch heute die klassische Pfarrfrau vor? Sie kleidete sich einfach, aber nicht ohne Geschmack. Sie trug das Haar glatt und gescheitelt und hinten zu einem Knoten gebunden, genannt »Glaubensfrucht«. Sie malte sich nicht an, rauchte nicht und tanzte nicht. Sie ging auch nicht ins Kino; vielleicht nicht einmal ins Theater. Sie war sparsam. Schätze, so der Rost und die Motten fressen konnten, sammelten sich im Pfarrhause nur in bescheidenem Umfange. Auf jeden Fall gab es Bücher und ein Klavier, Spinett oder Harmonium. Von den Büchern profitierten nicht nur der Herr Pfarrer und später seine Kinder. Pfarrfrauen gab es, so versichert die Familientradition, die ihre eigene kleine Bibliothek hatten. Sie las also. Sie war gebildet und bildete sich weiter in der Stille. Schrieb auch Tagebuch; buk nicht nur Kuchen; kriegte nicht nur Kinder. Spielte auch Klavier, wie es Töchtern aus besserem Hause geziemte. Man musizierte *en famille*, und Hausmusik im Pfarrhaus gehörte zweifelsohne zu den schönsten Bildungsgütern mit kreativer Eigenbeteiligung. Die Pfarrfrau am Klavier oder Geige spielend ist ein idyllisches Bild. Ob sie je einen Walzer spielte, wenn sie ihn schon nicht tanzen durfte? Vielleicht vertröstete sich manche, wenn sie älter wurde und auf ihr ungetanztes Leben zurückblickte: Tanzen werd' ich mit verjüngten Beinen über die saphirnen Fliesen im Himmelreich, allein, mit geschlossenen Augen, unterm Lächeln der Jünglingsengel . . .

Wie sah im einzelnen die Aufgabe aus, die auf die Frau im Pfarrhaus wartete? Wodurch profilierte sie sich; worin bestand ihre Selbstverwirklichung? – Gustav Meyrink, mißtönend in »Des deutschen Spießers Wunderhorn« (1913) stoßend, hat die »Pastorenweibse« unangenehm satirisch karikiert: ihr Wesenskern bestehe darin, zu häkeln und Kinder zu kriegen und noch als abgeschiedene Seele einen neuen Ring um den Saturn zu häkeln. »Ich habe eine ganze Schar von Pastorenweibsen belauscht, wie sie rastlos sich ›nützlich‹ machen, Versammlungen abhalten zur ›Aufklärung von Dienstboten‹; für die armen Negerkinder, die sich der göttlichen Nacktheit freuen, warme, scheußliche Strümpfe stricken, Sittlichkeit verteilen und protestantisch-baumwollene Handschuhe – und wie sie uns arme, geplagte Menschheit belästigen: man solle doch Stanniol sammeln, alte Korke, Papierschnitzel, krumme Nägel und anderen

Dreck – ›damit nichts verkomme‹!«[15] Satire ist Satire und schlägt bisweilen auf den Satiriker zurück. Es geht ihr aber um den Widerspruch von Ideal und Wirklichkeit. Wenn die »Pastorenweibse« Versammlungen belehrenden Inhalts abhielt, aber nur für Dienstboten: War's vielleicht deswegen, weil man ihr die Kanzel und den Lehrstuhl verwehrte? Wenn sie Strümpfe strickte für die armen Negerkinder: Wäre sie möglicherweise lieber Direktrice oder Chef-Designerin in der Textilbranche geworden oder eine Forschungsreisende im Urwald Afrikas? Wenn sie Stanniol sammelte: Hätte sie nicht zur Umweltpolitikerin getaugt und Konzepte zur Sanierung der Wegwerfgesellschaft vorgelegt? Meyrink, das Schandmaul des »Simplizissimus«, hat mit seiner Pastorenweibse die Wirklichkeit so kraß verzerrt, daß man nicht umhin kann, unversehens des Ideals ansichtig zu werden, des erstrebenswerten.

Wie vielfältig die Aufgaben einer Pfarrfrau einst waren, weiß man. Gewiß hatte sie Köchin und Kindermädchen zur Verfügung, wie dies in gutbürgerlichen Haushalten bis in dieses Jahrhundert hinein der Fall war. Weshalb sie denn auch mancherlei Geschäften nachgehen konnte oder mußte, für die heute andere zuständig sind und bezahlt werden: die Sekretärin, die Gemeindehelferin, die Katechetin, die Frauen-, Jugend- und Diakoniebeauftragten; sie hielt Bibelstunden und organisierte die Wohltätigkeitsbazare; sie saß auch an der Orgel, wenn es keinen Organisten gab, und es kam ihr nicht in den Sinn, für alles dies ein extra Gehalt zu beantragen. Ihre Großfamilie war die Gemeinde. Manchmal machte es ihr Spaß, und manchmal war's eine Plage – in welchem Beruf käme dergleichen Abwechslung nicht vor? Sie tat, was sie tat, unter freiwillig-innerem Druck; aus Überzeugung teils und teils, weil man es von ihr erwartete. Ihrem Manne war sie, wenn es gutging, Stab und Stütze, und bisweilen war die Pfarrfrau praktisch die Pfarr*herrin*: die bessere Seelsorgerin, Organisatorin und Diplomatin im Umgang mit den Vorgesetzten ihres eher weltflüchtigen, in sich gekehrten Eheherrn. Fast alles konnte, mußte oder durfte sie, nur eines nicht: vor den Altar und auf die Kanzel.

Sie hatte ja zudem noch ihre Kinder, die da kamen und hingenommen wurden, wie Gott es schickte; denn sie waren ein Segen, eher alt- als neutestamentlich begriffen. Bis ins zwanzigste Jahrhundert hinein nahm das Pfarrhaus das Vermehrungsgebot ernst und ließ sich nicht zum Zwei-Kindersystem hinrationalisieren. Wer hätte das unverantwortlich nennen wollen? Kinder, und zwar viele, gehörten dazu. Im Unterschied zum problematischen Kinderreichtum des Proletariats war der Kindersegen des protestantischen Pfarrhauses eingebettet in ein standesgemäßes Einkommen und zumeist auch in ein geräumiges Haus, eine Dienstwohnung, die zwar niemals bleibende Statt werden, dafür jedoch unvergeßliches Kinderparadies bleiben konnte – mit großem Garten und bereits erwähnter Studierstube. Vermutlich bekamen andernorts Kinder nur selten eine so gründliche humanistisch-musische Bildung mit. Sie war zugleich als christliche Bildung gedacht; der »Kulturprotestantismus« ward im Pfarrhaus erfunden und vorgelebt. Aber offenbar wurde gleichzeitig mitgenährt eine unterschwellige Schizophrenie, eine brisant-labile psychische Verfassung, die dann gelegentlich zum Ausbruch kam in eigenwilligen Lebensläufen zwischen Genie und Wahnsinn . . .

Das Thema »Pfarrerskinder« ist ein publizistisch hinlänglich breitgetretenes und gleichwohl immer wieder nachdenkenswertes Thema. Die Namen Nietzsche, Hesse, Benn brauchen kaum wiederholt zu werden. Bei Töchtern scheint die Erziehung im Pfarrhaus zunächst zu ausgewogeneren Ergebnissen geführt zu haben, denkt man an Jane Austen und Ina Seidel; die Schwestern Brontë traten schreibend etwas ungebärdiger auf. – Und wie steht es heute mit den Töchtern? Eine wollte dieser Republik zu etwas mehr politischem Linksbewußtsein verhelfen, griff zu den falschen (weil erfolglosen) Mitteln und endete im Suizid: eine Idealistin und Anarchistin, der Dora in Camus' Tragödie »Les Justes« (Die Gerechten) nicht unähnlich. Eine andere schreibt sich in delirienhaft luzidem und gotteslästerlichem Stil Unverwundenes von der pfarrhausgeschädigten Seele. Um Mutter *und* Vater zu ehren, verbirgt sich die Tochter, die »Autobiographisches zu einem protestantischen Thema« von sich gibt, hinter drei X; drei Kreuze wären in ihrem Falle symbolträchtiger: eins für das Martyrium einer Pfarrfrau; eins für die fromme Selbstgerechtigkeit des Vaters; eins für das Lebenstrauma der Tochter.[16]

Heißt: Das Pfarrhaus konnte zur Vorhölle werden, zur Brutstätte von Neurosen und Schlimmerem. Der Haussegen konnte noch schiefer hängen als sonstwo. Aber Scheidung? Undenkbar. So undenkbar wie ein Seitensprung. Pfarrfrau mit Liebhaber, gar mit einem zum Auf- und Davongehen? Dazu reichten selbst Romanphantasien nicht hin. Da mußte man sich schon gedulden bis ins späte zwanzigste Jahrhundert.

Wir gedulden uns und werfen einen Blick auf das einfache und vorbildliche Leben des *Hungerpastors* von Wilhelm Raabe, erschienen 1864. Der Roman handelt von dem armen Schustersohn Hans Unwirsch, den der Hunger nach Wissen zum Theologiestudium treibt. Auf seiner Bildungsodyssee findet er die Braut in der Großstadt, in Berlin, im Hause eines Geheimrats, wo er als Hauslehrer hinkommt. Es ist Fränzchen, arm und verwaist, aber brav und fromm. Als mittellose Verwandte wird sie zusammen mit der wohldotierten Kusine in dem großbürgerlichen Hause erzogen. Die Liebe der Braut, züchtig und in allen Ehren, erleuchtet ihm fortan als stille Flamme den Weg in der intrigenreichen Wirrnis der großen Gesellschaft, der er schließlich entflieht in die Hungerpfarre an der Ostsee. In dieses armselige Fischerdorf folgt ihm Fränzchen; und Hans, in seinem Hunger nach »Licht«, nach Erkenntnis und Lebenssinn, wird im Doppelhöchstgut ehelicher Liebe und beruflicher Pflichterfüllung Mitte und Maß seines Lebens finden; weltabgeschieden, im wesentlichen nach innen gewandt, aber alles andere als egoistisch. Symbolische Schlußszene: Gerade am Hochzeitstag wirft eine stürmische See zwei Opfer des »wüsten Hungers« nach erotischen Abenteuern schiffbrüchig an den Strand vor Hansens Hütte: Kleophea, die reiche Kusine, und ihre Freundin, »die kleine Französin«, Opfer des Verführers Moses, des Jugendfreundes, der den anderen Weg ging: weltmännisch Karriere machte. Fränzchen und Hans suchen zu retten, was zu retten ist. Das Brautpaar bewährt sich gemeinsam in tätiger Nächstenliebe, als »Helden des Alltags«. Der Braut wird Anerkennung zuteil: »Du trittst dein Amt in Ehren an« – Pfarrfrau sein ist ein Amt, ein Ehrenamt. Mit Kindern und kärglichem Brot wird Franziska Unwirschin mit stillem und unverrücktem Gemüt als guter Geist, als Herz und Seele des Pfarrhauses walten; brav, bieder, gottesfürchtig – »spießbürgerlich«?

Und wie stehen, liegen und verändern sich seit nunmehr zwei, drei Jahrzehnten die Dinge rund um die Braut und Ehefrau des Pfarrers? Es ist vieles gewiß noch beim »guten alten« geblieben, unverändert. Wo sich's aber ändert, da beginnt es häufig mit dem, was niemanden etwas angeht. Es ist in die Gewissens- und Entscheidungsfreiheit der beiden gestellt, die da meinen, sie paßten zusammen und sie würden es miteinander schon aushalten – lebenslang? Es darf auch ein Kind kommen vor der Eheschließung. Sollte man nicht langsam so weit sein, es der schwangeren Braut als Ehre anzurechnen, wenn sie das Kind will, statt es abzutreiben, wenn es sich schon nicht planen ließ? Ob die Braut hingegen einer anderen Konfession angehören darf, ist noch weithin umstritten. Daß sie einen Beruf hat, ist fast schon selbstverständlich. Hier unterscheidet eine Gemeinde allenfalls nach »gemeindenahen« und »gemeindefernen« Berufen der Pfarrfrau. Kindergärtnerin darf sie mit Vorliebe sein; Gemeindeschwester oder Katechetin – die klassischen »weiblichen«, vorwiegend dienenden Berufe. Hat sie höher hinausstudiert, ist sie Studienrätin, Juristin oder Ärztin, so wird sie sich, wie jede Frau mit Beruf, entscheiden müssen, ob sie ihn – und sei's auch nur zeitweilig – aufgeben will zugunsten von Ehe und Familie und unbezahlter Mitarbeit in der Gemeinde oder ob sie ihn ausüben will. Da ihr rechtlich niemand Vorschriften machen kann, wird sie möglicherweise unbeirrt ihrem Beruf nachgehen, um sich selbst und das Eigenheim schneller zu verwirklichen. Vielleicht wird man sie als »Doppelverdienerin« diskriminieren; das hängt ganz von Angebot und Nachfrage auf dem Theologenmarkte ab; aber auch vom Finanzaufkommen einer Volks- und Landeskirche. Letzteres kommt vor allem dann ins Spiel, wenn der Beruf der Pfarrfrau mit dem Beruf des Ehemannes identisch ist: Beide zusammen dürfen sich dann Amt und Kanzel und auch das Gehalt teilen. Mancher Pfarrbraut könnte diese Regelung die Entscheidung erleichtern, auf den Beruf zu verzichten. Die Alternative heißt in diesem Falle nicht: Beruf oder Ehe, sondern: ein halbes Gehalt oder keins. Und im Falle einer späteren Scheidung – denn auch diese ist nun möglich –: eine halbe Pension oder gar keine? Hieße: Die alte patriarchale Abhängigkeit der Ehefrau vom Ehemann – brav sein und sich notfalls vieles gefallen lassen, rein aus Versorgungsgründen? Denn wirft Nora die Tür zum Pfarrhaus hinter sich zu, wer rechnet ihr dann auf ihre alten Tage Dienstjahre an? Und ausgerechnet eine Pfarrfrau sollte sich solch unevangelisch bürgerlich-materialistische Gedanken machen? »Sehet die Lilien auf dem Felde« – sie lassen belämmert die Köpfe hängen . . .

Von Scheidung war die Rede. Auch sie ist im Pfarrhause nun schon seit einiger Zeit möglich. Man kann auch getrennt leben, aber dann doch besser in der Stadt als auf dem Lande, wo es noch rückständig zugeht. Es gibt auch genügend Sonderpfarrämter, die keiner Gemeinde zur Einsicht freiliegen. In der Stadt läßt sich auch am ehesten verwirklichen, was noch zu den Ausnahmefällen gehört: die Pfarrerin, die vollberufliche, deren Ehemann die Rolle des »Hausmannes« probt – meistens nur für kürzere Zeit und um gleichzeitig ein Buch darüber zu schreiben, dem Publikum doch wieder ein Fensterchen in das Haus zu öffnen, dessen Wände einst aus Glas waren, während sie heute aus Intimbeton sind. – Da steht sie nun also auf der Kanzel und vor dem Altar und ist begrifflich festgestellt, die Frau Pfarrerin, und kollegial-gleichberechtigt bereits bis zur Dekanin, und man weiß nicht, was noch kommen mag. Sie hat einen Mann oder auch keinen; Kinder oder keine – ist sie »glücklicher«, zufriedener als die »alte« Pfarrfrau? Welche Gefühlsschnüffler geht das was an? Sie predigt. Sogar paulinisch, denn sie glaubt an vieles, was der heilige Mysogyn verkündet hat, der sich gewiß nicht träumen ließ, daß in Gal. 3,28 soviel späte Gleichbe-Rechtfertigungslehre steckt . . .

»Das alte Pfarrhaus ist unwiederbringlich dahin«[17], versichert man uns. Schade?! Der Pfarrberuf, einst trotz Beamtung eine fast unbürgerliche, charismatische Art von Berufung, ist ein bürgerlicher Beruf geworden; ein Zweiglein am vielverzweigten Baume öffentlicher Dienstleistungen. Manchem Pfarrer alten Schlages geht das noch gegen Gewissen und Selbstverständnis – und mancher Pfarrfrau auch. Denn es gibt sie trotz allem Wandel noch, die Pfarrhäuser alten Stils, die christlich-patriarchale Pfarrfamilie. Man hört nur nicht so viel von ihr. Die »alte« Pfarrfrau läßt ihre Stimme nicht hören – auf der Gasse und in der Presse. Gelegentlich erfreut sie sich tatsächlich eines stillen und unverrückten Gemüts und ist ganz zufrieden mit ihrem Schicksal und einem fromm-vernünftigen Pfarrherrn als Ehemann. Frau könnte nostalgisch werden; aber sie gibt sich einen Ruck und räsoniert: Gewiß und zugegeben, keine Geisteskultur, sie sei christlich oder humanistisch oder beides, ist denkbar ohne Triebverzicht, ohne Opfer, Askese und Selbstverleugnung. Aber: Müssen es immer und vorwiegend die Frauen sein und die Bräute zumal, die auf ein öffentliches Selbst verzichten, um dem geliebten Manne die Karriere oder den »Dienst am Wort« zu ermöglichen?

Die Braut, die keiner Versorgungsehe mehr bedarf, hat in keinem anderen Hause soviel verändert wie im Pfarrhause. Einiges mag der Reaktion wieder zum Opfer fallen. Es könnte die Braut daran erinnern, daß nicht sie, als Individuum, eine Änderung herbeigeführt hat; daß sie vielmehr ein Produkt sozioökonomischer Veränderungen ist. Sie glaubte zu schieben – doch sie ward geschoben. Damit geben wir ihr den Abschied.

Die Nur-Hausfrau

Dieser abwertende Begriff hat sich trotz aller Proteste eingebürgert. Dasein und Schicksal dieser Kategorie – die Pfarrfrau, die alte, echte, gehört nicht in diese Schublade – ist immer wieder in hohen wie in tiefen Tönen besungen, teils gepriesen, teils beklagt worden und ist also hinlänglich bekannt; daher wir uns langatmige Wiederholungen ersparen können. Ein Zitat der Würdigung indes bleibt erwähnenswert. Im Brockhaus von 1954 lesen wir: »Die Tätigkeit der Hausfrau gehört zu den sehr seltenen *Vollberufen* und ist durch die Möglichkeit, ihm ein persönliches Gepräge zu geben, und in seiner Vielseitigkeit fast allen anderen Berufen überlegen.« Wir überhören geflissentlich das Hohnlachen aus bestimmten Richtungen und informieren uns im gleichen Konversationslexikon unter dem Stichwort »Frau«: »Hausfrau ist einer der edelsten *Berufe*, die es gibt; zudem ist er, was den Einsatz an Mühe, Kraft und Menschlichkeit betrifft, wohl einer der schwersten.«

Beruf. Vollberuf. Schön. Schmeichelhaft? Eine solch edle Auffassung vom Beruf der Hausfrau (und Mutter) hinderte eine damalige christliche Regierung nicht, die Rente von völlig ausgebombten oder vertriebenen, heißt: mittellosen Kriegerwitwen mit Kindern so niedrig zu halten, daß sie zu meist ungelernter Arbeit mit entsprechend niedrigen Löhnen gezwungen waren, wobei der schmale Verdienst dann auch noch auf die Erziehungsbeihilfe angerechnet wurde. Überhaupt keine Krieger- (weil »Verbrecher-«) Witwenrente gab's im Deutschland nebenan, und zwar aus dem gleichen, nur etwas unumwundener zugestandenen Grunde: Alle Kraft, vor allem die der Frauen (die Männer: teils vermodert fürs Vaterland, teils wieder, wie gehabt, an den Schalthebeln der Macht oder in den erlernten Berufen), die Kraft der Frauen also für den Wiederaufbau hüben und drüben, hüben jedoch die edle Definition. In der freien Wirtschaftswirklichkeit also die außer Hause ausgebeutete ungelernte Arbeiterin; dieselbe, die einstens als eine, die es nicht nötig hatte, einen Beruf zu erlernen, in der elterlichen Gartenlaube saß und an ihrer Aussteuer stickte . . .

Die Töchter dieser Mütter begriffen dumpf etwas, drückten zielstrebig die Schulbank, lernten, daß ihnen schwitzte der Kopf, studierten, verdienten Erkleckliches in ihren Berufen und waren nur äußerst schwer, wenn überhaupt, zu bewegen, dem edelsten aller Berufe wieder die Ehre anzutun, die ihm das Lexikon zuschrieb.

Nach diesem Rückblick in eine längst bewältigte Vergangenheit ein kurzes Innehalten mit Atemübung. Sodann wollen wir uns umschaun in der Gegenwart und ihren unbewältigten Problemen im Hinblick auf diesen edelsten aller Berufe; Probleme, die in erster, wo nicht ausschließlicher Linie die bürgerliche Braut betreffen.

Die Wohn-, Brot- und Familienverhältnisse, in welche eine Braut, die sich zum Nur-Hausfrauendasein (nicht »Beruf«?) berufen oder gedrängt fühlt, hineinheiratet, können innerhalb der heute und hier so breiten und nebulösen Schichtung des Bürgertums sehr unterschiedlicher Art sein. Die Frau des »kleinen Angestellten« in beengter Mietwohnung (samt Ärger mit dem Vermieter), beide zu zweit allein in einer Stadt und alsbald mit Kind oder Kindern, sie würde vermutlich gern tauschen mit der Gattin des freien Architekten, die, in einem hübschen Bungalow mit Garten drumherum ihre Hausfrauenpersönlichkeit entfaltend, sich ihren Pflichten widmen kann. Aber nicht nur dies. Zum Problem wird der Braut die Aussicht auf die eigenen vier Ehewände, wie man weiß, vor allem dann, wenn sie bis dato einen aushäusigen Beruf hatte, vielleicht gar einen, der nicht nur finanziell einträglich war, sondern ihr dazuhin auch noch »Spaß machte«, wie man sagt; in welchem sie sich also selbständig, öffentlich als »sie selbst«, profilieren konnte – wenn sie wollte. Anders, wie man weiß, liegen die Dinge, wenn die Braut den erlernten Beruf wenig attraktiv, zu strapaziös oder schlicht langweilig fand. Die Aussicht, dem durch die Ehe und ein ehrbares Hausfrauen- und Mutterdasein zu entrinnen, ist dann sehr verlockend. Sie überläßt dem Manne die angestammte Rolle des Ernährers samt Berufsfrust und -freuden und konzentriert sich auf Küche und Kinder und auf die Ausstattung oder Ummöblierung eines vielleicht bereits vorhandenen Eigenheims. Bisweilen weiß sie, was sie aufgibt und daß sie fortan eine Abhängige ist, nicht nur wirtschaftlich, sondern auch moralisch; ihre Liebe soll sich als eheliche bewähren, und das heißt: Sie ist verpflichtet, alles zu tun, um dem Manne das harte Berufsleben in der abendlich-heimischen Wohnlandschaft so angenehm und rekreativ wie möglich zu gestalten, »seinen« Kindern eine ordentliche und gewissenhafte Mutter zu sein und alles zu tun, des Ehemannes Ansehen zu fördern und nicht zu untergraben. Das »Lob der wackeren Hausfrau« ist ihr dann sicher.

Werfen wir doch einen Blick auf dieses unübertroffene Vorbild aus den *Sprüchen Salomos* (Kap. 31,10-31). Jene hatte noch Mägde; diese heute hat dafür Staubsauger, Waschmaschine etc. Jene »holte von fernher ihre Nahrung« (sie mußte mit Händlern auf Märkten verhandeln); diese heute hat ihre Tiefkühltruhe und Konserven im Haus und den Supermarkt vielleicht gleich nebenan. Jene damals »tat sich um nach Wolle und Flachs«; vom Flachs abgesehen, der durch Pflegeleichtes ersetzt ist, tut die Nur-Hausfrau von heute das bisweilen auch noch und mit Ausdauer: Sie bestrickt Mann und Kinder und sich selbst mit vielmaschigem Kunstverstand und knüpft Brücken übers Parkett und stickt Landschaftsgobelins – lauter schöne Dinge, die das schöne Heim noch mehr verschönern. Weiter: Die wackere Hausfrau von damals kauft einen Acker – wir stutzen; sie verkauft »Prachthemden« und selbstverfertigte

Gürtel – da reißt der Faden des Vergleichs. Die Hausfrau der Sprüche Salomos entpuppt sich als wirtschaftlich ziemlich selbständige Unternehmerin für eine Großfamilie; sie selbst jedoch war rechtlich ganz und gar von dem sie lobenden Gatten abhängig. Sie wird zudem genannt ein »gottesfürchtiges Weib«; das heißt nicht nur: Alles, was sie da so selbständig erwirtschaftet, gehört rechtlich ihrem Mann und ihren Söhnen; es heißt auch: Sie wird sich hüten, ein Haar in ihrer nahrhaft-gutgewürzten Ehesuppe zu finden. Unglücklich ist sie gewiß nicht, solange Ehe und Familienleben so lobenswert harmonisch verlaufen. Sollte es aber einmal nicht mehr so gut gehen, dann wird sie alles tun, um eine Scheidung zu vermeiden. Es wäre eine solche nämlich ihr wirtschaftlicher und gesellschaftlicher Ruin. Sie ist »an und für sich«, losgelöst von ihrer Ehe, von Haus, Mann und Söhnen, niemand. Von ihrem Gatten heißt es, er sei »geachtet im Tore«, also in den Ratsversammlungen der freien Bürgerschaft. Womit er sonst noch beiträgt zum Unterhalt der Familie, verrät uns das Loblied nicht. Es gibt jedoch eine alte Tradition, die davon weiß, daß solch wackere Hausfrauen es waren, die ihrem jeweiligen Gatten ein geruhsames Studium und hohe Gelehrsamkeit ermöglichten. Für das tägliche Brot sorgten sie, nicht er; und sie rechneten es sich zur Ehre an.

Die klassisch-bürgerliche Arbeitsteilung der Moderne sieht anderes vor, und das »Lied von der Glocke« erweist sich als unverzichtbares Bildungsgut: »Der Mann muß hinaus ins feindliche Leben / Muß wirken und streben / . . . / schaffen, erraffen, wagen, erjagen – Und drinnen waltet die züchtige Hausfrau / Die Mutter der Kinder / . . . / Und reget ohn Ende die fleißigen Hände« – unterstützt von mehr oder weniger zahlreichem Gesinde, je nach Wohlstand. Aber heute? Das Gesinde ist dahin; es steht am Fließband der Fabriken oder sitzt in den Büros. Das ist nicht weiter schlimm, denn es gibt ja den maschinell rationalisierten Haushalt. Gutbürgerlich »drinnen« zu walten, das kann Spaß machen und nebenbei von hohem ästhetischem Reiz sein. Außerdem wird auch die grimmigste der Emanzen an dieser Stelle zugeben müssen, daß es Frauen, und darunter sogar einige studierte, gibt, die sich aus tiefstem Herzen zur Nur-Hausfrau und Mutter berufen fühlen und darin sehr selbstbewußt und nach uraltem Muster ihre Selbstverwirklichung finden. Der Trend zur »neuen Mütterlichkeit«, orientiert am gutbürgerlich-christlich-patriarchalen Ehe- und Familienideal, mag reaktionär sein, er wird aber alle diejenigen Frauen aufatmen lassen, die sich vorübergehend bereits in einen Minderwertigkeitswinkel gedrängt sahen. Die ideologische Auseinandersetzung dazu gehört nicht hierher.

Hierher gehört die problematische Kategorie derjenigen Nur-Hausfrauen und Mütter, die ein gerüttelt Maß an beruflicher Vor- oder gar Ausbildung ungenutzt liegen ließen, als sie sich zur Ehe entschlossen. Vor die Wahl gestellt: Ehe oder Beruf, quälten sie sich redlich, ihr Gewissen und Wollen zu erforschen – eine zwiespältige Brautzeit. Und dann eine Ehe, von Anfang an überschattet von der Frage: Habe ich die richtige Wahl getroffen? Warum mußte *ich* verzichten um der Kinder willen? Warum darf *ihm* nach öffentlich anerkannter Meinung der Beruf wichtiger sein als die Ehe? Mein Verzicht schafft ihm Kinder und erleichtert ihm die Karriere . . . Das kann alles und trotz allem gutgehen. Sie wird ja schließlich indirekt von seiner Karriere profitieren, als Arzt-, Anwalts-, Direktoren- oder Professorengattin oder was der stereotypen Prestigeberufe mehr sein mögen. Sie ist aber und bleibt gewissermaßen stigmatisiert vom Verzicht auf den eigenen Beruf und die damit verbundene öffentliche Anerkennung und wirtschaftliche Unabhängigkeit – *das* eben ist's, was akademisch gebildete Nur-Hausfrauen heute aus dem Häuschen und auf die Barrikaden bringt. Die wirtschaftliche Abhängigkeit vom Ehemann wird zum Problem, sobald die Ehe nicht hält, was sie anfangs versprach, *oder* wenn der vielerörterte Augenblick kommt, »wo die Kinder aus dem Hause« sind. Jetzt beginnt die Wunde wieder zu bluten; das Löcken wider den Stachel hebt an; der Brautentschluß von einst, Nur-Hausfrau-und-Mutter zu sein, gerät ins Zwielicht. *Is the prize worth the price*? Ist der errungene Preis den Preis wert, der dafür zu zahlen war?

Da sitzen sie. denn in überwiegend sehr gepflegten Dienst- oder Eigentums-, seltener Mietwohnungen; können sich immerhin eine Raumpflegerin leisten und auch dieses oder jenes mehr; haben Kinder, die studieren, und einen Mann mit Pensionsberechtigung oder anderweitig gesichertem Lebensabend;

aber es ist noch heller, sonniger Nachmittag. Ein ansehnliches, belesenes, oft auch gesellschaftspolitisch interessiertes Kontingent »akademischer Hausfrauen« sitzt da und sucht nach sinnvollen Aufgaben für die in absehbarer Zeit zur Neige gehenden »besten Jahre des Lebens«. Was läßt sich noch Neues anfangen? Einen Verein gründen? Eine Zeitschrift? Malen, musizieren, Bücher schreiben? Und resigniert eine mürbe, morsch und brüchig gewordene, eine total verbrauchte Ehe durchhalten? Es muß ja so durchaus nicht sein; aber völlig ausgeschlossen ist es auch nicht. Sie wünscht sich – was wünscht sie sich? Ein öffentliches Ehrenamt? Ein heimliches erotisches Abenteuer im dritten Frühling? Ach, vielleicht wünscht sie sich, daß sie doch wenigstens den Beruf der Krankenschwester erlernt hätte und auffrischen könnte – sie ginge in den brasilianischen Urwald, um unter Indios und abends, nach getanem gutem Tagewerk, dem Lebenssinn einer Professorengattin und Mutter wohlgeratener Kinder nachzugrübeln . . .

Wir wollen sie da grübeln lassen (wahrscheinlich sitzt sie in Wirklichkeit im Wintergarten einer hübschen, im Grün versteckten Großstadtvilla, zwischen Papyrusstauden und Hibiskus und – was bleibt ihr anderes übrig? – schreibt ein Buch über »Die Braut« oder »Die Emanzipation frißt ihre Töchter«), sie also grübeln beziehungsweise schreiben lassen, um uns der anderen Möglichkeit bürgerlicher Braut- und Eheexistenz zuzuwenden, welche diese abhängig-eingesperrte Nur-Hausfrau am Tage ihrer lang zurückliegenden Hochzeit aufgab:

Die Karrierefrau

Wir wollen begrifflich streng vorgehen und noch einmal sagen, wer hier *nicht* zur Debatte steht. Es kommen nicht in Betracht sämtliche vergangenen und gegenwärtigen gekrönten Häupter und was sonst noch unter die Überschrift »Prinzessin« fallen könnte. Es geht noch immer um die bürgerliche Braut und um ihren Beruf, der zum Problem werden kann. Sehen wir uns noch einmal das gekrönte Gegenstück an. Für Maria Theresia war es kein Problem, quasi nebenher sechzehn Kinder zu gebären, Mutter und Gemahlin zu sein und zugleich ein kompliziertes Kaiser- und Königreich mit fester Hand zu regieren. Viktoria von England herrschte zwar nur; aber ihre Minister mußten mit ihr rechnen, wenn es etwas zu entscheiden galt. Nebenher gebar sie ihrem Prinzgemahl neun Kinder – kein Problem. Ein gekröntes Haupt, eine Prinzessin sein, das ist eben kein Beruf, selbst wenn die allersorgfältigste Erziehung und Ausbildung dazu vonnöten sind. Ihre politische Karriere ist keine Karriere im strengen Sinne. Sie wird in ihre Aufgabe hineingeboren; sie bewährt sich. Ähnliches, wenn auch nicht Gleiches, gilt für eine Regierungschefin wie Indira Gandhi. Sie stammte aus vornehmer Brahmanen- und Millionärsfamilie (wie ihre ebenfalls politische Tante, die Nehru-Schwester Lakschmi Pandit), zog zwei Söhne auf und erlebte das nicht ungewöhnliche Schicksal politischer Frauen, ermordet zu werden. Da sie Macht in Händen hatte, war sie auch gegen Korruption nicht gefeit; ein Hinweis, nebenbei und mit dem kleinen Finger, daß Karriere auch für eine Frau vom Bösen und zudem lebensgefährlich sein kann.

Ebenfalls nicht in Betracht kommen hier sämtliche Ehen, mit oder ohne Kinder, die am Beruf, an der Karriere der Ehefrau früher oder später kaputtgehen, so daß es zur Trennung oder zur Scheidung kommt. Hierher gehören fast sämtliche »Hollywood-Ehen« und deren Vor- und Nachläuferinnen. Es ist nicht nur das Erlöschen der Leidenschaft, das einer Ehe das romantische Mark aus den Knochen saugt; es ist auch der Drang nach beruflichem Erfolg, der – da er die Frau in den meisten Fällen aus dem Hause treibt, in die Filmstudios, auf die Bühne und in den Konzertsaal; in die eigene Anwalts-, Arzt- oder Kosmetikpraxis; in ein wissenschaftliches Labor oder auf einen Lehrstuhl; ja bisweilen auch nur in den ästhetisch anregenden Beruf einer Innenarchitektin oder unter die Kollegen und Kolleginnen an einer Schule oder auf dem Finanzamt oder sonstwo – es ist diese berufliche Aushäusigkeit der Ehefrau, die dazuhin vielleicht noch Mutter ist mit meistens nur einem »Symbolkind« oder zweien und die deswegen den Beruf zeitweilig aufgeben mußte, wenn die Kinder nicht das »Opfer« ihrer Karriere werden sollten –, es ist, des alten, langatmigen Liedes kurzer Sinn, diese »Doppelbelastung«, der, wenn nicht der Beruf, dann eben die Ehe zum Opfer fällt. Da dieses Lied so bekannt ist und so viele Strophen hat, die alle in der Katastrophe der Ehe enden, wollen wir keine neue Strophe hinzufügen, sondern uns nur noch kurz nach dem gängigen Kompromißversuch umsehen, der vorerst nur für einige wenige Berufe in Frage zu kommen scheint.

Diese wenigen Berufe sind vorwiegend minderqualifizierter Art. Eine Kindergärtnerin oder Krankenschwester, eine Laborassistentin – Berufe also vorwiegend im Angestelltenverhältnis – kann, wenn sie als Braut ihren Beruf aufgibt, um Kinder aufzuziehen, nach einigen Jahren, wenn die Kinder in der Schule sind, ihren Beruf wiederaufnehmen. Karriere wird sie nicht machen. Für eine Beamtin ist es noch immer schwierig oder unmöglich, für mehrere Jahre »auszusteigen«. Das verträgt der Begriff des Beamten nicht. Hat die Braut aber einen freien Beruf – als typisches Trio: Ärztin, Anwältin, Architektin – und versucht, nach ihrem Ausstieg in die Ehe wieder einzusteigen in den Beruf, dann ist der Zug in vielen Fällen eben doch schon abgefahren, und ein atemloses Hinterherjapsen macht ihr möglicherweise auch kein Vergnügen mehr. Heißt: Es kommt auch hier zu keiner »Karriere«. Sie verdient nur noch Geld, sei's, um das Eigenheim abzuzahlen; sei's, um im Falle einer Scheidung finanziell unabhängig zu sein. Das wäre also das, was auch nicht zur Debatte steht. Wir verstehen unter »Karriere« nicht in erster Linie viel Geld verdienen (das wäre allenfalls als Nebeneffekt willkommen), sondern möglichst rasch oder zumindest doch sicher zu Erfolg, Ehre und öffentlichem Ansehen zu gelangen bei einem möglichst breiten Publikum – kurz und volkstümlich ausgedrückt: berühmt zu werden, sich einen Namen zu machen, einen eigenen; nicht nur im Telefonbuch zu stehen, sondern auch im Konversationslexikon, kurz, alle Eitelkeit dieser Welt ebenso selbstverwirklicht zu genießen wie die berühmten Männer mit den großen Namen in den bildungsbeflissenen Fernseh-Vorstellungen.

Frage also: Ist ein Rezept denkbar, ein Grundrezept, nach welchem Ehe und beruflicher Erfolg sich dauerhaft miteinander verknoten ließen, und zwar möglichst auch mit Kindern?

Es gibt nicht nur ein Rezept; es gibt deren sogar zwei. Das erste ist denkbar einfach und hinreichend erprobt. Die Braut gehe getrost in die Ehe, suche aber und versuche sich in einem freien Beruf, der zwar kein Beruf im strikt bürgerlichen Sinne, aber doch irgendwie auch ein Beruf ist, und zwar einer, der voller Überraschungen sein kann und dessen Erfolgschancen gänzlich unberechenbar sind – eine Art Glücksspielberuf: Sie werde Schriftstellerin, Malerin oder ausnahmsweise auch Bildhauerin. Sie lasse sich nicht abschrecken von einem Blick in die Literatur- und Kunstgeschichten: Die allermeisten großen Frauennamen sind da Mädchennamen, und erst in der Neuzeit, als auch die verheiratete Frau sich ein eigenes Zimmer leisten durfte – Virginia Woolf –, begann sie fleißig zu schreiben. Es ist wahr, es sind ihrer nicht übermäßig viele, die zugleich Kinder aufgezogen, einen ehelichen Haushalt geführt und Bücher geschrieben haben, die ihnen Ruhm verschafften. Galt schon für einen alten Römer (war's Horaz?) der Wahl- und Entscheidungsspruch *»aut liberi, aut libri«* (»entweder Kinder oder Bücher«), wieviel mehr erst für eine Frau. Wir balancieren damit schon wieder am Rande des Bürgerlichen; denn gleich um die Ecke lauert ja das alte Vexierproblem: die Frau als Künstlerin / die Künstlerin als Frau – insbesondere eben als Ehefrau und Mutter. Wie verträgt sich das Inspirative, Gedankentiefe mit überkochender Milch auf dem Herd, unüberhörbarem Greinen des Sohnemanns, der mütterliche Aufmerksamkeit fordert, und den anrüchigen, aber unverzichtbaren Socken des geliebten Gatten gleich neben dem überquellenden Mülleimer? – Wir wissen, daß es politisch-literarische Kampfgemeinschaften gab zwischen ehrbar ehelich Verbundenen – Emmeline Pankhurst-Goulden, die britische Suffragette, die ihre beiden Töchter zu Mitkämpferinnen hatte (1858–1928); Luise Otto-Peters (1819–1895), die Patrizierin, die den Arbeiterführer heiratete, als sie beide fast schon vierzig waren. Noch etwas näher an der Gegenwart: Elly Heuss-Knapp (1881–1951), Reichstagsabgeordnete wie Clara Zetkin (1857–1933), die einen russischen Revolutionär geheiratet hatte. – Ehe also durchaus noch möglich; Kinder nur bedingt. Ist das dann noch eine bürgerliche Ehe? Wir kennen ein einziges Ausnahmepaar, Naturwissenschaftler beide, Physikerin und Physiker, Marie Curie-Sklodowska (1867–1934), zwei Töchter und zweimal Nobelpreis. Unvermählt blieb Lise Meitner.

Es scheint, daß die Problematik der Frau zwischen Ehe und Familie einerseits und Karriere andererseits auf eine ganz einfache Formel gebracht werden kann: Beide reagieren allergisch aufeinander. Sie vertragen sich nicht. Dennoch ziehen wir auch noch das zweite Rezept aus der Schublade. Wir experimentieren, versuchen eine Art Probemischung für eine Ehe-Familien-und-Karriere-Torte herzustellen. Frau nehme: als erstes frühzeitig und fest ein Ziel ins Auge und plane akkurat. Frau muß sehr genau wissen, was sie will, und außerdem auch noch wollen. Sie kann zu dem, den sie geneigt ist zu heiraten, nicht sagen: »Schatz, ich sehe da so viele Möglichkeiten, sag mir mal, was ich eigentlich will. Sag mir doch, wo das hinführen könnte. Sag mir mal 'nen Skopus.« Das führt zu nichts. Dieser Teig wird nicht aufgehen; er bleibt am Eheblech sitzen. Zum anderen: frau sei mit einer hinreichenden Portion Intelligenz, Energie, Mut und Inspiration gesegnet, denn nehmen kann sie sich diese Ingredienzien nicht. Sie sind Gabe, bisweilen erbliche Vorbelastung. Zum dritten: frau komme aus möglichst guten Verhältnissen, nicht unbedingt vermögend, aber doch gebildet und mit guten Beziehungen. Das ist keine Grundbedingung, es ist nicht das Mehl und auch nicht das Gelbe vom Ei – so jedenfalls sollte es sein in einer Gesellschaft mit annähernd gleichen Bildungschancen –, es ist gewissermaßen aromatische Zutat. Nur in manchen Fällen ist's das Backtriebmittel. Es bleibt uns verborgen (die Statistiker wissen's sicherlich), wie hoch unter vergangenen und gegenwärtigen (politischen, freiberuflichen, künstlerischen) Karrierefrauen der prozentuale Anteil derer ist, die aus bäuerlichen oder »proletarischen« Schichten kamen. Wir wollen uns davon nicht ablenken lassen, sondern unsere Aufmerksamkeit auf die vierte und möglicherweise wichtigste Zutat in der Probemischung richten: frau nehme – und sie wähle mit Bedacht und prüfe, vor allem sich selbst, und nehme sich Zeit und behalte einen möglichst kühlen und klaren Kopf –, sie nehme: den richtigen Mann zum Ehegefährten. Viel verlangt – zugestanden. Vor allem vom Mann. Von ihm, für den es nie ein Problem war, Ehe und berufliche Karriere miteinander zu verbinden. Im Gegenteil, es klappte vorzüglich; ja Ehe und Familie waren für ihn nicht selten die Voraussetzung seines beruflichen Erfolgs. Wie wäre so gar mancher der großen Männer zu seiner Größe gekommen, wenn da nicht erst eine Mutter ihn gehätschelt und angespornt und sodann eine treue Gattin ihn umsorgt hätte mit allen Besorgungen des Haushalts und des Familienfriedens – Ruhe in der Studierstube und das Mittagessen auf dem Tisch zur rechten Zeit? Es ist dies eine der Strophen in dem bekannten Lied, das lauter Katastrophen besingt, wenn diese althergebrachte Rollenverteilung durch der Ehefrau Karrierestreben in Frage gestellt wird. Der richtige Ehemann für eine Karrierefrau ist der Hausmann. Gewiß noch immer eine kostbare Rarität; aber es gibt ihn, heißt es, bereits in allen Schichten der Gesellschaft, überwiegend jedoch unter Intellektuellen und Angehörigen sozialer Berufe.[18] Ihre Ehefrauen arbeiten meist in qualifizierten Berufen. »Psychologen wiesen zu Beginn der achtziger Jahre darauf hin, daß auch bei Männern, die nur Hausarbeit machen, Minderwertigkeitsgefühle entstehen (bisher bekannt als sog. Hausfrauensyndrom).«[19] Nicht der Mut des Kriegers, des Propheten oder des Urwaldforschers ist hier dem Manne vonnöten, sondern jene weit schwierigere und seltenere Art von Mut, die man in abendländisch-christlicher Tradition zur spezifisch weiblichen Tugend abgerichtet hat – »Dienen lerne das Weib beizeiten nach seiner Bestimmung« –, die Demut. Vom Manne erfordert sie sehr viel Selbstbewußtsein; auch Opfer und Verzichtbereitschaft; bisweilen auch ein gerüttelt Maß an Humor und Frömmigkeit zugleich, die man gar zu selten beieinander findet. Bislang scheint das Hauptmotiv, das einen Ehemann dazu treiben kann, Hausmann zu werden, nicht diese Art von Mut zu sein, sondern – Arbeitslosigkeit. Das ist ja dann auch ganz schön, wenn die Frau in ihrem Karrierestreben zugleich sich selbst verwirklichen und dem Mann samt Kindern die täglichen Brötchen schaffen kann. Sie geht hinaus ins feindlich-ruhmvolle Leben; er bleibt schön brav und fromm zu Hause, kümmert sich um Küche, Kinder und seine Kunst, und wenn die Frau nach Hause kommt, fängt sie an, aufzuräumen. Frau kennt das. – Wie weit aber wäre es bis zur öffentlichen Bewunderung für den Mann, der durch Verzicht auf seinen Beruf, der ihm *auch* Spaß machen und einen Haufen Geld einbringen würde, der Frau die Karriere ermöglicht? So einer wäre doch nicht ganz zurechnungsfähig, ein Narr, ein Trottel – oder wie nennt man das heute?

Die Arbeiterbraut

Nachdem wir uns so angelegentlich und offensichtlich mitbetroffen den Ehe- und Karriereproblemen bürgerlicher Bräute gewidmet haben, wollen wir uns wieder der Basis zuwenden, nun nicht der erd- und naturverwurzelten, sondern der städtisch-industriellen. Auch hier kann ein Blick zurück in die Geschichte nicht schaden, und sogar die Etymologie wollen wir bemühen.

Arbeit ist das Gegenteil von Kinderspiel, das weiß jeder; wissenswert ist aber auch, daß *»arebeit«* wörtlich »Mühsal« und «Not« bedeutet, und zwar nicht nur die Not der Nibelungenritter und die Mühsal des allgemeinen Gemetzels an Etzels Hofe, sondern auch und vor allem die Not und Mühsal der *Armen*, der Besitz- und Erwerbslosen, die auf Barmherzigkeit angewiesen sind, wenn sie nicht einmal die Möglichkeit haben, sich abzuschinden um Tagelöhnerlohn. Nachzulesen bereits bei Thomas von Aquin. Die *»labouring poor«* gab es immer und überall in den höheren, heißt wirtschaftlich entwickelteren Kulturen – »die Armen habt ihr allezeit bei euch«. Die Probleme antiker Sklavenhaltergesellschaften sollen uns nicht belästigen; wir wagen uns nur zurück ins neunzehnte Jahrhundert und blicken dort dem Klassenfeind des Bürgertums ins Auge: der Phalanx des *Proletariats*, lawinengleich anschwellend, Mann und Weib und Kinder (*proles* = Nachkommenschaft, verkäufliche Arbeitskraft). Die landflüchtende Flut ergoß sich in die Bergwerke Englands und Frankreichs und in die Fabrikhallen ebenderselben Kulturnationen, einschließlich Deutschlands, ausschließlich Rußlands, das feudal blieb. Suchen wir die Arbeiterbraut von damals, so finden wir sie, grob umrissen, in dreifach verschiedener Umgebung. Zum einen und hauptsächlich im Industrieproletariat; zum anderen aber auch auf dem Lande, da wo feudale Relikte sich erhalten hatten bis in dieses Jahrhundert: die lohnabhängigen »Hofearbeiter« der großen Rittergüter des einstmals deutschen Ostens, und weiter östlich der zaristische »Muschik«, das dahinvegetierende Bäuerlein, das wir bereits bei Tolstoi kennengelernt haben. Schließlich und drittens die Heimarbeiterinnen in den deutschen Mittelgebirgen. Luise Otto-Peters hat das soziale Elend der von Unternehmern ausgebeuteten Spinnerinnen und Klöpplerinnen des sächsischen Erzgebirges angeprangert. Gerhart Hauptmann schildert 1892 die Verzweiflung der schlesischen Weber. Bleibt viertens hinzuzufügen und in Erinnerung zu rufen, daß ein weiteres Kontingent mittelloser junger Mädchen aus den unteren Bevölkerungsschichten als Dienstmädchen in die bürgerlichen Haushalte abwanderte oder in die großstädtische Prostitution. Daselbst bemühten gutbürgerliche Damen sich um die »Rettung gefallener Mädchen«, denn mit dem Anwachsen des sozialen Elends erwachte doch hier und da auch ein christliches Sozialgewissen – allerdings mehr »zeichenhaft«. Zum Durchgreifen bedurfte es dann des Klassenkampfes bis hin zur teils grauenhaft erfolgreichen, teils tragisch oder kläglich gescheiterten Revolution. Die Sozialdemokratie meint es gut, aber sie hat's nicht leicht, und wieder einmal weiß keiner, der das »Kapital« zwar nicht gelesen hat, aber daran glaubt, wie das noch enden soll . . .

Mit solchen geschichtsrückblickenden Orakeln haben wir nun wohl die Braut verärgert oder verscheucht, die bürgerliche von heute. Wir wollen sie daher wieder mit schöner Literatur unterhalten, die bei diesem Thema, *Arbeiter- und Armenbraut*, allerdings gelegentlich naturalistisch-häßlich wird. Die Auswahl ist ziemlich willkürlich.

Wir beginnen mit zwei Beispielen, die romantisch anmuten. Das Hauptthema ist nicht die Armuts- und Ausbeutungsproblematik des Arbeiters und seiner Braut, sondern die Mutter–Sohn-Beziehung sowie die Verklärung sinnlicher Vitalität: D.H. Lawrence, »Sons and Lovers« (1913), beziehungsweise »Lady Chatterley's Lover« (1928). Was uns hier interessiert, das ist einmal die Bürgerliche, das andere Mal die Landedelfrau, die dem Sog nach unten, im sozialen Sinne, nachgibt, weil erotische Leidenschaft ihr als höherer Wert erscheint. Gertrude, bürgerlich-puritanisch erzogen, verfällt der vitalen Sinnlichkeit des Bergarbeiters Morel. Sie heiratet ihn. Nachdem der erotische Rausch verflogen und das Leben nur noch proletarisch-ärmlich und der Mann zum Säufer geworden ist, klammert sie sich an ihre Söhne und kompliziert deren Liebesbeziehungen. Das interessiert den Psychologen mehr als den Soziologen. – Die Sittenrichter interessierte Lady Chatterley und ihr

Skandalerfolg. Constance hat einen als Kriegsinvalide an den Rollstuhl gefesselten Mann, der die Frustrierte zwar nicht freigeben will, jedoch bereit ist, ihr aushäusige Abenteuer nachzusehen. In dem Wildhüter Mellors findet sie endlich, was sie suchte: ein ekstatisches, vitales Liebeserlebnis und schließlich auch ein Kind. Nun findet sie die Kraft, die Scheidung durchzusetzen. Dieser Mellors ist allerdings kein gänzlich ungebildeter Prolet. Als Sohn eines Bergarbeiters hat er's auf abenteuerlichen Wegen, in Indien nämlich, bis zum Offizier gebracht, und im herrschaftlichen Walde lebt er als Asket. D.H. Lawrence kam aus dem englischen Bergarbeitermilieu; seine Frau war eine geborene von Richthofen.

Um einer Braut aus dem Industrieproletariat des vorigen Jahrhunderts ansichtig zu werden, müssen wir Zola lesen. Zunächst »Germinal« (1885), den Roman eines Bergarbeiterstreiks. Der Ort ist Nordfrankreich. Das Kohlenbergwerk verschlingt wie ein Moloch eine Generation nach der anderen, Männer wie Frauen und Kinder. Der junge, arbeitslose Maschinist Etienne Lantier (arbeitslos, weil er einen Vorgesetzten geohrfeigt hat) kommt auf der Arbeitssuche in diese Vorhölle, deren materielles und moralisches Elend Zola naturalistisch beschreibt. Die Grubengesellschaft beutet aus, skrupellos. Ganze Familien fahren in die Grube ein, weil die Löhne Hungerlöhne sind. Was die Männer an Geld in die Hände kriegen, verspielen und versaufen sie; man hurt *promiscue*; die jungen Mädchen *»se font culbuter«*, lassen sich hintüberkippen, wo es ihnen und den jungen Burschen gerade Spaß macht. Der Lebensmittelkrämer erläßt Schulden gegen Prostitution. – Etienne wird in die Arbeitskolonne der Familie Maheu aufgenommen und verliebt sich in die junge Cathérine. Zugleich wird er zum Anführer des Streiks, als die Grubendirektion die Löhne drückt. Es geht schlecht aus. Militär kommt zum Einsatz; den Vater Maheu legt eine Kugel um; der älteste Sohn kommt bei den Rettungsarbeiten im Bergwerk um (ein Anarchist hat die Grubenkatastrophe inszeniert). Unmündige Kinder bleiben zurück und die Mutter Maheu, die allein in die Grube einfährt, nachdem der Streikspuk zu Ende ist. – Uns interessiert Cathérine Maheu, die Proletarierbraut. »Braut«? Etienne liebt sie, die noch sehr jung und zurückhaltend ist, weshalb auch der junge Mann an sich hält, obwohl man in drangvoller Enge zusammenhaust und schläft. Aber Hochzeit? Brautnacht? Eingeschlossen im zusammengestürzten Stollen: Cathérine und zwei junge Männer. Angesichts des Hunger- und Erstickungstodes überlebt am längsten der Sexualinstinkt. Etienne erschlägt den Nebenbuhler. Die entkräftete, fast schon tote Cathérine »wird seine Frau«, wie es auf bürgerlich heißt. Sie wird »nicht eigentlich« vergewaltigt. Sie liebt diesen Etienne mit dumpfer, halb erwachter Liebe. Sie weiß, daß es mit ihr zu Ende geht, und so läßt sie es geschehen. Etienne wird als letzter Überlebender gerettet. Er sitzt apathisch im Stollen; auf seinen Knien liegt die tote Braut.

Zolas Sozialkritik ist nicht ideologisch einseitig. Dieser Ankläger schielt nicht; er kneift kein Auge zu, er sieht mit beiden gleich scharf. Es gibt in diesem schrecklichen Roman noch eine andere potentielle Braut, eine bürgerliche; es ist die einzige, wohlgenährte Tochter des Grubendirektors, die Hoffnung ihrer Eltern. Man wird sie gut verheiraten, mag das Kohlenrevier auch im Ruin enden. Was geschieht? Während man fieberhaft um die im Bergwerk Eingeschlossenen bemüht ist, findet in einem unbewachten Augenblick ein irrsinniger alter Arbeiter Zutritt zur Villa, stürzt sich auf das junge Mädchen und erwürgt die völlig Unschuldige. Anführungszeichen mag hier ein jeder nach Belieben setzen oder weglassen . . .

Wie es zur gleichen Zeit mit der Braut und Ehefrau im Pariser Proletariat bestellt war, das schildert ein anderer Roman Zolas, »L'assommoir« (»Der Totschläger« oder »Die Schnapsbude«). Sie heißt Gervaise und ist eine Wäscherin, von Natur aus fröhlich, fleißig und gutmütig. Ehe sie den Zinkarbeiter Coupeau heiratet, hat sie, sitzengelassen, von einem Liebhaber schon zwei Kinder. Ehe Coupeau durch einen Unfall arbeitsunfähig und zum Säufer wird, erlebt sie mit ihm ein kurzes, fast kleinbürgerliches Glück. Dann kommt auch irgendwann der Liebhaber zurück, ebenfalls dem Trunk verfallen. Als er im Delirium tremens endet, ergibt sich Gervaise, innerlich gebrochen, ebenfalls dem Alkohol und endet als Straßendirne.

So war das einstens, und nun ist es glücklicherweise oder doch größtenteils anders, in Ost und West. Um nicht dem wohlmeinenden Irrtum zu verfallen, in der wackeren Neuen

Welt westlich des Atlantiks habe es dergleichen nie gegeben, suchen wir uns noch eine Braut aus dem US-Landarbeiterproletariat der zwanziger Jahre dieses zwanzigsten Jahrhunderts. John Steinbecks Roman »The Grapes of Wrath« (»Früchte des Zorns«) von 1939 wurde verboten und verbrannt. Ein Kardinal (damals noch Erzbischof) verdammte das Buch als Aufreizung zum Klassenkampf in einem Lande, wo dergleichen undenkbar zu sein hat. Worum geht es? Es geht um ein Gericht am brutalen Kapitalismus Amerikas. Es ist ein Epos des wandernden Volkes, das, von der Scholle vertrieben, ins würdelose Dasein von Okies (Leute aus Oklahoma) hinabgedrückt wird, ausgebeutet wie einst Negersklaven, durch anonyme Gesellschaften, die sich mit Polizeiknüppeln verbinden. Es geht um das Schicksal der Familie Joad, kleine Farmpächter, die, bereits verarmt durch Mißernten, während der Depression (Zeit nach der Weltwirtschaftskrise von 1929) ihre Kredite von der Bankgesellschaft gekündigt bekommen und sich mit Tausenden anderer, plötzlich entwurzelter Familien auf den Lastwagentreck nach Kalifornien aufmachen, wo es Arbeit in den Obstplantagen geben soll. Sie werden, dort angekommen, für einen Hungerlohn als Streikbrecher ausgebeutet, eingepfercht in Lager, verachtet oder als »Rote« verdächtigt und mißhandelt von den Hütern der Ordnung. – Wo ist die Braut, und wie fühlt sie sich wohl unter solch unbürgerlich-unangenehmen Bedingungen? »Wohl« wird sie sich kaum fühlen. Ihr Name ist Rose of Sharon, ein überaus poetischer Name für ein junges Mädchen, er stammt ja aus dem Hohenlied. Sie hat sich ordentlich verheiratet, kurz ehe der Bulldozer das elterliche Häuschen niederwalzte. Sie ist auch schon schwanger und stolz darauf. Unterwegs nach Kalifornien wird es dem jungen Ehemann jedoch unzumutbar; er macht sich aus dem Staube, um sein Glück ehelos woanders zu versuchen. Rose of Sharon, vor wenigen Wochen noch frisch und blühend, welkt zusehends dahin vor Hunger und Reisestrapazen. Nach einigen Aufregungen mehr – es gibt Tote in einer Auseinandersetzung zwischen Polizei und Arbeitern; es gibt keine Arbeit und also auch kein Geld und also auch nichts zu essen mehr; der Winterregen hat eingesetzt, das Camp steht unter Wasser – bringt sie im Bretterverschlag des Lastwagens, fiebernd vor Erkältung, ihr Kind zur

Welt – eine Totgeburt. In einer Obstkiste, auf einem Stück Zeitungspapier, liegt's, *»a blue shrivelled little mummy«* (»eine blaue, verschrumpelte kleine Mumie«). Die einzige, die nüchtern und zäh durchhält, ist Ma Joad, die Mutter Roses und Großmutter dieser Totgeburt. Sie ist ein Archetyp »Große Mutter«, die aus nichts als Überlebensinstinkt und pragmatischer Vernunft besteht. Sie und die Tochter verständigen sich nach dieser Geburt wortlos über das, was Steinbeck an den Schluß seines Romans setzt und was einige Moralästhetiker gelegentlich als ebenso abgeschmackt und »unnatürlich« empfunden haben, wie andere die beschriebenen wirtschaftlichen Zustände empörend fanden: Rose of Sharon läßt einen dem Hungertode nahen älteren Mann die Muttermilch trinken, die ihr totes Kind nicht braucht.

Damit wollen wir's bewenden lassen. Möglicherweise könnten der einen oder anderen bürgerlichen Braut angesichts der Braut- und Eheverhältnisse der Cathérines, Gervaises und Rose of Sharons die Lust und das gute Gewissen abhanden kommen, als bereits hinlänglich Privilegierte um noch mehr Privilegien zu kämpfen – wie kommt's, daß Männer diese sozialkritischen Romane geschrieben haben und nicht Frauen? Weil diejenigen Frauen, die sie hätten schreiben können, zu wenige oder zu viele Privilegien hatten? – Das Elend haust heute in der Dritten Welt, das wissen wir; das Fernsehen verheimlicht uns nichts, und manche Missionsblättchen zeigen es bunt auf Glanzpapier, sehr *anscheulich* und journalistisch-flott beschrieben von Experten, die schnell mal auf Geschäftsspesen in die Favelas von Rio de Janeiro oder Buenos Aires jetten können. Ist doch schick, auch mal dort gewesen zu sein und so eindrucksvolle Dias dieses Elends mitzubringen.

Wir überlassen die Bräute in den Favelas, den Slums, den Elendsquartieren, falls es Bräute gibt in diesen »Vorhöllen an Gewalt, Unterdrückung, Schmutz, Ignoranz, Prostitution und Schutzlosigkeit« (Mannheimer Morgen 22. 7. 1970), wir überlassen sie den Elendsexperten von heute und fragen nach der Arbeiterbraut im Umkreis unserer eigenen Gesellschaft.

Der erste Blick fällt auf ein Häuschen mit Garage, seltener mit Garten: Wo das noch nicht Wirklichkeit geworden ist, da weiß die Braut sehr genau, warum und wofür sie weiterarbeiten wird, ob die Arbeit ihr nun Spaß macht oder nicht. Sie ist nicht nur die Braut und Ehefrau eines Arbeiters, sie ist selber Arbeiterin; sie hat einen wenn auch meistens minder qualifizierten Beruf. Eine weiße Hochzeit, mit Kranz und Schleier, kann sie sich von Herzen wünschen und auch leisten. Vielleicht wird sie den größten Teil ihres Lebens in einer kleinen Mietwohnung leben und nicht gerade in ruhigster und günstigster Wohngegend; aber es hilft sparen und es gibt dem Leben Sinn und Richtung, zu wissen, wo man hinauswill, mit sich selber und den Kindern. Viel hat sich geändert seit den Zeiten Zolas; freilich auf nicht sehr friedlichem Wege; aber das interessiert sie nicht so heftig. Das ist Sache der Männer (war auch mal Sache so verrückter Politweibsen wie Rosa Luxemburg – würde die Arbeiterbraut von heut' vielleicht denken, wenn sie in der Grundschule auch nur das mindeste je von der gehört hätte). Sie wird doppelt belastet sein, wie viele bürgerliche Bräute auch; aber seltener, wenn überhaupt je, wird ihr Mann ein Handtuch in die Hand nehmen oder gar am Kochtopf stehen. Das ist Weibersache. Im übrigen kann sie noch weniger als Ehefrauen anderer Gesellschaftsschichten wissen, was auf sie wartet. Die Frauenhäuser der Republik waren 1984 überfüllt; es gab Wartelisten. Wird sie auch einmal ihre Zuflucht in diese Richtung nehmen müssen? Jedenfalls wird von *ihr* kein »feministischer Sozialismus« ausgehen. Das wird sie ihren sowohl besser ausgebildeten als auch höher verdienenden bürgerlichen Schwestern überlassen. Die werden auch wohl wissen, ob eine allfällige eheliche Misere der Arbeiterbraut mehr dem Kapitalismus oder dem Patriarchat zuzuschreiben ist. Wie soll sie mitreden mit den hochgelahrten Damen? Im übrigen hat sie auch ihren Stolz. Und wenn sie bisweilen ehelich geschlagen wird, so mangelt es ihr doch auch nicht an Verschlagenheit. In einer allgemeinen Krisensituation würde *sie* wissen, wie man sich und die Kinder durchschlägt; siehe Ma Joad. Dieweil ihre gedankenreiche und tatenarme Schwester mit all ihrer Bildung und wenn nicht gute Beziehungen sie erretten, alsbald untergehen würde . . .

Noch ist es nicht soweit; aber seit geraumer Zeit schon ist die Arbeiterbraut dieses so wohlständig verbürgerlichten Teils Deutschlands von Arbeitslosigkeit bedroht, und der, den sie heiraten will, ist es vielleicht auch. Aus dem Häuschen wird nichts; eine Sozialwohnung ist zwar nicht immer schön, aber besser, als ganz unten zu landen. Ja, es gibt sehr viele schöne Häuser, Eigenheime noch und noch, die ganze Landschaft voll, die Täler weit, die Höhen, bis an den Rand des schütter-grünen Waldes und die Gestade des bläulichten Bodensees – aber wem gehört das alles? Kannitverstan? Sie geht stempeln; der Mann erhält Sozialhilfe. Arbeitslosigkeit ist für ihn auf jeden Fall schlimmer als für sie. Da hat sie doch nun wenigstens den Haushalt und die Kinder. Aber er! Vielleicht nicht einmal ein Auto mehr. Trostlos, denn es bleibt ihm nicht einmal der Trost des »Akademikerproletariats«, das sich geistig zu beschäftigen weiß und aus der Not eine Tugend macht: Bücher lesen oder schreiben. Die arbeitslose Braut wird sich, wie einst die Mutter oder Großmutter der gebildeten Bürgerin, nach einer Versorgungsehe umsehen und »unterkriechen«. Wenn wenigstens der Mann seine Arbeit hat . . . Sie ist eine Realistin, und die Politiker freuen sich über die stille Reserve zukünftiger Konjunkturen. Sollte es ihr einfallen, einen Blick hinüberzuwerfen in den deutschen Arbeiter- und Bauernstaat, so wird sie feststellen: keine Arbeitslosigkeit. Man löst die Probleme dort anders, nicht unbedingt idealer, aber das ist politische Geschmacksache. Schließlich tröstet sie sich: Den Gastarbeiterbräuten geht's möglicherweise noch weniger gut; und solange sie nicht in die Obdachlosensiedlung am Stadtrand ziehen muß, solange das Sozialamt die Miete zahlt, mag's hingehen. Sie hofft auf bessere Zeiten und auf die Kinder; vielleicht ist ein zielstrebig begabtes darunter, das dann auch den richtigen Beruf erwischt und das Häuschen baut, in das sie als alte Frau vielleicht einmal noch einziehen kann . . .

Wir halten inne. Wie sind wir beim sozioökonomischen Nacherzählen der Verhältnisse so weit abgekommen vom archetypisch-schönen Bild der Braut! Nein, zum Wesen einer Braut gehört es nicht, ob sie arm ist oder ob sie reich ist; aber wir haben bereits gesehen, daß eine Braut nicht nur aus Wesen besteht. Wir interessieren uns auch fürs scheinbar Nebensächliche. So wollen wir also nicht mißbilligend die Augen zukneifen vor den Zufälligkeiten ihres Standes-, Klassen- oder Schichtenschicksals. Wir wagen aber nicht den letzten Schritt:

in die Unterwelt der großen Stadt London, wo Nancy und Polly ihr Unwesen treiben in Spelunken und Bordellen. Die Gangster- und Gaunerbräute befinden sich so weit jenseits der Toleranzgrenze des Begriffs, daß sie sich höhnisch kichernd entziehen, wenn man nach ihnen greift. Diese »siebente Braut« wäre das genaue Gegenteil des träumenden Seelchens aus den Modejournalen. Denn da der Sprache kein Ding unmöglich ist, kann »Braut« auch soviel wie »Prostituierte« bedeuten, Reduktion also aufs Sexuelle, Verabsolutierung eines Aspekts unter anderen. Weil aber von ganz unten der Weg ins Mystisch-Religiöse bisweilen möglich ist, runden wir hier etwas eckig ab mit dem Straßenmädchen Véronique aus Léon Bloys Roman »Le désespéré« (Der Verzweifelte) von 1886. Sie wird zur Braut und Gefährtin eines neu zum Glauben Bekehrten, endet aber nach ihrer eigenen Bekehrung in einem Zustande visionären Wahnsinns. Liebe – Brot der Armen: erbaulich, zweifellos – für die Bürgerbraut.

Die Braut ohne Trauschein

Hier kommen wir nun ans aktuelle Ende der Brautschau quer durchs gesellschaftlich-wirtschaftlich Geschichtete, und halb schon sind wir im nächsten Kapitel; denn diese begrifflich widerständige Braut ist das Ergebnis von Überlegungen, die wir erst nachträglich anstellen werden – wie ja nicht selten die Theorie den Tatsachen nachhinkt.

Die »Braut« ohne Trauschein gehört in die Anführungszeichen der Uneigentlichkeit, denn es findet keine Hochzeit statt, und die »Ehe«, in der sie lebt, ist auch nichts Richtiges, sondern nur etwas Ehe-ähnliches, wenn man den Definitionsbemühungen der Sozialämter und anderer mit solchen Fällen befaßten Instanzen folgt. Früher nannte man so etwas »wilde Ehe« und verstand darunter etwas Abenteuerliches ohne Prinzipien von Moral und Ordnung, kurz: etwas Un-mög-liches, Skandalöses, das man doch gleichzeitig recht unterhaltsam finden konnte; ein willkommenes Thema für Romanschreiber und ihr bürgerlich-braves Publikum in der Gartenlaube, besonders Damenkränzchen. Ein Beispiel? Balzacs »Femme de trente ans« (Frau von dreißig Jahren). Sie lebt im Ehebruch, weil ihr der richtige Mann erst nach vielen unerfüllten Ehejahren erschienen ist. Ihre Tochter aber macht's konsequenter: Sie flieht mit einem Fremden und lebt als dessen »Geliebte« und mit den gemeinsamen Kindern auf einem Korsarenschiff – hach! Wenn das nicht prickelnd unter die Häubchen ging. Man mochte sich laut entrüsten, andere resigniert seufzen – ja, wenn ich auch den Mut dazu gehabt hätte, damals . . . In liberaleren Kreisen sprach man von »freier Ehe«, frei von moralischen Vorurteilen, frei von kirchlicher und staatlicher Einmischung, das heißt: frei von rechtlicher und damit »nur« äußerlicher Bindung, kurz: frei von den Fesseln der Institution. Andere wieder hielten's für ein »Verhältnis«. Wo zwei sich zusammentaten ohne Stempel und Unterschrift und ohne den Segen der Kirche, um Tisch und Bett miteinander zu teilen, da witterte der ehrbare Bürger und Christ den Dunst und Duft der Sünde, Skatol und Rosenöl, Künstlerterpentin und Lyrikertinte, die Blumen des Bösen und Schönen . . .

Braut und Ehe? – Frau zu sein ohne Trauschein, Lebensgefährtin ohne rechtliche Absicherung, das war einstens das abenteuerliche Vorrecht von Frauen, die in erster Linie liebten und in zweiter Linie die Verachtung ihres Geliebten allem »Spießbürgerlichen« gegenüber teilten. Allerdings liebten einige ebensosehr ihre Freiheit, und ihre Gefährtinnenschaft war nicht auf lebenslang bedacht. Deshalb gehören Ausbrecherinnen wie die rebellische Franziska Gräfin von Reventlow und die ebenfalls einer bürgerlichen Ehe entflohene Else Lasker-Schüler eigentlich nicht hierher. »Man lasse doch die Seele unvermählt«, seufzte die eine und sprach damit der übrigen neuromantischen Künstler- und Literatenboheme aus der Seele. Das zigeunerte durchs Leben und durch die Liebe, schrieb Verse und zog ein Wunschkind auf und fühlte sich als »Braut« immer dann, wenn die Leidenschaft zu einem Mann Ewigkeitsaroma verströmte und schöne Worte – »Was soll ich tun / Wenn du nicht da bist?« – »Dein Herz ist mein Himmelreich / Laß mich hineinschaun.« – »Ich habe dich gewählt / Unter allen Sternen.« – »Dein Blut rauscht wie mein Blut / Süß / An Himbeersträuchern vorbei . . .«[20] Sie waren arm an weltlichen Gütern; arm und besitzlos wie die Bräute des Proletariats; aber das Elternhaus, das adelige oder gutbürgerliche, hatte ihnen unendliche Schätze der Bildung mitgegeben. Sie wählten ihre Gefährten; aber, wie gesagt, selten für lebenslang. An vorbildhafter Lebensgefährtenschaft ohne Standesamt hat sich dem breiteren Publikum in diesem Jahrhundert nur *ein* Paar eingeprägt: Simone de Beauvoir und Jean-Paul Sartre, wobei Sartre natürlich der »Größere« ist und Simone allenfalls *La grande Sartreuse*. Weniger populär, aus begreiflichen Gründen, Rosa Luxemburg und Leo Jogiches. Jogiches? Nie gehört. Aber umgebracht wurde sie doch schließlich zusammen mit Karl Liebknecht –?

Wie steht es nun gegenwärtig mit der »wilden« oder »freien« Ehe? Zum einen nennt man das jetzt »Ehe ohne Trauschein«. Und zum anderen: Was einst den Freibeuter- und Kumpanenmut zweier starker Individuen erforderte, das bringt inzwischen kaum noch einen Sittenrichter aus seiner Bier- und Bratwurstruhe. Man zuckt die Schultern, selbst in »guten« Elternhäusern. Was ist schon dabei. Es liegt halt im Trend. Eines Tages werden sie ja vermutlich doch noch heiraten. Sie machen »Probeehe«. Kinder, einst als »unehelich« stigmatisiert, sind zunehmend willkommen, vergrößern freilich die Probleme dieser Art von Zweierbeziehung. Rund fünfhunderttausend Paare, zwanzig Prozent der Ledigen im heiratsfähigen Alter, lebten 1984 ohne Trauschein zusammen, »gesellschaftlich weitgehend akzeptiert«.[21]

Man fragt nach den Motiven. Man sagt: Es begann mit dem »Rentenkonkubinat«, mit den »Onkelehen« nach dem Krieg. Heute vermeidet man aus den gleichen finanziellen Gründen »BAföG-schädliche« Heiraten, wenn der eine noch studiert und der andere schon verdient. Viele Zweitehen bleiben ohne Trauschein, ob geschieden wird oder nicht. Und dann die »Probeehe« – geht's nicht, dann geht man auseinander, ohne den psychisch und finanziell belastenden Zirkus einer Scheidung mitzumachen. Klappt's aber doch – na, wunderbar! Warum dann noch aufs Standesamt?! Klappt's aber dann eines späteren Tages doch nicht mehr, dann können Härtefälle, sogar sehr harte Härtefälle, entstehen – für wen? Das kommt darauf an, wer was ernst nimmt. Die Kinder, so vorhanden, gehören auf jeden Fall der Mutter, und sie erhalten auch den »Mädchen«-

Namen der Mutter – schlimm für den Vater, der nur durch eine legale Ehe legale Nachkommenschaft für sich beanspruchen kann. Legt er keinen Wert darauf, dann kann er sich erfreut davonmachen: Niemand kann ihn zu Unterhaltszahlungen verpflichten. Junge Leute, ob sie eine mögliche Trennung von vornherein mit in Betracht ziehen oder nicht, handeln unter sich Partnerverträge aus, notariell, rechtsgültig im Fall einer Trennung – der Kreis schließt sich: Die mündigen Individuen entscheiden nach individuellen Bedürfnissen, was einst die Familien, dann die Kirchen, schließlich der Staat für sich in Anspruch nahmen: wie eine Ehe, nunmehr »Partnerschaft« genannt, beschaffen sein soll. An gegenseitigen Verpflichtungen kommt man offenbar nicht vorbei; aber man läßt sich die Einzelheiten nicht mehr von einer übergeordneten Instanz vorschreiben. Die Grundvoraussetzung für solche »Mündigkeit« und Selbstbestimmung ist in der zunehmenden wirtschaftlichen Unabhängigkeit der Frau zu suchen. Das Hauptmerkmal der »Ehe ohne Trauschein« scheint also eine interessante Mischung aus herkömmlich-bürgerlichem Eheideal und »illegitimem« Liebesverhältnis zu sein, welch letzteres die Vernunft- und Versorgungsehe von einst mit tragisch-erotischem Irrlichterglanz zu begleiten pflegte. Man hat neun Kriterien aufgestellt, nach welchen eine moderne freie Partnerschaft sich auszurichten scheint.[22]

1. Die »Braut«, um diesen Begriff cum grano salis beizubehalten, macht sich weder auf »lebenslänglich« gefaßt noch auf das flüchtige Glück kurzer Begegnungen – irgendwo im grünen Wald und auf der Heide. Weder kurz- noch langlebig muß es sein; es ist offen. 2. Es ist weder Pflicht wie in der Ehe, beieinander zu sein im Bett und am Tisch, noch ist es Prostitution oder Promiskuität: Die beiden wollen nur einer den anderen – für's erste. 3. Man lebt zusammen, weil man sich liebt; und man liebt an gegen Langeweile und Einsamkeit. Ökonomische Gesichtspunkte spielen bei der Partnerwahl keine Rolle. Wohl aber sucht man sich den Partner im gleichen Bildungs- und Interessenmilieu. (Man weiß ja, wie wichtig es ist, bei Bekanntschaftsanzeigen seine Hobbys offen zu bekennen und auch, ob man raucht oder nicht. Der blaue Dunst des einen kann sonst die Sympathie des anderen schon im ersten Aufkei-

men ersticken.) 4. Arbeitsteilung: Die Braut denkt nicht daran, Kochtopf und Mülleimer als ihr »weibliches Ressort« zu betrachten, während der Herr Partner allenfalls die elektrische Leitung verlegt. Folge: endlose Verhandlungen über wer wann was erledigt und zu besorgen hat. 5. Ehegatten schulden einander Treue; Verliebte nur »as long as love lasts«. Für die freie Partnerschaft gibt's keine Norm. »Die Frau kann heute sehr viel leichter ihrerseits einer doppelten Moral folgen.« (Du, mein Bester, bleib schön brav und fromm, wenn dir an meinem Wiederkommen liegt – bis ich wiederkomm.) Kann die Frau sich nicht selber ernähren, ist der Sozialstaat für sie und ihre Kinder zur Stelle. Die Sorge um den Unterhalt kann sie also nicht mehr zur Treue bestimmen. Nur ihre Liebe und damit ihre Rücksicht auf die Verletzbarkeit des Partners. 6. Eheliche Liebe, soweit sich etwas dergleichen in der »Vernunftehe« entwickelte, hatte vernünftig zu sein; keine öffentlichen Zärtlichkeiten – das wäre peinlich und geschmacklos. Freie Partner können ihre Zärtlichkeit füreinander auch öffentlich zeigen. Aber ein »amour fou« wie bei der heimlichen Liebe, von der niemand nichts weiß, wird sich dabei nicht entwickeln. Es pendelt sich irgendwo dazwischen ein. 7. In der Ehe gibt es sexuelle »Pflichten«, in der Illegalität allein die heiße Leidenschaft. Nichts gehört einem vom anderen. Alles ist völlig freie Hingabe. In der freien Partnerschaft wird's schwierig zwischen Lustanspruch des anderen und freier Verfügung über sich selbst – wenn die eine keine Lust hat, ist der andere beleidigt und umgekehrt. Will er nur seine, will sie nur ihre Lust? Was verpflichtet wen wozu? Da droht doch nicht etwa ein neuer Frust, eine neue Ausbeutung? 8. Ehe verpflichtete noch weit in dieses Jahrhundert hinein zur Fruchtbarkeit; in einem illegitimen Verhältnis mußte sie vermieden werden, und doch gab es immer wieder »Kinder der Liebe«, »natürliche« Töchter und Söhne. In der freien Partnerschaft kann man planen wie in einer Ehe heute auch. Das Kind kann kommen, wenn es willkommen ist. 9. »Umgang und Struktur des affektiven Feldes«: Die Physikerin sieht Eisenspäne im elektromagnetischen Felde vor sich, reibt sich die Augen und fragt, was der Sozio-Psychologe wohl meinen mag. Er meint das, was über den »Egoismus zu zweit« hinausgeht – früher die Großfamilie samt Dienstpersonal (großbürgerlich!), die Nachbarn, die gute Gesellschaft, in der man als Ehepaar verkehrte. Heute: die Freunde, eventuell noch die Eltern, das Kind und das Haustier. Im »Gravitationszentrum« aber steht das Paar, nicht die Familie. Manchmal ist das Kind als Kitt geplant; bis es doch bröckelt. Im Wogen der modernen, besonders der großstädtischen Massengesellschaft hält das Paar sich fest und beinahe verzweifelt umschlungen: Ich habe nur dich, um nicht unterzugehen. Partnerschaft als Lebenssinn und Überlebensmöglichkeit.

Welche Überlegung ließe sich anschließen? Wenn beide, Frau und Mann, so gleichberechtigt sind, daß es keine geschlechtsspezifische Arbeitsteilung mehr gibt; und wenn es auch auf ein Kind letztlich so sehr nicht ankommt – warum nicht das homosexuelle Paar statt des heterosexuellen? Wir stehen am endgültigen Ende und am Abgrund: Wo es keine »richtige« Braut mehr gibt, die eine »richtige« Ehefrau und Mutter sein will, da ist der Untergang einer Gesellschaft vorprogrammiert; es gibt eines Tages keine Deutschen mehr und keine Rente. Nur noch Türken und Rüstungsausgaben zur Verteidigung der letzten Kulturgüter: Autobahnen und Kernkraftwerke.

4. Die Hochzeit: Ritual des Übergangs – woher, wohin?

Braut und objektiver Geist: Recht und Ordnung

Ritual des Übergangs –? Waren wir nicht bereits am Ende? Von wo nach wo soll es denn gehen mit der Braut, die gar keine »richtige« mehr ist? Hat sie nicht schon alles hinter sich? Wenn sie nun doch noch heiratet, auf standesamtlicher Trauung und kirchlicher Feier besteht, so kann das doch nur noch ein Mummenschanz sein, ein Maskenfest. Diese Braut ist eine Unbraut, ein Unwesen. An Eigentlichem und Wesentlichem, an Archetypischem ist nichts mehr an ihr zu finden. Sie ist innen hohl, ein ausgelaugter Begriff. Gefühl und Vorstellung torkeln um eine leere Mitte. Nichts ist mehr, wie es einst war. Alles, was die Braut einst so schön und pathetisch machte wie ein geweihtes Opfer, ist dahin. Der ganze Kursus ist durchschmarutzt im vorhinein und ohne Risiko.

Die Liste ist lang; aber ein paar wesentliche Punkte wollen wir noch einmal zusammenstellen, um unsere Enttäuschung und Entrüstung zu rechtfertigen.

– Schmerzliche Gefühle der Trennung vom Elternhaus so traut? Sie hat sich schon früh selbständig gemacht und ihr eigenes Zimmer anderswo bezogen.

– Gemischte Gefühle im Hinblick auf das, was in der Hochzeitsnacht auf sie zukommt? Längst abgehakt. Sie ist doch keine altmodisch-patriarchal Verklemmte.

– Mutterfreuden und -leiden binnen Jahresfrist? Das wird geplant und hat erst einmal Zeit. Der Tod im Kindbett, die Überbürdung durch Schwangerschaften sind von gestern.

– Sorge um die Liebe und Treue des Gatten, dem sie sich anvertraut auf Gedeih und Verderb? Da wird man sich zusammenraufen und arrangieren; was *ihm* recht ist, ist *ihr* billig. Eine Probeehe hat man ja bereits mit einigem Erfolg hinter sich, und im übrigen: Man kann sich ja wieder scheiden lassen.

– Sorge um die Versorgung? Selbstverständlich kann sie

selber für sich sorgen. Sie hat ihre Wohnung, ihr Eigentum; der Mann kann ebensogut zu ihr ziehen; er kann ebensogut *ihren* Namen annehmen und statt ihrer aus dem Telefonbuch verschwinden.

Was will sie also noch? Das schöne Kleid, die große Feier und ein paar steuerliche Vorteile? Welches sind die Motive, die eine Braut von heute zum Standesamt bewegen? Uns bewegt die Braut von heute als irritierlich uneindeutiges Phänomen, das an allen Ecken und Enden des herkömmlichen Ehe-und-Moral-Metermaßes Unangemessenheit aufweist, dabei aber durchaus nicht im Aussterben begriffen ist. Ein Blick in die Familienanzeigen der Tageszeitungen, vor allem um Ostern herum und im August, kann uns zumindest in dieser Hinsicht beruhigen: Die Ehe ist nicht am Ende. Diese uralte Institution hat schon manchen Sturm erlebt und sich dabei allenfalls in mehrere Möglichkeiten auffächern, aber nicht auseinanderpusten lassen. Was jeweils an einer Ehe wichtig und wesentlich erschien, das mochte wechseln mit wechselnden Idealvorstellungen und Umweltbedingungen. Die drei Grundbestandteile (im abendländisch-monogamen Ehebegriff, denn von anderen Eheformen ist hier nicht die Rede) blieben: ein Mann, eine Frau und ein Rechtsakt, der das Zusammenleben und insbesondere das Zusammenschlafen der beiden legitimieren soll.

Wir scheinen uns also Wesentlichem zu nähern. Mit dem Ritual der Eheschließung kommt die Braut zu sich selbst und zur Sache – mag sie nun eine »richtige« von gestern sein oder eine unbestimmtere von heute. Die Institution der Ehe, mag sie den einen noch als feste Burg gelten, anderen hingegen als ziemlich offenes Gehäuse erscheinen, soll uns eine juristisch unanfechtbare Definition der Braut liefern.

Das heißt, wir müssen uns auf den Boden der Tatsachen stellen und zugeben: Auf vieles kann der Begriff der Braut notfalls verzichten – auf ein weißes Kleid samt Jungfernkranz und Schleier; auf Jugend und Schönheit; auf Träume und Gefühle; auf Liebe, auf Glück; ja, selbst auf ein Selbst, das auch »Nein« sagen könnte. Auf alles dies und manches mehr kann die Braut verzichten, nur auf eines nicht: daß ein Mann vorhanden sei, welchem sie öffentlich ihre Einwilligung zur Ehe gibt in der Annahme, zu wissen, was das sei. Solche Einwilligung geschieht im Rahmen eines Rituals oder mehrerer und von abgestufter Bedeutung: Verlobung, standesamtliche Eheschließung, kirchliche Trauung. Eine Braut wäre also eine, die »Ja« sagt; »Ja« zu diesem Mann; »Ja« zur Ehe als vorgegebener öffentlicher Einrichtung.

Rückwärtsblickend zeigt es sich, daß wir mit etwas Wesentlichem begonnen haben: mit der Braut am Hochzeitstag. Freilich waren wir so vorsichtig, es zunächst bei ästhetischen Äußerlichkeiten bewenden zu lassen, ohne nach dem tieferen Sinn zu fragen. Ja, wir scheuten uns nicht, selbst das Zeremoniell einer kirchlichen Trauung möglicher nur-dekorativer Äußerlichkeit zu verdächtigen. – Als nächstes drangen wir sogleich zum Innersten der Gefühle vor, die eine Braut bewegen mögen, mehr jedoch im Hinblick auf den Mann als auf die Ehe, weshalb wir lauter Ausnahmebräute ins literarische Visier bekamen. Möglicherweise stießen wir hier auf etwas Wesentliches, ohne es vorerst beim Namen nennen zu können. – Die Exkursion ins Soziologisch-Historische wandte sich wieder äußeren Tatsachen zu, die bereits manches an der Institution Ehe sichtbar und problematisch werden ließen hinsichtlich wirtschaftlicher Verhältnisse und ihrer Veränderung. Es ging also ein bißchen zickzack hin und her, von außen nach innen und zurück – und wo stehen wir jetzt?

Wir stehen vor den Pforten der Institution Ehe und klopfen an. Auftun soll uns der *objektive Geist.* Das ist der Geist allgemeinverbindlicher Ordnungen, die aus einem wilden Haufen von Individuen eine gesittete Gesellschaft, ein selbstbewußtes Volk oder gar einen Staat an Gottes Statt machen. Diesem Geist können die Gefühle einzelner nichts anhaben; nicht einmal die Gefühle der Braut. Auch arm oder reich, studiert oder bauernschlau kümmert ihn nicht, seit es Demokratien gibt und sofern er sich brav an das hält, was auf dem Papier steht. Dieser Geist objektiviert sich nämlich in *Strukturen*, die mir theoretisch entgegenstehen wie Gebilde aus Eisenbeton, praktisch jedoch nicht selten aus Pappe sind. Es ist der Geist der Gesetze, die für *Recht und Ordnung* sorgen. Zu diesem Recht-und-Ordnungs-Anliegen des objektiven Geistes gehört auch die Ehe als öffentliche, staatlich geschützte Einrichtung. Aus Eisenbeton ist sie längst nicht mehr. Aber aus Pappe auch nicht.

Wir werfen also zunächst einen Blick auf die Institution Ehe, wie sie uns seit zweihundert Jahren zum Problem geworden ist. Sodann fragen wir nach den Motiven der Braut von heute: Warum heiratet sie? Was zieht sie hinüber auf die andere Seite? Und schließlich kehren wir zurück an den Anfang und nehmen uns noch einmal den Tag der Braut, die Hochzeit, vor – nun nicht ästhetisch-dekorativ, sondern strukturanalytisch und mit der Frage nach dem Sinn dieses Rituals im Hintergrund: Ist der große Tag der Braut heutigentags noch etwas mehr als eine museal-nostalgische Maskerade in Weiß?

Ordnung muß sein – welche?

»Ehe« bedeutet so etwas wie »ewiges Recht« oder »Gesetz«. Einstens war damit der lebenslang geltende Vertrag zwischen den Ehepartnern gemeint, ausgehandelt von deren Familien. In vormittelalterlichen Zeiten war hierzulande mehr nicht vonnöten um der Ordnung willen. Dann setzte die Kirche mit der Monogamie auch das Recht und die Pflicht kirchlicher Eheschließung durch, bis es ihr mit der Verweltlichung der Welt wieder genommen wurde. In deutschen Landen gilt seit 1875 obligatorisch die Zivilehe; eine nur kirchlich geschlossene Ehe ist nicht nur ungültig, der Geistliche macht sich zudem noch strafbar – bis 1957 war ihm eine Kriminalstrafe angedroht; nunmehr ist's allenfalls eine Ordnungswidrigkeit. Preisfrage: Wäre heutigentags eine Braut vorstellbar, die bereit wäre, vor Gott, der Gemeinde und einem Pfarrer ihr Ehegelöbnis zu sprechen, nicht aber vor Staat und Standesbeamten? Doch wir wollen nicht abschweifen . . .

Der objektive Geist erscheint uns in der Form von Paragraphen des Bürgerlichen Gesetzbuches. Das Ehe- und Familienrecht gibt uns eine rechtsverbindlich festgeschriebene Beschreibung der öffentlichen Einrichtung Ehe. Nun, wer liest das schon? Die Braut sicher nicht. Das wird erst interessant, wenn der Scheidungsrichter wieder scheiden soll, was Gott offensichtlich nicht zusammengefügt haben kann. Gott kommt in den Paragraphen natürlich nicht vor; dieser Staat ist weltlich und mithin auch sein Recht und seine Ordnungen. Was vorkommt, ist abendländisch-christliche Tradition in Restbeständen: Monogam und lebenslänglich soll die Ehe sein. Kinder allerdings werden nicht mehr zur Pflicht gemacht oder zum Zweck der Ehe erklärt. Sie wurden wohl als natürlicher Wunsch vorausgesetzt.

Diese lebenslänglich monogame Ehe war bis kürzlich patriarchal konzipiert. Mit der gleichberechtigten Namensrechtsregelung von 1976 ist der patriarchale Tiger endlich mausetot – auf dem Papier zumindest. Als ehegemäß wird festgelegt, daß die Ehegatten zusammen leben und wohnen, gemeinsam ihre Kinder aufziehen und für deren und ihren eigenen Lebensunterhalt sorgen. Ob beide oder nur einer hinauszieht ins feindliche Leben, um die Brötchen zu verdienen, das überläßt der Gesetzgeber der Entscheidung der Ehegatten. Es darf auch der Ehemann im Hause bleiben, um mit Waschmaschine und Schnellkochtopf zu kämpfen und die Kinder zu hüten. Das alles ist hinlänglich bekannt. Wir kennen auch die daraus resultierenden Probleme, vor allem für die Frau. Diese Probleme sind es, die hier und da immer wieder die Frage aufkommen lassen, ob diese neue, *gleichberechtigte* Ordnung, in welcher die Rollen, bis auf das Kinderkriegen (glücklicherweise oder leider, je nachdem), also fast beliebig auswechselbar sind, ob diese Ordnung nicht »eigentlich« eine *Unordnung* sei, indem sie gewissermaßen eine vieltausendjährige Tradition ins Unrecht setzt.

Was soll das heißen? Die Sache ist ernst. Nun, gerade deswegen: Einen Jux will sie sich machen, sich Scherzhaftes erlauben mit einem Paragraphen bibeltreu-patriarchaler Eheordnung, der schon so manche Frau geärgert hat, die treuherzig genug war, ihn ernst zu nehmen. Bald ist es ein Vierteljahrhundert her, daß eine Braut Tränen ohnmächtiger Wut niederkämpfte, Wut ob der Zumutung, mit welcher nicht der Staat, sondern die Kirche auf sie zukam. Die Rede ist vom § 54 des Bandes III, Teil 4 der »Kirchlichen Dogmatik« von Karl Barth, 1951. Es handelt sich um die weitschweifige Paraphrase eines Kern- und Sternsatzes christlichen Ehe-Unverständnisses aus dem ansonsten tiefsinnigen Epheserbrief, Kapitel 5, die Verse 22 bis 24: »Ihr Frauen, seid untertan euren Männern . . .« Wir werden referieren und zitieren, und der Scherz, eine milde Satire, soll darin bestehen, lediglich die Rollen zu vertauschen.

Um der Ordnung Raum zu schaffen, muß der Dogmatiker zunächst Eros »entdämonisieren«; dieser könnte nämlich unversehens zum Rivalen des Schöpfer- und Gesetzgebergottes werden, in dessen Namen ja auch die folgende Ordnung verkündigt wird. Es muß, idealistische Mißverständnisse bereinigend, sodann »das Menschliche« als etwas Abstraktes und Geschlechtsloses beiseite geschoben und das »menschliche Individuum« zum »Mythus« erklärt werden (ein Mythus war damals etwas gänzlich phantastisch Unglaubwürdiges). Schließlich eine bemerkenswerte Grundthese, über die wir erst nachträglich sachte das Haupt schütteln wollen: das Verhältnis von Mann und Frau in der Ehe sei »exemplarisch«, also das Grundmodell für das Verhältnis von Mann und Frau überhaupt, das heißt auch außerhalb der Ehe. Wie ist nun dieses Verhältnis, wenn es in Ordnung ist, beschaffen?

Frau und Mann sind ein A und ein B. An Menschenwürde und Menschenrecht hat A vor B nicht das geringste voraus. Aber: A geht *vor* B, B kommt *nach* A. Ordnung heißt *Folge*. Ordnung heißt Vorordnung und Nachordnung, Überordnung und Unterordnung. Diese Ordnung gibt »jedem das Seine«. Die Frau hat vor dem Mann gar nichts voraus, es verleiht ihr keinerlei Vorsprung und Vorteil, daß sie in der Ordnung nun eben die Frau und also A, relativ zum Mann, vor und über ihm ist. Die Ordnung weist ihr ja damit nur ihren Ort an. Ihre Aufgabe ist es, Anregerin, Führerin, Erweckerin zu sein, die Initiative zu ergreifen. Die Vor- und Überordnung der Frau ist als Primat des Dienstes zu verstehen. Der Mann kommt der Frau gegenüber auch nicht im kleinsten zu kurz, er verzichtet auf kein Recht, auf keine Würde, auf keine Ehre, indem er theoretisch und praktisch anerkennt, daß er in der Ordnung nun eben der Mann und also B und insofern nach und unter der Frau ist. Die Ordnung weist ihm damit den ihm gehörigen Ort an, den er, stolz darauf, daß dies nun eben sein Ort ist, ebenso unbefangen beziehen darf und soll wie die Frau den ihrigen. Es geht für ihn darum, der von der Frau zu ergreifenden Initiative Folge zu leisten. Das ist wahrlich kein Geringeres. Er müßte nicht Mann sein wollen, wenn er sie in der Rolle der Anregerin, Führerin, Erweckerin verdrängen und ersetzen, ja, wenn er es ihr einfach gleichtun wollte. Der Mann soll froh sein über diesen Dienstprimat, den die Frau nun einmal hat und ausübt: sie selbst an ihrem Ort ja auch nur eine der Ordnung Unterworfene. Warum soll der Mann nicht in der Folge – nur in der Folge! – der Zweite sein? Was hat er für eine andere Wahl, da er außer dieser Folge, abseits von seinem Ort, überhaupt nichts sein könnte? Wenn der Mann sich nun aber zu beklagen hätte über die Art, wie die Frau ihren Dienstprimat ausübt? Nun, die Güte und Gerechtigkeit der göttlichen Ordnung wird ja für den nicht zum Übel und zur Ungerechtigkeit, der unter ihrem Mißbrauch zu leiden hat. Der Ungehorsam der Frau soll den Mann nicht dazu verführen, seinerseits ungehorsam zu werden und aus der Ordnung auszubrechen. Der Mann, der sich so verhält, mündig, der Ordnung gehorsam, ist der »wirkliche Mann«.

Weiter? Nur noch ein Stückchen. Die Frau ist auf alle Fälle die *starke* Frau, die Frau, die sich ihrer besonderen Verantwortung für diese Ordnung bewußt ist. Der starken Frau entspricht, wenn der Mann gehorsam ist, der mündige Mann. Der rebellische Mann hingegen ist von Übel. Auch als Beleidigter und Erniedrigter hat er nicht das Recht, sondern nur den Schein des Rechts für sich. Der mündige Mann ist der sich bescheidende Mann; in sich ruhend ist er seiner Sache sicher. Seine Existenz ist dergestalt ein Appell an die gütige Frau. Er darf sich den Respekt der Frau erwerben. Gerade in der Bescheidung beweist er seine Selbständigkeit, seine Ebenbürtigkeit mit der Frau. In seiner mündigen Bescheidung darf er zur Erzieherin der Frau werden. Die starke Frau aber bestätigt die Ordnung: *die* Ordnung, in der der Mann an seinem Ort schließlich nicht nach ihr kommt, nicht unter ihr steht, sondern an ihrer Seite. *Tantae molis erat* . . .

Was soll ärgerlich an dieser Ordnung der Dinge sein? Ist das nicht alles sehr verständnisvoll und human gesagt? Die Starken haben Rücksicht zu nehmen auf die Schwachen, und die Schwachen sollen sich bescheiden und dankbar sein. Ein überaus gütiges, verantwortungsvolles und gar nicht rechthaberisches, weil lediglich der »Ordnung« gehorsames Patriarchat (wir haben den Scherz als hinlänglich harmlos durchschaut) wird hier entworfen. Gar manche Frau würde freiwillig, wahrhaftig, zu solch einem Manne bewundernd aufblicken, wenn nicht – ja wenn das Ganze nicht auf drei Pferdefüßen hinken würde. Zum einen: Diese Verhältnisbestimmung macht den Eindruck, als sei sie in den großbürgerlichen guten Stuben der schönen Stadt Basel entstanden, allwo gebildete Frauen und Männer in ledigem Zustande die besten Heiratschancen hatten. Wie kann man aus solch beschränkter Perspektive ein Modell ableiten, das allgemeingültig sein soll? Zum anderen: Soziale Unterschiede zwischen Frau und Mann kommen dem Dogmatiker überhaupt nicht in den Sinn. Wir lassen als überholt beiseite die Königin und den Lakaien; wir stellen uns die Chefin und den Buchhalter vor, oder die Professorin und den Studenten – wie soll das Modell in solchen Fällen funktionieren? Als Frau geht die Vorgesetzte den Mann nichts an. Es geht um Sachliches und Kompetenz, und dieser Mann hat nun einmal den Anweisungen dieser Frau Folge zu leisten, wenn er seinen Arbeitsplatz ordnungsgemäß ausfüllen und behalten will. Und wie soll sich die Professorin, weil sie »nun einmal« eine Frau ist, ihrem Studenten nach- und unterordnen? Kurios. Schließlich, drittens und unter gesellschaftlich Gleichrangigen, ja zwischen Verlobten: Es kann sein, daß die Frau liebend gern dem geliebten Mann Anregung, Führung und sonstige Initiativen überlassen würde, wenn – ja, wenn eine psychologisch taktlose Dogmatik und ihre Vertreter es ihr nicht zur Pflicht und Vorschrift machen würden. Vorschreiben zu wollen, als göttliche Ordnung hinzustellen, was nur in *Liebe* und *Freiheit* gedeihen kann, das zeugt von einer nicht ganz geringfügigen Unkenntnis bestimmter Interaktionen dieser beiden Gefühls- und Bewußtseinsprinzipien, auch, ja auch – mirabile dictu! – bei der Frau, die sich entscheiden muß, ob sie heiraten will oder nicht.

Es gab und gibt unendlich viele Möglichkeiten, wie eine Frau sich mit der christlich-patriarchalen Ehe-Ordnung auseinandersetzen konnte. Teils ging es tragisch zu, und teils war's eine Farce. Diese Ehe-Ordnung hat es den Männern wahrhaftig auch nicht leicht gemacht; denn der Weiber List und wie sie sich der Herrschaft ihren Herren entzogen und zurückschlugen und tückisch das Ideal auf den Kopf stellten – das alles ist durch die Jahrhunderte hindurch wohlbelegt in der hohen und niederen Literatur und lebt launig fort in Witz und Karikatur und fand sein Kunstgenußpublikum im Theater nicht erst seit Strindberg und Albee, »Wer hat Angst vor Virginia Woolf«. Der gute, alte, unverwüstliche Shakespeare hat sich damit ebenfalls mannigfach befaßt, am eindrücklichsten in »Der Widerspenstigen Zähmung«. Hier haben wir auch ein Käthchen, aber was für eins! Das genaue Gegenteil des von Heilbronn. Eine *shrew* ist das, eine Kratzbürste erster Güte, zungenfertig, wortwitzig, eine Wildkatze wie aus dem Amazonenzoo. Sie wird dem Petruchio anverlobt; der soll sie zähmen. Er geht nicht zimperlich zu Werke, und bisweilen spielt er sich wirklich wie ein Raubtierbändiger auf, daß man schon Mitleid bekommt mit der übel traktierten Braut, die da in die Knie gezwungen, deren Widerstand gebrochen werden soll. Aber diese *shrew* ist zugleich *shrewd*, klug, scharfsinnig; sie durchschaut das Spiel schließlich und spielt mit. In der Schlußszene dieser Komödie hält das »gezähmte« Käthchen eine Rede an ihre bislang so sanftmütige, inzwischen, als Ehefrau, launisch und eigenwillig gewordene Schwester Bianca des Inhalts: Pfui, wie schändlich, mit unwillig gerunzelter Stirn dem Eheherrn, dem König, dem Herrscher entgegenzutreten! »Dein Ehemann ist dein Herr, dein Leben, dein Erhalter; dein Haupt, dein Herrscher, er, der für dich sorgt!« Treuen Gehorsam, widerspruchslose Unterwerfung schuldet ihm die Ehefrau. Was will man mehr? Dieses Käthchen hat die Kunst gelernt, durch kluge Unterwürfigkeit den Ehemann besser zu beherrschen als durch offen-direkte Selbstbehauptung. Sie hat die Dialektik von Herr und Knecht begriffen, könnte man sagen, und auf diese Weise kamen allezeit Ehemänner unter den Pantoffel. Ist das wünschenswert? Wenn es nicht anders geht, vielleicht. Es ist aber ein menschenunwürdiger Zustand für Mann und Frau gleichermaßen. Das weiß auch der Dogmatiker Barth. Daher die Verfeinerung zum »Dienstprimat« als Neufassung der Unmündigkeit der Frau, nur um den kleinen, aber angeblich gottgewollten Unterschied von Vorrecht und Nachrecht zu wahren. Er meint es nicht böse; er meint es durch und durch gut; er meint zu wissen, was der Frau guttut – wie eine Mutter zu wissen meint, was ihrem Kinde guttut. Daher eine differenzierte, theologisch begründete Präpositionenethik des Über-Unter, Vor-und-Nach auf dem Hintergrunde (historisch-kritischer?) Bibelexegese.

That has passed. Die Folge-Ordnung A–B kann heute nur noch vertreten, wem es um ein biblisches Prinzip geht, das weder historisch noch kritisch ist im Sinne der Einsicht: daß Recht und Ordnung eine Funktion von Macht und Herrschaft sind und diese beiden wiederum weitgehend von wirtschaftlichen Verhältnissen abhängen. Gewiß: Ordnung muß sein – aber welche?

Die Braut von heute – wohlgemerkt: die wirtschaftlich unabhängige und meist auch überdurchschnittlich gebildete – stellt sich auf die vom Gesetzgeber nach fast zweihundert Jahren zähem Ringen festgeschriebene gleichberechtigte Partnerschaftsehe ein. Im Rahmen dessen, was das Eherecht an Grundlinien festhält, bleibt es den Ehepartnern überlassen, sich die Sache einzurichten, wie es ihnen paßt und Spaß macht – von Rechts wegen sind sie nun miteinander und füreinander verantwortlich. Ihr Rollenspiel aber ist frei und auswechselbar. Ob das besser geht als einst, mag dahingestellt bleiben. Feststeht, daß die Braut dem objektiven Geist keinen Vorwurf mehr machen kann, von wegen, daß es ein Geist der Männer sei, die Menschenrechte nur für sich in Anspruch nähmen . . .

Hier halten wir inne. Alles scheint von Gesetzes wegen nun in bester, gleichberechtigter Ordnung zu sein. Scheint? Was hält die Braut von »monogam« und »lebenslänglich«? Wird es hier nicht wieder schwierig? Schlimmer: Ist das Ideal nicht längst nur noch ein Popanz? Hierzu die Meinung der Braut zu hören, das dürfte von Interesse sein. Da es dabei jedoch um Ideale, Prinzipien und Sinn geht, um letzte Bindungen und höchste Werte, wie sie nur der Religion und Philosophie erdenkbar sind, müssen wir warten, bis uns im letzten Kapitel der *absolute* Geist erscheint.

Hier wollen wir uns nur daran erinnern, daß das Ideal der unauflöslichen Einehe viel Schlimmes durchgemacht hat in den vergangenen zwanzig, dreißig Jahren und früher auch schon. Schon im achtzehnten Jahrhundert galt so edlen Wilden wie den Huronen am Ontariosee der Neuen Welt die unauflösliche Ehe der Alten Welt als »Tollheit und Form der Sklaverei«.[23] Die Folgen hat man denn auch immer wieder entrüstet und genüßlich beklagt: doppelte Moral und Prostitution, und die schöne Literatur florierte, und der Stoff für eine Sittengeschichte des christlichen Europa wuchs ins Uferlose. Zwischen toleranter Libertinage und einem Duell wegen angetasteter Ehemannenehre war alles möglich. Ein Herzog von Richelieu des achtzehnten Jahrhunderts konnte sich mit einer höflichen Verbeugung zurückziehen, wenn er die Gemahlin mit seinem Stallmeister auf der Chaiselongue überraschte. Der gute Baron von Instetten aber muß den armen Major Crampas umlegen, nur weil letzterer Jahre zuvor einmal harmlos mit der Ehefrau Effi, geborener von Briest, geflirtet hat.

Die Frauen, sagt man, seien auf die Ehe versessen seit eh und je und sehr viel mehr als die Männer. Das mag einmal gewesen sein, als Töchtern ohne Berufsausbildung und ohne Anspruch auf einen Platz im adeligen Stift nichts anderes übrigblieb, als zu heiraten. Aber heute! Warum zieht eine Frau von heute noch immer in überwältigender Mehrheit die Ehe dem Junggesellinnen-, dem »Single«-Dasein vor? Warum nicht eine freie und offene Partnerschaft? Warum will sie Braut sein *mit* Trauschein? – Wir lassen zunächst die Sprache zu Wort kommen als Widerspiegelung gesellschaftlicher Verhältnisse. Sie soll uns auf die Fährte der Motive setzen, die eine Frau zum Standesamt bewegen.

Vom Fräulein zur Frau: Sozialprestige?

Die Sprache sagt, wie's ist – oder wie's bis vor kurzem noch war. – Die Hochzeit ist ein Ritual des Übergangs. Mehr als für den Mann änderte sich damit herkömmlicherweise für die Frau, die noch gar keine »Frau« war. Ein »Fräulein« war's, und was war das für ein Wesen, das Fräulein?

Ein Fräulein zu sein, das war einst eine Ehre, denn es bedeutete »Edelfräulein« im Unterschied zur bürgerlichen »Jungfer«. Weshalb Gretchen schnippisch-kokett den sie anmachenden Faust (»Mein schönes Fräulein, darf ich's wagen . . .«) abwimmeln kann: »Bin weder Fräulein, weder schön . . .« Hier und da konnte man bis in die Gegenwart hinein noch dem »älteren Fräulein« begegnen. Wenn man sie mit »Frau« anredete, verbesserte sie: »Fräulein!« Eine von ihnen starb, fast neunzigjährig, um 1980. Fräulein, das heißt unverheiratet, war sie geblieben, weil der Verlobte im Ersten Weltkriege fiel. Ihr Fräulein-Sein war Ausdruck ihrer lebenslangen Treue zu dem Toten. Braut war sie geblieben lebenslang. Allerdings war sie nicht irgendeine, sondern eine »höhere Tochter«, eine Dame aus besserem Hause, heißt: eine gesellschaftlich Abgesicherte und Versorgte. Stand, Wohlstand und Bildung gaben ihr hinreichend gesellschaftliches Ansehen. Ansehen verschaffte ihr aber zugleich auch ihr Brautstatus. Sie war nicht eine »Sitzengebliebene«. – Wir fragen nach dem Sozialprestige des Fräuleins hierzulande vor – sagen wir – zwanzig bis dreißig Jahren.

In den fünfziger Jahren konnte es gar vielerlei bedeuten, ein »Fräulein« zu sein. »Das Fräulein« war entweder die Lehrerin, die eine Strafarbeit aufgab; oder es war eine leichtlebige junge Dame, die das Geld verjubeln half. Es war die weibliche Angestellte in einem Dienstleistungsberuf, die Kellnerin, Verkäuferin, Friseuse, Sekretärin. Es war auch die Studentin an der Universität. Das Fräulein Z., das mit zweiundzwanzig unruhig wurde, weil sie »noch keinen hatte«. Was studierte sie? Eine stud. vir. war sie, heißt: Sie studierte Heiratschancen, und wenn es etwas mühsam war, witzelte man: »Wenn die bis zum Examen keinen Doktor hat, muß sie ihn selber machen.« Selbst dann also, wenn ein Fräulein studierte, mußte, der vorherrschenden Meinung zufolge, ihr ganzes Streben dahin gehen, das etwas minderwertig klingende Diminutivsuffix abzustoßen und eine »richtige« Frau zu werden, ein weibliches Vollwertwesen, als welches traditionsgemäß nur die verheiratete Frau (und Mutter) galt, ob sie als solche glücklich war oder nicht. Das heißt: Auch als die wirtschaftlichen Verhältnisse bereits so weit verändert waren, daß eine Frau durch ihren Beruf sich selbst ernähren und versorgen konnte, wirkten uralte Denkmuster noch eine ganze Weile nach, ehe sich mit der neuen Frauenbewegung »etwas tat«. Die Verwandlung eines Fräuleins in eine Frau und der Wunsch nach solcher Verwandlung waren also eine Frage des Sozialprestiges auch dann noch, als von Versorgungsehen keine Rede mehr sein konnte – abgesehen natürlich davon, daß der Chef mehr verdiente als die Sekretärin. Und warum war *sie* nicht die Chefin und *er* der Sekretär –?

Das Fräulein wurde nach und nach abgeschafft. Die ledige Studienreferendarin, die 1965 als »Frau« Sowieso vereidigt wurde, fühlte sich gleichberechtigt – mit wem? Mit der verheirateten Kollegin? Vielleicht; aber viel eher doch mit den Herren Kollegen, die auch in ledigem Zustande nie zu »Herrlein« verniedlicht wurden.

Wo die Sprache ableitet, die »Herrin« vom »Herrn«, die Bäuerin vom Bauern, die Prinzessin vom Prinzen, die Proletarierin vom Proletarier (selten; sie wurde allermeist völlig subsumiert und nicht eigens aufgefordert, sich international zu vereinigen) – wo die Sprache also derart spricht, da spiegelt sie ebenfalls wider, aber eher Denkgewohnheiten, die sich aus uralten Machtverhältnissen ergaben: daß der Grundtypus des Menschen der Mann sei. Wie solche sprachlichen Ableitungen die Braut als Ehefrau affizierten, zeigen zwei hübsche, nachdenkenswerte Beispiele. Da können wir zum einen und nach dem Vorspiel zum »Rosenkavalier« die Feldmarschallin Fürstin Werdenberg bewundern, die mit ihrem jugendlichen Liebhaber Octavian geistreich-melancholisch liebesscharmützelt. Wir wissen nicht, was für eine geborene sie war; allerwahrscheinlichst eine, die bereits mit adeligem Titel zur Welt kam; aber selbst wenn sie »nur« ein Fräulein Schön gewesen wäre, wäre sie nun eben die Feldmarschallin Fürstin Werdenberg, und Natascha Filipowna wäre, wenn sie nur gewollt hätte, eine Fürstin Myschkin geworden. In russischen Romanen des neunzehnten Jahrhunderts, dies das zweite Beispiel, gibt es »Generalinnen« noch und noch. Sie sitzen in den Petersburger Salons und entwickeln geniale Strategien zur Verheiratung ihrer nicht immer hübschen Töchter. Inzwischen gibt es keine Generalin alten Sprachstils mehr und noch keine neue gleichberechtigter Prägung, die am Militarismus mitschuld sein könnte. Es gibt das Sprachgerangel um die »Frau Minister« oder aber »Frau Ministerin«? Sie will nicht mit der »Frau Direktor« oder der »Frau Justizrat« von einstens verwechselt werden. Lieber Ableitung sein, als ganz unter den Sprachtisch fallen? Aber sie fällt doch gar nicht. Sie steht doch – ihre Frau. Auch mit der »Frau Pfarrer« hat es noch immer seine liebe Sprachnot. Vor allem die ältere Generation gerät in Verwirrung zwischen dieser herkömmlichen Anrede für die Frau des Pfarrers und der »Frau

Pfarrerin« auf der Kanzel, besonders, wenn eine beides zugleich ist. Man erinnert sich ferner daran, wie mühsam und mählich der Titel »Frau Doktor« oder »Frau Professor« sich losrang von seiner ehelichen Beziehungsgrundlage, um sich auf weibliche Beine zu stellen, die einem dazugehörigen Kopf gehorchten. Das »*Fräulein* Doktor« war eher und früher bekannt. Der Volkswitz sah sie bleichsüchtig, blaustrümpfig, spindeldürr und mit dicker Brille, so daß jedes »gesundempfindende« Mädchen ein Grausen ankommen mußte: »Nee, so eene mecht ich nich wern . . .« Dann doch lieber ein »Fräulein, zum Diktat!« mit Glückschancen, die Gattin des Chefs zu werden – und warum auch nicht?

Ein Sonderfall von Sprache sind Eigennamen; denn hier greifen Recht und Ordnung ein und das Bürgerliche Gesetzbuch. Dasselbe sah, wie bekannt, bis vor kurzem vor, was sich noch lange nicht ändern wird, daß nämlich aus Lieschen Müller Lieschen Meier wird, wenn sie Hänschen Meier heiratet. Die Frauen hatten (und haben) eine Chance, um welche die Männer sie beneiden konnten: Wenn sie den Richtigen erwischten, konnten sie einen Allerweltsnamen oder einen unschönen Namen loswerden und einen besseren, schöneren erheiraten, den sie sogar nach einer Scheidung behalten durften, wenn sie sich anständig aufführten. Wenn die Frau aber selber den schönen Namen hatte, oder wenn sie zu den kuriosen Typen gehörte, die da meinen, der Namen konstituiere Identität und es sei charakterlos, ihn aufzugeben – was dann? Ja, dann durfte sie eben nicht heiraten, wenn ihr der Name, der eigene, wichtiger war als der Mann. Es geht doch nicht an, lange, patrilineare Stammbäume zu fällen, nur weil es einer Braut nicht gefällt, in die Sippe des Mannes einverleibt zu werden und dessen Stammbaum durch einen »Stammhalter« zu verlängern. Schwebte ihr etwas Besseres vor? – Da sinnierte die kleine Romanistin vor sich hin, warum die große Simone ihren schönen, adelig angehauchten Namen einer Tochter aus gutem Hause nicht zum Standesamt trug, um eine ehrbare »Frau Schneider« zu werden. Die Spötter versuchten es, wie bereits vermerkt, mit »der großen Schneiderin«, um kalauernd doch wieder die Männin vom Manne abzuleiten . . . Inzwischen ist dieses Namensgerangel vom Gesetzgeber freiheitlich-gleichberechtigt entschieden in der richtigen Annahme, daß vorerst sowieso das meiste beim alten bleiben wird. So schnell ändern sich keine tausendjährigen Gewohnheiten. Aber es gibt keine »Frau Schlöndorff«; es hätte einen »Herrn von Trotta« geben können. Wenn man sich nicht einigen kann, dann behält eben ein jeder seinen Namen, und das Zusammenleben bleibt staatlich unregistriert.

Das Namensrecht war die kürzeste Formel für die patriarchale Ehe. Jedoch, ob patriarchal oder nicht: Es gibt, so weit ich sehe, keine Kultur, in welcher die unverheiratete Frau an sich und prinzipiell gleiches oder gar höheres Ansehen genießt als die verheiratete. Selbst da, wo Jungfräulichkeit höher bewertet wird als (eheliche) Mutterschaft, wird eine symbolische Ehe eingegangen (mit Christus, im Falle römisch-katholischer Ordensgelübde; mit dem Pontifex maximus die altrömischen Vestalinnen). Die hohe Bedeutung der Braut, sei es als Verlobte, sei es als Jungvermählte, sei es als Eintagsphänomen am Hochzeitstage, läßt sich schließlich auch noch an der Sprachform ablesen:

Die *Braut* bildet das Grundwort für den *Bräutigam* (wörtlich »Brautmann«, der zur Braut gehörige Mann). Die Ableitung des Bräutigams von der Braut spiegelt die gesellschaftlich überlegene Rolle der Frau am Hochzeitstage wider: *Sie* ist die Hauptperson und absoluter Mittelpunkt. (Weshalb sich über die Braut ein ganzes Buch schreiben läßt, kaum wohl aber über den Bräutigam.) Das Entscheidende ist hier allerdings nicht die wirtschaftliche Situation der Braut (obwohl sie eine hübsche Mitgift haben kann), sondern – nun: ihr Weibsein. Das gehört ins letzte Kapitel. Die Frau am Hochzeitstag ist etwas eigenständig Besonderes. An diesem Tage ist sie unableitbar. Am Tage danach ist sie es nicht mehr, und man darf ruhig noch einmal Schiller zitieren: »Mit dem Gürtel, mit dem Schleier reißt der schöne Wahn entzwei« – der Wahn, ein eigener, selbstverantwortlicher Mensch zu sein. Wäre das passé?

Die Wirklichkeit danach veranschaulicht uns die englische Sprache, der *Lord* und die *Lady*. Nach einer gentlemanhaften Verbeugung, »Ladies first«, tritt die Dame vor und begibt sich – zum Backtrog. Sie steht und knetet Teig, Brotteig, den Laib; denn die Lady ist etymologisch und im Idiom der alten

Angelsachsen die *hlaefdige* = die (Brot-)Laibkneterin. Im Schweiße ihres Angesichtes produziert sie das Lebensnotwendige in der vorletzten Phase des Produktionsprozesses (nach Müller und Bauer). Sie bringt's zum Bäcker und seinem Backofen, wenn sie nicht selber bäckt, und holt es dort auch wieder ab. Sodann erscheint der Lord und nimmt ihr die Brotlaibe ab und in höchst eigene Verwahrung; denn er ist der *hlafweard*, der »Laibwart«. Er ist der Herr über sämtliche von dieser Teigkneterin gekneteten Brotlaibe, und der Backtrog und gegebenenfalls der Backofen gehören ihm auch, genauso wie das Haus und die Frau, die er »genommen« hat. Im *Lord* und in der *Lady* haben wir eine offene und ehrliche Widerspiegelung gesellschaftlicher Verhältnisse, in diesem Falle wirtschaftlich-rechtlicher Art. Die Frau arbeitet; der Mann hat das Verfügungsrecht über das Erarbeitete; denn er ist der Herr im Hause. Sie, die Herrin *des* Hauses (Hausherrin, Hausfrau), hat das Sagen nur in einem abgeleiteten Sinne über kleine Kinder und Gesinde. Wir reden von vergangenheitlichen Rechtsverhältnissen. Oder? Das Wurmfortsatzproblem der Lady ist die Frage nach dem Wert der Hausfrauenarbeit und nach der Hausfrauenrente. Es juckt und schwärt. Im übrigen aber sorgt ein Heer von weiblichen Angestellten, Beamtinnen und von Frauen in akademisch-freien Berufen dafür, daß das herkömmliche Bild der Braut ziemlich in Verwirrung gerät. Sie sorgen dafür durch selbstgebackene Brötchen, über die kein »Lord« mehr verfügen kann; durch Eigenheime, deren Eigentümerin die Hausherrin ist, und durch ein Selbstbewußtsein, das kein Diminutivsuffix mehr erfassen kann. Es gibt, außer im Spezialjargon, kein »Fräulein« mehr. Dieser Sprachübergang ist abgeschafft.

Wo also steht die Braut heute hinsichtlich ihres Sozialprestiges? Sie tritt auf der Stelle. Übermäßig viel hat sich allem Anscheine nach nicht geändert im Hin und Her zwischen rückwärtsgewandter Nostalgie und fortschrittsgläubigem Optimismus auf immer noch bessere Zeiten für die Frau. Das gesellschaftliche Ansehen der Braut heute, ob's eine »richtige« ist oder nicht, zehrt noch sehr von Vergangenem, von archetypischen Bildern, die wir erst im letzten Kapitel beschwören werden. Bewegung und Veränderung zeigen sich nicht in den unteren und oberen Schichten der Gesellschaft, sondern vornehmlich dazwischen, vor allem da, wo studiert wird und noch viel Spielraum vorhanden ist, oder wo Frauen einmal studiert haben und nun dabei sind, sich neuen, öffentlich-außerehelichen Spielraum zu erkämpfen.

Für die ungelernte Arbeiterin ist das Heiraten etwas sehr Erstrebenswertes. Kann und weiß sie schon sonst nicht viel, so hat sie doch ihren weiblichen Wert und damit auch soziale Aufstiegschancen, die allerdings etwas weiter oben sehr viel besser werden. Sie erheiratet sich einen Lebenssinn und eine Aufgabe, die uralt und ehrwürdig sind, staatlich anerkannt und geschützt. Ehefrau sein ist besser als Prostitution. – Für die beruflich selbständige Frau stand vor etwa einer Generation noch das Problem an: Ehe oder Beruf. Auf eins von beiden mußte in den meisten Fällen verzichtet werden. Welche der beiden Möglichkeiten mehr Sozialprestige verschaffte, ist kaum zu sagen. Eine ehe- und kinderlose Karrierefrau wurde wohl aber eher bemitleidet als beneidet. (»Glauben Sie, daß die glücklich ist?« fragte eine Studentin die andere, als die Dozentin, die unverheiratete, das »Fräulein Doktor«, nach der Vorlesung wieder gegangen war. Das war 1958.) Im allgemeinen aber hielt es sich wohl die Waage – die eine hatte das eine, die andere das andere. Verzicht war auf beiden Seiten; Verzicht oder Schicksal. Nun hat sich das Gleichgewicht wieder verschoben, denn frau will nicht mehr verzichten, sondern alles. Sie will sich nicht mehr entscheiden müssen; der Mann muß es ja auch nicht. So entsteht ein neues Ungleichgewicht im Sozialprestige zugunsten der Braut, die eine Superfrau werden will: nicht nur Beruf und Ehe, sondern auch Kinder; nicht nur ein Symbolkind, sondern zwei, drei, vier Kinder. In der Klemme dazwischen sitzt die verheiratete oder in freier Gefährtenschaft lebende Frau, die um der Freiheit und um des Berufes willen auf Kinder verzichtet hat – wofern es ein Verzicht war und nicht purer Egoismus. In diesen Limbus gehört Simone de Beauvoir. »Hätte die Mandarinin von Paris ihrem Freund Jean-Paul zwei, drei Kinderchen geboren, dann hätte sie sich (ob mit oder ohne Trauschein) wohl mit der halben Welt begnügen müssen.«[24] Das schreibt eine Frau, die Bücher schreibt, verheiratet ist und drei Kinder hat und doch offenbar alles geschafft hat – bis auf den Prix Goncourt oder den Nobelpreis, wie die bereits legendäre Madame Curie mit Wissenschaftlergatten, Pechblende und zwei Töchtern. Die Lösung läge wohl, von Genie und Fleiß abgesehen, in der Anschaffung von »alterthümlichem« Dienstpersonal – und in einer guten Gesundheit oder dem Risiko eines frühen Erschöpfungstodes. *Is the prize worth the price?*

Wenn die Braut von heute, die bessere, »alles« will und zu diesem Alles immer noch die Ehe gehört als rechtlich anerkannte und geschützte Institution – was erwartet sie von der Ehe? Kinder kann sie doch auch ohne Ehe haben, und Sozialprestige verschafft ihr der Beruf. Warum also will sie trotzdem gerne heiraten? Wir haben zwar das Orakel Allensbach nicht befragt, vermuten jedoch, daß mit der Ehe noch immer und trotz aller gegenteiligen Erfahrung verbunden werden: Glückserwartungen.

Aus der Einsamkeit in die Zweisamkeit: Glück?

An Revolutionen ist dieses Europa, wie man weiß, nicht gerade arm. Vor zweihundert Jahren, ziemlich genau datierbar, fand die französische statt. Im gleichen Zeitraum, schon davor, aber besonders danach, nicht so genau datierbar, fand unmerklich eine andere Revolution statt, eine, die schuld sein soll an der gegenwärtigen Krise der Ehe.

Warum, so muß frau sich doch verwundert fragen, warum, wenn es doch auch anders ginge, da sie doch ihren Beruf und damit ihr Sozialprestige hat, warum zum Kuckuck will sie heiraten? Weil sie Kinder will und der Beruf sich damit, für eine Weile zumindest, doch nicht so gut verträgt? Das ist ein möglicher Grund und ein sehr ernst zu nehmender – im Hinblick vor allem auf die Kinderopfer. An erster Stelle dürfte jedoch etwas anderes stehen, eine Vorstellung, eine Idee, eine Erwartung: daß die wahre Liebe ihre Erfüllung nur in der Ehe finden könne. Eine Glückserwartung also.

Wir haben es bereits angedeutet: Die alten Rittersleut', das ganze Mittelalter bis hin zu Kant aus Königsberg hätten eine solche Idee des fortgeschrittenen Schwachsinns verdächtigt;

der Gedanke wäre ihnen peinlich gewesen, vielleicht sogar obszön erschienen. Wie das? Ehe, das haben wir im Kapitel Brautsoziologie bereits hier und da gesehen, war seit Urzeiten eine Sache familienpolitischer, wirtschaftlicher Erwägungen. Ehe war Vernunft- und Versorgungsehe zur Erhaltung von Namen und Besitz durch die Erzeugung legitimer Nachkommenschaft. Liebe, das heißt erotische Leidenschaft, war für solche Zwecke nicht nur überflüssig; sie hätte schlicht gestört, wäre als unpassend, unanständig empfunden worden – eine Gattin, eine Ehefrau ist doch keine Kurtisane, keine Geliebte! Der Leidenschaft ließ man auf außerehelichen Wegen ihren Lauf; in erster Linie natürlich die Männer, aber durchaus auch die Frauen. Hätte Isolde ihren Tristan geheiratet, wenn König Marke sie freigegeben hätte? . . .?

Dann aber, so vor zweihundert Jahren, begann das Unglaubliche sich allmählich festzusetzen in den Köpfen und Herzen. Die romantische Revolution versuchte das bis dahin Unvereinbare zu vereinen: Liebe und Ehe. Es war eine bürgerliche Revolution mit der dem Bürgertum als Klasse eigenen Schizophrenie: einen Spaltpilz anzusetzen und die Folgen zu beklagen.

Da sehen wir also seit zweihundert Jahren die Vorstellung von der *Liebesheirat* zusammen mit dem Ideen-Trio Freiheit, Gleichheit und Streben nach Glück auf dem Vormarsche. Es geht jedoch alles andere als glatt. Es stolpert so dahin, als sei da eine zunächst schön geschlossene Phalanx Fußvolk nicht frontal, sondern in spitzem Winkel vom Wege ab und auf einen sehr großschollig gepflügten Sturzacker gestoßen. Während der rechte Flügel noch flott oder im alten Trott auf ebener Straße marschiert, müht der linke sich schon übers freie Feld, und die Phalanx derangiert sich. Sie wird schief und formlos und ist in Gefahr, sich gänzlich aufzulösen . . . Etwas dergleichen geschah mit der Institution Ehe. Sie marschierte jahrhundertelang auf ziemlich ebener, mit praktischen Zwecken und Vernunft asphaltierter Straße geradeaus. Liebe war ein Blümelein, das allenfalls und mehr zufällig am Wege blühte und das sich der glückliche Finder, die glückliche Finderin ins eheliche Knopfloch stecken konnten. Dann entdeckten einige, die auf dem linken Flügel marschierten, drüben am Horizont ein ganzes Feld voll blauer Blumen und meinten auch deren Duft zu schnuppern. Beflügelt von schönen Vorstellungen und voll romantischer Sehnsucht nach der absoluten Liebe in der absoluten Ehe, schwärmten sie auf den holprigen Sturzacker seitwärts der Straße. Nebenmännlein und Nebenweiblein zog es als Gefährten mit, teils zögernd, teils begeistert. So kam es zur Brechung der Institution Ehe, als sie aus dem Medium der praktischen Vernunft (Kant: » . . .zum Gebrauch der wechselseitigen Geschlechtseigenschaften«) ins Medium der Liebe, heißt einer religiös verklärten erotischen Leidenschaft, hinüberschwärmte. *Lucinde* und Friedrich Schlegel: ein Skandal; Verteidigung durch Schleiermacher: Ehe als Glücksgemeinschaft und Mittel klassischer Selbstverwirklichung. Muß Lucinde nicht eine überaus glückliche Braut und Ehefrau gewesen sein? Freilich, moniert der Moralist: Hinter diesem Glück stehen die wirren Liebes- und Eheverhältnisse der Romantikerinnen und Romantiker, und den Frauen könnte man's am Namen ansehen, wie oft die Bäumchen sich gewechselt haben – Dorothea Mendelssohn-Veit-Schlegel; Karoline Michaelis-Böhmer-Schlegel-Schelling. Zustände wie im Hollywood der klassischen Flimmerkistenzeit. Die Romantik hat den Virus verbreitet, an dem die altehrwürdige Institution Ehe seither krankt, aber auch immer wieder hektisch aufblüht: die Idee, daß nur einer, nur eine die oder der »Richtige« sein kann, vom Schicksal vorherbestimmt und Garant des Glücks. Das glaubt auch die Braut von heute, und daher die Enttäuschung, die aus dem Anspruch, der Erwartung erwächst, die Ehe müsse die lebenslange Erfüllung der Liebe sein und bleiben, und wenn die Liebe nicht mehr beschwingt und dem Leben zu zweit einen Sinn gibt, dann sei auch die Ehe tot und am Ende, heißt: reif für den Scheidungsrichter. Daher also die Brüchigkeit der Ehe von heute. Wenn es mit dem einen mühsam oder schiefgeht, dann kann es, der Theorie zufolge, nicht der Richtige gewesen sein, und frau hält Ausschau nach dem nächsten und so fort und vice versa. Da ergibt sich eines Tages ganz von selbst die Frage: Wozu überhaupt noch heiraten? Zumindest erst einmal das Gefühl in ganzer Breite und Tiefe erforschen, sich aussprechen und ausleben lassen, um zu sehen, ob's auch der Richtige, die Richtige ist. Heiraten kann man dann immer noch aus dem einen oder anderen zweckdienlichen Grunde, wegen der Kinder oder wegen der Lohnsteuerkarte.

Da wären wir also wieder. Der Grund, warum es noch Bräute gibt, scheint weitgehend noch immer von dieser romantischen Glückserwartung herzurühren, und das, paradoxerweise, läuft parallel mit einer Flut schlechter Erfahrungen, die überwiegend noch immer die Frauen mit der Ehe machen. Sie leiden und dulden und fühlen sich ausgebeutet wie eh und je – blieb ihnen wirklich nichts anderes übrig, als zu heiraten? Sie wollte nicht, nein, sie wollte nicht; aber was kann die Vernunft gegen die Liebe und die Angst, den Geliebten zu verlieren: Bevor eine andere ihn heiratet, will ich es doch lieber selber tun, wenn partout und absolut geheiratet werden muß. Im übrigen: Was nützen mir die Erfahrungen anderer? Die haben eben Pech gehabt, und vielleicht habe ich Glück. Und selbst wenn sie sich auf solche Milchmädchenrechnungen nicht einläßt; selbst wenn sie weiß, daß das Maß an möglichem Eheglück nach menschlichem Ermessen eher beschränkt und zudem gänzlich unverfügbar ist, wenn sie also nicht dem romantischen Illusionismus verfallen ist – was dann? Dann nimmt sie vielleicht seufzend Rücksicht auf die Traditionsgebundenheit des Mannes, um den es ihr geht, und geht mit ihm aufs Standesamt; aber als Braut fühlt sie sich nicht. Diesem Begriffe hängen, für ihr Empfinden, zu sehr noch die alten patriarchalen Klunkern am Halse. Sie – fühlt sich als ein Selbst, das keiner institutionellen Aufwertung bedarf.

Drei Schritte vorwärts und drei zurück – ist es kein Fortschritt, so deutet es doch Bewegung an. Warum die Begegnung und das Miteinander von zweien, die einander zu lieben und zu verstehen meinen, staatlich registriert werden muß, hat sie bis heute nur mit dem Verstande begriffen, nicht mit dem Herzen. Und bei alledem womöglich doch noch Glück gehabt . . .

Einsamkeit – Zweisamkeit. Wer einen Blick in die Heirats- und Bekanntschaftsanzeigen der großen Wochenzeitungen wirft, erschrickt vor Angebot und Nachfrage eines vieltausendfältigen Alleinseins und der Sehnsucht, es nicht mehr zu sein. Die hier Bekanntschaft zwecks Heirat suchen, die Frauen, sind oft bereits Enttäuschte und Geschiedene. Pech gehabt; aber vielleicht hab' ich diesmal Glück. Es ist ein Glücksspiel;

erhofft wird: wenn nicht das große Los, so doch wenigstens keine Niete. Zu der Sehnsucht nach dem Zweisamkeitsglück gesellt sich aber offenbar auch das Bedürfnis nach einer gewissen Absicherung, durchaus nicht wirtschaftlicher, sondern emotionaler Art; man redet von »Geborgenheit«. Man möchte wissen, wo man hingehört, zu wem man gehört. Eine solche *Zugehörigkeit* läßt sich durch eine Eheschließung am eindeutigsten ausdrücken. Sie kann nur da überflüssig erscheinen, wo das Vertrauen in die Liebe und Treue und innere Verpflichtung des Partners schwärmerisch transzendiert; wo eine Liebende sagt: Wenn nur eine äußere Verpflichtung, wenn nur »die Ehe« unser Verhältnis aufrechterhalten kann, eines Tages einmal, dann kann *ich* darauf verzichten. Ich, die ich *dich* meine und nicht die Ehe . . . Glückserwartungen müssen damit nicht einhergehen. Emanzipation und Zugehörigkeit vertragen sich besser als die Liebe und Ehe. Sie weiß einen Gegengesang: *Der Liebe nicht das Grab der Ehe schaufeln,* das da ist: die tägliche Abnützung, die zermürbenden Banalitäten, das Plattwalzen aller großen Gefühle; das Unästhetische; das, worin man sich nicht ändern und nicht anpassen kann. Ehe ist Gesetz, und Liebe gedeiht nur in Freiheit. Konkret: Weniger ist immer mehr. Weniger zusammenhausen, weniger zusammen essen und schlafen: das würde die Sehnsucht wachhalten, das würde Aggressionen vermeiden und Langeweile und Überdruß . . . Weißt du ein besseres Lied? Ich brauche keinen Ehemann. Einen Freund brauche ich, einen Gefährten, einen Geliebten, einen, der nie ganz zu haben ist. Ehe ist ein Haben. Ich möchte *sein.*

Sicherheitsbedürfnis: den Kindern zuliebe?

Sein statt haben – das hört sich tiefsinnig und hochherzig zugleich an: Was möchte sie denn *sein*, ohne verheiratet zu sein? Vermutlich eine selbstversorgte Frau, die gleichwohl der Beruf nicht ausfüllt. Sie sucht einen Menschen, der sie versteht, und siehe, es ist ein Mann, und sie verliebt sich. Was nun? Heutzutage eigentlich kein Problem mehr. Frau und Mann können als

»Single« weiterleben, eine jede, ein jeder in ihrem/seinem Appartement, und ein höchst eigenwillig-erotisches Verhältnis kultivieren; sie Herrin in ihren vier Wänden, er in seinen. Man besucht einander; man verbringt zusammen den Urlaub; natürlich schläft man auch miteinander, ohne Anspruch aufeinander, wie es sich ergibt. Er führt seinen Haushalt, sie ihren, jeder nach seinem Geschmack. Wenn sie zu Besuch kommt, bringt *sie* ihm eine Rose mit, und er bastelt in der Küche ein Abendessen zusammen, während sie sich umsieht in seinem Wohnzimmer, obwohl sie das Chaos längst kennt: ungesäubert seit Wochen, Monaten vielleicht, ein unbeschreibliches Durcheinander von Büchern, Bierdosen, Bleistiften, Maggiwürfeln, Leitzordnern, Hustenbonbons, Socken und den vertrockneten Rosen vergangener Besuche. Es ist schaurig, und es kribbelt ihr in den Fingern. Jedoch mit eiserner Beherrschung hält sie sich zurück. »Mädchen, laß die Finger davon, *obsta principiis*. Dies alles geht dich nichts an. *Er* geht dich an; um ihn geht es.« Was er ihr vorsetzt an Eßbarem, ist kaum genießbar, aber gut gemeint. Sie ist ja nicht gekommen, um zu essen; sie ist gekommen, um mit *ihm* zu essen. Danach wird's schön; man kann miteinander reden, Wein trinken, Musik hören, endlos, und vielleicht bleibt sie das ganze Wochenende über da. Vielleicht. Nichts steht fest. Keinerlei Verpflichtung. Wenn er das nächste Mal zu ihr kommt, hat sie schon Stunden im voraus jede Kleinigkeit ihres geschmackvoll und ordentlich eingerichteten Wohnzimmers mit Wohlgefallen betrachtet – fehlt nur noch *er*, um dem ganzen einen Sinn zu geben. Sieht er's, sieht er's nicht? Was sie zubereitet hat an Eßbarem, ist exquisit, und es schmeckt ihm sichtlich und ihr auch. Ist das nun wichtig oder nicht? Man wird reden, man wird Musik hören, man wird beieinander sein und sich zu Hause fühlen in der Zugehörigkeit zu dem anderen. Kann das dauern? Wer wird eines Tages auf die Idee kommen: »Könnten wir nicht zusammenziehen? Du zu mir oder ich zu dir, oder wir suchen uns eine andere, etwas größere Wohnung« –? Warum? fragt der/die andere; es ist doch so ganz schön. Aber einer von beiden wird darauf bestehen mit der Begründung: Wir können den Haushalt doch zusammen machen, sonst bleibt alles, wie es ist. Sie werden zusammenziehen, und vielleicht geht es gut, trotz gravierender

Geschmacksunterschiede hinsichtlich Ordnung und Sauberkeit. Sie wird dafür sorgen, daß alles so ist, wie *sie* es sich wünscht, heißt: *Sie* wird für Ordnung und Sauberkeit und eßbares Essen sorgen, denn sie liebt diesen Mann, der sich als unerziehbar erweist. Mit dem Erotischen wird es vielleicht schwieriger, wenn man das Schlafzimmer miteinander teilt. Es wird gleichmäßiger und spannungsloser; vielleicht auch strapaziös. Aber das ist ja schließlich nicht die Hauptsache an der ganzen Sache. Der Beruf ist interessanter und wichtiger, für beide, und das Miteinander-Reden und die Musik und die Bücher und vielleicht auch die Politik.

Wie lange soll das dauern? Eines Tages wird man sich darüber unterhalten, ob man Kinder haben will oder nicht. Er ist bereit zu heiraten; ja, er drängt schon seit einiger Zeit darauf zu. Warum? fragt sie. Warum nicht? fragt er. Sie muß sich entscheiden. Ja, sie will Kinder. Wenn der Beruf das verträgt, gut. Wenn nicht, wird sie ihn für eine Weile aufgeben, vielleicht auch ganz. Ergo: Die Ehe wird geschlossen, um Mutter und Kinder abzusichern, wirtschaftlich und rechtlich. Der Vater übernimmt die Verantwortung für die Familie, die *er* gründet. Keine Rede, nicht der Hauch eines Gedankens daran, daß *er* den Beruf aufgeben könnte, um sich dem Haushalt und seinen Kindern zu widmen. Da wären wir wieder. Das alte Lied. Und im Stadtbus sitzen zwei alte Damen und unterhalten sich über die Sohnesfamilien, beide Akademikermilieu. Die Enkel sind das Hauptthema. »Zwei goldige Buben hat er. Es ist doch gut, wenn die Frauen im Hause bleiben und sich um die Kinder kümmern. Das ist doch das einzig Vernünftige.«

So ist es. Die Emanzipation wird rückläufig und rückfällig um der Kinder willen. Sicherheitsbedürfnis der Frau und Mitverantwortlichkeit des Mannes gehen eine legale und höchst moralische Verbindung ein – das ist in guter, wenn vielleicht auf die Dauer auch nicht immer bester Ordnung. Daß nach dem Zweiten Weltkrieg unendlich viele Kriegerwitwen ihre Kinder alleine großgezogen haben; daß es auch heute sehr viele alleinerziehende Mütter gibt, ändert offenbar nicht viel daran, daß die »Normalfrau«, wenn sie Kinder will, auch die Ehe will. Sie soll sie wollen, und die Gesetze sollen sie schützen, wenn es dann schiefgeht in der Ehe. *Kein* Vater ist besser als ein schlechter Vater, und ein guter Vater wäre besser als eine schlechte Mutter.

Aber frau kann sich ja auch einmal die Meinung anderer anhören: warum sie den Mann, von dem sie ein Kind, ein erwünschtes, hat, heiraten soll. »Damit das Kind einen Namen bekommt«, sagt der Herr Pfarrer am Telefon, und der Frau am anderen Ende der Leitung bleibt die sprichwörtliche Spucke weg. Nachdem sie sich gefaßt hat, fragt sie, wo die Mutter, die unverheiratete, denn ihres Namens verlustig gegangen sei, und der Herr Pfarrer beruft sich auf eine kleine Konfirmandin in einer kleinen Gemeinde, die darunter gelitten habe, daß sie den Namen ihrer Mutter trägt und keinen Vater hat. Die Mütter sollten Rücksicht nehmen auf ihre Kinder, die ja noch nicht so emanzipiert sein könnten wie ihre Mütter. Ob die Mutter samt ihrem eigenen Namen nicht wichtiger sei für das Kind und dem Kind dies durchaus begreiflich gemacht werden könne gegen die Vorurteile einer patriarchal zurückgebliebenen Umgebung, will die Frau am Telefon wissen; und da der Herr Pfarrer nicht zu den rechthaberischen gehört, läßt er die Möglichkeit offen, daß dem so sein könne. Überdies, lenkt die Frau ein, brauche der Mann vielleicht nur den Namen der Frau anzunehmen, dann wäre doch alles wieder in bester Ordnung und dem Kind geschehe kein seelischer Schaden aus Mangel an einem offiziellen Elternteil.

Das Sicherheitsbedürfnis dreht sich aber nicht nur um die Kinder. Es geht der Braut auch weiterhin – vielleicht nur halb bewußt – um ihre eigene Versorgung als Ehefrau. Aus dem einfachen Grunde, weil die Frau im Wirtschaftsleben weiterhin die Unterlegene ist, weniger verdient als der Mann, wird sie sich an *seine* Rente, seine Pensionsberechtigung klammern und ihren eigenen Beruf als sekundär betrachten, als etwas, auf das sie notfalls immer verzichten kann. Die Frau, die alles will und sich alles zutraut – Ehe, Kinder und Karriere –, wird vermutlich auch in Zukunft eine Ausnahme und Superfrau sein und bleiben. Warum? Weil sich der Lauf der Welt und besonders wirtschaftlicher Entwicklungen nicht so gut vorausberechnen lassen, wie man das vor zwanzig Jahren noch für möglich hielt. Die Emanzipation der Frau ist jedoch eine nachhinkende Funktion wirtschaftlicher Entwicklungen. Bei zunehmender Arbeitslosigkeit wird man die Frauen wieder nach Hause schikken, und die meisten werden resigniert gehen, vor allem dann, wenn die Ehe halbwegs in Ordnung ist. Hausfrau und Mutter sein wird wieder als die »natürliche Bestimmung des Weibes« erscheinen, und der Ehemann wird verpflichtet sein, sie zu versorgen, und man wird sich arrangieren, irgendwie. Unter wirtschaftlichem Notdruck also werden die meisten Frauen voraussichtlich auf Emanzipation wieder verzichten und heimkehren ins Reich ihrer ureigensten Fähigkeiten. Groß- und Urgroßmutter haben's da ja schließlich auch ausgehalten . . .

Ehe also doch wieder *faute de mieux*; eine betrübliche Diagnose, und auch noch von einer Frau. Frauensolidarität? Auf daß allen Schwestern das Recht auf Ehe *und* Beruf werde? »Der brave Mann«, heißt's im Gedicht, »denkt an sich selbst zuletzt«. Die emanzipierte Frau, die Superfrau mit Ehe und Berufskarriere samt Kindern, denkt zweifellos an sich selbst zuerst . . .

Ein Ritual in Raten – sinnentleert?

Wir wissen, wie die Institution Ehe neuerdings und nach dem Willen des Gesetzgebers aussehen soll und darf. Wir meinen die Hauptmotive der Braut zu kennen – Streben nach althergebrachtem Ansehen; Sehnsucht nach Glück; Bedürfnis nach Sicherheit – und wenden uns wieder Objektiverem zu; dem Ritual der Eheschließung. Wo nämlich Ordnung herrscht; wo Rechte und Pflichten verteilt und festgesetzt werden, da entwickeln sich neben Sitten und Gebräuchen auch Akte mit Rechtsfolgen, eingewickelt in mehr oder weniger Zeremoniell und Decorum – wir wollen dergleichen als »Ritual« bezeichnen.

Riten oder Rituale sind ursprünglich religiös-sakrale Festlegungen dessen, was »richtig« ist und heiliger Brauch. Fast alle alten Kulturvölker kannten Opfer-, Reinigungs- und Initiationsriten. In der römisch-katholischen Kirche sind Riten alle Kultzeremonien, die gesamte Liturgie. In Ozeanien und Afrika entdeckten Anthropologen Riten allenthalben und fanden besonders interessant die *»rites de passage«*, die Übergangs- oder Durchgangsriten urtümlicher Stammesgesellschaften. Darunter waren besonders wichtig: Geburt, Hochzeit und Tod als Anlaß komplizierter Zeremonien, die dem einzelnen den Übergang von einer Daseinsform in eine andere ermöglichen sollten. Beispiel: Ein Kind, das nach seiner Geburt (es fiel auf die nackte Erde) vom Vater nicht aufgehoben wurde, hatte kein Recht auf Leben. Ein Toter ohne »richtiges« Begräbnis »ging um«, auch hierzulande, und belästigte die Lebenden. Die Hochzeit war bisweilen verbunden mit Initiationsriten pubertierender Knaben und Mädchen. Das ist fern und fremd, und dennoch könnte der Aspekt der Initiation im Hinblick auf die Braut vielleicht gelegentlich noch interessieren. Hier und jetzt geht es darum, das Ernste, Feierliche und Verpflichtende eines Rituals zu erkennen; denn im Prinzip ist ein Übergangsritual ohne Zurück. Sowenig wie eine Geburt oder der Tod rückgängig zu machen sind, sowenig kann, dem Prinzip und Ideal zufolge, eine Hochzeit rückgängig gemacht werden. Daher und dennoch oft genug umsonst des Dichters mahnend erhobener Finger: »Drum prüfe, wer sich ewig bindet . . .«

Wo und wie findet das wichtigste aller Rituale statt, das aus der ungebundenen Frau von heute eine ehelich Gebundene macht? Wir wissen es: auf dem Standesamt. Was geht da vor?

Auf dem Standesamt wird die Braut mit einem Schreibtisch konfrontiert. Auf demselben liegen Formulare, Stempel und Schreibutensilien bereit. Personalien sind festgestellt; Karteien und Aktenordner warten darauf, den neuen Personenstand der Braut zu registrieren; denn was nicht registriert ist, existiert nicht. Es existiert also auch keine Ehe ohne Formulare, Stempel und Unterschrift. Damit wäre die Angelegenheit erledigt – zehn Minuten, ein bißchen frostig und eigentlich freudlos, trotz der roten Nelken auf dem Schreibtisch und der nachklassischen Geräuschkulisse im Hintergrund (war's der Brautmarsch aus den »Meistersingern«?). Die Beamtin, der Beamte hat ihres/seines Amtes gewaltet, korrekt, um nicht zu sagen pedantisch, und damit, noch einmal, denn mehr ist in den meisten Fällen wirklich nicht dran, ist die Sache erledigt. Glückwunsch.

Begreiflich, daß es sich nicht lohnt, ja daß es einem Stilbruch gleichkäme, zu solch bürokratischer Performanz in großer Brautrobe aufzurauschen. Begreiflich, daß der Braut das rechtlich Wichtigste in seiner Gewichtigkeit oft kaum zu Bewußtsein kommt – es sei denn, daß sie sich irritiert nach der Schwiegermutter umsieht, wenn man sie mit dem neuen Ehegattennamen anredet. Begreiflich, daß viele Bräute die kirchliche Trauung als den eigentlichen Auftakt zum Fest der Hochzeit ansehen. Davor mag es einen volkstümlichen Polterabend geben und danach eine Hochzeitsreise und Flitterwochen: Das alles und selbst eine vorausgegangene Verlobung hat keinerlei Rechtsverbindlichkeit; es ist in das völlige Belieben des Paares und der beiden Familien gestellt. Von rituellem Interesse im Sinne eines »heiligen Brauchs« ist bei alledem lediglich noch die kirchliche Trauung, römisch-katholischer wie evangelischer Prägung. Ob als Sakrament verstanden oder als »weltlich Ding« (Luther), dem der Segen Gottes nottut – die kirchliche, christliche Auffassung der Ehe vertritt so hohe Ideale, daß man sich fragen muß, wie viele von den Pärchen, die da vor dem »Traualtar« erscheinen, um das feierliche Ritual über sich ergehen zu lassen, wirklich wissen, was sie tun. Vielleicht aber ist die Antwort ganz einfach: Unter dem Drogeneinfluß der Liebe glaubt vor allem die Braut an der Liebe Ewigkeit. Man soll sie also nicht schelten. Allenfalls bedauern.

Ritual in Raten: Wir vergegenwärtigen uns kurz die einzelnen Stadien von der werdenden Braut zur gewesenen und müssen dabei notwendig wieder das Einst mit dem Jetzt vergleichen, wobei die Beschreibung des Jetzt keiner der Bräute unrecht tun soll, die sich an das Einst halten, weil es ihrem individuellen Geschmack eher entspricht.

Beginnen müssen wir mit der *Werbung*, denn das war einst in höheren Kreisen ein höchst kompliziertes Ritual, man lese nach bei Thomas Mann, »Königliche Hoheit«. Bis dieser Prinz Klaus Heinrich seine Dollarprinzessin und Studiengenossin der Wirtschaftswissenschaften endlich als Verlobte grüßen kann; wie diese Imma Spoelmann in allem genau das Dekorum zu wahren weiß, das ist sehr fein und sinnig dargestellt, und es brauchte viel Zeit und nicht wenig Energie und Ausdauer. Heute geht das schneller und sehr viel unkomplizierter, auch bei den Illustrierten-Prinzessinnen. Weiter unten im Sozialgeschiebe wird sowieso bloß noch »angemacht«; es bilden sich vielleicht Gruppenrituale heraus, die von einer Generation zur anderen sich bis zur Unkenntlichkeit verändern und Außenstehenden sowieso unzugänglich sind. Man verliebt sich und geht aufs Ganze, das heißt ins Bett. Wenn das klappt, kann man sich immer noch überlegen, wie es weitergehen soll.

Die *Verlobung* war einst der erste Schritt in die Öffentlichkeit; beide taten ernste Absichten kund, und die Familien richteten sich darauf ein. In ganz uralten Zeiten war das Verlöbnis der eigentliche Rechtsakt, der schon mit Ehekontrakt und Mitgiftregelungen einherging. Wenn der Bräutigam vor der »Heimführung« der Braut, also der Hochzeit, starb, galt die Braut als Witwe. Welche Intimitäten den Verlobten gestattet waren, das hing wiederum vom gesellschaftlichen Niveau ab, was in welchen Kreisen Sitte war und was nicht. Die Verlobung begründete offiziell den »Brautstand«. Eine Verlobte war und ist eine Braut, und sie konnte es viele Jahre hindurch bleiben, wartend darauf, daß der Verlobte eines Tages imstande sein werde, eine Frau und Kinder zu ernähren. Auch das kommt kaum noch vor. Als Verlobte beginnen beide, sich so einzurichten, wie sie sich die Ehe vorstellen. Aber im Grunde ist es altmodisch, sich noch zu verloben; es sei denn, man wolle anderen einen Gefallen tun. Den Eltern vor allem. Und vielleicht auch dem Partner, wenn er/sie es durchaus will.

Die Formalitäten schließlich, *Aufgebot* und *Standesamt*, wie gehabt und um des anderen sicherer zu sein und weil der Himmel noch voller Geigen hängt; vielleicht auch, weil das Kind schon kommt und man es doch lieber ehelich haben möchte.

Wenn aber schon Standesamt, dann natürlich auch die große Feier, wenn's das erstemal ist. *Kirchliche Trauung* also und *Hochzeitsfest* und am Abend davor das abergläubisch-folkloristische Relikt des *Polterabends*, um die bösen Geister zu verscheuchen, die das Glück des Paares neidisch umlauern.

Hochzeitsreise, Flitterwochen? Man gab der Braut einst noch diese Gnadenfrist; sie sollten auch endlich allein sein dürfen nach all den öffentlichen Vorführungen. Aber nun ist das auch alles ziemlich anders. Sie hatten im vorhinein genügend Zeit, zu zweit allein zu sein. Wer heiratet, hat längst ausgeflittert und kann trotzdem nicht ans Ende des Glücks glauben und meint, es müßte sich erst noch richtig einstellen.

Wer heiratet schon in einem Zustande heilsamer Ernüchterung, heißt mit der Einsicht: Besser kann's nicht werden, aber hoffentlich auch nicht sehr viel schlimmer –?

Was ergibt sich aus diesem Durchgang durch die verschiedenen Stadien der Braut? Nichts Eindeutigeres als bereits zu Beginn gesichtet: Die Braut ist entweder ein *Relikt* aus überwiegend vergangenen Zeiten, oder sie muß radikal *neu definiert* werden. Mit der »richtigen« einstigen Braut verliert auch das Ritual der Hochzeit seinen einstigen Vollsinn. Was übrigbleibt, ist tatsächlich nur ein schönes Kleid, eine standesamtliche Formalität und viel Drumherum an Fest und Feierlichkeit. Aber *was* wird da noch gefeiert? Wofür soll oder kann die Braut noch Symbol sein, wenn sie gar keine »richtige« Braut mehr ist? Die Institution Ehe hat uns zwar eine juristische Definition der Braut gegeben – die Frau, die zum Standesamt geht, ist eine Braut –, aber »irgendwie« erscheint uns dieser Begriff nun doch so klapprig-dürr und unanschaulich, als fehlte da immer noch Wesentliches.

Was fehlt? Die Rede war von Recht und Ordnung und auch von den Motiven, die eine Frau heute in die Ehe hineinbewegen. Wonach wir bislang nicht gefragt haben, das ist der *Sinn* und die *Begründung* der Ehe als Institution. Was macht die Ehe an sich zu einem Wert, ganz abgesehen davon, was die jeweilige Frau von dieser Einrichtung erwartet? Und die aktuelle Zusatzfrage: Was macht die Ehe zu einem *Un*wert? Im letzten Kapitel sollen uns Braut, Hochzeit und Ehe eine letzte Denkbemühung abnötigen; vielleicht wird Wesentliches dann – mehr oder weniger intuitiv erfaßbar.

5. Mutterschaft, Jungfräulichkeit, Sex und Homo sapiens

Braut und absoluter Geist: Sinnsuche, Wertmaßstäbe

Auf der Suche nach dem Wesen der Braut betreten wir nun das Reich des absoluten Geistes. Absolut heißt losgelöst von äußerem Schein (»Jung und schön, ganz in Weiß . . .«); unabhängig vom Zwiespalt oder Wechsel der Gefühle (einem Prinzen oder einem Frosch gegenüber); unabhängig von sozioökonomischen Umweltvariablen (ob sie reich ist oder ob sie arm ist); beinahe unabhängig schließlich von Sitte, Gesetz und Rechtsordnungen, denn dieselben werden überwiegend »von oben herab« verordnet – von Göttern oder vom Sinai – oder vorgelebt von der Natur höchst unpersönlich.

Der absolute Geist ist, um es kurz und vereinfacht zu sagen, der Geist der Religion und der Philosophie, menschlicher Denkbemühungen also, die nach *Sinn, Wert, Warum* und *Wozu* fragen und Antworten geben in mannigfach abgestuften Ausdrucksformen zwischen bildhafter Anschaulichkeit und begrifflicher Abstraktheit. Die Übergänge sind, wie alles, fließend. Wir fassen »Religion und Philosophie« im weitesten Sinne und begreifen darunter auch Mythos und Mystik, Weltanschauung, Glaube und Ideologie. Die Grundfragen, mit welchen sich Religion und Philosophie befassen, sind die nach Sein und Nichtsein – warum überhaupt etwas ist und nicht vielmehr nichts –, nach Leben und Tod, Schuld und Schicksal, gut und böse, Glück und Unglück und was die Welt im Innersten zusammenhält.

In diesem Reich des absoluten Geistes, wo sollte da die Braut vorkommen? Wir werden nach ihr suchen da, wo *Homo sapiens*, die wissen-wollende und gelegentlich und unter Umständen auch mit Vernunft begabte Sonderspezies der Mutter Natur oder eines Schöpfergottes, nach sich selber fragt. Fragen stellt wie etwa die, welche ein jeder sich selber stellen könnte, wenn er wollte: Warum bin ich vorhanden? Weil eine Mutter mich geboren, ein Vater mich gezeugt hat. Banal. Das banalste aller Naturwunder und ein Seinsgeheimnis zugleich, eingebettet in Kosmisch-Umgreifendes, letztlich Unbegreifliches, und vorderhand *bruta facta* im Bereich von Anatomie und Physiologie: der Mensch, die Braut, des Geistes teilhaftig und zugleich Geschlechtswesen wie Kuh und Muttersau, ein Säugetier –? Was sträubt sich? Man kann es poetischer sagen: wie eine Blume. Aber da steht der Professor Freud hinterm Katheder und doziert sehr ernst: »Vergessen Sie nicht, daß die Blüten die Genitalien der Pflanzen sind«, und das Auditorium reagiert bestürzt – warum?

Die *Geschlechtlichkeit*, die den Menschen analogisch mit der Pflanzenwelt, physiologisch mit der Tierwelt verbindet, ist die offene Tür, in welcher die Braut steht und die einzurennen nur einem systematischen Pedanten einfallen könnte. Natürlich und selbstverständlich ist die Braut Braut, weil sie ein weibliches Wesen ist, aber eins in einem höheren Sinne, vielleicht sogar in einem höchsten. Um nichts anderes als diesen höheren oder höchsten Sinn geht es hier. Wir suchen nach ihm im heidnisch-antiken und im biblischen Mythos. Auf eine Darlegung oder gar Diskussion biologischer Grundtatsachen verzichten wir; es gehört zur »offenen Tür«. Auch werden wir die Meinungen der Philosophen und der Kirchenväter über »das Weib«, das ja die Braut nun einmal ist, nicht wiederholen. Ausgeklammert bleiben auch Aberglaube und Magie im Bannkreis der Braut, wiewohl Teufelsbräute und Tobiasnächte, jungfräuliche Vampire und *La belle dame sans merci*; Feen, Elfen, Nixen und Lamien und das Scheppern der Scherben am Polterabend interessante Einblicke in das Wesen der Braut, vor allem soweit sie Jungfrau ist, erlauben würden.

»Vor allem soweit . . .« Die Braut patriarchaler Gesellschaften hat prinzipiell Jungfrau, heißt anatomisch intakt zu sein. Das ist bekannt und wird längst nicht mehr anerkannt. Es hat sich überlebt, nicht »irgendwie«, sondern sehr präzise begründbar und erklärbar, soweit es sich um die sozio-ökonomischen Bedingungen der Braut handelt. »Die wirtschaftliche Entwicklung der weiblichen Lebensbedingungen ist dabei, die Einrichtung der Ehe umzustürzen«, schrieb Simone de Beauvoir vor fast vierzig Jahren. Man wird inzwischen modifizieren müssen:

Nicht die Einrichtung Ehe als solche wird umgestürzt – sie wird vielmehr umdefiniert, wobei allerdings unklar bleibt, was noch als »wesentlich« betrachtet wird und was nicht mehr. Der Frau stehen Entscheidungsfreiheiten offen, die man ihr in früheren Zeiten nicht zubilligte. Ob sie nunmehr als Jungfrau in die (erste) Ehe gehen will oder nicht, das zu entscheiden wird man gefälligst *ihr* überlassen. Fragen darf man allenfalls, welche Wertvorstellungen, Ideale oder Ideologien ihre jeweilige Entscheidung beeinflussen.

Der antike Mythos soll uns zu den Wurzelgründen der Braut führen, ins allgemein Erdhafte und realistisch Naturverhaftete. Hier herrschen Grundgesetze, deren Sinn unhinterfragbar bleibt. Hier wird die Braut mit dem Staube konfrontiert; hier, wo es der Natur um die Erhaltung der Art geht und die Braut mitverzweckt wird. Was der antike Mythos vermissen läßt, jenes patriarchale Ethos, das Werte setzt, gegen welche die Braut heute so erfolgreich rebelliert, daß sie sich nahezu selbst ab- und ins Museum schafft – das soll der biblische Mythos beibringen. Er hat den christlichen Begriff der Braut geprägt. Wir werden uns diese Prägung betrachten, um zu sehen, ob etwas Archetypisches an ihr ist; etwas also, das der Braut ihr ureigenstes Wesen zu Bewußtsein bringen könnte. Christlich-Antikes wird uns sodann einen weiteren Wesenszug der Braut enthüllen im Gegenzug religiösen Verzichts auf fast alles, was die Braut von heute als ihr Recht auf Selbstverwirklichung reklamiert: Die Rede soll sein von Ordensfrauen und vom Sinn ihrer Gelübde als »Braut Christi«. Um gegen Ende der Sinnsuche den Boden der Tatsachen wieder unter die Füße zu bekommen, fragen wir nach Wert und Unwert der Jungfräulichkeit im Hinblick auf die weltliche Braut von heute. Eine Deflorations-Anthologie soll uns helfen, eine unmaßgebliche Antwort zu finden auf die – patriarchatsverhaftete? romantisch-nostalgische? – Frage, ob die Braut, die am Hochzeitstage schon längst nicht mehr Jungfrau ist, womöglich und je nachdem und obwohl es gewiß und sicherlich eine Privat- und Geschmackssache ist – eben doch eines wesentlichen Teils ihres Wesens verlustig gegangen ist.

Was fehlt am Ende einer solchen Phänomenologie? Die Brautnacht einer Jungfrau? Das wird sich finden – im Kaffeesatz. Aus dem werden wir uns wahrsagen lassen, um dem Schweigen, das hier angebracht wäre, wenigstens Indirektes zu entlocken – rein um der Systematik willen und weil der Begriff der Brautnacht nun einmal existiert.

Der absolute Geist gebärdet sich normalerweise metaphysisch abstrakt, das heißt auf dem Hochseil einer Begrifflichkeit, die einem Hören und Sehen vergehen läßt, und das ganz absichtlich. Da machen wir nicht mit. Phänomenologie und Feuilleton: Das soll unterhaltsam durchgehalten werden bis zum nachdenklichen Ende.

MYTHISCHES ANTIK: »HEILIGE HOCHZEIT«

Mutter und Hetäre: neues Leben, altes Lustprinzip

Es bedarf einer Vorverständigung über das Wesen des Mythos. Die Zeiten seiner theologischen Ächtung sind weithin vorbei; von neuem erfreut er sich ernsthafter Beachtung und großer Vorliebe als Fundgrube für Archetypen und Symbole aus dem kollektiven Unbewußten. Der Mythos, der griechisch-antike und der altorientalische, sind auch Hauptlieferanten für Göttinnen im Rahmen wie auch außerhalb feministischer Theologie. Als heidnischer Aberglaube, als Ausdruck einer »Naturreligion« oder schlicht als antike Skandalchronik (Zeus und die Frauen) gilt er nur noch einem dogmatisch strengen Offenbarungsglauben, der heute eher unzeitgemäß erscheint.

Der Mythos ist die geistesgeschichtlich früheste Form von Theologie und eine Vorform der Philosophie, vielleicht auch eine ihrer Spätformen. Der Form nach ist er Erzählung und Poesie im Wortverstande: Verdichtung von *Daseinserfahrung* und Antwort auf letzte, bisweilen auch nur vorletzte Fragen nach *Wesen, Sinn* und *Zweck* des Menschen in der Welt als Natur und Geschichte und als Spielfeld höherer Mächte. Der Mythos ist zeit- und kulturgebunden. Auf zeitlose, aber auch auf geschichtlich bedrängende Fragen gibt er Antwort aus der jeweiligen Perspektive und Überzeugung derer, die da denken und deren Wort und Weisheit, Macht und Einfluß in Geltung stehen. Mythische Archetypen, im Sinne von zeitlosen, weil naturhaft-unveränderlich vorgegebenen Ausprägungen allgemeinmenschlicher Daseinserfahrung, gibt es nur sehr wenige. Mutter und Kind gehören dazu; vielleicht noch das Paar; aber schon beim Vater-Archetyp setzt die kulturelle Differenzierung ein; auch Könige und Helden gibt es nicht immer und überall. Archetyp könnte eher noch die Jungfrau sein und möglicherweise auch die Hetäre, obwohl letztere eher eine kulturgeschichtliche und soziale Ausprägung des Weiblichen wäre. Ist unter den Typisierungen des Weiblichen, wie sie uns im griechisch-antiken und altorientalischen Mythos begegnen, ein Archetyp »Braut« zu finden? Wir wollen uns mit dem weitverbreiteten und wohlbekannten Mythologumenon der »Heiligen

Hochzeit« befassen, um zu sehen, um welche Art »Braut« es sich da handelt – ob es eine »richtige« ist oder eine, die uns nicht weniger enttäuschen müßte als die emanzipierten Bräute der Gegenwart. Wir beginnen mit dem archetypischsten aller Archetypen, zum Bildungsgut geworden unter dem Begriff:

Große Mutter: Mysterium der Wandlung

Im siebzehnten Jahrhundert dichtete Friedrich von Logau über den Mai: »Dieser Monat ist ein Kuß / Den der Himmel gibt der Erde / Daß sie jetzund eine Braut / Künftig eine Mutter werde.« Frühlingsblütenpracht ruft in nördlichen Breiten das Bild einer bräutlich geschmückten jungen Frau hervor, im engeren Sinne einer Jungfrau, deren natürliche Bestimmung und Selbstverwirklichung darin besteht, Mutter zu werden. Das war einmal und ist nicht nur überall und allezeit und auch bei uns trotz mannigfacher Abweichungen noch immer so selbstverständlich, daß auch die Braut von heute sich dieser Wesensverwandtschaft von Hochzeit und Frühling nur schwer entziehen kann. Und warum sollte sie? Diese Vorstellung ist uralt. Ist sie die urälteste?

Mutter Erde begegnet uns bei Hesiod, dem altgriechischen Bauerndichter aus der Zeit um 700 vor Chr. Er schrieb eine »Theogonie«, die zugleich eine Kosmogonie ist: wie die Welt und die Götter entstanden. Da war am Anfang SIE, *Gaia,* die Erde, breitbrüstig, und neben ihr nichts als Chaos. Nichts? Doch, ein wundersames Wesen, Eros, war auch schon da; keiner weiß, woher ES kam. Man muß es sich im Spiele denken bei allen folgenden »Geburten«. Das Chaos gebiert die Nacht, die Nacht den Tag, das Licht. Die Erde bringt hervor – den Himmel und das Meer. Sie »gebiert« ohne Heilige Hochzeit, einfach so, ohne über- oder vorgeordnetes männliches Prinzip, wie es sich für eine archaisch-archetypische *»Große Mutter«* gehört. Mit diesem Zugeständnis an Mutter Erde läßt es dann Hesiod aber auch bewenden. Kaum ist Uranos, der Himmel, geboren, so beginnen die »Zeugungen« und der Götterinzest. Von Uranos begattet, bringt Gaia Giganten und Titanen hervor, darunter den Kronos und die Rheia, die im Geschwisterinzest den Zeus erzeugen und gebären. Mit Gaia und Uranos haben wir den Urtyp »Heilige Hochzeit« vor uns – Hochzeit, weil es um Begattung, Zeugung, Schwängerung geht; heilig, weil es um ein Welt- und Urgeheimnis geht: daß Neues entsteht, Leben. »Heilige Hochzeit« setzt die Ergänzungszweiheit weiblich-männlich voraus; im Fortgang der *Theogonie* wird deutlich, daß dieses Lehrgedicht ein Lobpreis der olympischen, heißt einer patriarchalen Weltordnung ist, geschaffen durch den Göttervater Zeus. Daraus ergibt sich, daß fortan das himmlisch-männlich-zeugende Prinzip das vorrangige ist. Immerhin bleibt der Urmutter Erde das Vorrecht und die Freiheit, nacheinander mit verschiedenen Partnern heiliges Beilager zu halten, mit Pontos, dem Meer, und mit Tartaros, dem Abgrund. Dabei bringt sie hauptsächlich Ungeheuer hervor.

Soweit Hesiod. Ist diese Mutter Erde eine Braut? Sie ist es, wenn man diesen Begriff nicht eherechtlich, sondern naturgesetzlich versteht. Braut in diesem Sinne ist dann auch die Bienenkönigin, die Hochzeit hält, sich begatten läßt von der zum Tode verurteilten Drohne. Der Begriff der Braut zieht den der Gemahlin, Gattin, Ehefrau nicht zwingend nach sich. Gaia und Uranos halten Hochzeit, aber sie gehen keine Ehe ein. So sieht es wohl auch Logau: » . . .jetzund eine Braut, künftig eine Mutter werde« – nicht »eine Ehefrau«. Dieser Eindruck kann freilich täuschen; denn das patriarchale Ideal der Ehe sieht ja vor, daß nur die Ehefrau auf ehrbare Weise Mutter werden kann, und der Brautbegriff ist von daher eherechtlich eingeengt.

Wollen wir im Zusammenhang mit »Heiliger Hochzeit« nach dem Urtypus Gaia – Uranos den Begriff der Braut beibehalten, so ist er ausschließlich von der *Mutterschaft* her zu bestimmen. Die Braut ist die zur Hochzeit als Begattung mit Zweck der Mutterschaft bereite oder gezwungene Frau. Denn ob die Braut will oder nicht, das steht nicht zur Debatte. Der Himmel gibt der Erde einen Kuß, und damit basta – für ihn, nicht für die Erde. Es geht um ein Naturgesetz, und die Rolle der Erden-Braut-und-Mutter bringt eine antike Variante ihrer »Heiligen Hochzeit« zum Ausdruck. Da blickt der Himmel von den Bergen herab auf die Erde, liebend-begehrend, und läßt einen Schauer fruchtbaren Regens auf sie, genauer: »in ihre geheimen Klüfte« niedergehen, und sie bringt Gras, Blumen und Bäume hervor. Da liegt sie, breitbrüstig, horizontal und auf jeden Fall unten. Sie gibt neues Leben, gewiß; aber sie muß es zuvor empfangen von oben. Sie ist eine Abhängige und Unterlegene. Dies ist patriarchale Umkehrung des Urmutter-Mythos, der weder Braut noch »Heilige Hochzeit« kennt, sondern nur das aus eigener Seinsvollkommenheit fruchtbare weibliche Prinzip; eine Schöpferin aller Dinge, unabhängig von irgendeinem Himmelsgott – die »Große Mutter«. Soll an ihr die Braut ihr ursprünglich-ureigenstes Wesen erkennen?

»Große Mutter«, *Magna Mater,* war ursprünglich der Hoheitstitel der kleinasiatischen Kybele, deren »Sohngeliebter« Attis zu den sterbenden und auferstehenden Vegetationsgöttern gehört. Statt eines Sohnes kann die »Große Mutter« aber ebensogut eine Tochter haben: Das ist bei *Demeter* der Fall. Diese vorgriechische »Getreidemutter«, die sich der Einverleibung in den patriarchalen Olymp erfolgreich widersetzte, bewahrt am nachdrücklichsten und tiefsinnigsten die typischen Eigenschaften des Archetyps »Große Mutter«. Ihr Mythos ist, kurz nacherzählt, folgender: Als junge Göttin gebar sie ein Mädchen (griechisch »Kore«) und einen Knaben – unehelich von ihrem Bruder Zeus empfangen (Versuch der Einordnung in die Hierarchie der olympischen Götter). Dann verliebte sie sich in Jasion, einen der Titanen, und vereinigte sich mit ihm »auf dreimal gepflügtem Ackerfeld«, also kurz vor der Aussaat. Davon gebar sie den Plutos (»Reichtum«), die reiche Segensfülle der Ackerbaukultur. Sie ist die große Göttin des Ackerbaus und seiner Hauptfrucht, des Brotgetreides, und ihr zentrales Geheimnis ist verbunden mit dem Samenkorn, das in die Erde fällt und stirbt und zu neuer Saat und Frucht wächst und reift. Der Mythos erzählt vom Raub der Kore durch Hades, den Herrscher der Unterwelt, wo die Toten und die Ungeborenen dahin-»vegetieren«. Die Trauer der Mutter nach der Tochter hat ein Verdorren der Vegetation zur Folge und drohenden Hungertod. Schließlich kommt ein Kompromiß zustande: Ein Drittel des Jahres muß die Kore als Persephone Gemahlin des Hades sein; dann steigt sie aus der Unterwelt und ist für die anderen zwei Drittel wieder mit ihrer Mutter vereint.

Der Kult der Demeter war weit verbreitet. Die Thesmophorien waren ein Fruchtbarkeitsfest der Frauen, von welchem Männer ausgeschlossen waren. Zugelassen waren sie hingegen zu den *Eleusinischen Mysterien* der Großen Göttin, die in der Dreiheit von jungem Mädchen (Kore), Matrone (Demeter) und Todesgemahlin (Persephone) das Wandlungsmysterium der ewigen Wiederkehr des gleichen, das Stirb-und-Werde als Grundgesetz des Lebens versinnbildlicht. Im Bereich des Vegetativen zeigt es sich am eindrücklichsten im Wechsel der Jahreszeiten. Da ist Trauer über Vergänglichkeit und Tod und der Triumph und das Wunder neuen Lebens. Das alles hat unmittelbar zu tun mit Mutter Erde, die indes hier nicht als Göttin personifiziert erscheint. Die »höchsten und wesentlichsten Mysterien des Weiblichen spielen sich an der Erde ab«[25] – sie ist der Stoff, *mater et materia,* aus dem alle menschliche Lebensmöglichkeit geformt ist. Was der Demeter-Kore-Mythos dabei herausstellen will, ist die Analogie von erdhaft-vegetativem und menschlich-weiblichem Lebensrhythmus. Hierbei fallen – und dies ist die Mitte des Geheimnisses – Hochzeit und Tod zusammen. Das junge Mädchen, Kore, die Braut, wird geraubt; nicht von irgendeinem, sondern von Hades. Blumenpflückend wird sie hinabgerissen ins Totenreich. Erst als Auferstandene, dem Erden- und Totendunkel wieder Entstiegene, ist sie, vereint und eins mit der Mutter, nun eben Mutter, Matrone, eine, die geboren hat – den reichen Segen der Ähren und aller damit verbundenen Lebensmöglichkeit, Plutos, die Fülle, die einem Beinahe-Nichts entsprießt.

Zweierlei steht im Demeter-Kore-Mythos nebeneinander: Zum einen die *»Heilige Hochzeit«* mit Jasion auf dem Ackerfeld, hier zweifellos ein Fruchtbarkeitsritus. Zum anderen die Todeshochzeit der Kore. Es sind zwei Seiten ein- und derselben Wirklichkeit, die das urtümliche Wesen eines Übergangs- oder Durchgangsrituals sehr schön zum Ausdruck bringen: Der Weg von einer Daseinsform zur anderen führt durch den Tod. Die Braut kann nicht Mutter werden, ohne zu »sterben« – was immer das individualpsychologisch heißen und bedeuten mag. Der Mythos bringt jedoch auch deutlich die Unabhängigkeit der Mutterschaft von Ehe zum Ausdruck: Kore ist »unehelich« und Plutos ebenfalls. Und Kore als Persephone und Gemahlin des Hades? Sie bleibt kinderlos.

Antiker Mythos. Archetyp »Große Mutter«. Wo gibt es dergleichen in der Neuzeit? Parallel zum Fortschritt der Naturwissenschaften laufen, oder soll man sagen: rauschen seit der Romantik überschwengliche Verherrlichungen und Mystifizierungen der *»Mutter Natur«*, unterbrochen freilich bisweilen von Überdruß und Ekel, womöglich auch Horror. Der Braut kann das nicht ganz gleichgültig sein – der von heute, denn sie soll sich ja ihr Wesen erklären und sich einen tieferen Sinn unterlegen lassen. Wir lassen ein paar Haupttöne des neuzeitlichen Naturhymnus anklingen. – »Natur« ist umfassender als »Erde«, wenngleich diese aus menschlicher Perspektive im Mittelpunkt bleibt. Natur umfaßt kosmische Dimensionen und Elementarteilchen; sie hat aber auch den Menschen in ihrer Macht. »Mutter« ist sie, weil sie ein selbstschöpferisches weibliches Prinzip ist und ihr eigenes Schicksal: Sie braucht keine Konsorten. Sie hat Sonne, Mond und Sterne geschaffen; sie macht, daß der Apfelbaum blüht und die reifen Äpfel faulen im feuchten Gras. Ihr Grundgesetz ist das der Evolution im langen Atem der Lichtjahrmillionen. Die »ewige Wiederkehr des gleichen« ist nur ein irdisch und zeitlich eng begrenzter Augenschein. Es fällt ihr sprunghaft immer wieder etwas Neues ein. Sie hat auch das Menschenwesen hervorgebracht nach ihrem unerforschlichen Ratschluß, ein Wesen mit Großhirn und Geist, das sich so seltsam unabhängig gebärdet, besonders in seiner männlichen Variante. Aber Mutter Natur hat eine dumpf-überlegene Geduld, und der Weise weiß, daß dieser Großhirngeist nur der Wurmfortsatz der energiegeladenen Materie ist und notfalls wegoperierbar. Da sie also »Mutter« ist, hat sie auch zu tun mit Meer, Marsch, Moor und Moder und mit dem Tod, und nur die deutsche Sprache erlaubt die metathetische Wortspielerei von »fruchtbar« und »furchtbar« – sie ist beides. Ist auch erbarmungslos in der Ausmerzung des Schwachen; vergeudet sinnlos Lebensmöglichkeit in todgeweihten Spermaschwärmen und hat überhaupt erschreckend viele chaotische oder Nachtseiten, so daß man bisweilen zweifeln kann am Sinn des Ganzen und ihrer »Mütterlichkeit«. Wo soll das letztlich alles hinführen? Dieser irre Lebenswille und all das Elend, das mit jeder Generation neu geboren wird . . .

Was meint die Braut dazu? Die läßt die Philosophen spinnen

in ihrer permanenten Sinnsuche und macht sich allenfalls, wenn sie schon nicht mehr blutjung und dafür etwas belesen ist, Gedanken von der Art der Frau von Beauvoir. Die sah die *condition feminine* mit kritisch betroffenem Blick. Was ist die Braut? Die Braut ist – Weib. Daß sie als Weib von Natur aus naturverhafteter ist als der Mann, wer hätte das schon glaubhaft widerlegt? Allein schon die Schwerkraft macht ihr mehr zu schaffen als dem Mann. Und dann der Mond, die Hormone *and all the rest of it*. Wo Weib und Erde, Weib und Natur analogisiert werden, da geht es um biologische *bruta facta*, die hier im einzelnen nicht ausgebreitet zu werden brauchen. Wer aber von Mutter Natur zu schwärmen anfängt oder von Mutter Erde als ihrem für den Menschen lebenswichtigen Teilaspekt, der soll sich auch den weiblichen Menschen im Ur-, Natur- und Rohzustande ansehen. Die kleinen Töchter der Großen Mutter schneiden da doch recht erbärmlich ab im Kampf ums Dasein. Ohne den Mann als Beschützer sind sie verloren. Der ist zugleich aber auch Räuber, Vergewaltiger und Sklavenhalter. Was will sie dagegen machen? Kinder kriegen. Den Acker bestellen. Wurzeln und Beeren sammeln. Töpfern. Damit bringt sie es unter Umständen auch zu einer gewissen Hausmachtstellung, und man kann sich Matriarchales vorstellen und eine Zeit, zu welcher die Rolle des Mannes bei der Fortpflanzung noch nicht erkannt war. Mutterschaft als Machtgrundlage wäre also völlig unabhängig gewesen von Hochzeit und Brautsein. Das sind Thesen, die unermüdlich wiederholt werden, und vielleicht ist am Ende doch etwas dran. Die Macht der Frau bestünde in ihrem Weib-Sein, das sie zur Mutterschaft befähigt. Ein Mann kann vieles sein, unter anderem auch Vater. Eine Frau aber kann, ihrem Wesen gemäß und ihrer natürlichen Bestimmung zufolge, nur eines sein – Mutter. Das ist ein Ur- und Grundmuster, das sich universal durchgehalten hat in mannigfacher Abwandlung durch die unterschiedlichsten Formen der Ehe als Verfügungsgewalt des Mannes über die Gebärfähigkeit der Frau.

Von allen diesen Macht- und Leibeigenschaftsverhältnissen abgesehen, bleibt nun aber das, was der Demeter-Mythos ins Mysterienhafte vertieft: das Wunder und Geheimnis der Hervorbringung neuen Lebens, das sich spektakulär in und an der

Frau vollzieht und nicht am Manne. Wunder und Geheimnis auch dann, wenn man noch so viel über Gameten und Hormone weiß. Ob diese Gebärfähigkeit nun als Segen und Privileg empfunden wird oder als Fluch und Fatum; ob Muttersein versklavt oder befreit zur Teilhabe am großen Weltgeheimnis des Lebens, das hängt ganz und gar von den Bedingungen ab, unter welchen eine Frau Mutter wird, werden will oder werden muß. Zu den Bedingungen einer sittlich und rechtlich anerkannten Mutterschaft gehört in den allermeisten Kulturen irgendeine Form der Ehe. Der Mythos der Urzeit kennt zwar »Heilige Hochzeit«, aber keine Ehe der »Großen Mutter«. Kehren in unseren (Endzeit –?) Tagen Vorstellungen der Urzeit zurück? Vorstellungen von einer von Ehemann und Ehe unabhängigen Würde der Mutterschaft, die einhergeht mit absoluter mütterlicher Verfügungsgewalt über das ungeborene Leben? Die Zeiten haben sich doch geändert seit den Tagen des armen Gretchens, das in Wahnsinn und Tod enden mußte, weil es ein Kind hatte und keinen Ehemann. Heute darf man die Frau bewundern, die zwar das Kind will, aber weder Ehe noch Ehemann. Statt patriarchaler »heiliger Familie« würde also die ursprünglichere, matriarchale Konstellation »Mutter und Kind« wiederkehren, gegründet auf wirtschaftliche Selbständigkeit oder staatliche Unterstützung, überlegt und freiwillig, nicht erzwungen durch einen männermordenden Krieg. Wo bleibt dabei die Braut? Sie kann zwar »Heilige Hochzeit« nach den Gesetzen der Mutter Natur halten mit dem erwählten Mann; sie kann zu öffentlicher Anerkennung gelangen als »ledige« Mutter; aber eine »richtige« Braut kann sie nicht sein, solange »richtig« das Recht und die Ordnung der Ehegemeinschaft meint.

Zwischenstück: Göttergemahlinnen

Der antike Mythos ist mit Mütter Erde und Großer Mutter nicht erschöpft. Wir suchen weiter nach Sinn und Wesen der »richtigen« Braut. Gibt es denn, könnte man befremdet fragen, im olympisch-patriarchalen Himmel keine Eheordnung? O doch. Hera, die Gemahlin des Zeus, ist höchstpersönlich die

Hüterin der Ehe, der lebenslänglich monogamen, und daher eifersüchtig, weil der Göttervater sich nicht daran hält. Der olympische Mythos müßte uns also einen ordentlichen, richtigen, juristischen Begriff der Braut liefern und uns damit ihr eigentliches Wesen offenbaren.

Es gibt in der Tat drei oder vier hervorragende Ehepaare im klassisch-griechischen Mythos. Ihnen allen merkt man jedoch an, daß etwas *nicht* in Ordnung ist. Zunächst wurde diesen Göttergemahlinnen die Ehe mehr oder weniger, durch List oder Gewalt, aufgezwungen. Eine Ausnahme macht vielleicht die liebliche Amphitrite, die Meeresgöttin, obwohl sie zunächst auch nicht wollte, als Poseidon um sie warb. Wie steht es mit den anderen dreien, und was ist's, das nicht stimmt in ihrer jeweiligen Ehe?

Persephone, die geraubte Braut, kennen wir bereits, die ernste, freudlose, aber treue Ein-Drittel-Gemahlin des Hades. *Aphrodite* ist ihr ganzes Gegenteil. Von Zeus dem lahmen und rußigen Schmiedegott Hephaistos zur Gemahlin gegeben, denkt sie nicht daran, ihre zahlreichen Kinder vom legitimen Gatten zu bekommen. Dafür sind ihre vielen Liebhaber zuständig, Götter wie Ares und Hermes; aber auch Sterbliche wie Adonis, der Schöne. Als Gemahlin eine Unmögliche, und mit gutem Grund: Sie hat ihren ursprünglichen Charakter als »Große Hetäre« bewahrt – zur Entrüstung oder zum Gaudium der Götter.

Hera schließlich und vornehmlich, Schwester des Zeus. Er warb um sie; sie wollte nicht. Er griff zu einer List, verwandelte sich in einen flügellahmen Kuckuck, und als Hera das arme Vögelchen mitleidig an ihren Busen nahm, war's plötzlich der liebestolle Zeus, und der vergewaltigte sie, *»so that she was shamed into marrying him«:*[26] Sie wurde in die Ehe hineingeschändet und hineinbeschämt. Eine Vermählungsfeier fand statt, die Götter brachten Hochzeitsgeschenke. Eine Hochzeitsnacht, der eigentliche *Hieros Gamos,* fand auch statt. Er dauerte dreihundert Jahre, auf Samos. Sonst halten Hera und Zeus ihr heiliges Beilager auf dem Berge Ida, und jedesmal danach badet die Göttergemahlin in einer heiligen Quelle, um ihre Jungfräulichkeit zu erneuern, wie übrigens Aphrodite auch. Kinder von Zeus hat Hera drei, Ares, Hephaistos und Hebe. Manche freilich sagen, alle drei seien ohne Zutun des Zeus empfangen und also parthenogenetisch. Hera habe eine bestimmte Blume berührt oder Lattich gegessen . . .

Was sagen uns diese Geschichten über die Braut? Sie zeigen uns, daß die im patriarchalen Sinne »richtige« Braut, die nur als Gemahlin Mutter werden dürfte, in den obersten Rängen der Götterhierarchie noch deutlich Spuren der ursprünglichen Ungebundenheit der »Großen Göttin« aufweist: Widerwille gegen Ehe; illegitime oder parthenogenetische Mutterschaft, rituelle Erneuerung der Jungfräulichkeit. Hera, Aphrodite und Persephone sind »richtige« Bräute im juristischen Sinne. Ihre Mutterschaft ist unordentlich. Eine »Heilige Hochzeit« im strengen, rechtlich-rituellen Sinne feiern nur Hera und Zeus als Ausdruck ihrer gattenhaften Zusammengehörigkeit. Das patriarchale Schema Braut – Gemahlin – Mutter ist bei Hera, wenn auch in konfliktreicher Ehe, am ehesten verwirklicht.

Große Hetäre und Herrin der Herrscher

Mutter Erde ist verehrungswürdig. Sie hat nur den Nachteil, daß sie ziemlich dumpf vor sich hinvegetiert, ein unpersönliches Numinosum. Sie gebiert den Geist aus sich, gewiß; aber den Geist als ihr Anders-Sein. Sie ist Teil der kosmisch-umfassenden Mutter Natur, und man kann nicht zu ihr beten. – Die Große Mutter vom Typ der Demeter etwa ist einen Schritt weiter in Richtung Göttin: antropomorph, menschenähnlicher. Als ihre Tochter könnte eine Braut sich wohl eher fühlen, teilnehmend am Mysterium der Wandlung und des Durchgangs durch den Tod: Selbstaufgabe als Voraussetzung von Selbstverwirklichung. Kein herrischer Patriarchengott gibt hier Befehle oder straft das Weib mit Wehen und Untertansein. Eine gütige Mutter sagt: Schmerz ist sinnvoll; er wendet die Not zum Guten, zu neuem Leben.

Schön und gut. Aber wir wissen doch, daß kaum eine Braut von heute, selbst bei allem Willen zum Mutterwerden, auf Liebesglück verzichten will, auf erotischen Lustgewinn und Spaß am Sex. Dafür hat die Große Mutter aber nicht viel Verständnis. Sie sext nicht zum Spaß. Sie läßt das allenfalls zu als List der Natur. Ihrem »Sohnesgeliebten«, wenn sie einen hat, geht es meistens schlecht, wie dem Attis der Kybele. Das Männliche dient ihr als »Männchen«, als Hilfsprinzip und Ergänzung ihrer eigenen Vollkommenheit, wie der Bienenkönigin die Hochzeitsdrohne. Die Braut von heute aber will in erster Linie eine echte, eine personbezogene Partnerbeziehung. Sie will lieben und geliebt werden und darin vorrangig Erfüllung finden. Sollte sie auf den Gedanken kommen, diese Liebe-als-Schicksalsmacht-und-Lustprinzip mythisch zu überhöhen, dann müßte sie sich eine andere Gottheit suchen.

Welcher Gottheit also sollte sie ihr erotisches Glück verdanken und anbefehlen? Einem puttenhaft verspielten Amörchen? Das kann sie immer noch auf die neckischen Tischkärtchen drucken lassen. Der römischen Venus? Die hat keine Arme, die von Milo, die griechische Aphrodite. Weiter im Osten gibt es in antiken Zeiten noch Interessanteres – die syrische Astarte etwa, von den Präraffaeliten gemalt als schöne Dämonin von verzehrender Dunkelglut, üppig, meergrün gewandet, das Sternendiadem im überquellenden Kastanienhaar. Ihr nackter Abklatsch an den Kiosken des westlichen Abendlandes, Ende des zweiten Jahrtausends nach Chr., wirkt dagegen eher öde als irritierend. Wir lassen uns davon nicht ablenken und tauchen noch tiefer hinab in heidnische Urzeit und finden unter dem Schutt des dritten Jahrtausends vor Chr. *Inanna*, die »Große erotische Göttin« Sumers, Herrin des Liebestriebes und der Herrscherschicksale: beide gleich wechselhaft, unverfügbar, abhängig – wovon?

Von der Göttin eben. Wir bezeichnen diesen erotischen Typ als *»Große Hetäre«* im Unterschied zur »Großen Mutter«. Der Ausdruck »Hetäre« bezeichnet im klassischen Zeitalter Athens die gebildete Liebesgefährtin gebildeter Männer, die zu Hause eine legitime Ehefrau als Mutter ihrer Kinder und Verantwortliche für die Hauswirtschaft haben und bei ihren schöngeistigen Gastmahlen ebenso schöner wie geistvoller Frauen nicht entbehren wollen. Eine Hetäre ist, wer könnte es treffender formulieren als der Duden, »die meist hochgebildete, oft politisch einflußreiche Freundin/Geliebte bedeutender Männer«.

Von Inanna weiß man viel; aber vorerst vorwiegend Unrichtiges. Sie ist weder Mutter noch Gattin, und »Fruchtbarkeitsgöttin« ist sie allenfalls in dem Sinne, daß sie über den Trieb herrscht, der bei Mensch und Tier als notwendige, aber nicht hinreichende Bedingung für Fruchtbarkeit irgendwann in früher Zeit erkannt wurde und damit dem Matriarchat eine der Grundlagen seiner Macht entzog. Inanna ist eine Göttin der Übergangszeit. Sie trägt einerseits noch Züge der Großen Mutter: das sind ihre »jungfräuliche« Ungebundenheit und ihr Anteil beim Zustandekommen von Fruchtbarkeit. Zum anderen ist eben diese Verselbständigung des Geschlechtstriebes ein Zeichen männlicher Vorherrschaft. Die Liebe kommt und geht, nicht im Gleichmaß ewiger Wiederkehr, sondern unvorhersehbar und sprunghaft, launisch wie das Kriegsglück, unbindbar wie das Glück überhaupt. Diese Göttin ist mächtig im Leben der Individuen und der Königreiche. Sie erweckt alle hohen und berauschenden Liebesgefühle; sie ist aber auch in den Tiefen dämonischer, todbringender Leidenschaft. Sie ist die Schicksalsgöttin der Könige: Von ihrer Gunst oder Ungunst hängen Gedeih und Verderb des Reiches ab. Dies und nichts anderes will der Mythos von Inanna und Dumuzi besagen. Dies und nichts anderes ist der Sinn der »Heiligen Hochzeit« der Ur-III und der Isinzeit in Mesopotamien (um 2000 vor Chr.). Wenn Inanna in die Unterwelt steigt, so tut sie es nicht, um ihren daselbst schmachtenden »Gatten« oder »Sohnesgeliebten« Dumuzi zu erretten. Sie steigt hinab, um ihre Macht auch noch über das Totenreich auszuweiten. Das mißlingt. Derweilen sitzt ihr Günstling unbekümmert auf dem Thron zu Uruk, er, der ihr alles zu verdanken hat bis hin zu einer jederzeit aufkündbaren Gatten- und Geliebtenwürde. Die selbstherrliche Mißachtung ihrer Ansprüche auf Verehrung durch diesen Dumuzi macht die Göttin rasend: Sie gibt den Unbotmäßigen den Dämonen der Unterwelt preis. Diesen Mythos nahmen sich die Herrscher der Ur-III- und Isinzeit zu Herzen. Sie feierten, sei es nur aus Anlaß der Thronbesteigung, sei es alle Neujahr wieder, das Ritual der *»Heiligen Hochzeit«* mit Inanna, vertreten durch eine hohe Priesterin, hoch oben im blau-goldenen Hochzeitsgemach der Tempeltürme. Sie feierten es, um sich der Gunst der Göttin zu vergewissern und um sich als liebens-würdigen Gemahl und »Sohn« (im Sinne von *pais* = Kind, Knecht) zu empfehlen.

Was hält die Braut davon? Sie hat vielleicht schon davon gehört, daß es Zeiten gegeben haben soll, und noch gar nicht so lange her, wo das Werberitual vorsah, daß der Mann, in der Hoffnung, Ehemann zu werden, vor der jungen Dame, die er umwarb, auf die Knie ging, oder doch wenigstens auf eins, um die Angebetete seiner heißen Liebe und ewigen Treue zu versichern. Und wird die Braut am Hochzeitstag nicht gefeiert wie eine Beinahe-Göttin? Wie sich die Bilder gleichen – bis auf die Rollenverteilung *danach*. Der Freier erhebt sich von den Knien und führt die Braut als *seine* Frau in *sein* Haus. Da darf sie dann auf den Knien rutschen und putzen und dem Gemahl den Dreck nachräumen . . .

Darum geht es nicht. Wir suchten nach einer Göttin für das Liebesglück der Braut und fanden eine Schicksalsgöttin, für Braut und Bräutigam gleichermaßen. Wie es einst vornehmlich die Große Mutter war, die im Verein mit Familien-, Versorgungs- und anderen vernünftigen Rücksichten das Schicksal der Braut bestimmte, nämlich in erster Linie Mutter zu werden und zu sein, so ist es heute die Große Göttin eines auch schon recht alten Lustprinzips, veredelt als Liebes- und legitimes Glücksverlangen, das der Braut zum Schicksal wird und dem Bräutigam nicht minder. Hier sind beide nun eindeutig gleich bevorzugt und gleich benachteiligt. Inanna-Ischtar-Astarte ist die Göttin der mächtigsten Macht neben dem Hunger.

Wir stehen an den Ufern des Uferlosen. Wenn jedoch die Braut sich auf sich selbst besinnen soll, um ihrem Wesen auf die Spur zu kommen, dann kann ihr ein Panoramablick über die Höhen und Tiefen, aber auch über die Untiefen der Supermacht Sexualität nicht erspart bleiben. Sicherlich weiß sie schon alles oder doch das meiste; nur weniges soll ihr noch einmal in Erinnerung gerufen werden.

Erinnert sei an die *Ambivalenz* der Brautgefühle zwischen Neugier, Sehnsucht, Glück und anderen schönen Gefühlen einerseits und Angst, Scham, Ekel und ähnlichem andererseits. Zwischen rauschhaftem Hingerissensein und entsetzter Abwehr ist alles möglich. Der Mensch hat seine Sexualität selten als etwas Gleichgültiges oder Harmloses erlebt. Wo sie sich zum unwiderstehlichen Trieb konzentrierte, hat er denselben vergöttlicht, siehe Inanna, oder verteufelt, vergleiche die bekannten Kirchenväter und ihr Echo durch die Jahrhunderte hindurch, mit einem Seitenblick auf Wedekinds Erdgeist »Lulu« und alle männermordenden Vamps der Moderne.

Wir erinnern uns zunächst der *göttlich-schönen* Seite der sinnlichen Liebe, die ihren Sinn ganz und gar in sich selber haben kann. Aus der Wurzel des Sexualtriebes erblüht sie bis hinauf ins Übersinnliche, das uns vorerst suspekt bleiben soll. Liebesglück und Liebesleid der großen Liebespaare meißelt der große Liebende Goethe in die lapidare Feststellung: »Himmelhoch jauchzend, zu Tode betrübt / Glücklich allein ist die Seele, die liebt.« Die Liebeslyrik der ganzen Welt steht zu Gebote, das zu bestätigen, und glücklicherweise ist das der Bibel auch nicht völlig fremd, wiewohl Religion und Eros hier auf sehr gespanntem Fuße stehen. Astarte ist den Propheten ja ein Ärgernis und eine Götzin neben Jahwe. Fügen wir, statt eines überflüssigen Hymnus auf erotische Verschmelzungs- und Schöpfungswonne, die Bemerkung hinzu, daß der Sexualtrieb, der in christlich-konservativem Verständnis einzig der Fortpflanzung dienen soll, sich nebenher als Kulturmacht erweisen kann, wenn auf seine genitale Betätigung ganz und gar verzichtet wird. Hier beginnt die Theorie der Sublimierungen, die wir uns für später aufsparen. Inanna weiß nichts davon. Ihre Liebe will auf jeden Fall die Fleischeslust.

Fleischeslust: Wir erinnern uns sodann der *Vergewaltigungslust* der olympischen Götter, allen voran Göttervater Zeus. Selbst die Göttin Inanna wird, einem Mythenfragment zufolge, Opfer ihres eigenen Prinzips: Ein Gärtner vergewaltigt die von einer langen Reise Ermüdete im Schlaf. Sie rächt sich grausam. Das können sterbliche Frauen auf Erden nur selten. Nicht einmal Richter können ihnen immer Recht verschaffen. Geschützt waren Frauen in Friedenszeiten im Familienverband und wenn sie im Hause blieben. Dinah, die Tochter Jakobs, war unvorsichtig, als sie allein über Feld ging. Wie es in Kriegszeiten »konventionell« zugeht, wissen viele Frauen von heute noch aus eigener Erfahrung. Und es bedarf nicht einmal des Krieges, um aus Frauen Freiwild zu machen. Wer oder was ist schuld an männlich-sexueller Aggressionslust? Eine Göttin? Der Teufel? Ein Trieb, den zu beherrschen wessen Aufgabe sein soll? Der Sexualtrieb im Rohzustande, unveredelt – das große Naturerlebnis? Die Braut schaut ein bißchen entgeistert drein; das kann man ihr nicht verdenken. Hatten die Kirchenväter etwa doch nicht gänzlich unrecht? Was den Willen überwältigt, muß das nicht vom Bösen sein? Wenn das Weib des Mannes Begier erregt wider seinen Willen, muß es dann nicht mit dem Bösen im Bunde stehen? Vielleicht war der Ruf nach dem Schleier gar nicht immer so unsinnig. Gedacht war er zur Schonung der Schwachen – der Männer.

Es gibt zwei Möglichkeiten, der Großen Hetäre da, wo sie die Aggression der Männer provoziert, das Handwerk zu legen. Die eine besteht in der Versachlichung und *Vergleichgültigung* des ganzen Sexualkomplexes durch übergeordnete, nicht selten staatlich angeordnete Interessen. Damit hat schon Plato experimentiert, theoretisch. Spätere haben es mit der »Glas-Wasser-Theorie« versucht: der Trieb sei notfalls zu befriedigen wie der Durst, den man mit einem Glas Wasser stillt (ein funktionierendes Bordellwesen vorausgesetzt oder die Einwilligung des Partners) – so bestimmte anarchische Tendenzen im roten Rußland der zwanziger Jahre. Lenin war dagegen.[27]

Die andere Möglichkeit: eine heilsam-nüchterne Verrechtlichung und Verzweckung der Sexualität, verbunden mit einer rigorosen Ethisierung. Der tierische Instinkt muß veredelt werden durch Gesetz und Sittlichkeit; das Unberechenbare und Freischweifende bedarf der Bindung, und wo es sich nicht binden lassen will, der Ächtung, Verurteilung und Strafe. Hier nähern wir uns biblisch-christlicher Sexualethik, in deren Mittelpunkt zwei Grundmodelle stehen: die vaterrechtliche Ehe, monogam und unauflöslich; und zum anderen das Ideal der Jungfräulichkeit, beide mythisch begründet und überhöht.

BIBLISCHER MYTHOS: URBILD – ABBILD EHE

Ehebrecherin und Braut – Treue, Liebe, Leiden

Weder die Große Mutter noch die Große Hetäre kann uns das Wesen und den Sinn der Braut vollständig zur Anschauung bringen. Mutterschaft und Ehe bedingen einander nicht und Liebe und Ehe noch weniger. Wenn es also die Ehe ist, welche das Wesen der Braut am sinnvollsten darstellt, dann müssen wir uns nach einer mythischen Begründung der Ehe umtun. Eine solche ist in abendländischer Tradition nur in der Bibel zu finden, und sie ist es, die heute zu bröckeln beginnt, weil ein Mythos normalerweise seine Macht und Glaubwürdigkeit einbüßt, wenn wesentliche Bedingungen seiner Entstehungsumstände sich verändern.

Die Rede also soll sein vom Grundansatz biblisch-christlicher Ehe-Ethik. Dieser Grundansatz ist mythischer Art, und eine weitere Vorverständigung ist notwendig. – Mythos ist das im folgenden darzustellende Urbild-Verhältnis Jahwe–Israel/Christus–Kirche in demselben Sinne wie das Verhältnis Inanna/Dumuzi, soweit dieser Dumuzi ein sterblicher König auf Erden ist und zugleich Repräsentant der Idee des Königtums, das ja nicht denkbar war ohne geschichtlich existierende Königreiche. »Heilige Hochzeit« in Sumer und Ehe in Israel haben zudem die gleiche Mischstruktur aus Unberechenbarem und Ordnungswillen: In »Heiliger Hochzeit« versucht der König die Göttin zu binden, indem er sich zu ihrem »Gemahl« erklärt; es steht ihr jedoch frei, ihn jederzeit fallenzulassen und sich einem anderen Günstling zuzuwenden. Im »Ehebund« zwischen Jahwe und Israel ist ebenfalls die Bindung das ideelle Hauptmoment, nur ist es hier der irdische Partner, das Volk, das die Störung verursacht durch Verehrung anderer Götter neben Jahwe. Es wird nun darum gehen, zu zeigen, in welch umfassenden und bedrängenden Seins- und Sollenskonfliktzusammenhängen die Braut steht, sobald sie als *richtige* Braut auf Ehe ausgerichtet ist. Es wurde zwar die patriarchale Ehe mit ihrer Nach- und Unterordnung der Frau bereits im Kapitel 4 »erledigt«. Es bleibt jedoch bei aller Gleichberechtigung der Partner der ethische Anspruch der *Einehe* und ewiger gegenseitiger *Treue*. Auf welche Seinswirklichkeit ist dieser Anspruch gegründet? Wie sieht das mythische Urbild aus, als dessen Abbild letztlich christliche Ehe gelten soll?

Das hoseanische Drama um Treue und Untreue

Auf ganz eigenartige Weise korrespondieren bei den großen Propheten des Alten Testaments ethischer Monotheismus und patriarchale Ehe. Deren unzumutbare Struktur ist nun bis zum Überdruß analysiert und juristisch auch erfolgreich aufgelöst worden, und es scheint, daß auch das Gottesbild hier und da mitberührt wird von dieser Veränderung der Dinge . . .

Wenn ein Tiger tot ist, braucht man nicht mehr auf ihm herumzutrampeln. Man kann ihm das Fell abziehen und es ausgestopft im Museum bewundern: ein schönes, böses Raubtier. Ästhetisch ist noch viel dran, und er hatte wohl auch sein Lebensrecht zu seiner Zeit und anderswo. Das können wir aus historischer Distanz studieren. Uns aber geht es um die Frage: Ist am Urbild der patriarchalen Ehe, so wie sie uns in Hoseas Drama vor Augen geführt wird, *ethisch* noch etwas dran, das zu bewundern wäre und nacheifernswert bliebe auch für Braut und Bräutigam heutzutage?

Das Doppeldrama des Propheten Hosea (achtes Jahrhundert vor Chr.) ist auf den ersten Blick ganz einfach: Er hat eine Frau geheiratet, und die geht fremd. Das wird ihm zum Gleichnis für das Verhältnis Israels zu Jahwe: So hurt das Volk Gottes hinter anderen Göttern her, statt treu seinem allein legitimen Gott von Ägypten her anzuhangen. Wie die Ehebrecherin bestraft werden muß, so muß auch Israel bestraft werden – dies der erste, völlig konsequente Gedankenschritt des Propheten. Dann aber ein zweiter, gänzlich unvorhergesehener: Jahwe, obwohl betrogener Eheherr, wird Israel trotz Schuld und Strafe letztendlich durch Liebe wiedergewinnen. Aus der Ehebrecherin soll eine von neuem umworbene Braut, ja mehr noch: eine ewig treue Gattin werden.

Die geschichtliche Situation, in welcher dieses Gleichnis entstand, sei kurz skizziert. Es war eine Zeit friedlicher Koexistenz Israels mit den Kanaanäern; eine Zeit fortgeschrittener Angleichung an die Kultgewohnheiten der kulturell überlegenen Alteingesessenen des Landes. Im bäuerlichen Höhenkult genossen die Frauen weitgehende sexuelle Freiheiten, ununterscheidbar von religiöser Pflicht. Sie dienten der *Aschera* und der *Astarte*, die uns dem Phänotyp nach bereits bekannt sind: Große Mutter die eine, freilich nur noch in der verkümmerten Gestalt eines Vegetationsnumens; Große Hetäre die andere, auch nurmehr in volkstümlicher Vergröberung. Mit der Verehrung dieser beiden weiblichen Gottheiten neben Jahwe wird zum einen das Gottesverhältnis Israels aufgelöst ins Heidnisch-Allgemeine, Polytheistische; zum anderen ist die patriarchale Ehe in höchster Gefahr: Die Frauen bringen außerehelich empfangene »Kinder der Hurerei« zur Welt, weil sie teilnehmen an Sexorgien, verstanden als Huldigungsopfer an Astarte, und die heiratsfähigen Mädchen nehmen teil an Initiations-, das heißt Deflorationsriten zu Ehren der Großen Mutter.

Der Vergleichspunkt zwischen patriarchaler Ehe und Gottesverhältnis ist ein Doppelpunkt: Der eine, sonnenhaft zentrale und alles in seinen Bannkreis ziehende Vergleichspunkt ist eine Rechtsordnung mit den bekannten Vorrechten und der Überordnung des Eheherrn und den nachgeordneten Rechten und Pflichten der Ehefrau: Mutterschaft selbstverständlich; dann aber: *einem* Manne ausschließlich und lebenslänglich anzugehören. Auf Gott und Volk bezogen, gilt für letzteres das Erste Gebot samt allen übrigen; dazu der Opferkult. Gottes Gaben sind das Land und Nachkommenschaft »wie Sand am Meer«. – Der zweite Punkt erscheint auf den ersten Blick winzig wie der Irrstern Venus im Vergleich mit dem Giganten Sonne. Das Moment erotischer Liebe spielt eine sehr irreguläre Rolle in der patriarchalen Ehe. Im Gottesverhältnis Israels wird es erst im Gefolge Hoseas theologisch relevant, vor allem im Deuteronomium, wo es die grundlose Liebe Jahwes ist, die zur Erwählung Israels führte in Urvätertagen und auf die sich in kritischer Situation, bei Deuterojesaja (Jes 40ff.) etwa, die Hoffnung auf einen Neuanfang gründet, freilich nie unabhängig vom Grundgedanken des »Bundes«, einer bindenden Zugehörigkeit rechtskräftig-verpflichtender Art.

In Hoseas großem Eifersuchtsmonolog (Hos 2,4-25) kommt es im Rahmen des Ehegleichnisses zu einer Wiederverlobung der Ehebrecherin; das heißt: zu einem neuen und endgültig-heilvollen Gottesverhältnis Israels. Das Ungewöhnliche, im Eherecht nicht Vorgesehene wird herbeigeführt durch eine »Verführung in der Wüste«. Der Wendepunkt des ganzen Dramas ist ein ineinandergreifendes irrationales Doppelereignis. Initiativ ist Jahwes Verzicht auf sein gutes Recht zugunsten eines erotischen Augenblicks; und dadurch entzündet die plötzlich neuaufflammende Liebe der Ehebrecherin zu ihrem legitimen Mann. Letzteres muß zweifellos als ein seltenes Wunder betrachtet werden. Von Hosea wird es daher auch nur in visionärer Vorwegnahme einer unbestimmten Zukunft angedeutet. Und weil denn hier sowieso alles doppelt ist, könnte man hinzufügen, daß der Prophet in einem doppelten Sinne spinnt. Zum einen müßte er doch wissen, daß Erotisches nicht willkürlich machbar ist. Die Ehebrecherin könnte das ganze Theater der »Verführung in der Wüste« ja auch lächerlich finden. Zum anderen: Selbst dann, wenn solch eine gnadenhaft-erotische Erneuerung des Herzens beim einzelnen geschehen kann – wie soll das auf ein Kollektiv übertragbar sein? Es gibt kein Kollektivherz.

Nun aber: Wie sieht, von solchen Übertragungsproblemen abgesehen, das »Neue Verlöbnis«, wie sieht die neue, heilvolle Eheordnung aus? Sie kommt zwar zustande aus einem Impuls erotischer Liebe; ihre dauernden Grundfesten jedoch sind »Recht und Gerechtigkeit, *Güte*, Erbarmen und *Treue*«.

Liebe als Güte und Treue als dauerndes Vertrauen sind die beiden personalen Höchstwerte im Ur- und Idealbild der Ehe, wie es uns bei Hosea begegnet. Die Liebe ist nicht die wechselhaft-launische der Großen Hetäre, die da schicksalhaft kommt und geht, göttlich beglückend oder dämonisch zerstörend. Es ist eine Liebe, die eins ist mit der Treue; eine Liebe, die Bestand hat. Es ist eine Liebe mit Namen Konstanze, Beständigkeit. In Hoseas Ehegleichnis ist diese Liebe Geschenk, göttliche Gnadengabe – so, als wisse der Prophet sehr wohl, daß dergleichen nicht aus eigener Anstrengung zu machen und zu haben ist. Was bedeutet das für das irdische Abbild der Ehe? Wenn die Ehegatten auf Liebe und Treue wie auf ein Gnadengeschenk angewiesen sind und leer ausgehen – was dann? Dann setzt die Gnadendialektik ein. Sie müssen sich Mühe geben und alles tun, was sie können, dann gibt ihnen Gott das Fehlende hinzu. Oder radikaler, nämlich protestantisch: Alle Anstrengung und Verantwortung ist den Gatten zur Gänze aufgeladen; wenn es mißlingt – ihre Schuld; wenn es glückt – Gottes Gnade.

Wir sind mitten in der Traupredigt. Sie redet nicht von der Liebe der Astarte und auch nicht vom Wandlungsmysterium der Demeter; sie redet von der Liebe, die nicht das Ihre sucht, sondern das Wohl des anderen. Sie preist die Treue: »Der Mensch hat nichts so eigen / So wohl steht ihm nichts an / Als daß er Treu erzeigen / Und Freundschaft halten kann« (Simon Dach). Denn wenn die Stunde der Wahrheit kommt – »Als sie einander acht Jahre kannten / (Und man darf sagen: sie kannten sich gut) / Kam ihre Liebe plötzlich abhanden / Wie anderen Leuten ein Stock oder Hut / . . . / Sie rührten in ihren Tassen / Und konnten es einfach nicht fassen« (Erich Kästner, abgekürzt) – was dann? Wo nehmen die beiden die Fassung her, wenn das Unfaßliche geschieht? Wir haben es uns zu wiederholten Malen sagen lassen, daß die romantische Liebesehe kriselt und zerbricht an den Launen der Großen Hetäre, in deren ungenanntem Namen sie geschlossen wird. Mit gleichem Recht könnte man sagen, sie gehe kaputt am Ausschließlichkeits- und Unauflöslichkeitsprinzip; dasselbe nämlich mache die Ehe auch bei völliger Gleichberechtigung der Partner, ja gerade dann, zu einer Überforderung. Wenn Ehe mit Liebe, Liebe mit Glück und Glück womöglich mit dem Lustprinzip gleichgesetzt werden, da muß die Treue eines Tages zum unmenschlichen Prinzip werden und die Ehe zu einer Edelquälerei ausarten. Daß solche Gleichsetzungen im biblischen Urbild der Ehe nun eben gerade *nicht* vorgesehen sind, daran reden sich christliche Traupredigten weithin noch immer fußlig und dußlig und können doch nicht anders. Die Möglichkeit des Glücks soll ja nicht in Abrede gestellt werden. Aber wenn's damit zu Ende ist oder wenn man überhaupt Pech gehabt hat, da doch irren menschlich ist – muß das saure Süppchen dann auf jeden Fall ausgelöffelt werden; muß das Unerträgliche ertragen werden, nur um jenem hehren Ideale gerecht zu werden, dem lebenslänglich-ausschließlichen, dem Treue-Wahn-Sinn?

Wer sagt da ja; wer sagt da nein? Die christlichen Ehe-Ethiker haben unermüdlich und endlos das Für und Wider hin-

und hergeschoben und feinstens differenziert. Des Herzens Härtigkeit ist wohlbekannt und also auch die Scheidung zu rechtfertigen – als Zeichen des Scheiterns. Ein befreites Aufatmen oder Trauer um die Treue, die zum leeren Wahn verweht, wenn die Liebe erlischt? Denn: »Die Liebe ist die Knospe, daraus die Treue bricht« – welche Liebe? Die Flämmchenliebe?

»Love is not love which alters when it alteration finds«: Liebe stemmt sich gegen Veränderung und Vergänglichkeit. Sie will sein im Bleiben. Ein Fixstern ist die Liebe, *»that looks on tempests and is never shaken«:* Des Lebens Stürme erst erweisen sie als das, was sie ist, ein unverrückbares Ideal und Mittel der Selbstbehauptung gegen die Vergänglichkeit. *»Love's not Time's fool«:* Zum Narren läßt die Liebe sich nicht machen von der allmächtigen Zeit, die alles niedermäht und zum Welken und Verrotten bringt. *»Love alters not / . . . / but bears it out ev'n to the edge of doom«:* Die Liebe bleibt sich selber treu; sie behauptet sich bis an den äußersten Rand der Zeit, da, wo sie abbricht in die Ewigkeit . . . Eine titanenhaft trotzige Liebe ist das. Ist das noch biblisch? Es ist Shakespeare.[28]

Gepriesen wird hier eine Liebe, die Dauer will und durchhält, nicht nur gegen die Zeit, sondern auch gegen die Untreue des Partners. »Liebe« nannte man zu Shakespeares Zeit auch die maßvoll erotisch angehauchte *Freundschaft* zwischen gleichrangigen Männern. Wäre etwas dergleichen integrierbar in die moderne, partnerschaftlich gleichrangige Ehe? Man möchte ihr den Krampf eines ethischen Dezisionismus ersparen, der da mit Denis de Rougemont sagt: Ich habe mich verpflichtet und ich *will* mein Wort halten. Meine Ehre gebietet es, meine Selbstachtung. Indem ich dem Ehegatten treu bleibe, bleibe ich mir selber treu.[29] Ein hohes und strenges Ideal, und ein leichtes Frösteln breitet sich aus. Die Liebe, die Shakespeare besingt, ist das nicht. Irgend etwas fehlt – aber was?

Bewußt ausgespart haben wir bei Hosea zweierlei. Das eine führt zurück ins Reich der Großen Mutter, steht im biblischen Mythos jedoch unter dem Gebot des Schöpfergottes: »Seid fruchtbar und mehret euch!« Elternschaft als Hauptzweck der Ehe ist selbstverständlich. Die fruchtbaren Folgen des Neuen Ehebundes werden im »Großen Jesreeltag« (Hos 2,1-3) antizipiert: »Wie Sand am Meer« werden die Israeliten sein. Diese

Hinwendung zur Nachkommenschaft kann alle Liebes- und Treueprobleme der Partner zu individualistischen Grillen reduzieren. Auch heute noch, und die schlechtere Lösung ist es nicht. – Das andere Nachzutragende soll hinüberführen zum Urbild christlicher Ehe als bedeutsamer Variante des alttestamentlichen Urbildes: Die Liebe des Neuen Ehebundes ist aus dem *Leiden* erwachsen; aus dem Leiden der Eifersucht. Als solches ist es nicht nur ein Leiden aufgrund beleidigter Rechtsansprüche; es ist auch das Leiden des Nicht-sein-Könnens ohne den anderen. Es ist das Leiden der Liebe, die wiedergeliebt sein will. Leiden aber kann der Liebe Dauer verleihn . . .

Das Brautgeheimnis der Kirche: leidende Liebe

Das Urbild Jahwe – Israel hat sein neutestamentliches Gegenstück im Urbild Christus – Kirche, am ausführlichsten angedeutet in den Ermahnungen zu christlichem Wandel im fünften Kapitel des Epheserbriefes.

Der Epheserbrief, ob von Paulus oder nicht, enthält im ersten Kapitel »das monströseste Satzkonglomerat in griechischer Sprache« (Käsemann) und im vorletzten das ärgerlichste Ärgernis für die Braut von heute, wenn man ihr gedankenlos-einfältig den Vers 22 ins emanzipierte Selbstbewußtsein rezitiert: »Ihr Frauen, seid unteran euren Männern wie dem Herrn.« Da wird sie renitent; das wissen wir bereits, daher man sich, um wenigstens *etwas* von dem klassischen Braut- und Ehetext Eph 5,21-33 zu retten, auf den Vers 21 zurückzieht. »Seid *einander* untertan in der Furcht Christi!« Damit läßt sich etwas anfangen. Es gibt jedoch einen weiteren Gedanken in diesem für die Braut von heute unmöglichen Text; einen Gedanken, der nicht nur dem Urbild Christus – Kirche seine unbestreitbare Würde läßt, sondern auch das Abbild retten könnte in der Seele der Braut: das Abbild einer sakramental verstandenen christlichen Ehe; befreit von patriarchalen Herrschaftsvorstellungen, vertieft zum innersten Wesen christlich verstandener Existenz hin. – Zunächst ein Blick auf den Text als ganzen.

Nicht gerade monströs, aber doch reichlich verworren erscheint auf den ersten Blick die Bilder- und Argumentationskette in Eph 5,21-33. Man könnte freilich ebensogut der Meinung sein, es handele sich um eine kunstvolle Verschachtelung – das ist eine Frage des Geschmacks. Auf jeden Fall muß man den Text mehrmals und aufmerksam lesen, um zu sehen, wie hier in der Verhältnisbestimmung Christus – Kirche, Mann – Frau zwei Bilder, ein historisches Geschehen und drei Gebote ineinandergeschoben sind. Zuerst das Bild von Haupt und Leib; es sagt: So ist es (Christus/Mann = Haupt; Kirche/Frau = Leib), und es folgen daraus drei Gebote, eines für den Mann, zwei für die Frau. Sie soll dem Manne untertan sein und ihn »fürchten«; *er* soll die Frau lieben; das wird dreimal wiederholt. Christus ist das Haupt als Erlöser seiner Kirche. Nach welchem Verdienst ist der Mann das Haupt der Frau? Das wird nicht verraten. Die Liebe des Christus ist geschichtlich konkret geworden, historisch belegt im Leiden und Sterben Jesu von Nazareth. Worin soll die Liebe des Ehemannes konkret werden? Wird nicht verraten. – Das zweite Bild entwickelt sich aus dem ersten und löst sich schließlich von ihm ab: »Wir«, die einzelnen Christen, sind Glieder des Leibes Christi, also der Kirche. Nun schiebt sich der Schöpfungsmythos Genesis 2 dazwischen, und das erste Bild verliert gewissermaßen den Kopf oder zieht ihn ein: »Von seinem Fleisch und von seinem Gebein« sind wir (Adam und seine Rippe), »und die zwei werden *ein* Leib sein«: geschlechtliche Vereinigung mit allen Möglichkeiten personaler Einswerdung, »ein Leib und eine Seele«. Das wird gedeutet auf Christus und die Kirche, nun also nicht mehr Haupt und Leib, sondern – zwei Leiber? »Das Geheimnis ist groß« – in welchem Sinne?

Deutlich wird zunächst, daß die äußere Ordnung, Haupt und Leib, Über- und Unterordnung, aufgehoben ist in der Vereinigung, der Einswerdung oder *Henosis*. Deutlich wird auch, daß die Rolle des *Christus* klar erkennbar und geschichtlich verifizierbar ist, »er hat sich für sie dahingegeben« – für die *Kirche*, deren Rolle ebenso deutlich erkennbar ist: passiv. Sie wird »geheiligt«, »gereinigt« und »hingestellt« mit einer Sollbestimmung – von herrlicher Gestalt, ohne Flecken und Runzeln, heilig und untadelig soll sie sein, eine Braut und Ehefrau, die aller Liebe und Mühe um sie würdig ist. Worin besteht die

Größe des Geheimnisses im Verhältnis Christi zu seiner Kirche? Es ist nicht die Henosis als *Unio mystica* an sich, und von »Heiliger Hochzeit« in diesem Zusammenhange zu reden erklärt auch nicht viel. Lassen wir dieses Mythologumenon der Großen Mutter und der Großen Hetäre. *Soteria* ist das Stichwort: Erlösung.

Der unwiederholbare historische Kontext ist bekannt. Es wollte da einer seinem Volke, das am Weltenplane Gottes herumspekulierte und auf den verheißenen Messias hoffte, helfen. Wie, das dürfte bis heute nicht eindeutig klar sein; die Quellen sind nicht etwa trübe; sie funkeln allzu hell vom Licht des Ostermorgens, so daß niemand auf den Grund schauen kann. Nur eines ist weithin sichtbar durch die Jahrhunderte: das *Kreuz*. Erkennbar ist ferner, daß der, welcher daran starb, sich in seinem kurzen Leben besonders der Sünder angenommen hatte, aber auch der Erniedrigten und Beleidigten, unter anderem der Frauen. Die geschichtlichen Auswirkungen des Scheiterns messianischer Hoffnungen am Kreuz von Golgatha sind verwirrend vielfältig und widerspruchsvoll, aber eines bleibt doch klar und zentral: Das Geschehen Karfreitag und Ostern wird gedeutet und geglaubt als *Erlösungs*geschehen. Jesus – Jehoschua –, die Hilfe Gottes ist dem sündigen Menschen, dem von Gott hinwegverirrten Geschöpf zugedacht. Erlösung durch liebende Hingabe des Lebens: Hier beginnt das Geheimnis, das Glaubensgeheimnis, griechisch *Mysterium*, lateinisch *Sakrament*, was ursprünglich zwar nicht ganz einander entsprach (Sakrament war mehr »heilige Sache«, wie etwa der Fahneneid der Legionäre Roms), aber es entsprach dem Rechts- und Ordnungsbedürfnis der römischen Kirche und ihrem Glauben an das Objektive.

Zunächst: Warum *Erlösung*? Welches ist die religiöse Atmosphäre, in welche hinein der Gekreuzigte auferstand? Wir vergleichen mit Hosea und fertigen einen Holzschnitt an. Im Alten Testament ist vorgegeben ein Rechtsverhältnis. »Es ist dir gesagt, Mensch, was gut ist und was der Herr von dir fordert« (Micha 6,8). Da ist ein Gesetz, das gehalten oder gebrochen werden kann. Schuld ist quasi-juristisch aufrechenbar, es sei subjektive Schuld, bewußt und absichtlich, Frevel, oder objektive Schuld, in die man unwissentlich und irrtümlich gerät. Der Mensch kann was tun, um sich mit seinem Gott wieder zu versöhnen. Er opfert unter anderen. Später setzte sich in bezug auf das, was der Mensch tun kann, ein ziemlicher Pessimismus durch: »Wenn ich aber das tue, was ich nicht will, so vollbringe nicht mehr ich es, sondern die Sünde, die in mir wohnt« (Römer 7,20). Oder anschaulicher: Der Mensch steckt in der Sünde wie in einem Sumpf; er kann von selber nicht mehr heraus. Er ist dem Sünden- und Todesschicksal hilflos preisgegeben; der beste Wille nützt ihm nichts – er ist erlösungsbedürftig. In dieser Situation ist kein Unterschied zwischen Griechen und Juden, Sklaven und Freien, Mann oder Weib – sie sind allzumal Sünder. Hier kann nur Gott eingreifen und etwas ändern. Er tut es in der *leidenden Liebe* am Kreuz. Erlösung ist eine Gottestat und analogielos. Die Gemeinschaft der Erlösten, das ist die Kirche, die ihrem Herrn angehört mit Leib und Seele. Liebende Hingabe des Christus für die Kirche macht ihn für immer zum einzig legitimen Herrn und Haupt dieser Kirche. *Die äußere Ordnung gründet sich auf ein inneres Geheimnis*, auf ein einmaliges, analogieloses Opfer.

Hieraus folgt: Auseinanderdividiert werden müssen im Verhältnis Christus/Mann – Kirche/Frau die äußere Ordnung und das innere Geheimnis. Das Bild vom Leib und den Gliedern kann wegen seiner Verknüpfung mit dem Adam-Eva-Mythos Anspruch erheben auf archetypische Gültigkeit: Es geht um die Paar-Ergänzung männlich-weiblich. Das Bild von Haupt und Leib kann einen solchen Anspruch nicht erheben, denn ihm liegt eine historisch-soziale und daher veränderbare Wirklichkeit zugrunde – die patriarchale Ehe, die auf diese Weise zu ihrem eigenen Vorbilde gemacht wird.

Während nun das Verhältnis Christus – Kirche theologisch weiterhin das Bild von Haupt und Leib für sich in Anspruch nehmen kann: untrennbar eins vom anderen und unumkehrbar in der Rangfolge noch auch gleichschaltbar, kann dieses Bild keine Gültigkeit mehr beanspruchen für die christliche Ehe, die auch als christliche dem sozialen Wandel unterworfen ist. Entscheidend für die Christlichkeit der Ehe kann der andere Aspekt der Verhältnisbestimmung Christus – Kirche sein; eben das, was als *»Sakrament«* bezeichnet wird, als Mysterium, Geheimnis: die liebende Hingabe. Seine Frau zu lieben wird der Mann in der Tat wiederholt aufgefordert, indes die Frau das Fürchten lernen soll. Hier muß das Prinzip der Gegenseitigkeit aus dem Vers 21 ernst genommen und als Korrektiv eingesetzt werden. Denn was soll es heißen, daß der Mann lieben soll? Er kann für die Frau nicht zum Erlöser werden, das wäre häretische Anmaßung. Zeiten gab es, da redete man ihm ein, er gebe sein Leben hin für Weib und Kind, genannt »Vaterland« – manchmal war etwas Richtiges daran; aber meistens nicht. Was also? Wäre vorstellbar, daß unter »liebender Hingabe« des Bräutigams und Ehemannes gemeint sein könnte, das Sich-Einfühlen in das Selbstgefühl der Braut und Ehefrau, die als erwachsener und vernunftbegabter Mensch aus rein anatomischen Gründen, weil sie eben Weib ist, »untertan« sein und »fürchten« soll? »Fürchten« heißt respektieren, achten. Heißt das, daß sie sich oft genug lustig macht, die Sache lächerlich findet und das Obertanen-Männchen verachtet? Wir haben das dialektisch durchgeschaukelt, und es ist erledigt. Hier kann es nur noch um das *Gegenseitigkeitsprinzip* gehen im Hinblick auf Liebe für und Achtung voreinander und im Hinblick auf das Leiden als Geheimnis der Liebe.

Wieder sind wir bei der Traupredigt und wissen, wie wenig das Predigen, dieses Schall-und-Rauch-Unternehmen, nützt. Dessen ungeachtet wollen wir den Gedanken ehelicher Liebe als *leidender* Liebe andeutend entfalten. – Das Brautgeheimnis der Kirche ist das Leiden des Erlösers *und* die Sehnsucht der Erlösten nach Vollendung. Die Braut und der Geist rufen noch immer: »Komm!« (Offenbarung 22,17). Die Braut ist bereit zur Hingabe auch im Leiden. Die Kirche der Märtyrer hat ihre Leben dahingegeben nicht als Pflichtübung, sondern aus tiefer religiöser Leidenschaft. Das ist lange her und kaum noch zu begreifen. Was soll ein Brautpaar von heute damit anfangen? Es hat ja wahrhaftig genügend »weltlich geschefft« zu bewältigen. Daß die Ehe kein Rosenbeet ist und kein ewiger Honigmond, das leuchtet vielleicht noch ein, und man ist ja bereit, sich zusammenzuraufen. Aber soll dahier nun etwa »Kreuz und Elende« gepredigt werden oder gar das abscheuliche »Spital der Siechen« als einzig legitimer Ein-Mann-eine-Frau-Sexual-Sozial-Hygiene, lutherisch in bester, heißt: übelster Paulusnachfolge (»Besser heiraten als Brunst leiden«, 1. Kor 7,9)?

Nichts dergleichen. Die christliche Ehe *sakramental* zu verstehen ist ein schöner Gedanke, wenn dabei nicht an das kirchenrechtlich verpaßte Korsett zur äußeren Aufrechterhaltung innerlich erschlaffter Sinn- und Daseinsgewebe gedacht wird, sondern an die Herzensbewegungen einer Liebe, die zu sich selber kommt, sich selbstverwirklicht im Leiden. Einer Liebe, die aus der Erfahrung des Leidens am anderen nicht anders *kann*, als Dauer zu wollen. Kann nicht erotisches Leiden stärker binden als erotisches Glück? Lügen die Märchen etwa doch nicht, wenn sie behaupten, daß nach so unendlichen Prüfungen und Gefahren für beide; nach so vielfältigem Leiden diese beiden glücklich miteinander lebten? Kann man das Schlimmste hinter sich haben, wenn man sich endlich zur Ehe entschließt? Kann man sich festleiden aneinander? Kann das Leiden an einander die Seelen so verknoten, daß eine Lebensgemeinschaft von innen her unaufknüpfbar wird? Wer wollte sich solcher Mühsal freiwillig unterziehen! Es mutet doch irgendwie pervers an, und das wäre es wohl auch, wollte man daraus ein Erfolgsrezept machen. Machbar ist nämlich gar nichts. Ein evangelischer Rat könnte lauten: Liebe Leute, laßt euch Zeit; es läuft nichts davon. Oder mit des (Hochzeits-) Glockengießers Friedrich Schiller hocherhobenem Zeigefinger: »Drum prüfe, wer sich ewig bindet!« Heißt: Wer wirklich noch die Absicht hat, an diesem strengen Ideale festzuhalten, nicht nur im Zustande der Verliebtheit oder Leidenschaft, sondern auch in den Jahren der Ernüchterung. Denn selbst die längste und gewissenhafteste Prüfung ist ja keine Garantie dafür, daß sich danach alle Glücksprobleme von selber lösen. Das Leiden an einander, das kann sich hinziehen durch ehemühselige Jahre. Das Bemühen, einander zu verstehen und einander gerecht zu werden, das kann nicht nur Seelen- und Geisteskräfte erproben und Charaktere bilden, wie es einst so schön hieß; es kann ja doch verdammt mühsam werden und eine Zumutung, vor allem, wenn das Recht auf Streben nach Glück im Hintergrund winkt und emanzipatorische Fahnen entrollt. Muß dieses Glück dann als heidnisch abqualifiziert werden; muß es als naiv belächelt, als plebejisch verachtet werden? Das wird man wohl der Verschiedenheit der Geschmacksrichtungen überlassen müssen. Wenn zwei aneinander leiden bis an den Abgrund innerer Sinnlosigkeit, dann sollen sie einander loslassen und aufgeben. Das macht dann sicher auch nicht glücklich, aber es verhindert größeres Unglück.

Leiden nämlich ist janusköpfig, es blickt in zwei entgegengesetzte Richtungen. In der einen wird ein Sinn sichtbar; in der anderen keiner. Der Sinn kann ein äußerer sein – das Korsett – oder ein innerer, das Leiden der Liebe. Das Korsett soll nicht rundweg verachtet werden. Es kann auch zu etwas nütze sein, wenn es darum geht, Haltung zu bewahren. Das Sakrament als »heilige Sache«, als Manifestation des absoluten Geistes, das kann zum Felsen werden, an dem die Ehegatten scheitern *sollten*: Sie werden sich daran festklammern wie Tasso an seinem Gegenspieler Antonio. Die Sache will's, und wir sind wieder beim ethischen Willen, der Sache gerecht zu werden, die man als höhere Notwendigkeit anerkennt. Die objektiv-sakramental verstandene Ehe hat Leiden zwar nicht verhindert, aber gelegentlich vielleicht doch gelindert, indem da ein Sinn gesehen wurde. Leiden um einer heiligen Sache willen – was soll daran schief sein? Es müßte nur halbwegs freiwillig sein. Dem Werte abwägenden Gemüte kann sinnvolles Leiden dann durchaus annehmbarer erscheinen als ein sinnloses Glück, das beliebig kommt und geht und Leere zurückläßt. – Christlicher aber und idealer würde mir erscheinen ein Sakramentsverständnis der Ehe, das ohne Über- und Unterordnungsideologie einzig zurück- und hinaufverwiese auf die leidende und im Leiden triumphierende Liebe zwischen Christus und der Kirche – in reiner Gegenseitigkeit. Denn Sünder und erlösungsbedürftig sind beide, so Bräutigam wie Braut. Hat aber die Kirche ein Brautgeheimnis, so haben es auch die Ehegatten, mit einer notwendigen Modifikation freilich. Brautgeheimnis der Kirche ist die leidende Liebe des Erlösers und als Antwort darauf die Leidensbereitschaft der Gläubigen. Brautgeheimnis der Ehegatten kann nur das Leiden der Liebe *an einander* und ihre Leidens*bereitschaft* sein, im gemeinsamen Aufblicken zum Leiden des Erlösers. Das kann von außen nicht anbefohlen werden. Das dürfte nicht einmal laut gesagt werden. Das dürfte sich allenfalls zwischen den Zeilen ergeben. Das Herz des Geheimnisses nämlich wäre, daß im Kreuz der Ehe die Rose einer Liebe erblüht, die kein »Bis daß der Tod euch scheidet« erträgt

– *»but bears it out even to the edge of doom«:* bis zum Jüngsten Gericht, was immer die fromme Phantasie sich darunter vorstellen mag.

Dergleichen kann vermutlich nur so lange wenigstens als Ideal in Geltung stehen, als der Himmel nicht den Engeln und den Spatzen überlassen und der Genuß der Zuckererbsen für hienieden eingefordert wird. Das romantisch neue Lied, ob es wirklich und in jedem Falle das bessere Lied ist, das Lied vom Glück auf Erden und besonders in der Liebe? Nichts gegen das Glück an sich. Es ist nicht vom Bösen. Aber die Ehe ist dafür doch offensichtlich nur der halb-richtige Ort.

Zum christlichen Ethos der Ehe gehört auch das Ethos der Elternschaft. Es ist dem Ehe-Ethos jedoch bei- und nicht übergeordnet. Die Braut, die in die Ehe geht ohne Willen zum Kind, die sollte, soweit sie ihre Ehe christlich versteht, gute Gründe haben für das, was auf der einen Seite als Verzicht, auf der anderen als Egoismus erscheinen kann. Daß in der Familiengründung ebensoviel Egoismus wie Opferbereitschaft liegen kann, soll hier unerörtert bleiben. Auf der Brücke ethischer Entscheidungen spielt, wie auf der Bidassoa-Brücke, »ein wundersam Gesicht / Wo der eine Schatten siehet, scheint dem andern goldnes Licht«. Man könnte hier freilich auch unversehens zu dem Ergebnis mancher Kulturanthropologen kommen: Je bequemer das Leben, um so größer die Ansprüche auf noch mehr Bequemlichkeit. Wer auf Kinder verzichtet, sollte der nicht auch bereit sein, auf Ehe und Sexualität zu verzichten?

JUNGFRÄULICHKEIT, MYSTISCHER EROS, DEFLORATION

Suche nach Endgültigem. Abschied von der Braut?

Alternativ zu Ehe und Elternschaft kennt christliches Ethos auf der Suche nach dem Sinn des Lebens in dieser Welt eben solchen Verzicht auf beides: eine lebenslange Jungfräulichkeit für Weib und Mann gleichermaßen. Das Zölibat der römisch-katholischen Priester; die Jungfräulichkeit der Ordensfrau als »Braut Christi« sind Versuche, mitten in der Welt oder auch in klösterlicher Verborgenheit dem Ideal eines solchen Verzichts nachzustreben. Verzicht auf leibliche Mutterschaft und körperbezogene Erotik, um treuer lieben und besser dienen zu können: zum Begriff der Braut gehört auch und noch immer diese höchste aller Sinngebungen, die religiöse in einem mystisch-abgehobenen Bereich der Innerlichkeit. Hier könnte Wesentliches zum Vorschein kommen; eine »Macht der Jungfräulichkeit«, deren Idealisierung vielleicht nicht nur von einer Verteufelung der Sexualität herrühren dürfte. Wir werden den Sinn und die Begründung solchen Brautseins aus heidnisch-römischem Vorbild und urchristlicher Überlieferung herzuleiten suchen, um uns alsbald und abschließend wieder der Braut im weltlichen Sinne zuzuwenden: Ihr Wesen ist noch immer nicht *endgültig* festgestellt, und wir mögen langsam daran zu zweifeln beginnen, ob es überhaupt noch feststellbar ist.

Einst war es so einfach, wie man weiß. Das biblisch-patriarchale Brautideal setzt Jungfräulichkeit voraus, und daß die Braut eine Jungfrau sei, war ja auch der ursprüngliche Symbolsinn von weißem Kleid, Kranz und Schleier. Aber heute, ihr Leute! Macht sich nicht lächerlich, wer in dieser nüchtern-lustbetonten Zeit Gutes, Schönes und vielleicht sogar Geheimnisvolles findet im vorehelichen Verzicht auf etwas, das alle Welt als Freizeitsport von Teenagerbeinen an betrachtet? Überdies: Auch das Thema »Verführung« konnte in früheren Zeiten nur deshalb so interessant sein, weil Jungfräulichkeit als hoher sittlicher Wert galt und es erotischer Raffinesse bedurfte, heißt: viel Kunst, Kultur und Geist zum Einsatz kam, wenn es galt, eine Jungfrau »rumzukriegen«. Das hat sich alles bedeutend vereinfacht. Sollte damit Abschied genommen werden vom patriarchalen Brautideal, so darf man wohl auch fragen, welches Kind da eventuell mit dem Bade ausgeschüttet wird . . .

Mythische Jungfrauen und die Vestalinnen Roms

Der Begriff der Jungfrau ist religionsphänomenologisch dreideutig. Jungfrau ist zum einen die Große *Hetäre* Inanna-Ischtar-Astarte oder die ugaritische Anath, die kriegerische Geliebte und Schwester Baals. Sie liebt und kriegt fleißig – aber keine Kinder. Sie und Astarte sind einem ägyptischen Text zufolge »die großen Göttinnen, die empfangen, aber nicht gebären«[30] – als junge, vitale Frauen sind sie sexuell sehr aktiv, jedoch rechtlich frei und ungebunden; der jeweilige Geliebte spielt eine untergeordnete Rolle, wie im Mythos von Inanna und Dumuzi. – Jungfrau in diesem Sinne ist auch die Große *Mutter*, deren Wesen durch das Kind definiert ist, wobei die Übergänge zum »Sohnesgeliebten« fließend sind. Auch sie ist unabhängig, ohne eheliche Bindung. Isis mit dem Horusknaben könnte als Beispiel genannt werden; doch ist diese ägyptische Göttin ein Paradebeispiel für Synkretismus; auf sie wurden die Eigenschaften und Ehrentitel fast sämtlicher weiblicher Gottheiten gehäuft, und so ist sie in ihrer Suche nach Osiris auch die treue Gattin, freilich mit schwesterlichem Vorrang: Von Isis und Osiris spricht man, nicht umgekehrt.

Drittens, und das wird gern verdrängt oder nicht zur Kenntnis genommen, gibt es im klassisch-antiken Mythos den Phänotyp der jungfräulichen Göttin, die nicht nur rechtlich, sondern auch *sexuell unabhängig* ist; als Jungfrau verabscheut sie nicht nur Ehe, sondern auch Heilige Hochzeit. Zur Braut taugt sie also gleich doppelt nicht – was soll sie hier? Sie soll uns auf eine Spur führen, uns in eine Richtung weisen, in welcher der Begriff der Braut – wer weiß? – vielleicht sein hintergründigstes Geheimnis enthüllt.

Im griechischen Mythos haben wir Artemis, Athene und Hestia. *Artemis:* Auf dem Olymp ist sie selten zu finden. Sie »jagt den Hirsch im wilden Forst / Im tiefen Tal das Reh / Den Adler auf der Klippe Horst« und so weiter; aber im Unterschiede zu dem wilden Jägersmann, der dieses Liedlein sang, hat *ihre* keusche Brust die Liebe nie gespürt. Eine Hundemeute umgibt sie und ein Gefolge von Nymphen, ebenfalls Jungfrauen. Kein Freier wagt sich ihr zu nahen. Aktäon, der sie beim Baden sah, wurde von ihr in einen Hirsch verwandelt und von seinen eigenen Hunden zerrissen. Mit Orion zusammen ging sie ihrer Jagdleidenschaft nach: Den Jagdgefährten schätzte sie in ihm. Wäre sie im neunzehnten Jahrhundert mit ihm zusammen auf Mikrobenjagd gegangen und im zwanzigsten Jahrhundert auf die Jagd nach Quarks statt auf Glücks- und Männerjagd wie die Töchter der Großen Hetäre? Eine Aushäusige also ist sie, aber nicht auf dem Strich. Ihr Wesen in einem Wort: Sie ist *farouche* – ungezähmt-wild und scheu zugleich wie die Tiere, deren Herrin sie ist, und außerdem grausam wie ihr Zwillingsbruder Apoll. Trächtige Muttertiere schützt sie, und gebärende Frauen rufen sie an; *sie* und nicht die Große Mutter. Es ist ihr lästig, denn Fruchtbarkeit ist ihr fremd. Und die vielen Brüste der Artemis von Ephesus? Sind ein spätes Mißverständnis und Verfälschung ihres ursprünglichen Wesens. Sie trug ein Leopardenfell, und aus den zottigen Flecken wurden schließlich Brüste – was stünde einem Weibe besser an, und wären es gleich zwanzig. Eine Große Göttin ist sie nicht; gegen Aphrodite kommt sie nicht an. Ihrem treuen Freund Hippolytus kann sie nicht helfen gegen die Übermächtige, und Euripides macht eine Tragödie daraus . . .

Athene, nicht umsonst dem Haupte des Zeus entsprungen in voller Rüstung: eine Jungfräulich-Erhabene, Unnahbare; die kluge und strenge Göttin der Wissenschaften und der Kunst als Technik, Kriegführung eingeschlossen. Die Freundin und Beschützerin des listenreichen Odysseus war sie, und ihren Namen trägt die Stadt, ohne welche die Kultur des Abendlandes, soweit noch vorhanden, undenkbar bleibt. Mit dieser Pallas Athene haben wir eine Göttin vor uns, von deren Jungfräulichkeit der Begriff der Braut abprallt wie ein Pfeil von der medusenhauptgeschmückten Ägis der Zeustochter. Eine Männergöttin wie Artemis und als solche interessant für Frauen von heute gerade dann, wenn sie Nicht-Braut sein wollen: diese Göttin als Gegengewicht zu Großer Mutter und Großer Hetäre ebenso wie gegen die patriarchale Braut zu begreifen.

Hestia schließlich: eine äußerst Stille und Bescheidene und gleichwohl eine Titanentochter wie Hera. Sie ist die Göttin des Herdfeuers, und man ist versucht, sie als »Heimchen am Herde« zu bezeichnen. Es gibt keine Geschichten über sie – das ist ihr Geheimnis. Hochverehrt wird sie in jeder Familie; denn was ist ein Haus ohne Herd? Eine Friedfertige und Gütige ist sie, so wie man sich neuerdings nicht selten und gar zu gern die Große Mutter vorstellt. Die aber ist eine viel zu Unkultivierte. Die Kultur beginnt mit dem Feuer, das Prometheus brachte und Hestia bewacht. Sie, die Jungfräuliche, ist eine Heilige in einem beinahe schon christlich-humanen Sinne, so milde und gesittet, und Asylsuchenden gewährt sie Schutz.

Vesta hieß diese Göttin bei den Römern, und eine Staatsgöttin war sie ersten Ranges. Mehr als von ihr weiß man von ihren Priesterinnen, den sechs *Vestalischen Jungfrauen*, die in einem Rundtempel auf dem Forum, seit Augustus in einem neugegründeten Heiligtum auf dem Palatin das heilige Feuer zu hüten und für das Wohl Roms zu beten hatten. Ob sie ursprünglich vielleicht einmal in Heiliger Hochzeit und dunkler Höhe das Kind zu empfangen hatten, das fürs Amt des Pontifex maximus, des höchsten Priesters, erzogen wurde, ist gänzlich ungewiß. Gänzlich gewiß ist hingegen, daß ihnen ein strenges Keuschheitsgebot auferlegt war. Außerdem, und hier wird es interessant im Hinblick auf das Erbe, das die christliche Kirche in Rom antrat, außerdem gingen sie in ältester Zeit mit dem König, später mit dem Pontifex maximus eine symbolische Ehe ein, und ihre Amtstracht war die altrömische *Brauttracht*. Angeredet wurden sie als »Heilige Mutter«; ließen sie jedoch das Feuer aus Unachtsamkeit erlöschen, dann wurden sie ausgepeitscht. Höchste Ehren und Vorrechte waren verbunden mit strengster Disziplin.

Wichtig erscheint hier mehreres. 1. Es geht bei der Göttin und ihren Priesterinnen um Jungfräulichkeit im eigentlichen (biologischen) Sinne. 2. Uneigentlich, nämlich symbolisch, werden Hochzeit und Ehe. 3. Ebenso uneigentlich ist der Titel »Mutter« zu verstehen; er ist ein Ehrentitel, denn die Matronen genossen hohes Ansehen in Rom. 4. Der Verzicht auf Sexualität und Mutterschaft dient dem Wohle der Gemeinschaft. 5. Das mit dem Keuschheitsgelübde verbundene Amt der Vestalin genießt höchste Ehren; ein Bruch des Gelübdes wird mit der Todesstrafe geahndet.

Die Parallelen zum römisch-katholischen Ideal der Ordensfrau liegen auf der Hand. Doch ehe wir uns dem zuwenden, bleibt zu fragen, was uns denn die mythischen Jungfrauen über das Wesen der Jungfräulichkeit zu sagen haben – was hat Artemis, was hat Athene mit der »Braut Christi« zu tun?

Auf den ersten Blick gar nichts oder wenig. Es sind typische Männergöttinnen; in ihnen objektivieren und idealisieren sich männliche Wertvorstellungen und Leidenschaften jenseits des weiblichen Prinzips der Mutterschaft und des Hetärentums. Liebt der Mann die Jagd, so liebt er sie anders, als er ein Weib liebt, und es wird daraus eine jungfräuliche Göttin der Jagd. Jungfräulich ist und bleibt sie, ein nie einzuholendes Ziel, weil das Wesen der Jagd im Jagen liegt, im Genuß physischer Kraft und Geschicklichkeit zu Fuß oder zu Pferde, im Spannen des Bogens, im Werfen des Speers und nicht so sehr im schlußendlichen Töten des Wildes. Dabei ist auch Gefahr im Spiele, Todesnähe. – Zum anderen ist Artemis, die in wilden Wäldern jagt und durch unberührte Wiesen streift und also mit Kultur nichts zu schaffen hat, die Verkörperung einer natürlichen Veranlagung wider »die Natur«. Artemis' Wesen spiegelt sich in ihrem Liebling Hippolyt. Der Held von Euripides' gleichnamiger Tragödie muß sich die Sexualität nicht als etwas Böses oder Häßliches verkneifen; es gibt auch nichts zu sublimieren: Er hat sich der Göttin geweiht aus freier Neigung. Das Weib interessiert ihn nicht. Es läßt ihn kalt. Er ist bedürfnislos und selbstgenügsam in dieser Hinsicht, unverklemmt, ganz und gar unneurotisch. Ob vielleicht homoerotisch angehaucht, kann offen bleiben. Anzumerken bleibt noch, daß diese kühle Jünglingskeuschheit es ist, die Phädra entflammt, zu ihrer beider Verderben.

Artemis ist *Freundin* und Gefährtin, aber eben nicht im hetärischen Sinne. Als Freundin ist sie *treu.* Vom Tode erretten kann sie Hippolyt nicht, weil Aphrodite mächtiger ist. Zum Wesen ihrer Jungfräulichkeit gehört, daß Weg und Unterwegs, Gefährtenschaft und Gefahr, Advent und Erwartung wichtiger sind als das Erreichen des Ziels und das Untergehen in der Erfüllung des Begehrens. Es gibt anderes Interessantes im Tätigkeits- und Geistesbereich des Homo sapiens neben dem, was alle Welt bewegt und was sich jedermann und jedefrau als unverzichtbar einzureden sucht. Dafür steht Athene gerade. Sie verkörpert Kulturleistung durch Triebverzicht. Es gibt Höheres und Besseres im Leben, als einem Lustprinzip zu frönen oder sich dem Gesetz der Großen Mutter zu unterwerfen. Diese strenge Männergöttin taugt zwar nicht zur Braut; aber Freundin kann sie sein wie Artemis – der Frau wie dem Manne.

Fragen wir schließlich noch, im Vorblick auf das christliche Ideal der Jungfräulichkeit: Worin besteht die *»Macht«* der Jungfräulichkeit? Hier tut sich auf den ersten Blick ein trauriges Kapitel christlicher Anthropologie auf, das wir nicht rekapitulieren werden. Bei aller Anerkennung der Tatsache, daß die menschliche Sexualität vom Zwiespalt der Affekte durchsetzt ist, weil da nun eben Geist, der sich für was Höheres hält, zusehen muß, wie tierisch es zugehen kann *ohne* die Unschuld des Tieres – bei alledem gibt es doch wahrhaftig auch andere Einstellungen zu diesem ambivalenten Phänomen. Begreifen kann man immerhin dies: Verteufelt wurde die Sexualität, weil man sie haßte und häßlich fand und weil man sie fürchtete; und man fürchtete sie, weil man keine Gewalt über sie hatte und weil man zugleich ihrer Faszination erlag. Da bestand denn die *Macht* der Jungfräulichkeit darin, daß über die reine, unbefleckte und damit fast schon heilige Jungfrau das Schmutzige und Häßliche, das Teuflisch-Sündhafte, weil vom Teufel Angestiftete, Sex also, keine Macht hatte. Diese Leibfeindlichkeit und Sexualangst mag ursprünglich heidnisch-gnostischen Ursprungs gewesen sein oder sonstwas; sie hat sich in christlicher Tradition durchhalten können und wurde damit ein Wesenselement der Sexualmoral. Nun ist die Gegenbewegung längst ins andere Extrem gegangen, und wo Jungfräulichkeit einmal »Macht« hatte, da wirkt sie heute nicht selten lächerlich, und frau möchte sie so schnell wie möglich los sein. Um solche Verkrampfungen und ideologischen Zwänge zu lösen, tut es gut, sich die mythischen Jungfrauen der Griechen zu Gemüte zu führen: ihre *kühle Gleichgültigkeit*; ihre Beschäftigung mit ganz anderen Dingen. So und nicht anders möchte man sich, um bewundern und lieben zu können, den Jesus vorstellen, dem die Frauen nachfolgten. Einer, der als Mann nichts von ihnen will als ihre schwesterliche, ihre Freundinnenliebe. Da bleibt für Erotisches durchaus noch Raum; ja, dieser Raum wird geradezu geschaffen durch die ungezwungene Distanz. Die Macht der Jungfräulichkeit offenbart sich dergestalt am Manne nicht weniger als an der Frau, und sie ist erotischer Art; denn Eros ist vergeistigter und durchseelter Trieb. Der Geist bewirkt Distanz, die Seele sucht Nähe. Aus der Dialektik von Distanz und Nähe erwächst die erotische Macht der Jungfräulichkeit – Artemis, die Freundin; Jesus, der Freund.

Ordensfrauen: Mystik, Martyrium, Caritas

Um zu Wesen und Begriff der »Braut Christi« zu gelangen, griffen wir auf Jungfrauen des griechischen Mythos zurück und auf die Vestalinnen Roms. Artemis und Athene riefen wir an zum Zeugnis dafür, daß es eine genuine, veranlagungsmäßige, nicht ideologisch induzierte *Unlust* an Sex, Kind und Ehe geben kann, nicht nur bei Männern, sondern auch bei Frauen. Als jungfräuliche Freundin ist die Göttin, im Unterschied zu der launischen Großen Hetäre, ihren Verehrern *treu*. Anstelle von Liebeslust und Nachkommenschaft gewährt sie ihnen den leidenschaftlichen Genuß höherer Hobbys oder den Erwerb eines unsterblichen Namens durch Staatskunst oder Wissenschaft. Jungfräulichkeit bedeutet also sowohl Verzicht als auch Freiheit, selbstverständlich nur für die Schichten der Gesellschaft, die sich eine solche Entscheidung oder Wahl zwischen zwei Lebensmöglichkeiten leisten können. – Die Vestalinnen Roms brachten uns dem Begriff der »Braut Christi« dadurch näher, daß hier Rechtlich-Formales mit ins Spiel kommt durch symbolische Hochzeit und *Ehe*. Hier binden nicht freie Freundschaft und eine wesenhaft dazugehörige Treue, sondern ausdrückliche Gelübde mit Rechtsfolgen. Daß der Verzicht – soweit von einem solchen bei grundsätzlicher Abneigung überhaupt gesprochen werden kann – dem Wohle der Gemeinschaft dienen soll und nicht etwa egoistischer Selbstverwirklichung, setzt einen zusätzlichen ethischen Akzent in das Dasein sowohl der Vestalinnen wie der »Braut Christi«.

Fehlt noch das Wichtigste. Die römischen Vestalinnen wären ohne christliche Nachfolgeorganisation geblieben, wenn nicht eine andere Tradition urchristlichen Ursprungs sie als sinn- und wertvoll auf- und mitgenommen hätte. Auf die Entstehungsbedingungen des christlichen Mönch- und Nonnentums ist hier nicht einzugehen und auch nicht auf die Depravationen im Verlaufe seiner Geschichte. Hier ist festzustellen, daß zweierlei der »Braut Christi« Vorschub geleistet, ihr Sinn und Wert gegeben hat: zum einen des Apostels Paulus Abraten von Verehelichung im Hinblick auf das nahe erwartete Ende der Welt und die Wiederkunft Christi; zum anderen die Jungfräulichkeit des Erlösers, die ihn zum idealen himmlischen Bräutigam prädestinierte, nicht nur für die Kirche als Kollektiv, sondern vor allem für die Seele der einzelnen Gläubigen.

Das Wesen der Braut Christi, ihre Berufung, ihr Daseinssinn, die Bedeutung ihres »Standes« für die Kirche, das kann theologisch hier nicht dargestellt werden.[31] Wir wollen hier nur andeutungsweise und an wenigen Beispielen skizzieren, wie die jungfräuliche Freiheit von der »Bestimmung des Weibes« zur Ehefrau und Mutter die Ordensfrau zu Kulturleistungen befähigt, wie sie normalerweise dem Manne als Aufgabe oder Vorrecht zufallen. Unbelastet durch Ehe, Kinder und sexuelle Pflichten oder Lüste, kann sie sich einem pädagogischen, wissenschaftlichen, philosophischen oder mystischen Eros hingeben und, statt der Natur ihren Tribut zu leisten, sich der Pflege kultureller Werte widmen.

Ordensfrauen leben normalerweise im verborgenen. Ihre Namen zirkulieren nicht auf dem Medienmarkt. Dennoch haben sich neben den Namen vieler hervorragender Ordensmänner wahrhaftig auch einige Namen bedeutender Ordensfrauen erhalten. Das geht zurück bis ins früheste Mittelalter und setzt sich fort bis in die neueste Neuzeit.

Wir beginnen im nebligen Norden, an der Küste der englischen Grafschaft York. Dort kann man heute noch die Ruinen des Klosters Whitby, gegründet im siebten Jahrhundert, besichtigen – ein christlicher Kulturhort war's in Englands noch überwiegend heidnischen Anfängen. Eine angelsächsische

Prinzessin mit Namen *Hilde* wird mit dreizehn getauft, nimmt mit dreiunddreißig den Schleier und wird etwas später Äbtissin des Doppelklosters und leitet es weitere dreiunddreißig Jahre. In dieser Zeit werden Wissenschaft und Künste gepflegt, Mädchen und Knaben unterrichtet und viele Briefe geschrieben bis nach Rom. Unter der Leitung der Äbtissin Hilde erhielten einige der späteren Priester und Bischöfe ihre Grundausbildung, und der Dichter Caedmon, der ein Viehhirt war und der erste, der eine geistliche Dichtung zustandebrachte in englischer Sprache, war ihr Zögling. Sie regierte das Doppelkloster wie eine Königin, und auf den Synoden hatte sie ihren Platz unter den Männern und Brüdern. Beda Venerabilis, der Chronist, hat es überliefert.

Berühmter ist *Hildegard* von Bingen aus dem zwölften Jahrhundert. Ein Burgfräulein war sie aus dem Nahetal, in einem Kloster erzogen, und dann gründete sie selber eins auf dem Rupertsberg bei Bingen und war daselbst Äbtissin bis zu ihrem Tode. Man nannte sie die »Prophetissa teutonica«, denn sie hatte Visionen und trat als Bußpredigerin auf. Mit ihr beginnt nicht nur die deutsche Mystik, das »Erkenne die Wege des Herrn«; in ihr begegnet uns auch die erste deutsche Naturforscherin und Ärztin, die ein Buch verfaßte über Krankheitsursachen und ihre Heilung, mit psychosomatischem Gesamtblick. Man meint die Klosterfrau im Kräutergärtlein sinnend auf- und abgehen zu sehen, Melissen pflückend, um Destillate zu bereiten in einer Küche, die sich der Alchimie zu entwinden sucht . . .

Mechthild von Magdeburg schließlich. Hier sind wir im dreizehnten Jahrhundert und auf dem Höhepunkt deutscher Klostermystik. Auch diese Ordensfrau ist eine Adelige, diesmal aus Sachsen, was doch nachdenklich macht. Erst war sie Beghine, dann Zisterzienserin in Helfta bei Eisleben. Originale ihrer Dichtungen sind nicht erhalten, aber noch die Übersetzungen zeigen die Sprachgewalt dieser größten deutschen Mystikerin, mit welcher sie ihrer Gottessehnsucht Ausdruck gibt. Hier, im »Fließenden Licht der Gottheit«, entfaltet sich die Seelenbrautschaft mit Christus in visionärer Schau: »Herr, dein ewiges Reich / steht offen vor meinen Augen / gleich dem edelsten Brautlauf und der größten Hochzeit / und dem längsten Fest.«

Höfischer Minnesang und die Liebeslyrik des Hohenliedes prägen die Bilder, in welche das überfließende Gefühl einströmt. Sucht man den edelsten und vollkommensten Ausdruck der geistlichen Brautschaft, so ist er zweifellos in den Liebestagebüchern dieser mittelalterlichen Nonne zu finden. Daß sie darin auch die Mißstände in den Klöstern anprangerte, kann man nebenbei zur Kenntnis nehmen: Diese Liebe macht nicht blind im Hinblick auf die Bedingungen des irdischen Lebens. Im Gegenteil: Wer das Ideal erschaut hat, sollte der nicht um so empfindlicher reagieren auf des Lebens Unzulänglichkeiten?

Wir überspringen sechshundert Jahre, mit einem Seitenblick auf eine weitere adelige Ordensfrau, mit welcher die protestantische Pfarrhausideologie ihren Anfang nahm – Katharina von Bora –, und sind in der Gegenwart, die auch die vergangenen fünfzig Jahre mit umfassen soll. Eine Philosophin und eine Ordensgründerin sind der Welt bekannt und keineswegs unumstritten, trotz, ja wegen ihrer Seligsprechung die eine und wegen des Friedensnobelpreises die andere. Von Mystik sind beide gleich weit entfernt.

Edith Stein (1891–1942) kam aus einem streng orthodoxen jüdischen Kaufmannshaus in Breslau. Sie studierte Philosophie bei Husserl, genauer: Phänomenologie, die damals als eine völlige Neubegründung der Philosophie begriffen wurde, analytische Geistesschärfe erfordernd und Intuition gleichermaßen. Sie forschte als Husserls Assistentin; sie wurde mit Max Scheler bekannt; im Ersten Weltkrieg aber war sie Rote-Kreuz-Schwester in einem Lazarett. Sie nannte sich eine »Atheistin« bis zu ihrem einundzwanzigsten Lebensjahr; den Übertritt zur katholischen Kirche vollzog sie jedoch erst neun Jahre später - heißt: Es lag dazwischen der Krieg. Als Dominikanerin lehrte sie neun Jahre lang in Speyer, dann kurz in Münster. Am 15. 10. 1933 wurde sie in die Klausur des Kölner Karmel aufgenommen unter dem Namen *Teresia Benedicta a Cruce*. Nun konnte sie sich wieder der Aufgabe widmen, die Theologie des Thomas von Aquin mit phänomenologischen Methoden neu zu begründen. Sie, die nicht nur eine Dissertation über das Problem der Einfühlung, typisch weiblich, geschrieben hatte, sondern auch, typisch unweiblich, eine Untersuchung über den Staat, wußte, was auf sie zukam in einem Staat, der Andersdenkende nicht anders verfolgte als einst die Kirche ihre Ketzer. Kristallnacht im November '38: Die deutschen Synagogen gehen in Flammen auf; die Karmeliterin jüdischer Herkunft findet Zuflucht im Karmel zu Echt in Holland. Dort bleiben ihr noch vier Jahre. 1939 bot sie ihren Tod als freiwilliges Sühneopfer an »für den wahren Frieden«. Im August 1942 wurde sie von der Gestapo verhaftet und mit anderen, unfreiwilligen Opfern nach Auschwitz transportiert. Als Nr. 44074, den gelben Stern auf der Brust, ging sie in die Gaskammer. – Seliggesprochen also, fast ein halbes Jahrhundert später. Auf Briefmarken gedruckt. Bezweifelt, von ganz Gewissenhaften und logisch scharf Unterscheidenden: ob da nun ein spezifisch christliches Martyrium stattgefunden habe oder »nur« ein Martyrium wie Millionen andere. Denn freilich ist diese Ordensfrau eine ganz ungewöhnliche Ausnahme – als Ordensfrau. Zur Märtyrerin wurde sie ja für etwas, wofür sie ganz und gar nichts konnte. – Von himmlischer Minne also und auch von Kräutergärtlein sind wir sehr weit entfernt. Als »Braut« war diese Ordensfrau sowohl der Philosophie vermählt als einem himmlischen Bräutigam, der ihr Bruder war im fleischlich weitesten Sinne.

Mutter Teresa schließlich, geboren 1910 als Agnes Gonxha Bojaxhiu in Skopje; albanischer Herkunft. Ordensschwester in Kalkutta; leitete erst eine Schule, zog dann, 1948, in die Slums der Stadt, um dort zu leben mit den Ärmsten der Armen und das Elend auf der Straße aufzulesen: die Sterbenden und die ausgesetzten Säuglinge. Auch Hungernden und Kranken zu helfen, wie das Gebot christlicher Nächstenliebe es befiehlt. Gründete breits 1950 einen Orden zu eben diesem Slum-Dienste in der ganzen Welt, zweitausend Schwestern, über tausend Brüder heute. Fast dreißig Jahre lang Dienst an der Basis und im verborgenen; dann der Friedensnobelpreis, 1979, und ist seitdem ein Stück Öffentlichkeit und christliches Kulturbewußtsein. Trägt einen weißen Sari mit blauer Borte, das ist die Kleidung der niedrigsten Kaste in Bengalen. Hat keine Leben-Jesu-Forschung getrieben; spielt keine Orgel; hat auch nicht Medizin studiert. Hat aber auch Ehrfurcht vor dem Leben und wird deswegen mit Kopfschütteln bedacht zwischen Bewunderung und Nicht-begreifen-Können angesichts des Überbevölkerungselends: Mutter Teresa ist als überzeugte Katholikin gegen jede Geburtenbeschränkung. Der Wille der Mutter Natur geschehe, denn es ist Gottes Wille – »Seid fruchtbar und mehret euch«. Helfen sollen und wollen die »Missionare der Nächstenliebe«. Geld braucht die Dritte Welt; mehr Geld als Vernunft. Mehr Liebe als Vernunft?

Hier ist das christliche Ideal des Dienens zu öffentlicher Anerkennung gelangt. Ist es damit seinem Wesen nicht »irgendwie« schon entfremdet? Braucht die Gottes- und Christusliebe der Braut Christi Zuschauer ihrer Liebeswerke? Das Liebeswerk der Mutter Teresa braucht Geld. Also muß es der Öffentlichkeit preisgegeben werden, ihrer kopfschüttelnden Neugier und Bewunderung. Bewundert wird weibliche Aufopferungsbereitschaft, die nicht eigenem Fleisch und Blut gilt, sondern »wildfremden« Menschen, von welchen kein Dank zu erwarten ist; die freilich auch nicht so zäh und klebrig im Seelengefaser haften, wie das bei Blutsbanden der Fall sein kann. Die Liebe der Braut Christi gilt ihrem himmlischen Bräutigam; vom Überfluß solcher Liebe lebt der Dienst am notleidenden Nächsten. Diese Liebe versklavt nicht; sie befreit, und in dieser Freiheit liegt das Geheimnis, das »die Welt«, wenn überhaupt, nur sehr schwer zu begreifen vermag . . .

Sag mir, wo die Jungfrau'n sind . . .

Wir sahen drei Sinn- und Daseinsaspekte der Ordensfrau: der Dienst zum Wohle anderer; die individuelle Pflege von Kunst und Wissenschaft als Beitrag zum Thesaurus der Kulturwerte; und schließlich, als innerstes Geheimnis, ein mystischer Eros, der die »Braut Christi« ihrem himmlischen Bräutigam entgegenleben läßt. Die wahrhafte, ihrer Liebe und ihren Gelübden ewig treue Braut; die archetypische Braut offenbart ihr Wesen am reinsten und anschaulichsten in den Dichtungen der Mystikerinnen, in ihrer Sehnsucht nach dem einzigen Sinn und letzten Ziel des Daseins: *»to burn always with that hard, gem-like flame«* und sich schließlich zu vereinigen mit dem Geliebten im »fließenden Lichte der Gottheit«.

Vom Rosen- und Dornenhag der mittelalterlichen Nonnenmystik, die in geistlicher Hochzeit Erfüllung und Erneuerung ihrer Sehnsucht erfährt, wollen wir nun zum Beinahe-Schluß unserer Suche nach dem Wesen der Braut wieder Fuß fassen auf dem Asphalt der Städte dieser Gegenwart und Gesellschaft, in welcher die Braut zu einem Problem geworden ist, zu einem Vorwurf ans Patriarchat, zu einer Aufgabe – Gleichung mit zwei Unbekannten – , deren Lösung nicht sicher ist; kurz, zu einem Wesen, das weithin nur noch aus dem Flitter vergangener Ideale zu bestehen scheint und also unwesentlich wäre – von Archetyp keine Spur mehr. Und kaum ein Bedauern darob.

Die Antiklimax dieses Abschnitts zum voraufgehenden ist Absicht. Ging es dort um Wert und Sinn der Jungfräulichkeit, so geht es hier um ihren Unwert und Unsinn. Gab es einmal so etwas wie eine »Macht« und ein *Tabu der Virginität* – unter patriarchalem Vorzeichen und mit neurotischen Nebentönen –, so kann infolge der Umwertung der Werte im Bereich der Sexualität von dergleichen kaum noch die Rede sein. Die Macht, welche die Jungfrau besaß, erwies sich als Last, als Kettenhemd; widerwillig mußte sie es tragen auf hohem Podeste um der Bewunderung anderer willen, in schwindelnder Fallhöhe. Denn fiel sie, dann gab es unten nichts als Schmutz und Enttäuschung über die Besudelung eines Wunderbaren; Verachtung und Abscheu: *»Lilies that fester smell far worse than weeds«* – die reine Lilie, die zu faulen beginnt, die stinkt schlimmer als gemeines Unkraut. Davon hat die junge Frau von heute die Nase voll. Sie will nicht mehr, wie die Vätermoral wollte. Sie will selbst bestimmen, ob und wie und wann. Aus der Umklammerung einer ambivalenten Moral hat sie sich befreit – ist sie befreit worden – wodurch? Wofür? Um welchen Preis?

Es geht zunächst um Mannesrechte. Eine Jungfrau zu entjungfern, das ist ja in manchen Kulturen Vorrecht der Priester; war bis vor zweihundert Jahren in Frankreich und sonstwo im christlichen Europa noch Vorrecht der Grundherren und gehörte zur »Leibeigenschaft«: das berühmte *ius primae noctis*, von dem man wohl kaum noch etwas wüßte, wenn Mozarts »Figaro« vor seiner Hochzeit nicht jedesmal daran erinnerte: »Will der Herr Graf den Tanz mit mir wagen? Ich spiel ihm auf!« Längst den Bach hinunter samt allen Almaviras und Kammerzofen. Oder doch nicht? Vor vierzig Jahren konnte Simone de Beauvoir noch berichten, wie viele Mädchen zwischen vierzehn und siebzehn von ihren Arbeitgebern entjungfert wurden. Darum geht es nun aber nicht. Es geht um die Braut im Verhältnis zu Defloration, und dieser sexuelle Initiations- und Übergangsritus ist nach Vätersitte verbürgtes Vorrecht des Bräutigams und Eheherrn. Es gehört zu den Ausschließlichkeits- und Besitzansprüchen des Mannes auf »seine« Frau und Mutter »seiner« Kinder, und damit ist hinreichend erklärt, warum »die Frau von heute« (die wir uns noch genauer ansehen werden) dagegen rebelliert. Wenn die Braut Hochzeit und Defloration auseinanderdividiert, dann ist das jedoch nicht nur Protest gegen patriarchale Bevormundung. Es geht auch um Emotionales.

Im Zusammenhang mit Brautgefühlen hörten wir in der schönen Literatur nichts Direktes darüber, wie der Gedanke an »Brautnacht« die Braut affizierte. Wir hörten vom Zwiespalt der Gefühle ganz allgemein, und das Käthchen ist eine Ausnahme und Isolde auch – liegt das am Dichter? Aber eben derselbe Kleist, der die Herzenseinfalt des Käthchens darstellt, der bringt auch die schreckliche Haßliebe der Penthesilea auf die Bühne. Eine dicke Wolke aus Rosenrot und Purpur, durchzuckt von schwefelgelben Blitzen, umgab die Braut und ihr Verhältnis zu dem Mann, den sie liebte; aber welche Gefühle dann letztlich die Erfüllung der Sehnsucht begleiten, das bleibt sprachlich ausgespart; es kommt allenfalls, bei Rousseau etwa, der Mann zu Worte, und das ist ja schließlich zu begreifen. Das Märchen, das man der Volksseele am Spinnrad zuschreibt, wo ja meistens Frauen saßen, zeigte uns dagegen, symbolisch verschlüsselt, die Ambivalenz der Brautgefühle im Hinblick auf das »Happy-End«. In diesem Zusammenhang – der siebente Prinz war ein Frosch; siehe auch die Leichen in der Dornenhecke – meinten wir einer psychologischen Grundverfassung der Jungfrau ansichtig zu werden: ihres *natürlichen* Widerstrebens, ihrer Abscheu vor dem Sexuellen. Mythische Jungfrauen wie Artemis können die Theorie, daß es sich dabei *nicht* um Anerzogenes handelt, indirekt stützen; sie sind zwar einerseits Widerspiegelungen männlicher Ideale, damit aber zugleich auch Anima-Projektionen. Und wenn junge Mädchen sich – wie oft? wie selten? – mit solchen Göttinnen identifizieren, dann liegt das wohl an einer besonderen Ausprägung ihrer »Animusbesessenheit«. Solche Frauen finden dann, ob verheiratet oder nicht, den jungfräulichen Mann, sei er jünger oder älter, erotisch sehr viel anziehender als den erfolgreichsten Don Juan. Die Wechselwirkungen von Sexualität, Affekt und Sozialisierung sind hier nicht zu erörtern. Uns geht es hier darum, die gängige Theorie in Frage zu stellen, nach welcher jungfräuliche Abneigung gegen Sexuelles »nichts als« das Ergebnis leib- und lustfeindlicher Erziehung sei. Das heißt wiederum nicht, daß ergo christliche Sexualmoral auf »Natürlichem« aufbaue und also doch schließlich recht habe mit ihrer Wertschätzung und väterlichen Beschützung der Jungfräulichkeit. Wer Recht haben will, vor allem, wenn er patriarchale Rechte und Ideale vertritt, dem geschieht die Rebellion der Frau von heute recht. Er wäre weise, wenn er sich mit der Rolle des Sancho Pansa begnügte: ein treuer Freund und Diener seiner Herrin, die gegen Windmühlenflügel kämpft, die freilich gestern noch ernst zu nehmende Feinde ihrer Freiheit und Selbstbestimmung waren.

Wir trauen also dem Märchen wie dem Mythos einige Weisheit und Einsicht zu; doch hier soll es nun darum gehen, endlich Frauen selbst zu Worte kommen zu lassen darüber, wie und warum, aus welchen Motiven und vor allem mit welchen Gefühlen sie das »Brauterlebnis« ihrer Entjungferung in Erinnerung haben und zur Sprache bringen. An erster Stelle lesenswert ist nach vierzig Jahren noch immer das Buch, das eine Frau über »Sitte und Sexus der Frau« schrieb: Simone de Beauvoir, »Das andere Geschlecht«. Zum Thema Defloration erfährt die Leserin einerseits Statistisches über diejenigen, welche kaum mehr zu sagen haben, als daß es eben passierte: Erwähnung des *brutum factum* mit Angabe des eigenen Alters und das des Täters samt der jeweiligen Lokalität. Zum anderen wird unter der Überschrift »Erste Erfahrung« *(Initiation sexuelle)* Emotionales beispielhaft abgehandelt, denn »das Nervensystem ist beteiligt«; Begierde, Kitzel, Lust und Ekel, Scham, Furcht, Trauma, Frigidität, Wonne und Schmerz, »ein entscheidender Augenblick« – so geht es durcheinander bei voller Entfaltung der Ambivalenzen und überwiegend vor dem Eingehen einer Ehe – freilich noch vornehmlich in den unteren sozialen Schichten. Alles kann man bei ihr erfahren, wie es war mit der Sexualität der Frau vor einem halben Jahrhundert, vor allem eben beim ersten Male, und was da alles schiefgehen und welche Traumata es hinterlassen konnte. Nicht alles ist überholt, aber offenbar doch recht vieles, vor allem im Hinblick auf die Braut, die in diesem Zusammenhange einen ihrer Wesenszüge einbüßt. Denn wird der sexuelle Initiationsritus *vor* die Hochzeit verlegt, sei's mit dem Verlobten, sei's mit einem anderen, dann ist die Braut eben nicht mehr die archetypisch »richtige« – nicht mehr »der Apfel vor dem Anbiß«.

Nicht mehr diese »richtige« Braut sein zu müssen; sich dieser patriarchal vorgeprägten Form nicht mehr zu fügen: darum geht es ja der Frau von heute, und in den meisten Fällen weint sie der Brautrolle keine Träne nach. Sie schiebt den Begriff ins Museum ab. Dort wäre er vermutlich auch besser aufgehoben als in der Umgangssprache, wo man ihn gleichschaltet mit »Freundin, Geliebte eines Mannes«, und zwar in einem Plural, der Promiskuität nicht ausschließt: » . . .der hatte quer durch die Börde seine Bräute, und zwei hatte er in Berlin« (Kant, Das Impressum). »Bräute« sind auf dieser Sprachebene auch die Straßenmädchen, die kleinen Töchter der Großen Hetäre, und das wollen wir dem Archetyp der Braut, so wie wir sie hinter Klostermauern gefunden und bewundert haben, nicht antun. Was also? Wir werden gegenüberstellen die klassisch-patriarchale, bürgerlich-christliche Braut aus dem neunzehnten Jahrhundert, wie sie uns der »Verführer« in seinem Tagebuch schildert, und die Nicht-Braut von heute, beide vor dem »entscheidenden Augenblick« – das eine Mal betrachtet aus der Perspektive des ästhetisch genießenden Mannes, das andere Mal reflektiert in der Erinnerung von Frauen heute, die das »Brauterlebnis« in Anführungszeichen ihrer Entjungferung zur Sprache bringen. Es sind allzumal Frauen mit höherer Bildung und – mit wenigen Ausnahmen – überdurchschnittlichem Sprach- und Ausdrucksvermögen. Keine von den sechzehn war eine »richtige« Braut; alle sind sie bewußt und willentlich ziemlich weit entfernt von dem Ideal, das uns der Verführer als den »verführerischsten Augenblick« der Braut darstellt.

Bei Kierkegaard geht es also nicht etwa um eine Beschreibung des Sexualaktes – bewahre! Eine solche Geschmacklosigkeit, Indiskretion, Obszönität blieb niederen, ganz und gar unschönen Literaturgattungen vorbehalten. Man weiß Bescheid: Es war tabu. Girlandenreich formuliert der Verführer zum entscheidenden Augenblick hin; die Gefühle der Braut spiegeln sich in der Vorstellung des ästhetisch Genießenden also:

»Wenn sie dasteht im Brautschmuck und all ihre Pracht doch vor ihrer Schönheit verblaßt und sie selbst wiederum blaß wird; wenn das Blut stockt, wenn der Busen ruht, wenn der Blick tastet, wenn der Fuß wankt; wenn die Jungfrau zittert, wenn die Frucht reift; / . . . / wenn die Myrte sie bekränzt; wenn das Herz erbebt, wenn das Auge sich auf den Boden heftet, wenn sie sich in sich selbst verbirgt, / . . . / wenn der Busen wogt, wenn die Gestalt erseufzt, wenn die Stimme versagt, wenn die Träne zittert, ehe das Rätsel sich klärt, wenn man die Fackel entzündet, wenn der Bräutigam wartet – dann ist der Augenblick da. Bald ist es zu spät. Nur noch ein Schritt bleibt zu tun, doch zu einem Fehltritt ist das gerade genug.«

Eine ahnungsvoll Ahnungslose offenbar, wie es der Sitte entsprach. Wir lassen sie da stehen und wenden uns den sechzehn Frauen zu, die ihre Defloration sprachlich wiederholt und damit vielleicht, wer weiß, am Ende unbeabsichtigt doch etwas Wesentliches zum Begriff der Braut beigetragen haben.

Es ist ein schmales Büchlein, blaßblau mit hellblutrot aquarelliertem, etwas zerzaustem Klatschmohn als symbolträchtigem Blickfang und mit dem Titel *deFloration – entBlütung. Autobiografisches zu einem weiblichen Thema,* 1985.[32] Die da schreiben, sind zwischen zwanzig und fünfzig Jahre alt. Sie schreiben zum kleineren Teile Lyrik; vagantenhaft-sarkastische, statisch-knappe, impressionistisch hingehauchte oder sinnlich verträumte Lyrik, bis auf eine Ausnahme eingestreut in Prosa überaus unterschiedlicher Stilrichtungen: episch-besonnene, rauschhaft expressionistische, distanziert-ironische, nüchtern analysierende Prosa, in den meisten Fällen überdurchschnittlich gute, bisweilen anspruchsvolle, in einigen *»purple passages«* hinreißende Prosa, die nur selten – je nach Geschmack und Einfühlungsvermögen – literarisch so weit absinkt, daß das Dargestellte peinlich wirkt. Des Titels ungewöhnliche Rechtschreibung soll nach dem Willen der Herausgeberin den Begriff der *De*floration seiner privativen, beraubenden, enteignenden Bedeutung entreißen und das Er*blühen* in Freiheit und Freude ins Bewußtsein heben. Es wird der Jungfrau nichts mehr geraubt, sie entfaltet sich vielmehr – »wie die zarten Blumen willig sich entfalten«? – Schön wär's, denn in den meisten der dargestellten Fälle ist's reiner Wunschtraum, und es möchte scheinen, als seien erotische Ignoranz und sexuelle Barbarei noch immer und weithin ein männliches Vorrecht.

Das, worum es geht, wird dargestellt im Rahmen mehr oder weniger ausführlicher Lebensläufe, Kindheitserinnerungen, Jungmädchenträume und -ängste; denn auch diese und nicht nur der Mann, mit welchem es dann geschieht, entscheiden ja mit über die Art, wie es erlebt wird. Zu Beginn darf man sich wundern. Was veranlaßt eine Frau, die mit fünfundfünfzig zugibt, in zweiter und diesmal seit zehn Jahren glücklicher Ehe zu leben, dazu mit einigen Töchtern, sich unter dem verwirrenden Titel »Rosa mystica« als messerwetzende Hexe darzustellen, treue, scheue, unberührte Jünglinge heimlich vernaschend und verscharrend? »Bist du heut' mein Spielgesell' / morgen schick' ich dich zur Höll'« – die überlegene Lust der Verführerin, die da nimmt, wen sie will, und wegwirft, wenn sie genug hat: Das erinnert freilich an die Große Hetäre, an die *Femme fatale* von vorgestern und den Vamp von gestern. Heute nennt sie sich eine Hexe. Warum nicht. Es drohen keine Scheiterhaufen mehr. Die Hexe kann die Männer das Fürchten lehren; dem Bräutigam, kein Zweifel, graut vor dieser Braut, denn sie braut sein Verderben . . . »Rosa mystica«, sinniert eine andere Braut von einst, war der Titel eines Gemäldes ohne künstlerischen Wert: Auf einem erkalteten eisernen Öfchen, in einer winzigen Studentenbude, steht ein Wasserglas als Vase; darin eine blaßrosa Rosenknospe vor dem schwarzen Ofenrohr. Es ist alles sehr düster. Aber von einem Bild im Hintergrund des Bildes – es ist Dalis viel zu schöner Christus am Kreuz, frei schwebend über dem Meer tief unten – streift eine schmale Lichtbahn die halbgeöffnete Blüte . . .

Wir suchen noch drei, vier Beispiele heraus, beinahe wahllos. – *Inge* schildert eine Nacht im Auto, im Mai und bei nasser

Kälte. Es ist eng und unbequem und gar nicht schön. Welches Vokabular steht zur Verfügung? »Ekel«, immer wieder: Ekel. Schmerz und das Gefühl, mißbraucht zu sein. Wut, Haß, Ernüchterung. »Sie hatten recht, sie alle, die dich warnten – Moral als Ergebnis von Denken, nicht von Dummheit.« Und dann: eine unerklärliche Art von Mitleid und Verachtung für den, der da einfach – schläft. Da denkt sie über den Traum nach, der sie verführte: »Glück«, »Erfüllung«, »Körpergeistseeleneins«, »Entgrenzung«, »Geborgenheit«. Statt dessen: »Wo die Traumblüte wuchs, klafft eine Wunde.« – »Seelenfetzen.« – »Zu früh, viel zu früh. Zu grob.« Suche nach dem Trost »Anfangsschwierigkeiten«. Trotz allem nicht resignieren. Weitermachen. Schlußtableau: »Irgendwann wird er einschlafen, und sie wird lesen / . . . / und wird die Seiten leise und vorsichtig umblättern.« – Fast das Gegenteil: *Nikola,* der Jüngsten eine. Italienurlaub zu Beginn der achtziger Jahre. Zwei blonde Freundinnen sind unterwegs auf Entjungferungsfahrt, »irgendwann muß es ja mal sein«, und frau hätt's hinter sich. Je unverbindlicher, desto besser. Bloß keine emotionale Abhängigkeit vom »ersten Mann«! Frau entscheidet kühl und knapp, wann, wo und unter welchen Bedingungen sie es machen will. Gefühle? »Nicht, daß ich Großes erwartet hätte. Nein.« Was also? Ein Frösteln, Leere, Stille, Dunkel, Warten. Was war's? »Rein, raus, rein, raus, und Ferne.« Danach: Schweigen; aber nicht allzu nachdenklich lange. Man liegt zu viert in zwei Metallbetten. Die frisch Deflorierten sehen einander an, beginnen zu grinsen; lachen. »Wir war's?« – »Na ja.« – »Irgendwie anders hab' ich mir das schon vorgestellt.« – »Hm, ich auch.« Verliebt? Keine Spur. Sie beginnen, sich zu mokieren, flott und schnoddrig: »Zwei Hymen spurlos verschwunden. BILD sprach als erster mit den Hautfetzen!« Rückblick. Frau und Frau erzählen sich was, auf deutsch, während die erschöpften Deflorateure vom Dienst unbeachtet danebenliegen. Schließlich: »Du, die beiden machen recht verstörte Gesichter.« – »Ist vielleicht auch nicht nett von uns, die ganze Zeit zu lachen, ohne daß sie wissen, worum es geht.« – »Komm, reden wir ein wenig mit ihnen.« – »O. k.« Verkehrte Welt? Geld ist nicht im Spiele, von Prostitution kann keine Rede sein. Die jungen Damen wollen nichts weiter, als frei und heiter-ungeniert von selber zu entscheiden, wann dieses Glas Wasser hinuntergestürzt wird. Keine Sehnsucht nach dem berauschenden Zaubertrank Isoldens? Kein Bedarf nach Ekstase? Angst vor Illusionen und allzugroßer Ernüchterung? Aber warum die noch größere Angst, als unberührte Jungfrau, »unerkannt«, die Jugendjahre hinzubringen oder auch das ganze Leben? Warum wird es nun als Schande empfunden, noch »unschuldig« zu sein? Steigt das aus archaischen Tiefen der weiblichen Seele, oder liegt es einfach im Trend der Emanzipation als Rebellion gegen die alten Ideale?

Es gibt Schöneres, leib-seelischer Erfüllung Näheres. *Gisela* beschreibt es in einfacher, episch ruhiger, ein wenig schwermütiger Prosa, als »Nekrolog auf eine Jugendliebe«, »im Schmerz um ein verlorenes Paradies«. Eine längere Klassenkameradschaft geht voraus; es ist in den fünfziger Jahren. Man hat gemeinsame literarische, philosophische Interessen. Sie eine ehrgeizige Schülerin; er ein interessanter Außenseiter, der die Schule schwänzt, bis nach Nordafrika trampt; damals war das was. Man schreibt einander Briefe; er schenkt ihr Mimosen; es dauert alles seine Zeit. Man zeltet zusammen am Fluß außerhalb der Stadt. Verwirrung entsteht, aber keine Zudringlichkeit. Wer dergleichen erlebt hat, kann es nachempfinden: Es ist seltsam schön und schwierig. Schließlich aber will sie »endlich Frau werden« und einen »Genuß« kennenlernen. Also zeltet man wieder zusammen, diesmal in einem einsamen Waldtal. Sie weiß ungefähr Bescheid, auch über Knaus-Ogino. Aber die Hauptsache ist die Atmosphäre in diesem Tal voller Wald und Altweibersommer, die roten und blauen Beeren und der Mondschein und ein fast traumwandlerisches Aufeinanderzugehen, »es geschah dann fast unmerklich. Wir träumten lange / . . . / ich war glücklich und stolz«. Eine sehr – ist die Vokabel noch erlaubt? – sehr keusche, stille und schöne Erzählung. Bis auf den schrillen Schluß: »Als wir zurückkamen, nannte meine Mutter mich eine Hure.« – »Als die Liebe schon längst ausgelaugt war, heirateten wir, weil ich ein Kind erwartete.« Nach der Geburt die Scheidung. Totenklage . . .

Die Ungeduld, die Unschuld loszuwerden und zugleich als »amazonenhafte Siegerin« zu erscheinen, beschreibt *Eva Beate* in Bruchstücken. »Wann werde ich endlich meine Sterne pflükken / und den Mond streicheln . . .« Sie ersieht sich einen »Prinzen aus Bagdad«, einen Araber, schachspielend. Sie sagt ihm, »daß er der Erwählte sei, der / sie / entjungfern könne. Denn ich war entschlossen, meinen unschuldigen Stand zu verändern mit seiner Hilfe.« Das gelingt denn auch. »Unwiederbringlich dahin« – und dennoch stolz, nun eine Frau zu sein. – Im Ausnahmefall ist sie bereits dreißig, *Margret,* als sie sich im Schachspiel besiegen, die Pille verordnen und deflorieren läßt, während der »Revolutionsjahre 1968 ff.«. Ein Vergnügen war's nicht, stellt sie nüchtern fest; aber eine offenbar notwendige »Initiation ins moderne Leben«. Auch in diesem Falle ist es weder der Ehemann noch der Verlobte, der »es« bewerkstelligt. Ein gewisses Achselzucken – »Befriedigung von Neugier«; »es war wirklich kein Spaß gewesen; Schmerz war das einzige, was ich davon hatte«; aber »immerhin eine Ehre«. Diese Geschichte ist »irgendwie« traurig. Da wird was mitgemacht, obwohl frau im Grunde keine Lust hat und anderes viel wichtiger findet. Ihr mystisches Liebeserlebnis hatte sie mit fünfzehn, als sie an einem strahlenden Sommertag in einen Mirabellenbaum hinaufblickte »und erschrak und verschloß mein Herz, ehe zu viel von dem Göttlichen in dieser Baumkrone es versengen würde«. – »Ich war der Liebe begegnet« – in diesem Baum. Eine Frau, die achselzuckend das Theater mitmacht, obwohl's wahrhaftig nicht der Mühe wert ist . . .

Esther schließlich, Jahrgang 36. Auch hier eine unbestimmte Traurigkeit, weil zwischen zwei, die so gut wie verlobt sind, das Mißverständnis »Sünde« tritt und der Liebe einen Todesstoß versetzt. Der junge Mann ist Pfarrerskind und studiert Theologie. Ehe er mit der Freundin schlafen will, betet er und bittet um Vergebung der »Sünde«. Der Schock ist groß und begreiflich; aber hätte sie nicht –? Nein, sie konnte nicht. Sie hatte nicht Theologie studiert, sondern Beowulf. Mit fünfundzwanzig will sie's endlich auch »wissen«, und man muß es ihr angesehen haben. Jedenfalls erriet der Ibo Samuel, der neben ihr in der Lesehalle saß, was sie wollte. Sie geht mit dem – Neger ins Bett. Exotische Ekstase? »Grotesk / . . . / peinlich / . . . / nichts als eine einzige ungeheuere weiße gähnende Leere von gespenstischer Ausdehnung.«

Diese Deflorations-Anthologie ist lesenswert und nachdenkenswert. Was trägt sie zum Begriff der Braut bei? Nichts, wird der Moralist sagen; denn hier sind sämtliche *mores*, sämtliche Sitten und Gesetze, nach welchen eine Braut zu definieren wäre, außer Kraft gesetzt. Im Grunde doch etwas, ließe sich einwenden; denn von der Idee der *»Initiation«* her, an welcher doch auch der Begriff der Braut teilhat, müßte man jedes Mädchen, jede Frau, die sich dieser Initiation unterzieht, als Braut bezeichnen. Der Unterschied zur konventionellen Braut der patriarchalen Institution Ehe wäre der, daß es hier nun eben in der Entscheidung der Frau liegt, wann und von wem sie sich entjungfern, initiieren lassen will. Der Haupteinwand gegen diesen Einwand ist der, daß es keiner dieser sechzehn Frauen einfällt, sich als »Braut« zu bezeichnen. Das weist eindeutig darauf hin, daß dieser Begriff in erster Linie eben doch eine soziale Rolle bezeichnet und sehr viel mehr mit der *Institution* Ehe verbunden ist als mit sexueller *Initiation*. Bleibt die offene Frage: Ward das Glück auf Erden, ward das Glück der Frau vermehrt, seit sie sich nicht mehr halb oder auch ganz ahnungslos in der Hochzeitsnacht entjungfern lassen muß, sondern frei entscheiden kann, wann, wo und von wem sie sich »einweihen« läßt – im Auto, in der Studentenbude, im Campingzelt; sehr früh oder erst mit dreißig, nach längerer Freundschaft oder flüchtiger Bekanntschaft; unter diesen oder jenen, aber auf gar keinen Fall unter gar keinen Umständen –?

»Sag mir, wo die Jungfrau'n sind . . .«? Die Revolution gegen die christlich-patriarchale Sexualmoral hat sie gefressen, ein wahrlich hungriges Tigertier – »Ich habe Appetit, ich hab' ein Loch im Magen / Ich könnte mit Genuß an einem Fräuleinknochen nagen« (frei nach Shakespeare) – so etwa? Der lüsternen Bestie in den offenen Rachen gesprungen, hypnotisiert von erotischer Glückserwartung einerseits, peinlich belästigt vom Gedanken, »noch« oder »nur« eine Jungfrau und also »ohne Erfahrung« zu sein; nichts Halbes und nichts Ganzes und womöglich auch noch verklemmt? Teils ist es sicher so; in der Hauptsache aber doch anders, um es zu wiederholen: Es geht um die Freiheit und Selbstbestimmung der jungen Frau, und die Pille macht's möglich. Zu fragen bleibt freilich, wie *frei* hier jeweils entschieden wird. Eine selbstbestimmte junge Frau wäre auch *un*abhängig vom *anti*patriarchalen Trend, der sich dem Ideologieverdacht so wenig entziehen kann wie sein Gegenteil. Da muß nun gar manche, ob sie Lust hat oder nicht, mitmachen und womöglich auch noch Spaß an der Freud heucheln, nur um für »voll« genommen zu werden. Schade. Weil das Badewasser so schmutzig war, schüttet sie das Kind mit aus. Ja, das Kind. Sie will es nicht, vorerst jedenfalls nicht, aus welchem Grunde auch immer. Wäre es nicht möglich gewesen, das Badewasser etwas vorsichtiger und überlegter ablaufen zu lassen? Was hilft die Metaphorik. Es ist halt, wie es ist, und nicht immer schön.

Jedoch. Es gibt eine dritte Möglichkeit, die dem abgenagten Fräuleinknochen wieder Sehnen, Fleisch und Haut angedeihen lassen und der jungen Frau Leben und Geist und die Seele einer Braut einhauchen kann – auch ohne Trauschein. Die Geschichte der Gisela macht es annähernd deutlich und auch die nicht erwähnte Erzählung der *Susanna*, die psychologisch sehr viel differenzierter, analytischer und grüblerischer mit der Erinnerung verfährt: Braut, wenn nicht im bürgerlich-rechtlichen, so doch im seelisch-leiblichen Sinne, ist die Frau, die sich zum ersten Male in ihrem Leben dem Mann – nicht irgendeinem beliebigen, zufälligen, sondern dem einen und einzigen, der bereits ihre ganze Seele erfüllt – hingibt. Hier gehen Zweifel und Bedenken voraus, Prüfung und Selbstprüfung und aller mögliche Widerstand, und die Liebe ist stärker und die Sehnsucht, von diesem einen geliebt zu sein: verstanden, geachtet – und begehrt. Wenn etwas von dieser Art, mit oder ohne späterem Trauschein, wieder vergeht und scheitert an menschlicher Unzulänglichkeit des einen oder anderen oder beider, dann ist Grund zu trauern wie um ein Totes . . .

Totes deckt man zu, mit einem Sarg, mit Erde, mit Blumen; auch mit Worten. Ein Nekrolog kann über vieles reden, ernst, würdigend, fragend, ratlos. Über das, was da wirklich vor sich geht und was jeder weiß, wird er keine Worte machen: über die Verwesung. Nur eine rituelle Formel wagt zur Sprache zu bringen, was da im Tode mit den Toten geschieht: »Erde zu Erde . . .« In dieser Deflorations-Anthologie wird über etwas geredet, worüber sich herkömmlicherweise ein nicht minder beredtes Schweigen breitet. Sollte dieses herkömmliche Schweigen am Ende auch einen Sinn haben?

Die Brautnacht oder das Schweigen

Wo stehen wir? Vor den Pforten des Brautgemachs, um eine »richtige« Braut, eine altmodisch-jungfräuliche, durch die Brautnacht zu begleiten? Wenn es wirklich eine altmodisch-richtige ist, dann wird sie sich dergleichen verbitten, und zwar energisch. Sie wird uns die Tür vor der neugierigen Nase zuschlagen und auch das Schlüsselloch für Voyeure verstopfen. Hat sie nicht recht? Sollte es uns nicht nachdenklich machen?

Wir denken ein wenig rückwärts durch die Phänomenologie. Wozu dieser ungeheure Aufwand an schier erschöpfender Systematik; dieses pedantische Sammeln und Sichten aller nur denkbaren Aspekte; dieses Bemühen des objektiven wie des absoluten Geistes; das Recherchieren im Sozio-ökonomischen; das wohlig-schaurige Wühlen in Gefühlen und das Schwelgen in Tüll und Taft, in Fest und Feierlichkeit? Wäre das im Idealfalle einer jungfräulichen Braut *nichts als* das absichtsvolle Drumherum um das Zentralereignis ihrer Entjungferung, das programmgemäß in der Brautnacht stattzufinden hätte? Wenn dem so wäre – und nach primitiven Sitten und Gebräuchen ist es in der Tat so; mit vorzeigbarem, linnenen »Zeugnis der Jungfräulichkeit« und ähnlichen Rechtsunterlagen, die einer Braut die archaische Würde eines intakt und »fehllos« übergebenen Stückes Weibsfleisch verleihen –; wenn dem also so wäre, dann hätte die Braut von heute allen Grund, sich ihrer Jungfräulichkeit vor der Hochzeit zu entledigen und solches auch nicht zu verheimlichen. Es gibt dann eben keine »Brautnacht«. Man tanzt die Nacht hindurch bis in den frühen Morgen, und dann ist man rechtschaffen müde . . . Nun aber: Da, wo Braut und Bräutigam auf altmodische Weise wissen, was sie tun, wenn sie sich zur Ehe entschlossen haben, und diesen Entschluß feiern, da ist der rituelle Aufwand rund um die Braut eben *mehr als* die schöne Verpackung um das, wonach die Sprache so umschreibungsreich und gelegentlich in poetischer Atemnot nach Ausdrücken ringt. Das Wesen der Braut konzentriert sich nicht in ihrer physischen Beschaffenheit; es liegt vielmehr in ihrer seelischen und rechtlichen Verfassung. Die Braut von heute, gerade wenn sie altmodischerweise noch Jungfrau ist, tut recht daran, darauf zu bestehen, daß die Brautnacht nur ein Aspekt unter anderen ist und gewiß nicht der wichtigste. Hier zeigt sich, was Phänomenologie als Methode letztlich bedeutet: Das Wesen der Braut ist in ihrer *Gesamterscheinung*, nicht irgendwo »dahinter«, auch nicht im Geheimen der Brautnacht. Es entfaltet sich in der Vielfalt der Aspekte. Dazu gehören im Idealfall *auch* Jungfräulichkeit und Brautnacht; aber nicht als unverzichtbarer Programmpunkt nach all den übrigen Rechtsakten und Lustbarkeiten. Die Wahrheit der Braut ist *das Ganze*; der Ringelreihn der Aspekte. Von denen kann der eine oder andere ruhig fehlen; das ist eine Frage der Akzentverschiebungen, notfalls auch der Neudefinitionen. Will man absolut Unverzichtbares im strengen Begriff der Braut – nun, es ist bis dato noch immer der Rechtsakt des Übergangsrituals, eine öffentliche Angelegenheit auf dem Standesamt.

Na schön. Heißt: im Grunde doch enttäuschend. Wir wollten doch so gerne was über die Brautnacht erfahren und was das alternative Schweigen damit zu tun hat. Und dann die Sache mit dem Kaffeesatz, und überhaupt: Warum wird hier drumrumgeredet? Ja, warum wohl?

Wir trauten dem Märchen Weisheit zu und dem Mythos Tiefe. Die Geisteshaltung, die in beiden Sprachformen zum Ausdruck kommt, ist die einer gewissen Scheu, bestimmte Dinge direkt beim Namen zu nennen. Der Tod gehört dazu und auch die Sexualität. Es kommt auf diese Weise eine Art *indirekter Mitteilung* zustande. Das Denken muß sich dabei ein wenig anstrengen; es wird nicht mit Fakten abgefüttert; und der Phantasie werden beträchtliche Spielräume freigestellt. Sprache ist ja eine uneindeutige Sache. Sie macht den Menschen zum Menschen; an ihr kann der Mensch aber auch zum Unmenschen werden; unter anderem dann, wenn einer meint, alles, was gesagt werden *kann*, das *müsse* notwendig auch gesagt werden, und zwar so direkt, so »informativ« wie möglich, egal, worum es sich handelt. Dem entgegen gilt, in Abwandlung eines einst vielzitierten Zitats: Worüber man reden *kann*, davon muß man *auch* schweigen können. Erlaubt ist nicht, was gefällt; erlaubt ist, was sich schickt. Das mag medienwirksam überholt sein. Nun: gerade deswegen. Für die richtige Braut und die Brautnacht schickt sich das Schweigen oder allenfalls das Indirekte. Daher Märchen, daher Mythos. Wem das nicht gefällt;

wer sich an sprachlich vorgefertigten Reizen lustvoll bis lüstern entlanghangeln will, der findet, was er sucht anderswo.

Das Indirekte also. Man redet drum herum, und das sehr absichtsvoll. Schön, wenn der Brei wirklich noch heiß ist und nicht schon ins laulich Gewöhnliche abgekühlt. Um des noch heißen Breis willen haben wir Dornröschen im Tiefschlaf reden lassen und den Froschkönig an die Wand geklatscht. Haben Brautgefühle aus der schönen Literatur hingeblättert und die Mythen, antik und biblisch, abgeklappert nach dem Sinn von Jungfräulichkeit auf der einen und Ehe auf der anderen Seite. Aber, wird man einwenden, das sind doch keine Orientierungshilfen für die Braut, die sich aus unerklärlichen Gründen wunder was von der Brautnacht erwartet, um dann am nächsten Morgen ernüchtert als Ehefrau zu erwachen! Was soll ihr denn das Märchen vom Froschkönig helfen?! Soll sie etwa auch noch an den Storch glauben? Es fällt wahrhaftig schwer, sich heutigentags so ein ahnungsloses Seelchen von Braut vorzustellen. Und welche Braut, die Anweisungen für eine leidlich erfolgreiche Brautnacht sucht, wüßte etwa nicht, daß sie nur in den nächsten Buchladen zu gehen braucht? Die obgenannten Einwände taugen also nichts.

Bleibt die Sache mit dem *Kaffeesatz*. In der Dämmerzone zwischen Schweigen und direkter Mitteilung; in dem Dunkel, das den Schein einer einzigen Kerze, das Blinken eines einzigen Sterns so wunderbar erscheinen läßt, begleiten wir sieben Bräute miteinander zu einer uralten Muhme. Die sitzt, wie bei Dornröschen, in einem Turmstübchen, in irgendeinem Traumschloß. Sitzt da in ihrem Lehnstuhl vor blinden, spinnwebversponnenen Fensterscheiben und roten Geranien, hat ein weißes Spitzenhäubchen auf dem wackeligen Kopf und schlürft aus einer großen Tasse schwarzen Kaffee. Die Bräutchen, alle miteinander, sitzen da erwartungsvoll und wohl auch etwas eingeschüchtert, allzumal Jungfräulein, und warten auf das Brautnachtorakel der Uralten. Sieben Tassen schwarzen Kaffee schlürft die alte Muhme, und aus dem jeweiligen Kaffeesatz fängt sie dann an wahrzusagen – jedem Bräutchen das Seine.

Dem ersten: Meine arme Kleine. Du kommst wohl aus Großmüttertagen. Denn die wahre Liebe ist das ja nicht, soviel ich sehe; und besonders rücksichtsvoll scheint mir dein Edelgatte auch nicht veranlagt. Du hast da einen Prestigemann geheiratet und wirst Prestigekinder haben und gut versorgt sein – bist also gar nicht so arm. Da geht das bißchen Brautnachtmalheur auch vorbei. Mach's halt wie die Prinzessinnen im vorigen Jahrhundert. Es hat sich doch herumgesprochen unter deinesgleichen: Mach die Augen zu und denk an was Schöneres. Wenn du schon an Schlimmeres nicht denken magst: an deine Schwester weiter unten im Schichtengeschiebe, die froh wär', wenn sie bei aller Enttäuschung unbestimmter Glückserwartungen wenigstens so gut versorgt und abgesichert wär', wie du es bist.

Dem zweiten: Auch deine Glückserwartungen werden sich nicht erfüllen, mein Töchterchen. Daran bist du aber selber schuld. Du erwartest nämlich alles nur von dem Mann, den du da heiratest, und meinst, er sei für alles allein verantwortlich. Wer hat dir das eingeredet? Du bist doch nicht von gestern. Ich sehe schwärzer, als der Kaffeesatz schwarz ist, wenn du dir die Mühe nicht machen magst, dich in deinen Mann ebenso einzufühlen, wie du das von ihm erwartest – hast du verstanden? Eine Braut darf sich nicht blöder stellen, als sie ist. Und wenn sie's trotzdem tut, aus Bequemlichkeit, dann braucht sie sich hinterher nicht als ahnungsloses Opfer zu beweinerlichen . . .

Dem dritten: Fast nicht zu glauben. Alle deine Glückserwartungen werden in Erfüllung gehen, mein Täubchen. Es wird sein wie im Paradies – ohne die scheele Schlange und das übertretene Gebot. In schönster Legitimität werdet ihr restlos glücklich sein, alle beide. So etwas lese ich selten in meinem Kaffeesatz; aber da steht's – wenn diese goldgelben Zuckerkrümel im schwarzen Schicksalsschlamm nicht lügen . . .

Dem vierten: Beide werdet ihr rechtschaffen müde sein, wenn *der* Tag zu Ende ist und die halbe Nacht und all die Tanzerei dazu. Ich sehe, daß ihr euch im voraus einig seid: Ihr werdet den Rest verschieben auf gelegenere Zeit und euch erst einmal gründlich ausschlafen. Zum erstenmal zu zweit allein in einem Bett, das ist ja auch schon was. Ihr wißt, daß euch nichts davonläuft. Wer so lange warten konnte, dem kommt's auf ein paar Tage oder Wochen länger auch nicht an. Irgendwie und irgendwann wird sich das schon ergeben; vielleicht nebenbei – ich kann das nicht genau erkennen in meiner Tasse. Auch dir, meine Liebe, wird kaum eine Erinnerung daran bleiben. Für den Anfang einer guten Ehe ist das nicht das Schlechteste.

Dem fünften: Was sehen meine trüben Augen? Eine heitere Balgerei wird das werden. Ihr seid einander gewachsen der ganzen Länge nach. Es wird zwar erst einmal schiefgehen, heißt: gar nicht. Das werdet ihr *funny* finden: ziemlich lustig. Und lachen. Mit unbefangener Neugier und ohne romantisch-ekstatische Flausen im Kopf; im Bauch eine gewiß noch unvergorene, längst nicht abgeklärte Liebesverliebtheit, im altmodischen Herzen so etwas wie – ich kann es wiederum nicht richtig erkennen; es sieht nach recht tiefer und ernster Zuneigung aus. Also damit und mit ein bißchen Probieren werdet ihr das schließlich schon hinkriegen. Daß es aufs erste Mal nicht ankommt, das braucht man euch nicht zu sagen.

Dem sechsten: Warum sitzt du so trüb und lustlos da, mein Kind? Hast du Angst? Das ist ja nicht weiter schlimm. Ich sehe deinen Liebsten in meinem Kaffeesatz: Er hat auch Angst. Da seid ihr euch schon einig. Ihr müßt es einander nur sagen. Ihr braucht euch doch nichts vorzuschwindeln. Auf dem Grunde meiner Tasse hier sieht's für euch gar nicht so trübe aus. Ein bißchen Angst gehört nämlich auch dazu, in den allermeisten Fällen. Aber wovor? Das weißt du nicht. Ich auch nicht. Das ist so mit der Angst. Aber die Furcht vor dem Versagen oder weil da etwas wehtun könnte oder was weiß ich, wovor, die kann ich dir hinwegwahrsagen aus meinem Kaffeesatz. Wenn du ihn nämlich liebst, mein Kind, du deinen Liebsten, und wenn du auf die langen Jahre blickst, die vor euch liegen, dann darf ruhig erst einmal alles schief- und danebengehen. Für deinen Liebsten ist es nämlich ganz und gar auch nicht einfach. Er ist ja so unerfahren wie du, und das ist schön. Mit der Seele muß man lieben, zuerst und zuletzt – verstehst du? Dann ist alles andere nur noch halb so schlimm; ja wer weiß, ganz unversehens wird es schön, ich kann nicht sagen, wie . . .

Der siebenten: Na, was hast du denn hier zu suchen? Du weißt doch sowieso alles besser als mein Kaffeesatz. Du glaubst doch nicht an meine Brautnachtorakel. Du glaubst doch bloß an »das Ganze«. Dir seh' ich weder Angst noch Glückserwartungen an. Du sitzt da und ziehst eine Schnute und zuckst die Schultern. Das kenn' ich natürlich auch. Das macht, daß dir meine Orakel so gut wie schnuppe sind. Du verachtest sie sogar als Zugeständnis ans Publikum, als gebrochenes Schweigen, wie indirekt auch immer. Na ja, das Kaffeekochen wirst du schließlich auch noch lernen und mit deinem Liebsten nicht recht unglücklich werden – nuschelt die Alte in ihren Altweiberbart, pustet den siebenten Kaffeesatz als trockenen Staub in Richtung Braut; dreht sich ächzend zum blinden Spinnwebfensterchen, knickt eine Geraniendolde vom Stock und schickt damit die siebente Braut fort. Die steigt besinnlich die enge Wendeltreppe hinunter und verläßt das Traumschloß der alten Orakelmuhme. Ihr Leben lang wird sie den strengen, hellroten Duft einer abgeknickten Geraniendolde nicht vergessen . . .

So also wäre das mit dem Kaffeesatz und dem Indirekten und damit die Phänomenologie nicht einer Lücke und Verlokkung im System nachweinen muß. Alles übrige und direkte: entweder ist es ein gut und behutsam von einem Arzt und Seelsorger geschriebenes Ehebüchlein für Verlobte, oder es ist, unter dem scheinheiligen Schleier der Freiheit des Schreiberlings und der Wahrheit der »Sache« – Pornographie. Ausnehmen wollen wir allenfalls den Naturalismus als sozialkritische Anklage und neuerdings auch den Feminismus, da wo er, ebenfalls in kritischer Absicht, patriarchale Sexualtabus bricht. Die Grauzonen sind weiterhin dem Streit der Ästhetiker und Moraltheoretiker überlassen. Was noch? Daß über die Braut, und über die Brautnacht zumal, auch viel blumig duftender, bürgerlich-biederer Edelkitsch produziert werden kann; viel poetisch-plüschiges Gefühl, Seelenkonfekt und anderes Kunstgewerblerische auf Glanzpapier, das ließe sich mit einer genierten Grimasse schlußendlich auch noch zugeben. Das ist es ja, was die emanzipierte Frau von heute an der Braut so irritiert und nicht selten auch geniert: daß sie zum Schau- und Ausstellungsobjekt wird; daß man sie so neugierig beäugt und sich so einzuwühlen versucht in ihre Gefühle, als hätte sie kein Selbst, das sich zu sich selbst verhält. Daher der Grimm und die saure Miene und die Flucht ins Schweigen und Nicht-Braut-sein-Wollen. Daher der Fußtritt, der die Braut als Schaustück und patriarchalen Plunder ins Museum befördert. Damit erledigt sich die Brautnacht von selbst, und übrig bleibt – eine Deflorations-Anthologie.

6. Die Braut als Symbol

Wesensvierfalt mit Fragezeichen

Sind wir nun vom äußeren Schein vorgedrungen zu einem inneren Seinsgeheimnis der Braut? Hat das Wesen der Braut sich entfaltet, so daß man es fassen und sagen kann: Das und das gehört zu einer richtigen Braut, und wenn es fehlt, ist sie eben nur noch eine halb richtige oder gar keine mehr? Aus dem Wesen müßte sich dann die Symbolwertigkeit der Braut ergeben – Symbol wofür ist die Braut?

Wir wollen zum Abschluß dieser Phänomenologie der Braut eine Art Betrachtungsertrag beibringen und versuchen, das Wesen der Braut und ihren Symbolgehalt als vierfältig zu skizzieren. Das ist jedoch nur dann sinnvoll, wenn man sich gleichzeitig dessen bewußt bleibt, daß hier etwas in Bewegung und in Widerspruch mit sich selbst geraten ist. Die Wesenssuche kann im Treibsand gesellschaftlicher Veränderungen enden und das Ziel schlicht aus den Augen verlieren.

Die Betrachtungen des Phänomens »Braut« wurden von Anfang an getrübt und irritiert durch zwei Meinungen, welche beide die Braut von heute für etwas Zweifelhaftes halten. Aus dem Hintergrunde meinten wir immer wieder die dumpfe Enttäuschung, ja die Anklage der patriarchalen Moral zu vernehmen, die wir schließlich zu Beginn des Kapitels 4 auf offene Bühne stürzen ließen, nachdem die Braut ohne Trauschein ihren Auftritt soeben beendet hatte – Enttäuschung ob der tauben Nuß, als welche sich der Wesenskern der Braut am Hochzeitstage nicht selten zu entpuppen schien. Auf der anderen Seite hatten wir es zu tun mit der gelegentlich recht imponierenden Entschlossenheit der selbstbewußten Emanze, die dem ganzen Brautplunder den letzten Tritt versetzt und das patriarchale Phänomen ins Museum befördern und daselbst verstauben lassen will. Da standen wir dann ein wenig ratlos, hin- und hergerissen zwischen einer Vorstellung von Braut, die noch immer so Bezauberndes ausstrahlt, und ihrer Abschaffung. Hin- und hergerissen zwischen Nostalgie und Nüchternheit, Anhaltspunkte suchend für bleibend Symbolhaltiges und gleichzeitig zweifelnd am Sinn von weißem Kleid und Schleier. Von rechts im Ohr die Klage um ein heruntergekommenes Ideal, das edelste, innigste Symbol der ganzen Schöpfung; von links die entschiedene Ablehnung eben dieses Symbols als »patriarchalem Plunder«.

Symbol wofür? Symbol welcher Art? Eine knappe Vorverständigung über Symbole erscheint angebracht, denn das Wesen der Braut fügt sich nicht einem beliebig-unbestimmten Symbolbegriff. – Es gibt archetypische Symbole und nichtarchetypische. Ein archetypisches Symbol wäre die Mutter. Ein nicht-archetypisches, weil historisch gewachsenes Symbol ist das Kreuz. Bei einem naturhaft-archetypischen Symbol sind die Möglichkeiten der Deutung zwar auch weit gespannt (eindrücklichstes Beispiel die fruchtbar-furchtbare Mutter); doch ein archetypischer Kerngehalt liegt fest: Sie ist in erster Linie die, welcher neues Leben zu verdanken ist. Mutter bedeutet immer Grund und Ursprung, und nicht umsonst werden die Begriffe »Mutter« und »Materie« oft nebeneinandergestellt. Wer »Mutter« sagt, denkt an einen Naturprozeß, der Neues hervorbringt. Ethisches, Mutterliebe, Fürsorge und so weiter kommen erst sekundär hinzu in der Verhältnisbestimmung zum Kind, im mitmenschlichen Bereich. Als Kontrastbeispiel das historisch-religiöse Symbol des Kreuzes. Zwei Extremdeutungen, Infrarot und Ultraviolett gewissermaßen, lassen die Breite des Spektrums erkennen. Als visionärer Einbruch von oben erscheint das Kreuz dem Kaiser Konstantin im Kampfgetümmel an der Milvischen Brücke als Symbol der Weltherrschaft: In diesem Zeichen wirst du siegen. In der Wüstenhöhlen-Einsamkeit wird es einer büßenden Maria Magdalena zum Symbol mystisch-erotischer Weltentsagung. Wer würde heute noch die eine oder die andere Deutung wagen? Und wer zu sagen wagen, was das Kreuz »wirklich« bedeutet?

Zu welcher Art von Symbol gehört die Braut? Wir besinnen uns noch einmal nach rückwärts. Wir begannen unsere Betrachtung mit einem Brauttyp, der uns als »archetypisch« erschien: mit der Prinzessin. Sie war nicht nur jung und schön, sondern auch »selbstverständlich unbescholtene Jungfrau«. Das ist, wie Mutterschaft, in erster Linie etwas Leiblich-Biologisches. Im Hinblick auf Gefühle stießen wir auf Gegensätze und Widersprüche – Penthesilea auf der einen Seite und auf der anderen das Käthchen von Heilbronn. Archetypisches war hier allenfalls in der Intensität und Absolutheit zu vermuten, mit welcher die unterschiedlichsten Bräute auf Bräutigam und Hochzeit reagierten. Das biologisch-psychologische Doppelmoment begegnete uns wieder sowohl bei der mystischen Braut, deren Gefühlsintensität aus dem sexuellen Verzicht zu wachsen schien, als auch bei der emanzipierten jungen Frau von heute, die in eigener Regie den archetypischen Aspekt der Jungfräulichkeit als nebensächlich erledigt und damit dem Brautbegriff etwas Wesentliches zu entziehen scheint. Aber erst im Zusammenhang mit Soziologischem, mit gesellschaftlichen Veränderungen bis hinein in die Gesetzgebung kann es deutlich werden, daß die Braut, wenn Symbol, dann nur ein hybrides Symbol sein kann; weder eindeutig im Naturhaften verwurzelt, also weder archetypisch wie die Mutter, noch in einem historischen Ereignis wie das Kreuz. Als Wesentlichstes im Begriff der Braut erschien uns nunmehr das Ritual, die soziale Rolle, welche die Frau am Hochzeitstag, bei der Eheschließung spielt. Von naturhaften Vorbedingungen oder Zweckbestimmungen kann dabei völlig abgesehen werden: Ob die Braut noch Jungfrau ist, ob sie bereits Mutter ist oder überhaupt nicht die Absicht hat, jemals Mutter zu werden – das alles geht weder Staat noch Kirche noch sonst irgend jemanden etwas an. Es ist in die freie Entscheidung zweier Individuen gestellt. Was vom Begriff der Braut übrigbleibt, ist eine amtlich registrierte Zivilstandsänderung, mit oder ohne festlich-feierlichem Drumherum. Die Braut als Symbol eines bürokratischen Eingriffs in Privatangelegenheiten? Sie runzelt die Stirn, noch zwanzig Jahre danach . . .

Ob archetypisch im kollektiven Unbewußten behaust oder eher unbehaust, durch eine stetig sich ändernde Gesellschaft sich ändernden Deutungen preisgegeben: Symbole sind Versinnbildlichungen von überwiegend unanschaulichen Zusammenhängen mitsamt den ihnen untergeschobenen oder übergestülpten Sinnbezügen. Erscheint die Braut als Symbol, so tun sich hinter ihr alle die Seins- und Sinnzusammenhänge auf, die im voraufgehenden betrachtet und erörtert wurden. Die verschiedenen Aspekte des Phänomens »Braut« einigermaßen sinnvoll zu unterscheiden, das ist nicht einfach, weil sie in der Wirklichkeit ja ineinanderfließen. Dennoch gibt es einen bekannten Leitfaden, mit dessen Hilfe man den wichtigsten Wesenseigenschaften der Braut auf die Spur kommen kann: Hausfrau, Mutter und Geliebte solle sie sein, sagt man und vergißt darüber ein viertes: das, was sie *vor* allen diesen ihr zugedachten Rollen ist – eine Liebende.

Die Braut als patriarchales Symbol

». . . und er machte sie zu seiner Frau«

Genauer: Hausfrau. – An die erste Stelle gehört die Braut, die Gegenstand gegenwärtiger Meinungsverschiedenheiten ist, und das, *obwohl* die patriarchale Ehe nach dem Willen des Gesetzgebers nicht mehr existiert und diese Braut also genaugenommen ein Symbol von gestern wäre. Indes, was einmal so überaus lange Zeiten hindurch Symbol war für patriarchale Ideale, das läßt sich nicht von heut auf morgen umdeuten und mit dem fortgeschritten neuen Inhalte füllen. Was die Braut gestern bedeutete, als die Ehe noch patriarchal war, das hängt ihr auch heute noch an, als Seins- und Sollbestimmung und trotz veränderter Rechtsgrundlage.

So erscheint die Braut also den einen als *Symbol geheiligter Ordnungen* und einer heilen Welt; denn die Ehe als Rechtsordnung gehört ja zu den Grundpfeilern einer jeden Gesellschaft. Die patriarchale Braut ist damit zugleich Symbol einer jahrtausendealten und in den meisten Kulturen dieser Erde in Geltung stehenden Tradition, die dem Manne und Vater die Verfügungsgewalt über Frau und Kinder zuspricht. Für die anderen ist die Braut heute, selbst wenn sie den alten Idealen nicht mehr entspricht, gleichwohl Zeichen verratener Emanzipation; bestenfalls ein dekorativer Anachronismus, den man mit einem Achselzucken kommentiert.

Hier wird die Braut also abgefangen im Vollzuge des Übergangs*rituals* und auf ein Podest gestellt: geschmückt, gefeiert und geweiht für den entscheidendsten Schritt ihres Lebens. Der Bewunderung anheimgegeben, steht sie da als Symbol eines *rechtskräftigen Bundes fürs Leben*, als Symbol des Willens zu *heiliger Pflichterfüllung*, wie das Gesetz es befiehlt. Nützlich-nüchtern-Pragmatisches ist hier im Spiele, und diese Braut weiß um ihr Sozialprestige. Wird sie gleich der Sippe des Mannes einverleibt: Sie weiß, wohin sie gehört und wie sehr sie gebraucht wird. Daher: »Ach fände für mich / ein Bräutigam sich / Wie schön wär's nicht da . . .« Als Frau im Hause, als Hausfrau, wird sie schalten und walten im Rahmen ihrer »Schlüsselgewalt«. Sie ist in sicherem Gewahrsam; sie ist versorgt. Der sie zu seiner Frau »gemacht« hat, hat ein ausschließliches Anrecht auf sie; den Sinn ihres Daseins bezieht sie aus ihrer Zugehörigkeit zu ihm.

Da jedes Ding zwei Seiten hat, ist die patriarchale Braut auch Symbol für des Weibes Bestimmung zu einem besonders mühseligen Dasein. Daher die auf dem Podeste stehende Braut wie ein geweihtes Opfer erscheinen kann, als etwas, das man klagend dahingibt an höhere Notwendigkeiten. »Komm heraus, komm heraus, o du schöne, schöne Braut / Deine guten Tage sind nun alle, alle hin . . .« Die unbeschwerten Jungmädchenspiele haben ein Ende; des Lebens Ernst beginnt: Das Schicksal nimmt seinen Lauf. Viel mehr als ja dazu sagen kann sie nicht.

Im patriarchalen Kontext ist die Braut Symbol des Übergangs von der Jungfrau zur Frau: die Jungfrau kurz vor ihrer Defloration; der »Apfel vor dem Anbiß«. In der Brautnacht wird der Mann sie »zur Frau machen«. Zu der Seinen im ausschließlichen Sinne, und damit ist ihr das Siegel einer absoluten Unveräußerlichkeit aufgedrückt. Die Braut wird dergestalt zum Symbol der Verunmöglichung, der rechtlichen, jedweder anderer erotischer Abenteuer. Die Braut ist Symbol der monogamen *Verrechtlichung von Erotik und Sexualität*.

Zur Braut als patriarchalem Symbol gehört also der archetypische Zug der Jungfräulichkeit. Die Jungfrau gehört zu den archetypischen Ausprägungen des Weiblichen. Als Archetyp hat die Jungfrau ein Eigenrecht neben Mutter und Hetäre. Die patriarchale Braut ist die zur Mutter bestimmte Jungfrau.

Die Braut als archaisches Symbol

». . . künftig eine Mutter werde«

Obwohl dieser Aspekt *auch* zum patriarchalen Symbolwert der Braut gehört, betrachten wir ihn gesondert, denn in dieser natur-archetypischen Bestimmung der Braut, einst und fast überall der Grund ihrer Leibeigenschaft, liegt heute eine der Möglichkeiten ihrer Selbstbestimmung und damit der Veränderung der patriarchalen Ehe in die partnerschaftliche. Für die patriarchale Braut war Mutterschaft schicksalhaft und unausweichlich – ihre Größe und ihr Elend bestand darin; ihr Glück und ihre Beschränkung. Die Braut als Vorschein-Symbol der künftigen Mutter hat teil an der mythisch-archaischen Größe der Großen Mutter. Sie ist ein Schößling im Wurzelgeflecht der allmächtigen Mutter Natur, die ihren Schatten und ihr numinoses Licht im voraus auf die Braut wirft. So eng verquickt können Braut und Natur erscheinen, daß ein Volkslied beim Anblick einer Braut – einen blühenden Birnbaum besingt und in zartesten Andeutungen des Geheimnisses befangen bleibt: »Der Birnbaum blüht nicht nur zur Freude / Er blüht nicht nur zur Augenweide / Kommt seine Zeit, kommt seine Zeit / So ist er voller Süßigkeit . . .« Dazu eine Melodie, adagiohaft getragen und wie in schwermütiger Sehnsucht dahinfließend, die zugleich Verzicht ausdrückt: Bereitschaft zur Selbstaufgabe an ein Höheres, Verhängtes, Schicksalhaftes. Gewiß steht da auch Glück und Erfüllung in Aussicht; die Schattenseite aber, Beschwerden, Angst und Schmerzen, das wird mit der »Süßigkeit« einer Frucht, einer saftigen, goldgelbrostrot gesprenkelten – verschleiert, beschönigt und verstellt. Die Braut ist hier *Symbol verzweckter Sexualität.*

Als archaisches Symbol ist die Braut ein Stück Natur, und zwar schönstes, edelstes und innigstes Symbol der Natur. Bei diesem Anblick findet das Wonneschaudern des Geistes statt; hier offenbart sich, was die Welt in Bewegung und im Innersten zusammenhält: Jede Braut ist ein möglicher Triumph über den Tod auf die einzige Weise, die sich bislang empirisch nicht widerlegen ließ. Für einen Augenblick steht die Braut als künftige Mutter im Mittelpunkt des Kosmos: Sie ist, als Weib und Teil der Natur, die unabdingbare Bedingung dafür, daß Geist als Bewußtsein, das sich selbst und seine Herkunft zu begreifen fähig ist, entstehen kann. Hier wird der Mann, der zeugende, zur sekundären Ergänzung. Im Schoß der Braut beginnt, ob sie will oder nicht, das Wunder der Menschwerdung; hier keimt neues Schicksal; hier ist der Ursprung des Geistes; aus dem Ektoderm entsteht er. Alles übrige, vom Augenblick der Geburt an, folgt überwiegend anderen Gesetzen: sozialen.

Das archaische Symbol der Braut als künftiger Mutter ist zum einen nicht an die patriarchale Ehe gebunden; es hat die gleiche Gültigkeit für jede beliebige Eheform, wofern in derselben Kinder zum Sinn und Zweck der Institution gehören. Es kann zum anderen jedoch der Archetyp der Mutter so übermächtig werden, daß der Frau die soziale Rolle der rechtlichen Zuordnung zu einem Manne zu eng werden oder schlicht als überflüssig erscheinen kann: Mutter will sie zwar werden, aber nicht Braut sein. Wichtig ist das Kind; nicht Mann, nicht Ehe. Wichtig ist der Übergang von der Jungfrau zur Mutter, von einem Archetyp zum anderen. Dazwischen kommt die Braut nicht mehr vor, es sei denn im Sinne der grundsätzlich ungebundenen Frau, die ein Liebesspiel beginnt, um zu einem Kinde zu kommen. Ist dies auch hierzulande kaum der Brauch, so kommt es doch andernorts vor, und es erscheint angebracht, auf diese ehesprengende und damit auch die Braut abschaffende Macht der Großen Mutter hinzuweisen.

Hierzulande hat die Braut sich weitgehend der Macht dieser archaischen Muhme entzogen. Beschworen wird sie aus sicherem Abstande von einem Chor entbrauteter Bräute, die Muße zu solcher Beschwörung haben, weil sie sich mit Hilfe von patriarchaler Vernunft und Wissenschaft ihrem Zugriffe entzogen haben. Groß war der Großen Mutter List, mit Lustgewinn für die Erhaltung der Art zu sorgen. Größer war die Überlistungskunst des Geistes und der Pharmazie, die Lust zum zweckfreien Spiel zu machen. Aus diesem Grunde hat die Braut von heute nur noch sehr bedingt teil am archaischen Geheimnis der Mutter Natur. Es ist entschleiert und manipulierbar geworden. Was einstens Schicksal war, wird heut geplant. Das gehört zur Uneindeutigkeit der Braut von heute.

Auf der Rückseite des Abreißkalenders liest man zum Muttertag ein Sprüchlein von Friedrich Hebbel: »Mutterliebe, man nennt dich des Lebens Höchstes. So wird denn jedem, wie schnell er auch stirbt, dennoch sein Höchstes zuteil.« Hier könnte etwas sein, das niemand der Braut von außen ansehen kann und das man bei aller Uneindeutigkeit ihres fortgeschrittenen Wesens festhalten soll: Wofern sie künftig eine Mutter werden *will*, meint man sicherer sein zu können als einst, daß sie ihren Kindern eine »gute Mutter« sein wird; daß hier viel Liebe und Verantwortung zum Einsatz kommen und Dasein sinnvoll sich erfüllt. Indes, was lehrt die Wirklichkeit? Hier, wo der Braut die schönste Möglichkeit der Selbstverwirklichung in jahrtausendealt geheiligtem Rahmen offensteht – gerade hier wird sie bockig und will von solch archaisch-ehrenvollen Möglichkeiten nichts wissen. Was will sie? Eine Chancengleichheit will sie verwirklicht sehen in der partnerschaftlichen Ehe; eine, die dem Manne, den sie liebt, die gleiche Häuslichkeit gönnt oder aufnötigt wie ihr und ihr die gleichen Chancen »draußen« in Beruf und öffentlichem Leben läßt. Am archaischen Geheimnis, wenn schon nicht der Schwangerschaft und Geburt, so doch der Säuglingspflege rund um die Uhr, möchte sie auch ihn beteiligen. Und warum auch nicht?

Die Braut als romantisches Symbol

». . . immer eine Geliebte bleibe«

Hier sind wir in der neuzeitlichen Wesensmitte der Braut: Sie ist Symbol für legitimes Liebesglück. Würde man ein Symbol für Glück suchen, müßte man nicht auf die Braut verfallen? Sie strahlt ja nicht umsonst; es ist ja nicht von ungefähr der schönste Tag im Leben – so will es das Klischee; so will es die Idee; und die Satire möge an sich halten.

Romantisch ist zum einen die Herkunft der Idee, daß Liebe und Ehe zusammengehören: Wir sahen, daß vor etwa zweihundert Jahren diese Vorstellung sich durchzusetzen begann. Romantisch ist zum anderen die schwärmerische Überbetonung der Gefühle, insbesondere der erotischen Sehnsucht, im Verein mit einer oftmals wirklichkeitsfremden Idealisierung und Verabsolutierung der Ich-du-Beziehung zwischen Mann und

Frau. So steht denn die romantische Braut an der Schwelle der Erfüllung ihrer Sehnsucht. Lange liebte sie schon und lebte im erotischen Advent; im helldunklen Flimmern der Vorfreude, die auch Spannungen und Zwiespälte nicht auszuschließen braucht samt alldem, was dem Glück die Farbe gibt, die nie verbleicht; das Aroma, das bis in späteste Jahre nachduftet; das Gefühl: Es war wunderbar. Eine Sehnsucht, die sich vielleicht über Jahre hinspannte und nun vor dem Gipfelglück der Erfüllung steht – oder vor dem Abgrund? Könnte die romantische Braut nicht auch Symbol des Glücks vor dem Absturz sein?

Im Idealfalle ist sie Jungfrau, und es ist ihre erste Liebe. Das wäre auch gut patriarchal. Aber dann hebt das Ideal ab vom Boden: Es fordert, daß die Liebe und das Glück von Dauer seien, wenn Ehe überhaupt einen Sinn haben soll. Wie lange kann das gutgehen? Das romantische Ideal ist so wunderbar und so zerbrechlich, und die Braut wird zum *Symbol einer schönen Illusion*. Vielleicht macht diese Illusion den populärsten Symbolwert der Braut von heute aus. Vielleicht ist diese trügerische Verheißung von Eheliebesglück mit ein Grund, warum diese Institution zwar brüchig geworden ist, aber noch keineswegs altersschwach und vom Aussterben bedroht erscheint. Vielleicht ist diese Illusion die Falle, in welche die Liebenden gehen und in welcher sie schließlich auch sitzen bleiben – achselzukkend, resigniert, oft auch aus reiner Bequemlichkeit.

Daß die Braut auch als Ehefrau eine Geliebte bleibe, fordert das Ideal und fordern die Liebenden, denn das »Streben nach Glück« ist mancherorts sogar verfassungsrechtlich garantiert. Ist die patriarchale Braut heute ein Problem geworden, weil sie sich den alten Idealen nicht mehr fügt, so ist nicht weniger problematisch die romantische Braut. Sie ist im vorhinein zum Scheitern verurteilt. Die Ehe wird sich als Grab der erotischen Sehnsucht erweisen; alle schönen Gefühle, alle Höhenflüge werden im Staube des Alltäglichen und des Banalen enden – wenn nicht ein frommer Humor sie abfängt und verwandelt in etwas, das diesem Unerträglichen standzuhalten vermag. Als Hausfrau und Mutter auch noch die Rolle der Geliebten zu spielen, das kann zur unfreiwilligen Farce werden; denn hier wird zusammengejocht, was einander wesensfremd ist. Eine

Geliebte bleibt unverfügbar; sie wohnt nicht im gleichen Hause, noch geht sie in die Küche. Die Geliebte ist das nie endende Abenteuer, auch gegen die Gesellschaft. Eine Geliebte liebt Heimlichkeiten; sie ist das Außergewöhnliche. Eine Ehefrau ist das Banalste und Gewöhnlichste, dazu das Öffentlichste und Anerkannteste, was eine Gesellschaft kennt.

Die Braut als Symbol legitimen Liebesglücks, die dazu immer eine Geliebte bleiben soll, kann, wenn sie diesem Ideale nachstrebt und ihr die materiellen Mittel zur Verfügung stehen (die Zimmerflucht im linken Flügel eines Schlosses etwa), zur »Frau ohne Schatten« werden. Sie ist dann eine Art Geisterwesen, wie die Kaiserin in Hofmannsthals Oper[33], vom Kaiser geliebt in eifersüchtig genießender Liebe; Kinder könnten da nur stören, und weil solche Liebe »unnatürlich« ist, erstarrt der Kaiser schließlich zu Stein. Ins Leben kann er nur zurück, wenn die Kaiserin einen Schatten gewinnt – die Liebe muß sich entäußern, verzichten auf ein selbstsüchtiges Glück; die Geliebte muß menschlich und Mutter werden.

Die romantische Braut ist das Symbol der seit zweihundert Jahren immer wieder versuchten Versöhnung des erotischen Abenteuers mit den Zweckbestimmungen der Institution Ehe. Der Assessor Wilhelm hat dem Verführer zwar ordentlich die Leviten gelesen über »die ästhetische Gültigkeit der Ehe«[34], und die Sex-Experten der sechziger Jahre haben auf ihre Weise versucht, die Ehe vor Monotonie zu retten – was nützt's, wenn die Braut den Schleier wirft – oder nimmt?

Die Braut als mystisches Symbol

». . . ewig eine Liebende sei«

Die Braut, die den Schleier wegwirft, das ist die, die nicht Braut sein will, und das Ideal mag zum Teufel gehen. In der Auflösung des Begriffs der Braut inmitten der gesellschaftlichen Veränderungen dieser Zeit; zwischen nostalgisch bedingtem Trott – denn es wird ja fleißig weitergeheiratet – und emanzipatorischem Fortschritt wird das Ideal, das reine Wesen der Braut am reinsten bewahrt von der Braut, die »den Schleier nimmt«.

Sie ist einerseits modelliert nach dem Bilde der patriarchalen Braut: Sie fügt sich einer vorgegebenen, ehrwürdigen Ordnung ein. Als Ordensfrau legt sie ewige Gelübde ab, und dieselben gelten ihrem Herrn und Heiland, vertreten durch irdische, geistliche Vorgesetzte. Ein Bund wird geschlossen; ein Verlöbnis findet statt in feierlichem Rahmen. Sie ist – sie mußte es nicht immer sein – Jungfrau, und sie wird es lebenslang bleiben. Denn sie ist andererseits beseelt von dem, was das Wesen der romantischen Braut ausmacht: von einer unendlichen Sehnsucht – auf dieser Schwelle der Unendlichkeit bleibt sie stehen. Die Sehnsucht wird festgehalten im Verzicht. Dies das Ideal der mystischen Braut.

Das heißt nicht, daß es hier keine Frustrationen und keine Anfechtungen gäbe; wer weiß bewegender über Dürre und Zweifel zu klagen als die Mystik. Auch ist der Verzicht kein narzißtischer Selbstzweck. Auf mancherlei Weise dient er dem Wohle der Gemeinschaft, frei vom Egoismus, der im Fleische wohnt, im Besitz irdischer Güter und im freien Willen. Fremder Leute Kinder zieht sie auf und die Kranken pflegt sie – ach ja, eine Dienerin ist sie, eine Magd um Gotteslohn; keine Freie, eine ganz und gar Gebundene ist sie, und dergleichen freiwillige Sklavinnen hat man gern. Ihr Zölibat dient nicht der ungestörten Ausübung von klerikaler Herrschaft. Der Gotteslohn, wenn er ihr zuteil wird, liegt in jenem Lieben, das den Nöten dieser Erde zwar zugewandt sein mag, seinen Sinn und sein Ziel jedoch im Himmel hat, da, wo sie einen Liebenden weiß, den sie liebt mit bräutlicher Sehnsucht nach dem Endgültigen und Unvergänglichen. Die Werke der Liebe, die sie der Erde zugute kommen läßt, die sind nicht Zweck; sie sind beinahe Nebenprodukte; Mittel der Verleiblichung dieser Liebe.

Die Braut als Symbol himmlischer Liebe und einer unendlichen Sehnsucht: Kann dabei von Glück die Rede sein wie bei der romantischen Braut? Ist die ganze Atmosphäre nicht recht unnatürlich? Man denkt an Klosterschauergeschichten, an wüste sexuelle Phantasien, Hysterien, und man beliebt von Neurosen zu reden. Glück? Zugestanden muß es werden: Dafür gibt es kein Rezept. Wenn es da jedoch etwas zu wählen gäbe, nun: dann lieber eine erotische Neurose als das erbärmliche Behagen sexueller Saturiertheit. Wer nach den Glücksmöglichkeiten der mystischen Braut fragt, dem wird keine eindeutige Antwort zuteil werden; abgesehen davon, daß der Begriff des Glücks so schwer zu fassen ist wie derjenige der Braut heutzutage . . .

Angesichts und trotz solcher Schwierigkeiten will mir scheinen, daß in der mystischen Braut sich *das wahre, das archetypische Wesen der Braut* offenbart. Und zwar so archetypisch, daß auch Geschlechtsunterschiede nebensächlich werden. Archetypisches ist in Naturhaftem verwurzelt, nicht im Zufällig-Historischen. Wer aber von »Natur« redet oder auch von »Leiblichkeit« und dabei in erster Linie an Anatomie denkt, der hat die Ebenbildlichkeit des Menschen gröblich mißbegriffen. Im Verhältnis zu Gott ist der Mensch weder Weib noch Mann, sondern Kreatur und Seele, und diese Seele »ist ein Weib vor Gott« (Rilke); dieweil der Geist, wenn man ihn schon zum Widersacher erklären will, sich mit Luzifer verbünden mag. Heißt: Die Braut ist *Symbol einer Sehnsucht*, die ihre Wurzeln sehr wohl zwar im Leiblichen hat, darüber hinaus jedoch und wesenhaft etwas Geistig-Seelisches ist. So kann die Braut Symbol werden für die sich nach ihrem Herrn sehnende Gemeinde: Der Geist (erlöst aus den luziferischen Fesseln des Zweifels oder der Selbstsucht) und die Braut sprechen: Komm! Bräutlich ist die Seele, die sich sehnt, denn sie sehnt sich nach dem Einen und Einzigen, nach dem höchsten Gut und nach der glückseligen Schauung Gottes, »selig, die reinen Herzens sind«.

Reinen und einfältigen Herzens zu sein; hingebungs- und erwartungsvoll sich dem Einen zu bewahren, dessen Liebe sich am Kreuz verströmte; ewig eine Liebende zu sein diesem Einzigen entgegen: diese höchste religiöse Sehnsucht ist nicht – wie sollte sie – der Frau vorbehalten. Gleichermaßen sehnt sich die Seele des Mannes, weshalb die Braut auch Symbol der bräutlichen Sehnsucht des Mannes sein kann, der sein Leben seinem Erlöser weiht. Denn im Himmel thront kein Mann und kein Patriarch, sondern Gott dreifaltig, der da Geist ist und Liebe, die gelitten hat, nicht nur unter Pontius Pilatus. Der Vergleichspunkt zwischen Braut und der mystischen oder auch eschatologischen Sehnsucht ist ein unbedingtes Gefühl und eine ewige Zugehörigkeit, dergestalt, »daß weder Tod noch Leben, weder Engel noch Gewalten, weder Gegenwärtiges noch Zukünftiges, weder Hohes noch Tiefes noch irgendein anderes Geschöpf uns zu scheiden vermag – von der Liebe Gottes, die in Christus Jesus ist« (Römer 8,38). In erster Linie aber ist die Seele, die da liebt, nicht Geliebte, sondern eben *Liebende*, allen protestantischen Aversionen gegen Himmelsleitern zum Trotz, auf welchen die Seele aus eigener Kraft emporkrabbelt zum Zwecke einer ihr unterstellten Anmaßung »Selbsterlösung«. Sie krabbelt nämlich nicht und macht auch keine Klimmzüge; die Sehnsucht gibt ihr Flügel, und diese Sehnsucht selbst ist Gnade; denn *»Fecisti nos ad te, et inquietum cor nostrum, donec requiescat, Domine, in te«* – »Zu dir hin hast du uns geschaffen, und unser Herz ist unruhvoll, bis es ruhet, Herr, in dir«, schrieb der ebenso lotterlichte wie heilige Augustin vor anderthalbtausend Jahren, und es dürfte noch immer wahr sein.

Was aber die Flügel angeht, welche die bräutliche Sehnsucht emportragen, so stehe hier am Beinahe-Ende ein anderes Gedicht von Rilke aus dem *Stundenbuch*. Die Sehnsucht wird hier verglichen mit einem Engel, dem die Flügel von Geistes und der Tradition wegen angewachsen sind, während die Braut sie sich nur vorübergehend ausleihen könnte. Deutlich soll hierbei werden, daß die Braut als Symbol religiöser Sehnsucht keine Monopolstellung hat. Sie ist austauschbar. Aber abzuschaffen wird sie kaum sein, denn die Religion hält Archetypen und Symbole am längsten fest – und sei es als Kulturschutt.

Hier das Gedicht von Rilke. Gott ist der Große-Dunkle-Unbekannte. Sein Wissen und Wille ist die Ewigkeit. Nur des Menschen Sehnsucht kann ihn mit knapper Not erreichen; denn wie die Engel Wesenssplitter Gottes sind, so hat auch die Kreatur Mensch »etwas von Gott«. Die »grauen Brauen« Gottes mögen irritieren samt der angedeuteten Unsicherheit, ja Ketzerei, hinsichtlich der Erlösung. Es widerspricht ganz sicher dem, was der Apostel Paulus in der zuvor zitierten Römerbriefstelle sagt. Aber die mystische Gottesliebe kennt nun einmal auch Furcht und Zittern, darinnen wiederum der Braut sehr nahe, deren Sehnsucht ja auch kein eleganter Segelflug und noch weniger ein Düsenjäger- oder Raketenstart ist, sondern eher dem unsicheren Flattern des Falters gleicht, den ein Luftzug nach oben mitnehmen will . . .

Du bist so groß, daß ich schon nicht mehr bin,
Wenn ich mich nur in deine Nähe stelle.
Du bist so dunkel; meine kleine Helle
an deinem Saum hat keinen Sinn.
Dein Wille geht wie eine Welle
und jeder Tag ertrinkt darin.

Nur meine Sehnsucht ragt dir bis ans Kinn
und steht vor dir wie aller Engel größter:
ein fremder, bleicher und noch unerlöster,
und hält dir seine Flügel hin.

Er will nicht mehr den uferlosen Flug,
an dem die Monde bleich vorüberschwammen,
und von den Welten weiß er längst genug.

Mit seinen Flügeln will er wie mit Flammen
vor deinem schattigen Gesichte stehn
und will bei ihrem weißen Scheine sehn,
ob deine grauen Brauen ihn verdammen.[35]

SCHLUSSBETRACHTUNG

Die Braut als Schreckvision

Die Künstlerin Niki de Saint Phalle hat die Monumentalgestalt einer Braut modelliert, aus Gips oder Kunststoff; vielleicht ist es auch weißgetünchtes Pappmaché, darauf kommt es ja nicht an.[36] Die Plastik steht in grünem Laubengang, »auf den ersten Blick ein mächtiges Gebilde, ›wie eine Göttin‹« – so die Künstlerin selbst.[37] Ja, imposant und feenhaft zugleich: ganz in Weiß, ein bodenlanges, voluminös ausschwingendes Gewand, das der Gestalt Standfestigkeit verleiht, Unumstößlichkeit. Wie aus kostbarer Spitze mutet es an, und zarter Schleierduft umweht – man ist beim zweiten Blick und stutzt: Wie ist das Köpfchen der Braut doch gar so klein und beinahe kahl; und zum Ausgleich dafür die Brüste wie quallig-überquellend und die Schultern wie ausladend und die nackten Oberarme – und man schaut zum dritten Mal und ganz genau hin und prallt zurück. Das ist ja schauerlich! Das ist ein gespenstisches Ding, eine Phantasmagorie, eine Schreckvision, zu welcher der Künstlerin die Braut geworden ist. So sieht sie bei näherem Zusehen aus:

Das Gesicht puppenhaft stumpf und ausdruckslos; auf dem nackten Schädel ein mageres Kränzlein; der Schleier wie gefrorener Atem an einem frostigen Wintermorgen. Vor allem aber, und hier setzt das Entsetzen ein: Über der wuchtigen Glocke des Rockes, über der kaum vorhandenen Taille, bauscht und bläht sich etwas, worin der Kopf fast versinkt und nur noch wie ein Knopf aufsitzt – Brüste, Schultern und Oberarme sind nicht nur ins Monströse deformiert; sie bestehen überdies aus einem Gewimmel von Madenhaftem, als sei da eine Brut von Schmeißfliegen ausgekrochen. Es dauert noch eine Weile, bis man in diesem erstarrten Schleim Spinnen und Skorpione erkennt, Lockenwickel, kaputtes Spielzeug und schließlich, wogegen sich das Auge am längsten sträubt: nackte und verrenkte Püppchen; madenhaft wimmelnde, sich windende Kindchen, Babys, krabbelnd durch die vollkommene Starre, hilflos und parasitär zugleich . . .

»Die Macht der Braut ist bereits im Moment ihres narzißtischen bräutlichen Triumphes gebrochen«[38] – was an der Braut narzißtisch sein soll, ist schwer einzusehen; sie ist doch ein Schau- und Ausstellungsstück für alle Welt. Daß hier indes etwas Gebrochenes vorliegt, etwas ganz und gar nicht mehr Heiles, das wird auf den dritten Blick klar. Man erfährt zudem, daß die Künstlerin Klosterschülerin gewesen sei. Das mag manches erklären. Sie wollte sich nicht für den Hochzeitsmarkt erziehen lassen. Diese Plastik würde also zum Ausdruck bringen: den Abscheu des verzweckten Weibes vor sich selbst und seiner »natürlichen Bestimmung«. Natürlich ist solch ein Abscheu nicht. Es ist affektgeladenes Denkergebnis, da unglücklicherweise auch das Weib der Verkopfung anheimfallen kann und sich dadurch entweibt. Als Frau betrachtet sie noch einmal den Kopf dieser Schreckvision »Braut«: Augen und Mund sind nur drei winzige schwarze Pünktchen. Das Ganze der Gestalt steht etwas asymmetrisch in der Gegend; das macht nichts. Aber oben, wo der Kopf sein sollte als Gegenpol zu dem voluminösen Unter- und Mittelbau – da ist fast gar nichts. Und was da ist, das wirkt kretinhaft. Arme Kreatur. Arme Christenbraut? »Sie wird aber selig werden durch Kindergebären« –?

Eine heitere Unbefangenheit wäre wohl das einzige Heilmittel gegen solch künstlerisch reflektiertes Zerbrechen eines so zauberkräftigen Ideals, wie es die Braut »ganz in Weiß« noch immer darstellt. Denn es ist der patriarchal-religiöse Ernst, mit welchem »die Bestimmung des Weibes« gepredigt wurde, der in nicht wenigen Frauen, die sich das Denken angewöhnt hatten, Widerstand hervorrief. Hier konnte dann der Geist tatsächlich zum Widersacher werden, wider die Natur und das Natürliche, und Erlösung aus solchem Dilemma – die Intellektuelle zwischen Dissertation und Schwangerschaft; die Künstlerin zwischen Inspiration und Babygeschrei – könnte wohl nur durch eine Liebe geschehen, die mehr wäre als gefühliger Egoismus oder vermischt mit der Angst, den Geliebten zu verlieren oder an ihm schuldig zu werden.

Das Brautgespenst der Niki de Saint Phalle – ihr Künstlername scheint ja Verehrung für die große erotische Göttin auszudrücken – hält ein paar Drahtstengel mit blechernen Rosen vor ihren gewaltigen Busen. Schön wär es, wenn sie blühen und duften könnten. Schön wäre es, wenn das widerliche Gekrabbel und all das monströs Aufgedunsene an dieser Braut sich normalisieren würde, um die Braut aus einer Schreckvision zurückzuverwandeln in das Symbol einer freien und wenn schon nicht heiteren, so wenigstens liebevollen Entscheidung.

Niki de St. Phalle, Brautplastik,
Centre National et de Culture Georges Pompidou, Paris

Verzicht auf Brautsymbole?

Welches Gegenbild ließe sich denken zu einer Braut, die in der vollen Pracht patriarchaler Symbolik zur Schreckvision wird?

Denkbar wäre eine Braut, die aus konservativ-idealistischen Gründen – sie bejaht das patriarchale Ideal! – auf die symbolischen Attribute der Braut, Kranz, Schleier und weißes Kleid, verzichtet. Gerade *weil* sie den alten Idealen anhängt aus Überzeugung und freier Entscheidung; weil sie sich als Jungfrau bewahrt hat und Mutter werden will; und weil sie vielleicht sogar dem Manne, den sie liebt, die besseren Einsichten zutraut und ihm deshalb die Initiative zu überlassen bereit ist – gerade deswegen; vor allem aber, weil diese äußeren Zeichen, Weiß und Schleier, nicht mehr Insignien einer Würde, nicht mehr Ausdruck inneren Wesens und also keine echten Symbole mehr sein können, sondern nur noch leerer Flitter sind, entwertet durch andere, die sich das alles angeeignet haben, gedankenlos und rein äußerlich, weil sie ja nicht sind und nicht sein wollen, wofür diese Symbole stehen – weil das alles Plunder geworden ist, nichts als äußerer Schein, *deshalb* verzichtet sie darauf. *Ihr* Brautsein ist Sache der Gesinnung und des wahren Seins. Sie *ist*, was andere nur scheinen (in Wirklichkeit aber gar nicht mehr sein wollen). Sie ist – Eugenie, die Wohlgeborene, die Edelin, die Adelige in den Wirren einer plebejischen Revolution (frei nach Goethe, »Die natürliche Tochter«). Sie verzichtet auf etwas, das einmal schön war, weil es sinnvoll war, und nicht mehr ist: Verzicht als elitäre Verweigerung. – Sie erscheint im schwarzen Seidenkostüm, einen hochkarätigen Solitär am Revers, im Arm japanesisch-gelbe Chrysanthemen . . .

Diese Braut ist das Opfer eines Symbolwandels. Wir haben es ja längst herausgefunden, daß das weiße Kleid der Braut heute weithin nicht mehr Symbol der Jungfräulichkeit, sondern Symbol der Festlichkeit ist. Es ist einfach schön, und was will man mehr. Es geht andere einen feuchten Staub an, ob die Braut noch Jungfrau ist oder nicht. Die Zeiten des Hymen-Fetischismus sind vorbei. Ein Schleier ist einfach etwas Hübsches in seinem duftigen Volumen; und ein frischer Blütenkranz im Haar der Braut ist reizend. Diese Eugenie mit ihren Chrysanthemen – die kann ja wohl auch nicht dafür.

Braut in Hellgrau, skeptisch

Die Braut als Schreckvision: Protest gegen ein patriarchales Ideal. Die elitäre Attitüde: Protest gegen die Verkommenheit des Ideals. Bliebe als dritte Möglichkeit: Skeptische Distanz; nüchterne Einschätzung der Glücks- und der Unglücksmöglichkeiten und als Ergebnis eine Braut im Zwiespalt mit sich selbst. Wir stilisieren abschließend eine Problembraut, die nicht protestiert, sondern resigniert und damit das patriarchale Ideal auf ihre Weise deformiert – von innen heraus.

Diese Braut ist schizophren. Ihre Spaltsinnigkeit rührt von zu vielem Denken an abschreckende Beispiele von Ehe. Das verdichtet sich zu einer Art Wahn, der nicht wahrhaben will, daß Ehe auch etwas Sinnvoll-Schönes sein könnte. Sie denkt zurück. Was sie sich wünschte, war ein Freund; nicht irgendein »guter«, sondern einer schlechthin: ein Mensch, mit dem man reden kann und der versteht. Ein Mann, der ein Mensch ist und für den sie Mensch wäre; denn ein Weib, das reizen will, war sie nie. Aber siehe da – da nützte nun alle kluge Selbsteinschätzung nichts. Da ist sie nicht einmal unscheinbar genug; nicht einmal spröde und böse genug bei aller frühreifen Gescheitheit, die zu wissen meint, daß die Ehe nicht zum Glücklichsein erfunden wurde. Schizophren und introvertiert: ein Typ, der einem Klassiker der Jugendpsychologie zufolge jenen Villen gleicht, wo nach außen sämtliche Rolläden heruntergelassen sind, selbst am hellichten Tage, damit im festlich erleuchteten Inneren erotisch-poetische Orgien und manch andere Abenteuer stattfinden können . . .

Das romantische Eheideal würde ihr schon zusagen, modifiziert durch moderne Partnerschaftlichkeit. Aber das ist ein schöner Wahn. Und abgesehen von den schlimmen Beispielen, die sie weiß, erscheint ihr der Weg allen Fleisches in die Ehe allzu breit und plattgetrampelt. Viel interessanter ist es, ästhetischen Impressionen nachzujagen, Kulturgüter zu assimilieren und auch einigen Ehrgeiz in anspruchsvolle Wissenschaft zu investieren. Eine Frau, die studiert, wozu braucht die einen Mann? Artemis und Athene sind ihre Freundinnen, und es hätte ewig so weitergehen können, wenn da nicht irgendwo die Welt mit Brettern vernagelt gewesen wäre. Wenn die Suche nach dem Sinn des Lebens sich nicht im Düsteren und Dornigen verirrt hätte. Eines Tages weiß sie nicht mehr so genau, was sie will, und die Resignation beginnt. Eines Tages ist sie bereit zum Risiko, und die Ehe erscheint als das kleinere Übel.

Diese Braut war eine Raupe, die sich langsam und mühsam zu der Möglichkeit hin verpuppte, das Allgemeine doch noch zu realisieren. Nicht mit einem, der noch zu suchen gewesen wäre; durchaus kein Beliebiger, sondern einer, dem die ihm zugedachte Rolle des Freundes nicht genügt und der sich zu entziehen droht, falls nicht –. Sieben Jahre lang hin und her; Labyrinthisches und auf Distanz. Kein Traumprinz; die waren aus anderem Stoff, viel poetischer, unwirklicher. Hier nun die Wirklichkeit: eine Beziehung zu definieren, ein langwieriges Unternehmen, weil mehr Intellekt und Wille im Spiele sind als Gefühle; dazu ein Überschuß an Ethischem und fast zuviel an religiösem Hintergrund. Briefe schreiben könnte man endlos; auch reden, reden – aber leben? Man versucht es miteinander aus der Nähe, im täglichen Kleinkram des Studentenlebens, und sie wird ihm schließlich auch die Brötchen verdienen für eine Weile, und das alles ohne moderne Probeehe. Das zieht sich hin, Monate, Jahre, und zwischendurch Witz und Lachen, als sei da eine schwachsinnig geworden vor unglaublichem – Glück? Die Vokabel existiert nicht. Zur endlichen Verlobung ein schmales Insel-Bändchen, Hegels Vorrede zur Phänomenologie des Geistes. Sie fühlt sich verstanden. Nebenher Studentenrevolte. So viele Dinge, die so viel wichtiger sind, als zu heiraten. Aber da geht es nun eben nicht anders als übers Standesamt; denn Gott wird nur zusammenfügen, was der Staat registriert hat. Also wird sie diesen Mann aus Gottes Hand entgegennehmen und ihn anschließend beschimpfen und anklagen: Du, der an allem schuld ist; du mit deiner lächerlich altväterlichen, kleinkarierten, spießbürgerlichen Vorstellung vom Heiratenmüssen um des Anstands willen und der Leute wegen. Ihn, der sie ertragen wird, schweigend oder ironisch, vernünftig und fromm . . .

Die Braut, die verpuppte Raupe. Hat sich da nun bis zum Hochzeitstag, dem unvermeidlichen, ein schöner Falter entfaltet, ein Prachtexemplar von Schmetterling? Ein goldbraun samtenes, seenblau spiegelndes Tagpfauenauge? Ein hellgoldener, heiterer Zitronenfalter? Ein freundlicher Bläuling wenigstens? Ach, es ist ein ziemlich mickriger Kohlweißling ausgekrochen, gelblich-kränklich verfärbt und mit schwärzlich verwischten Flecken. Und die Flügel hängen ziemlich zerknittert und lose herab, und die ganze Hochzeit hängt auch ziemlich lose herum zwischen einem Examen und einer Angina, und eigentlich wollte sie nur Sauermilch und Knäckebrot; aber was hätten die Gäste dazu gesagt, die wenigen? Alle sind so nett, obwohl es so beengt und ärmlich zugeht; aber die Braut ist sowieso sauer ob der ganzen Zwangsveranstaltung, in die sie da eingewilligt hat. Sie kommt sich lächerlich vor; so überaus ungeeignet für diese Rolle – Medea, die Barbarin, die griechische Kithara zupfend, »Jason, ich weiß ein Lied.« Wird es böse enden? Was wäre das eine, das not ist, um im Gleichgewicht zu bleiben? Die Traupredigt weiß es auch nicht. Wozu also das ganze Theater; wozu diese Selbstentfremdung? Nur diesem Manne zuliebe, der ans Objektive glaubt. Da zieht sie sich zurück und erfindet sich *ihre* Hochzeit mit Privatsymbolen.

Heiraten würde sie im April, bei wechselnd bewölkt mit strichweise Regenschauern. Anziehen würde sie einen hellgrauen Hosenanzug, ein Gemisch aus Schwarz und Weiß, oder Hoffnung mit Trauerflor. Vielleicht doch ein bißchen mehr Freude, daher hellgrau. Sehr wenig Gold, das wahrhaftig Ewigkeit bedeuten soll und Treue und daß hier keine bleibende Statt zu erwerben ist . . . Symbolisches für den Brautstrauß? Rosmarin und Myrte, der alten Liebesgöttin fast vergessene Blümelein, mag sie nicht und auch keine Rosen, nicht einmal zitronengelbe. Was also? Am frühen Hochzeitsmorgen steigt sie durch den Rieselregen allein hinauf zu der alten Burgruine. Dort pflückt sie sich einen Armvoll Brennesseln, frühlingsgrün. Ihre Lieblingsblumen, Maiglöckchen und weiße Dichternarzissen, bleiben fortan aufgehoben für einen möglich-unmöglichen anderen in unbekannter Zukunft, den das Ritual des Übergangs in die moralische Illegitimität verweist.

Brennesseln also. Symbol wofür? »Schützt vor Blitz, Hexen und Ungeziefer; bewahrt Bier und Milch vor dem Sauerwerden«: Sie wird dem Volksaberglauben eine Gelegenheit geben, tiefsinniger als irgendein frommer Trautext zu sein. Ethische Entschlossenheit: Wenn das Ehesüppchen sauer wird – man wird auslöffeln, was man sich eingebrockt hat. Wenn das Ungeziefer häuslicher Mißhelligkeiten auf die Nerven geht? Vielleicht könnte man vorübergehend die Flucht ergreifen, wenn es sich nicht beseitigen läßt. Und der Schadenszauber allfälliger Rechthabereien? Man könnte versuchen, dagegen anzubeten; aber manches muß eben durchgestanden werden. Und die Blitze unvorhersehbarer Schicksalsschläge? Der Gedanke daran könnte einen im vorhinein zur Vernunft bringen, zur Besinnung darüber, was wesentlich ist und was nicht und daß man einander doch zum Leben verhelfen sollte in dieser verworrenen Welt – so ähnlich könnte die Traupredigt einherrauschen, und das Wichtigste an der ganzen Hochzeit wäre, gründlich zur Besinnung zu kommen über das, was man sich da einbrockt mit einem Leben zu zweit. Skeptische Distanz allen Glücksmöglichkeiten gegenüber; ein ironisches Achselzucken darüber, daß es der List der Natur wieder einmal geglückt ist, zwei aneinanderzuketten, von welchen zumindest eine nicht so sehr an »die Natur« glaubt, sondern viel mehr ans Schicksal.

Und wo wird die Brennessel-Privatsymbolik spürbar? Auf der Haut natürlich. Was da auf der Haut brennt, soll zu Bewußtsein bringen, daß auch Zukünftiges, geradeso wie Vergangenes, an Sinn und Lebensmöglichkeit nicht ohne Schmerz und Verletzungen zu gewinnen sein wird. Vom Glück vielleicht einen Abglanz dann und wann und je nachdem, was man darunter versteht. Die Treue kein leerer Wahn, wohl aber ein schwieriges Unternehmen. Die Liebe – anders als sie in den Ehebüchlein steht. Die, an welche diese Braut in Hellgrau zögernd und zweifelnd glaubt, die hängt irgendwo zwischen Dali und Grünewald; nicht so schön und johanneisch freischwebend wie bei dem einen; nicht so schrecklich verkrampft wie bei dem anderen. Irgendwo dazwischen: das wenige, das not ist und das so unendlich schwer zu fassen und festzuhalten ist in den Schwierigkeiten des Existierens, worunter Eheliches zum Nebenaspekt wird . . .

Wenn es aber gar zu traurig wird und gar zu mühsam, dann erinnert diese Braut sich noch zwanzig Jahre danach an einen Zweizeiler, der sich im Original reimt und auf deutsch besagt, daß es keine glückliche Liebe gibt, sondern nur die jeweils zweien gemeinsame. Denkt an das weise und schöne Sprüchlein Louis Aragons, der es Elsa Triolet zudichtete, vor vierzig, vierundvierzig Jahren, mitten in der politischen Widerstandsbewegung, die das private Unglück relativierte:

Il n'y a pas d'amour heureux
Mais c'est notre amour à nous deux.

Dies apropos Liebe. Ehe aber, Ehe ist – was man daraus macht: mit Gottes Hilfe. Sagt die fromme Vernunft, die hier das letzte Wort haben soll.

TEIL II

Brautvariationen

Erste Variation: Die mythische Braut

»Diese endlich!« – Und Eva schwieg.
Traumfrau aus patriarchaler Sicht

Betrachtungen zum vorprogrammierten Unglück
in der erotischen Urbeziehung

Um Wesentliches zu erkennen, geht man gern zurück zu den Ursprüngen. An den Quellen muß das Wasser doch am reinsten sein. Hier muß die Wahrheit alles Seienden sich offenbaren. Auch die Wahrheit über die Braut. Im Hinblick auf Staub und Sehnsucht: Wo sollte man ihr wesentlicher, wahrer und nackter begegnen als in einem Ursprungsmythos?

Die Braut des biblischen Paradiesesmythos, Eva, ist keine »richtige« Braut im eherechtlichen Sinne. Im Garten Eden wird, entgegen aller moralisch wohlmeinenden Exegese und trotz der hübschen Bildchen von Jean Eiffel, nicht geheiratet, und eine »Hochzeitsnacht im Paradies« gibt's nur in der Operette. Die biblisch-mythische Braut ist Braut in einem vorrechtlichen, vor-institutionellen, ja vorsozialen Sinne; denn zur »richtigen« Braut fehlt das Ritual, und es fehlen Gesellschaftsordnungen an jenem fernen, vorzeitlichen, archetypischen Orte »Paradies«.

Staub und *Sehnsucht* als Chiffren deuten an, worum es geht im paradiesischen Begriff der Braut: Es geht um die natürlich-kreatürliche *Urbeziehung* zwischen Mann und Frau als Grundlage und Voraussetzung von Ehe und Eheähnlichem. Es geht um biblische Anthropologie und im Zusammenhang damit um die archetypische Paarkonstellation Mann–Frau *vor* aller Verrechtlichung und im wesentlichen auch vor dem sogenannten Sündenfall. Dem paradiesisch-idealen Urzustande wird unsere Hauptbetrachtung gelten, und im Zusammenhang damit wird die Frage sich aufdrängen, ob angesichts so vieler Mißverständnisse, nicht nur zwischen verbrauchten Ehegatten, sondern auch zwischen leidenschaftlich Liebenden; angesichts so vielen Scheiterns von Glücksmöglichkeiten nicht irgendein *Konstruktionsfehler* in der erotischen Urbeziehung zwischen Mann und Frau vorliegen müsse; ob nicht mitten im Paradies ein *vorprogrammiertes Unglück* zu suchen sei – weder Schlange noch Apfel, sondern etwas, das erst ein feministisch fortgeschrittenes Bewußtsein zu entdecken vermag –?

Biblischer Mythos, tief und schief

Die Paradieseserzählung Genesis 2 und 3 einen Mythos zu nennen, das hat sich inzwischen wieder eingebürgert. Ein Schöpfungs»bericht« läßt zu schnell an einen Report denken und an einen Berichterstatter an Ort und Stelle, der sich sodann um die sachliche Wiedergabe des Geschehens bemüht. Wer heute wieder von einem Mythos spricht im Zusammenhang mit Adam und Eva, der meint es nicht abwertend, sondern anerkennend, daß es hier um symbolisch verschlüsselte Antwort auf Fragen nach Wesen, Sinn und Schicksal des Menschen in dieser Welt und im Verhältnis zu Gott und anderen Mächten geht.

Für den biblischen Paradiesesmythos gilt: Es handelt sich um eine Ursprungserzählung begründender (ätiologischer) Art, und zwar aus patriarchaler Sicht; denn auch der Mythos ist zeit- und kulturgebunden. Das verleiht ihm bei aller Tiefe der Einsicht in bleibende Wahrheiten eine gewisse Einseitigkeit und Schiefheit im Hinblick auf die Bestimmung des Verhältnisses von Mann und Frau.

Will man das Wesen der Paradiesesbraut als der jungen, dem Mann zugewandten Frau von der natur- und schöpfungsbedingten Seite her in den Blick bekommen, so darf man sich als Frau von der schiefen Perspektive des patriarchalen Mythos nicht beirren lassen. Auch in der verdrehten Wahrheit steckt Wahrheit; man muß Verdrehtes nur in die richtige Richtung zurechtdrehen. Man muß den Mythos korrigieren. Es muß der Jahwist streckenweise gegen den Strich gebürstet werden – er sprüht dann Funken der Erkenntnis, von welchen sich auch die emanzipierte Frau von heute erleuchten lassen kann.

Deutungsmöglichkeiten

Mit dieser Bürstenmetapher ist bereits angedeutet, was mit dem Paradiesesmythos geschehen soll. Nichts Ungewöhnliches, wie sich zeigen wird. – Aufgrund seiner poetisch-symbolischen Form erlaubt, ja provoziert der Mythos mehr als jede andere Textart mehrere Deutungsmöglichkeiten. In Genesis 2 und 3 erweist historische Kritik sich als ziemlich stumpfes

Instrument an Apfelbäumchen und geschuppten Schlangen. Was ein ehrlicher Histokrit allenfalls feststellen kann, ist dies, daß trotz all der schönen neueren Vorstellungen von Gleichberechtigung oder auch nur Gleichwertigkeit der beiden, die da nackedei, sei es ihre Unschuld, sei es ein ebenso unschuldiges Sexvergnügen genießen, nicht die Rede sein kann. Die Auslegung, welche der Mythos im Hinblick auf das Verhältnis von Mann und Frau bei Paulus erfährt (1. Tim 3,13f; 1. Kor 11,7ff) ist historisch-kritisch gesehen richtig: genau das, was aus patriarchaler Sicht gesagt werden will. Wäre das alles, so wäre es schade und überdies langweilig. Jedenfalls der Aufregung längst nicht mehr wert. Was also?

Der Mythos von Adam und Eva ist für feministische Theologie keineswegs erledigt. Ganz im Gegenteil. Hier ergeben sich Möglichkeiten, einen ursprünglichen Sinn aufzudecken, der dem Paulus und seinesgleichen entgehen mußte, weil sie von Tiefenpsychologie noch keine Ahnung hatten. Mit solch fortgeschrittenen und in die Tiefe gehenden Methoden lassen sich nun neuerdings Ergebnisse zutage fördern, die dem Selbstverständnis der (westlich-christlich-bürgerlich-individualistisch) gebildeten Frau von heute besser zusagen, als was der Apostel von einst zu sagen hatte.

Unsere Betrachtungen schließen sich der tiefenpsychologischen Methode hier und da und ungezwungen an. Heißt: Wir verfahren nicht schulgebunden-dogmatisch, sondern freihändig-dilettantisch – wie es uns beliebt und ohne Anspruch auf Wissenschaftlichkeit. Die Deutung des Mythos ist, wie seine Entstehung, zeit- und kulturgebunden. Nicht alles, was er zu sagen hat, aber doch manches und bisweilen Wesentliches wird mitbestimmt von der Perspektive derer, die sich Gedanken machen und deren Stimmen mitzwitschern im Meinungskonzert der Zeit. Die Deutung des patriarchalen Mythos soll enden in gemäßigt feministischen Andeutungen anderer – besserer? – Möglichkeiten im Urverhältnis von Mann und Frau. Zur Mäßigung der Deutung gehört, daß die biblisch-mythische, die Paradiesesbraut, daß *Eva* weder als Göttin noch als Dämonin verstanden wird, sondern als Menschin schlechthin.

Wonach fragt der Mythos?

Er fragt, wie bereits angedeutet, nach des Menschen Bestimmung in dieser Welt, nach dem Sinn seines Daseins und dem Ursprung seiner Existenz. Es geht um Existentielles.

Der Mensch beginnt zu denken vom letzten Ende her. Die erste Frage ist die Frage nach dem Tod, der ihm als Übel erscheint. Auch die Braut ist sterblich – Staub vom Staube. Frage also: Wie und warum kam der Tod in die Welt?

Die zweite Frage ist die nach der Ursache unvermeidbarer Plagen auch in dem besten Leben: Schweiß der Arbeit; Beschwer der Schwangerschaft und Schmerzen der Geburt. Das größte, soweit begreiflich, Glück der Frau, Mutterschaft: warum ist es so bitter vermischt mit Angst und Blut?

Die dritte Frage umkreist das Verhältnis von Mann und Frau und nimmt den breitesten Raum im Paradiesesmythos ein; es ist ja die Geschichte von Adam und Eva. Warum zieht es den Mann so sehr zum Weibe? Warum verlangt die Frau nach dem Manne? Warum beugt sie sich unter seine Herrschaft? Warum hält es der Mann bei der Frau aus, obwohl sie doch – schuld an allem ist und damit auch sein Glück verbittert. Warum überhaupt wurde das Weib erschaffen?

Die vierte Frage fragt nach dem Menschen an sich: Was ist Mann und Frau gemeinsam im Unterschied zu den Tieren und zu Gott? Was *ist* der Mensch? Grundfrage aller Anthropologie. Auf diese Frage weiß der Jahwist Tiefgründiges zu antworten. Was er hier zutage schürft, ist weniger kraus und kurios als gar manches, was er zu Frage drei zu sagen hat.

Sprachregelungen: Frau oder Weib?

Früher war es einfach, und auch manch moderner Bibelübersetzung ist es kein Problem: Wo im Urtext von »dem« Adam und »seiner ischschah« die Rede ist, da heißt es auf deutsch: »der Mensch und sein Weib«. Der Mensch ist der Mann; der Mann ist der Mensch schlechthin. Die Gattungsbezeichnung »Mensch« klebt am Manne wie eine zweite Haut. Bezeichnend ist, daß so hochkultivierte Sprachen wie das Englische und das Französische zwischen »Mensch« und »Mann« lexikalisch nicht unterscheiden können und zu Umschreibungen greifen müssen. Zudem fehlt beiden Sprachen die subtile Unterscheidung von »Frau« und »Weib«, die der deutschen Sprache noch einige Reize hinzufügt, indem sie zu Ableitungen verlockt: »die Menschin«, »die Weibin« und, Krone der Sprachschöpfung in süddeutschen Landen: »das Mensch« – ein Weib natürlich, und vorzüglich ein schlechtes.

Wer heute vom »Weibe« spricht, redet entweder poetisch-archaisch oder scherzhaft-ironisch; gelegentlich auch abfällig, weiberfeindlich. Es redet vom »Weibe« auch hier und da noch die Medizin und noch mancherlei andere, in Schweinsleder gebundene, zwischen grünen Plüschtapeten in stiller Studierstube ergrübelte Gelehrsamkeit des immerhin schon weit zurückliegenden neunzehnten Jahrhunderts; vielleicht, weil »das Wesen des Weibes« so überzeugend alliteriert. In der Umgangssprache hat sich die »Frau« durchgesetzt, nicht nur gegen das »Weib«, sondern auch gegen das »Fräulein«, gegen die »Jungfer« und gegen die »Jungfrau« zumal.

Der Mythos müßte weiterhin archaisch-unbeirrt vom »Weibe« reden. Soll die deutende Frau von heute seinem Sprachgebrauch folgen? Sie soll, und zwar in zwei von vier Fällen. Zum einen da, wo es um die Wiedergabe der patriarchalen Perspektive geht; zum anderen dort, wo sie, die Frau, sich ironisch-distanziert zu sich selbst verhält. Von der »Frau« soll gesprochen werden, wenn Sachlichkeit angestrebt oder wenn es um eine feministische Korrektur der patriarchalen Perspektive geht.

Monogame Ehe? Nein.

Es muß im Rahmen dieser Vorbemerkungen wiederholt werden, daß es sich bei der Braut des Paradiesesmythos nicht um die monogam zu verheiratende Frau handelt. Das ist in mancher Hinsicht vielleicht schade, aber nicht zu ändern. In Genesis 2, 22-24 geht es nicht um die Begründung der unantastbaren monogamen Ehe als göttlicher Schöpfungsordnung, wenngleich dies die idealistisch-radikale Meinung Jesu gewesen sein mag, wenn er sagt: »Was Gott zusammengefügt hat, das soll der Mensch nicht scheiden« (Matth 19,6). Von diesem christlich-idealistischen Kurzschluß werden wir absehen und wiederholen:

Ehe, ob monogam oder nicht, ist eine soziale Institution und keine Schöpfungsordnung. Der Paradiesesmythos reduziert das Soziale radikal auf das naturhafte Urverhältnis von Mann und Frau, exemplarisch, paradigmatisch, archetypisch. Ehe ist mehr als Paarung oder erotisches Beziehungsspiel. Ehe ist *kein* Naturverhältnis, allen Graugänsen zum Trotz. Dem Mythos geht es um die natur- oder schöpfungsmäßig gegebene *Grundlage* aller möglichen, kulturell unterschiedlichen Formen von Ehe, dargestellt an *einem* Mann und *einer* Frau als elementarster Beziehung des Menschen *qua animal sociale* – als geselligem Wesen. Daraus *kann* unter anderem auch die monogame Ehe hergeleitet werden; aber nicht zwingend im Sinne einer Naturgemäßheit oder einer gottgewollten Ordnung. Und ganz gewiß nicht als positives Recht.

Vorgeschichte: Adam, Gott und der Garten

Irgendwo muß man anfangen, irgendwo die Evolution abfangen. Man weiß, was man immer wußte: daß der Mensch aus Mutterleibe kommt, aus einem Beinahe-Nichts entsteht. Man weiß, was man nicht immer wußte: daß es vor dem Menschen die lange Vorgeschichte der höheren Säugetiere gab; den Affen und die Abstammung und ganz am Anfang die Einzeller im Urozean. Die Riesenmoleküle der Aminosäuren; Wasserstoff, Sauerstoff und den Urknall, der die Sterne und das Weltall auseinandertrieb. Dergleichen interessiert den Mythos nicht. Es geht um Wesentlicheres und Wichtigeres: daß Gott sich bücke, eine Handvoll *Staub* vom Erdboden nehme und aus solchem Erdenstaub den Menschen erschaffe.

Die Vorgeschichte zur Adam-Eva-Hauptgeschichte antwortet auf die Frage: Was ist der Mensch? Eine klassisch-knappe Antwort gab später der Priester (Gen 1,27): Ebenbild Gottes, beide, Mann und Frau. Tiefer grübelte, man weiß nicht wann, vielleicht im zehnten Jahrhundert, der Jahwist. Seine Antwort klingt umständlicher und unbeholfener; aber er hat genau hingesehen.

Staub vom Erdboden: der Mensch als Kreatur zum Tode

Was er sieht, der Jahwist, ist dies: »Wie die Blume des Grases, die heute blüht und morgen verwelkt ist –«, so und nicht anders der Mensch. Materialistisch-realistisch von den Wurzeln des Daseins her denkt er. Staub wie Pflanze, Tier und Stern ist der Mensch: Humus, am Erdboden haftend. Adam ist genommen von der Adamah, dem Erdboden, der Mutter-Erde; denn Adamah ist weiblich. Die Herkunft vom Staube, von der unbelebten, noch unorganisierten Materie, sie macht den Menschen zur hinfälligen Kreatur. Herkunft, Ursprung als Wunder und Wunde; denn das Ende ist darin schon einbegriffen: *»I will show you the fear of man in a handful of dust«* – »Siehe, des Menschen Furcht: eine Handvoll Staub« (T. S. Eliot). Wasser, das verdunstet; Säfte, die zurücksickern in die Erde; Mineralien, Spurenelemente . . .

Lebensodem von Gott: des Menschen Möglichkeiten

Der »Erdenkloß«, der Staub wird belebt durch Gottes eigenen Lebensodem. Er wird eine »lebendige Seele«, das ist: ansprechbare Person. Von hier aus öffnen sich alle weiteren Möglichkeiten. Was der Priester kurz und knapp »geschaffen zum Bilde Gottes« nennt, das entfaltet der Jahwist ins Vierfache: Tätigkeit (Arbeit); Sprache; Wissen um ein Tabu; Freiheit der Entscheidung. Zur Freiheit gehören Versuchung und Risiko. Durch die Sprache bemächtigt sich der Mensch seiner Umwelt durch Benennung, noch ehe sie der Mitteilung dient. Sprache wird zum Herrschaftsmittel. Wenn Adam den Tieren Namen gibt, so ist das ein »Herrschen über sie«. Mit dem Auftrag, den Garten zu »bauen und zu bewahren«, erhält der Mensch die Möglichkeit tätiger Selbstverwirklichung. Beginn der Kultur als Hortikultur.

Alle diese Möglichkeiten des Menschen sind Möglichkeiten von Mann und Frau gleichermaßen. Wenn der Mythos sie positiv nur an Adam entfaltet, der Mann ist (vom Androgyn weiß der biblische Mythos nichts), so zeigt sich darin die patriarchale Vorstellung, daß primär und beispielhaft Mensch eben der Mann ist; die Frau hingegen ein im nachhinein dem Mann zugeordnetes »Anderes«. Anders auch in dem Gebrauch, den sie, die Frau, von Sprache und Freiheit machen wird.

Der Garten: Symbol der Gottesnähe

Der »Garten in Eden« ist eine Pflanzung Gottes. Die griechische Übersetzung sagte »Paradies« und meinte damit einen umzäunten Park, in welchem es auch Tiere gibt. So ist die Schöpfung beieinander: Pflanzen, Tiere, Mensch und ein Zaun drum rum. Genügend Wasser gibt es auch, und drüber hin ziehen Sonne, Mond und Sterne, samt Wind und Wolken . . .

Von »paradiesischer Unschuld« redet der Volksmund, von »paradiesischer Nacktheit« und von »paradiesischem Glück«. Als etwas wunderbar Unberührtes erscheint das Paradies; unberührt von Schuld und Tod; vom Kampf ums Überleben und von allen Übeln dieser Welt. Gott und Mensch wohnen beieinander unentzweit; Lamm und Löwe lagern friedlich beieinander, und in der Abendkühle wandelt Gott unter Palmen . . .

Unter den Fruchtbäumen des Gartens aber gab es zwei, die besonders waren. Der »Baum des Lebens« in der Mitte; und der »Baum der Erkenntnis« irgendwo gleich daneben, vielleicht zum Verwechseln ähnlich. Und das Glück der Gottesnähe hat seine Bedingungen, gebunden an ein Tabu. Das Paradies ist wunderbar und doch nicht ganz geheuer. Es raschelt im Grase. Adam merkt es noch nicht. Er hängt ein bißchen lustlos herum. Vom Glück der Gottesnähe scheint er nicht viel zu spüren.

Hauptgeschichte: Eva, die Rippe, die Schlange und der Apfel

Es kommt zu einer dramatischen Steigerung der mythischen Ereignisse; Innerstes wird nach außen gewendet: Der Mythos objektiviert. Seelenregungen und Gedankendinge erscheinen als handelnde Personen. Symbolisch ist fast alles – nur die Protagonisten nicht. Sie sind und sollen sein: jedermann und jedefrau, immer, allezeit. Plastisches geschieht, wie schon bei der töpferischen Erschaffung Adams, auch weiterhin im Paradies, auf seltsam operative Weise diesmal. Plastisches nimmt Adam wahr und gerät in Ekstase. Plastisch wölbt sich die verbotene Frucht; plastisch und flexibel ringelt sich die Schlange der Versuchung. Die Auseinandersetzung, die Entzweiung beginnt: die erste metaphysische Grübelei, der erste Zweifel: das Weib. Schließlich ein *rite de passage*, ein Übergangsritual ungewöhnlicher Art, landläufig »Sündenfall« genannt. Die Folgen gehören zur Nachgeschichte.

Im Mittelpunkt des Geschehens steht die eigentlich-uneigentliche Braut ohne Schleier, »nackt, wie Gott sie schuf«; ursprünglich vielleicht bekleidet mit dem Schreckens- und Zauberglanz einer erotischen Göttin; hier, im patriarchal-moralischen Milieu des Jahwisten an den Pranger gestellt als ungehorsames, schwaches und leichtfertiges Weib. – Die Doppeldeutung wird versuchen, beides nebeneinanderzustellen: die physisch-metaphysische Seinswahrheit neben die patriarchale Auf- und Abwertungsethik. Beweisen kann man nichts. Aber andeutungsweise zeigen läßt sich, von welchem Zwiespalt der Gefühle und Werte diese mythische Braut umgeben ist. Die Paradiesesbraut, noch namenlos, nichts als – Weib.

Die Gehilfin: das vorwegverzweckte Weib
»Es ist nicht gut, daß der Mensch allein sei«

Welches ist der Ursprung der Paradiesesbraut? Sie fiel nicht vom Himmel; sie stieg auch nicht aus der Erde. Ihr Ursprung ist in der göttlichen Erkenntnis eines Schöpfungsdefizits zu suchen. Adam war Staub vor seiner Erschaffung und nichthinterfragbare Gottesidee. Das Weib hat einen vorhandenen Grund für seine Existenz: des Menschen-Mannes Einsamkeit. Das gedankliche Kreisen des Mythos um den Mann als Mitte der Schöpfung kommt nicht nur in der Ersterschaffung des Mannes zum Ausdruck, sondern auch in der Überzeugung, daß die Frau um des Mannes willen erschaffen wurde (vgl. 1. Kor 11,9). Diese einseitig-schiefe Sicht ist festzustellen, ehe versucht werden kann, sie zurechtzurücken.

Das Ungute: Einsamkeit. – Im Ideenhintergrunde der Erschaffung des Weibes steht zum einen das, was der Priester in

Gen 1,27 abkürzt zu der Feststellung: »als männlich und weiblich schuf er sie«. Es geht um die geschlechtliche Polarität und die gegenseitige Ergänzung in der Gottesebenbildlichkeit des Menschen. Im Erfahrungshintergrunde steht die Gemeinschaftsnatur des Menschen: Er will nicht und kann nicht als einzelner leben. Aus dem breiten Spektrum des menschenmöglichen an sozialen Beziehungen greift der Mythos die allgemeinste und zugleich komplizierteste heraus: Mann und Frau. (Die Beziehungen Mutter/Vater–Kind, aber auch Herr–Knecht sind schon besetzt durch das Verhältnis des Menschen zu Gott, dem Schöpfer und Herrn.)

Spricht der Mythos vom Alleinsein, so meint er keine romantische Ich-Einsamkeit, die ja meist als inspirativ empfunden wird. Worum es dem Jahwisten geht, das ist die Lebens- und Arbeitsgemeinschaft von Mann und Frau. Daher, wie wir sehen werden, der nüchterne Ausblick nach »Hilfe«. Und doch ist es möglich, hier im Paradiese, im idealen Urzustande also, wo noch kein Lebenskampf stattfindet, an so etwas wie Ungenügen am Alleinsein, an Einsamkeitsgefühle des Menschen zu denken. Einsamkeit als unbewußte Sehnsucht des Mannes nach einem Gegenüber anders als die Tiere, anders als Gott, anders auch als er selbst und doch »ihm gemäß« – seinen Maßstäben angepaßt.

Die Gehilfin: des Weibes erste Zweckbestimmung. – Es hat seit jeher merkwürdig angemutet, daß der Schöpfer nicht sofort weiß, welche Art Abhilfe er schaffen soll, um Adam aus seiner Einsamkeit zu erlösen, nachdem er das Alleinsein als »nicht gut« erkannt hat. Es finden Experimente statt. Es werden nun erst die Tiere erschaffen. Sie entlocken dem Manne seine menschliche Sprachmächtigkeit und damit seine Fähigkeit, Welt zu bewältigen. Verwandtschaftliche Gefühle erwekken die Tiere nicht im Menschen. Das Tier ist nicht seinesgleichen und also auch keine »Hilfe, ihm gemäß«.

Da der Begriff der Hilfe oder Gehilfin so dienstbar-untergeordnet klingt, versucht man ihn neuerdings immer wieder aufzuwerten. Nicht »Hausgehilfin« oder Dienstmagd, gar Sklavin sei gemeint, sondern das gleichwertig ergänzende Gegenüber; die Gefährtin, ja Schicksalsgefährtin. »Was bin ich ohne dich? – Ein hilfloses Defizit!« läßt man Adam exklamieren und überhört in bester Absicht, was der Mythos zu sagen hat, sobald die Hilfe leibhaftig als Weib erscheint.

Solche Bemühungen um eine Aufwertung der »Gehilfin« sind lobenswert, und fast möchte es glaubhaft scheinen, daß der arme, unvollkommene Mann, der halbe Mensch, aus seiner Einsamkeit erlöst werden soll durch die ergänzende andere Hälfte, volkstümlich so hübsch ironisch die »bessere« genannt, die aller Not ein Ende machen kann. Ist Gott dem Menschen nicht auch »Hilfe« in der Not? Kann die Frau dem Manne nicht Hilfe sein in ähnlicher Weise? Die Frau als Gottesgeschenk; das letzte, höchste, schönste und vollkommenste – wird das Paradies nicht erst zum Paradies durch das Erscheinen der Frau als »Krone der Schöpfung«?

Wo sitzt der Wurm? Er sitzt im Detail der Personal- und Possessivpronomen; er sitzt im Gesamtkonzept der Zweckbestimmungen. Alles dreht sich um den Mann, auch die Gottesgedanken. Alles um seinetwillen: die ganze Ausstattung des Paradieses; alle guten Gaben – wen wundert's, wenn hinter dem Rücken Gott-Vaters sich andeutet Pandora, die Allesschenkende, mit der zuletzt auch alle Übel in die Welt kommen? Die Vorwegverzweckung des Weibes zum Mittel, der Einsamkeit des Mannes abzuhelfen, wird sich rächen. Die Ergänzung wird sich selbständig machen. Die »Gehilfin« wird der naiven Egozentrik Adams und dem ganzen Paradiese abhelfen.

Das verfehlte Ideal Gegenseitigkeit: Die erste Einseitigkeit im Paradiese wurde entdeckt. Von der Einsamkeit des Menschen-Mannes ist die Rede, so als gebe es keine Einsamkeit der Menschen-Frau. So als ruhe die »wahre Frau« so sicher zunächst in sich selbst und alsbald in ihrer Zugehörigkeit zum Manne, daß sie gar nicht auf den Gedanken kommen kann, sich als einsames Ich zu empfinden. Was der Jahwist patriarchal-großzügig übersieht, ist die Bedürftigkeit der Frau als Kreatur. Auch sie will auf der einen Seite sie selber sein und andererseits ergänzt werden durch den Mann, den Gehilfen, der *ihr* gemäß ist. Indes, aus- und abgerichtet auf die Bedürfnisse des Mannes; definiert nach ihrer Brauchbarkeit und Hilfsfunktion, ist die Frau als einsamer Mensch nicht vorgesehen von der Vorsehung. Wahr und schön und von Interesse am Weibe ist, was den Mann in seinem Sein und Treiben bestätigt, fördert und ergänzt. Der Mann, nur auf sein Eigenes bedacht, und sei es seine eigene Einsamkeit, wird die Frau alleine lassen in *ihrer* Einsamkeit, und es wird böse enden . . .

Könnte Wesentliches besser enden, wenn Einsamkeit und Bedürftigkeit auf beide Seiten gleichmäßiger verteilt vorgestellt würden? Es ginge nicht um langweilige Gleichschaltung oder spannungslose Verdoppelung – was würden zwei Männer oder zwei Frauen auf die Dauer miteinander anfangen (falls eine solch naive Frage inzwischen nicht auch überholt ist)? Es ginge um das Ideal der Gegenseitigkeit und einer wohlausgewogenen Abhängigkeit voneinander. Dieses Ideal verfehlt der patriarchale Mythos. Er stellt den Mann an die ideologisch vorgesehene Stelle: vorn und als erster, selbstbezogen. Was bleibt der Frau übrig? Sie trottet hinterher, Schlimmes sinnend. Die Vorwegverzweckung des Weibes erweist sich im nachhinein als Grund und Rechtfertigung feministischer Revolte im Gefolge Evas.

Die Rippe: die verknöcherte Anima Adams
»Und Gott ließ einen Tiefschlaf auf Adam fallen«

Der Zweckbestimmung des Weibes als »Gehilfin« des Mannes folgt eine Seinsbestimmung: das Weib als Adams Rippe. Folgerichtig argumentiert der Apostel: » . . . denn der Mann stammt ja nicht vom Weibe, sondern das Weib vom Manne. *Er* ist Abbild und Abglanz Gottes; das Weib aber ist Abglanz des Mannes« (1. Kor 11,7ff.). Was geht hier vor? Was läuft hier schief? Was bedarf der Begradigung durch angemessenere Interpretation?

Patriarchale Rippensymbolik: Als erstes geht es offensichtlich um eine Kompensation matriarchaler Ursprungswirklichkeiten. Der Mensch, vom Weibe geboren, der Mann: Er erträgt es nicht. Weil er geboren wird und nicht gebären kann; weil er weiß um seine Abhängigkeit von der Mutter und eine Frau braucht, um sich fortzupflanzen, muß er diese Rippengeschichte erfinden, um sich seiner Überlegenheit zu versichern. Teil seiner selbst soll das Weib sein; von ihm genommen und also sein naturrechtlicher, schöpfungsmäßiger Besitz; sein ureigenstes Eigentum. Das Erstgeburtsrecht der Schöpfung steht *ihm* zu; dem Weibe bleibt ein Nachrecht.

Ist es so? Ist es nur halb so schlimm? Ist die Rippe ein Ärgernis oder ein Scherz? Eine Überkompensation männlicher Minderwertigkeitskomplexe und Abhängigkeitsängste, oder ist es Ironie mit tieferer, ja tragischer Bedeutung?

Als Ironie wäre es Verstellung der natürlichen biologischen Verhältnisse, die doch jedermann kennt. Zur tieferen Bedeutung siehe unten. Volkstümlich überlebt hat der Scherz den krausen Ernst des Mythos. Denn ernst ist es dem Jahwisten doch zweifelsohne nicht weniger als dem Apostel, der im oben angeführten Text (1. Kor 11,7ff.) eine Begründung für seinen Standpunkt im korinthischen Schleierstreit (daß die Frauen ihr Haar verhüllen sollen) sucht. Es geht Paulus, ontologisch-grob gesprochen, darum, zu betonen, daß das Weib *sekundär*, ein *Derivat, ergo inferior* ist. Das ist empörtes Spätlatein; in zahmerem Deutsch würde es heißen: zweite Wahl; Ableitung; daher also infolgedessen minderwertig.

Das möchte man heutigentags so »ungeschützt« nicht mehr sagen. Es wirkt ja doch etwas peinlich, wo nicht gar anmaßend, und vielleicht ähnlich überholt wie die Sklaverei, die ja ebenfalls ein minderes Menschentum voraussetzt. Man geht also apologetisch, heißt: verteidigend-entschuldigend vor. Es gehe ja nur um eine Ätiologie, um eine mehr oder weniger phantasievolle Erklärung dafür, daß es den Mann so unwiderstehlich zur Frau hinzieht, daß er ihretwegen sogar Vater und Mutter verläßt. Und man verweist auf den griechischen Mythos vom Androgyn, jenem monströsen Kugelmenschen mit zwei Köpfen, vier Armen und vier Beinen, halb Weib, halb Mann: Als die Götter sahen, was für ein Ungeheuer das war, nahm einer das Schwert und hieb das Unding entzwei. Die beiden Hälften, die Wunde der Trennung und ihre Halbheit schmerzlich spürend, suchen seitdem die Wiedervereinung.

Das Mann-Weib-Monstrum, will mir scheinen, ist menschlicher als die Rippe des Jahwisten. Halb und halb in doppelter Unvollkommenheit begegnen da einander; nicht ein »entnommener« und in ein Weib verwandelter Körperteil des Mannes, der diesem Manne wieder »zugeführt« werden muß. Aber nun:

Könnte nicht doch ein tieferer Sinn, annehmbar auch für die auf Gleichberechtigung pochende Frau, in dieser Rippengeschichte sich verbergen? Nachdenklich könnte man fragen: Ist die Frau nicht tatsächlich die heimliche Wunde und Verletzbarkeit des Mannes? Und zudem die Stelle, von der sie »genommen«, so nahe dem Herzen? Von Verletzbarkeit zu reden ist sinnvoll. Die Frau ist unter anderem für den Mann auch eine Wunde und eine *Irritation.* Die »Rippe« irritiert also nicht nur die Frau von heute; sie irritiert seit jeher auch den Mann. Mithin: Frau und Mann können eine Irritation füreinander sein; freilich bisweilen auf sehr unterschiedliche Weise. Unter allen Irritationsmöglichkeiten aber gibt es eine, auf die im Grunde weder Frau noch Mann verzichten wollen, selbst wenn sie es könnten: die erotische Irritation. Denkbar ist eine Deutung der Rippensymbolik, an welcher Frau und Mann gleichermaßen sich erbauen könnten. Die berühmt-berüchtigte Rippe wäre, tiefenpsychologisch gedeutet, »nichts anderes als« – die patriarchal verknöcherte und verbogene Anima Adams.

Die Traumfrau Adams und das Gegenbild: Der Tiefschlaf, in welchen der Menschen-Mann in seiner Einsamkeit versenkt wird, ist tiefer, als historisch-kritische Exegese sich träumen läßt. Weder eine Art Narkose zur Vermeidung von Operationsschmerzen; noch Trick, damit die Überraschung um so größer sei; noch Verhüllung des Schöpfungsgeheimnisses vor dem Manne; weiß er doch bei Erwachen sofort, wer und was da vor ihm steht. Er hat das Weib vorweggeträumt: Seine Traumfrau steht leibhaftig vor ihm.

Ein Tiefschlaf (tardemah) hat es in sich: es ist ein Schlaf mit Träumen und Visionen (vgl. Gen 15,12ff.). Ein Abstieg also ins Unterbewußte, in die Keller- und Urzeitgewölbe der Seele, allwo die Archetypen zu Hause sind und auch die Dialektik, das Vexierspiel von Animus und Anima. Diese zu bemühen erscheint sinn- und reizvoll. Sinnvoll, weil der Mythos selbst das Stichwort »Tiefschlaf« gibt. Reizvoll, weil hier eine Wahrheit sich zeigen kann, die nicht auf ideologischen Voraussetzungen beruht, sondern auf Erfahrungstatsachen, also auf Empirie – jeder hat es erlebt, jeder kann es nachvollziehen.

Was man aus Erfahrung weiß, ist dies: Erotisches beginnt nicht mit einer Begegnung, sondern mit Sehnsüchten und Tagträumen. Es beginnt in den Tiefen des Unbewußten, wo das weiblich-männliche Doppelprinzip Anima-Animus die erotische Erfahrung der Vorfahren aufbewahrt. So beginnt das Mädchen von ihrem Animus zu träumen; von ihren männlichen Möglichkeiten, die ihr interessanter erscheinen als die Anima, die sich in ihr verleiblicht. Der junge Mann beginnt zu träumen von seiner Anima, seinem »inneren Mädchen«. Der Traum-Mann, die Traum-Frau nehmen Gestalt an, undeutlich und dennoch wie zwanghaft, auf der Schwelle zwischen Bewußtsein und Unbewußtem. Des Mannes tiefster Traum ist die Frau, die zu ihm paßt. Der Mann, der zu ihr paßt, ist der tiefste Traum der Frau. Solche Träume sind *praeparatio erotica* – Vorbereitung und Hinführung zum erotischen Ereignis.

Einseitig zwar, weil nur vom Manne her gedacht, aber dennoch der Erfahrung entsprechend wahr wird des Menschen Wunschtraum und Sehnsucht nach dem idealen »anderen« Menschen unter dem Symbol der Frau aus der Rippe dargestellt. Es ist objektivierte und verleiblichte Sehnsucht, was im Mythos zunächst als »Rippe« und alsdann als »Weib« erscheint. (Von einer im engeren Sinne sexuellen Deutung der Rippe kann hier abgesehen werden. Erotisches bezieht sich in erster Linie auf Seelisches und kann Sexuelles völlig an den Rand drängen. Adam träumt erotisch, nicht sexuell, fürs erste.) Die Traumfrau Adams ist Seelensubstanz von seiner Seele Substanz. Er träumt seine Traumfrau aus sich heraus, und sie bleibt doch Teil von ihm. Die »Rippe«, noch einmal, ist Adams Anima, patriarchal verknöchert, ideologisch verbogen durch voraufgegangene Zweckbestimmungen und nachfolgendes Herrschaftsgebaren des Mannes.

Man muß das Gegenbild, die spiegelbildliche Ergänzung von seiten der Frau hinzudenken, um ins Gleichgewicht zu kommen. Der Mythos wird sie später als »Mutter aller Lebenden« würdigen. Vorerst aber ist sie Braut und träumt keineswegs von Kindern. Sie träumt den Traum-Mann aus sich heraus; aber kein Mythos erzählt davon. – Das erotische Verhältnis von Mann und Frau ist bestimmt durch die Anima-Animus-Dialektik. Ist Adam androgyn in dieser Hinsicht, so ist es Eva nicht minder. Man kommt los vom Klischee »typisch männlich«, »typisch weiblich«.

Erotische Irritation: Glück und Unglück. Trotz Gegenbild und Gleichgewicht: Verletzbarkeit und Irritation bleiben als unterschwellige Möglichkeit, und das Schönste kann schiefgehen. Traum-Mann und Traum-Frau sind ja Geschöpfe erotischer Phantasie. Was dann jeweils leibhaftig begegnet, das ist nicht mehr Teil meiner selbst und stimmt in den seltensten Fällen mit dem Erträumten überein; selbst wenn es auf den ersten Blick so scheinen mag – ja, gerade dann. Die erotischen Irritationen, welche sich daraus ergeben, können, im Wortverstande, reizvoll, an- und aufregend schön und glückverheißend sein. Solche Spannungen schaukeln das Lebensgefühl auf; Langeweile kann nicht aufkommen. Was mich irritiert, das läßt mich fühlen, daß ich lebe, und im Konflikt erprobt sich mancherlei, auch die Macht des Erotischen da, wo Ideal und Wirklichkeit nicht zusammenstimmen. Freilich ist dann auch irgendwo und irgendwann eine Grenze erreicht, wo es ärgerlich, unerträglich und hoffnungslos wird; wo außer Mißverständnissen und Machtansprüchen nicht mehr viel übrigbleibt. Hier kann dann keinem Patriarchat mehr die Schuld in die Schuhe geschoben werden. Hier kommt etwas zum Vorschein, was nach einem tiefer liegenden Konstruktionsfehler in der Urbeziehung von Mann und Frau aussieht. Etwas, das im Grunde so unerklärlich ist wie die Hinterlist der Schlange. Erotische Irritation ist einerseits aufregend schön; andererseits kann sie zerstörerisch werden. Der Grenzübergang liegt unbestimmt im dunkeln zwischen Ich und Es. Das Unglück ist wie vorprogrammiert, nicht durch patriarchale Ideologie, sondern durch etwas, das der erotischen Urbeziehung so eigen zu sein scheint und ihr wesensmäßig innewohnt wie dem Leben der Tod . . .

Die Schweigende: Rätsel Weib?

»Diese endlich!«
»Man wird sie Männin nennen«
» . . . und seinem Weibe anhangen.«

Die erste Begegnung zwischen Mann und Frau: idealtypisch aus patriarchaler Sicht. Hingerissen und wortgewaltig der Mann; die Frau zurückhaltend, nichts-sagend. Mitten in der lyrischen Ekstase Adams: der Fall vor dem Fall – aus feministischer Sicht. Folge: Die Frau geht in den Untergrund des Schweigens. Was bedeutet es?

Adam: lyrisch-erotische Ekstase: Es ist die Fortsetzung der Einseitigkeit; aber doch sehr schön und Höhepunkt der ganzen Schöpfungsgeschichte. Das Glück des Menschen-Mannes ist endlich vollkommen. Seiner Einsamkeit ist abgeholfen; die Welt ist rund; das Paradies klingt wider von Liebeslyrik – freilich recht eigenartiger Ausprägung.

Adam erwacht aus seinem Tiefschlaf und erblickt die Traumfrau leibhaftig: jung und schön wie eine Liebesgöttin; nackt wie Astarte am Strande Syriens. Adam erblickt die ihm von Gott zugeführte einzig mögliche Frau und insofern seine »Braut«; steht und fällt – »fällt in Liebe«, wie in eine Falle. Die englische Sprache (to fall in love) ist hier von dramatischer Anschaulichkeit. Das deutsche »sich verlieben« hört sich sehr viel harmloser an, wie versehentlich an etwas geraten oder sich den Fuß verstauchen. Adam aber tut seinen ersten Fall (und die Satire wird später sagen, er sei »hereingefallen«), und dieser Fall erhebt ihn zu den höchsten Höhen emotionaler Kreativität: Er wird zum Dichter. Genesis 2,23 ist Poesie, nicht Prosa.

Des Mannes Menschsein zeigt sich darin, daß er beim ersten Anblick der Frau sich nicht in sexueller Begierde auf sie stürzt, um einen Trieb zu befriedigen. Der »Naturzustand« des Menschen, sogar des Mannes, ist durchseelt und durchgeistigt. Die erste Reaktion ist reines Entzücken, das sich Ausdruck schafft in überschwenglicher Herzensergießung: »Diese endlich!« Wes das Herz voll ist, des geht der Mund über, und ganz nebenbei bildet sich die Keimzelle zu einem Nebenkosmos: Poesie als dichterisch versprachlichtes Dasein. Das bleibt freilich Andeutung und verhält sich zum Reichtum des Hohenliedes wie eine Handvoll Glasperlen zur Schatzhöhle Aladins. Aber für das Paradies und den Mythos genügt's.

»Diese endlich!« Das ist die kürzeste Formel aller Liebespoesie. Diese oder keine! Wie könnte eine Braut sich absoluter bestimmen lassen? Hier ist ganz offenkundig Gipfelglück erreicht; ein ekstatischer Augenblick, in welchem der Mann die Frau als seinesgleichen erkennt im Unterschied zu Tier und Gott. Endlich! Tiefster Traum wurde wahr. Sie, nach welcher ihn verlangte, steht leibhaftig vor ihm: die ideale Braut. Ideal – in welchem Sinne?

Aneignung und Anhangen: Der eigenartige Fortgang dessen, was Adam zu sagen hat, zeigt, in welchem Sinne die Braut so ideal ist. Nicht »dein auf ewig« sagt er, sondern »mein«: Von mir ist das alles genommen und mir gehört das alles, seins- und rechtmäßig. Das poetische Schwelgen wird possessiv, es wird besitzergreifend über die Maßen. Rippenontologie (»Bein von meinem Bein«) und Aneignung durch Namengebung (»Die soll Männin heißen«) offenbaren den künftigen Eheherrn und Patriarchen. Vielleicht handelte es sich ursprünglich wirklich nur um eine Volksetymologie: Das Volk meinte, *ischschah* – Frau sei eine Ableitung von *isch* – Mann; wo doch in Wirklichkeit das Wurzelwort für »Frau« im Hebräischen ganz eigenständig dasteht. Mit dieser Namengebung verbindet sich mehr als ein Wortspiel, das im Deutschen die häßliche Form Mann –Männin annahm. Es geht, wie zuvor an den Tieren vorgeführt, um ein Herrschaftsgebaren des Mannes. Er bestimmt, wie »die da« heißen soll, und die ontologische Begründung wird gleich mitgeliefert: »denn vom Manne ist sie genommen«.

Ideal ist diese Braut, weil sie dem Manne so fraglos zugehört und zur Verfügung steht – oder zu stehen scheint? Denn so einfach, wie man es gerne hätte, ist es nun doch wieder nicht. »Dein ist mein ganzes Herz«, sagt Adam nicht; um so mehr überrascht, daß der Jahwist gewissermaßen mit Franz Lehar, »Das Land des Lächelns« – »Wo du nicht bist, kann ich nicht sein« – durchaus einverstanden scheint. »Darum wird der Mann Vater und Mutter verlassen und seinem Weibe anhangen«, ja *»ankleben«* wird er ihr. Aber keine Rede kann davon sein, daß er hinziehen wird, wo *sie* wohnt, und dort sein Leben verbringen wird. Genauso wie Lisa aus Wien ihrem chinesischen Diplomaten und Prinzen Sou-Chong in dessen Heimat folgt, so folgten schon Rebekka und Rahel ihren Eheherrn dahin, wo *er* sich zu Hause fühlte. Die Sache mit dem Anhangen will lediglich besagen, daß die Frau für den Mann wichtiger sein wird, als die Eltern es sind, weil *sie* eine neue Generation aufziehen wird. Es kann freilich auch bedeuten, daß unter Umständen die Frau für den Mann zum Schicksal wird und den Sinn seines Daseins in Frage stellen kann, wie im Falle Saras.

Wenn Scheidung nicht möglich ist und die Nachkommenschaft versagt bleibt . . .

Die ideale Braut, so wie sie am Ende von Genesis 2 vor Adam steht, steht reg- und sprachlos zwischen dem hin- und hergerissenen Mann. Er reißt sie einerseits ideologisch an sich: »Sein« Eigentum ist sie; ihm gehört sie; und er wird gehen und sich nehmen, was ihm gehört. Andererseits ist da etwas, das ihn zieht, wegzieht von Vater und Mutter (zunächst und gar bald von Gott) und hinzieht zur Frau. An-sich-Reißen und Sich-hingezogen-Fühlen sind nicht ein und dasselbe. Die Doppeltatsache, daß der Mann vom Weibe kommt und zum Weibe geht, muß der Mythos auf komplizierte Weise so überspielen und erklären, daß dem Hin- und Hergerissenen der Schein und das Gefühl der Überlegenheit und Initiative bleiben.

Passivität und Schweigen: Macht oder Ohnmacht? Daß die Frau so vollkommen stumm bleibt; daß der Mythos nichts von *ihrer* Reaktion auf den Mann zu sagen weiß, das entspricht dem herkömmlichen Wunschbilde des Mannes von der Passivität des Weibes. Sie sagt nichts, weil sie nichts zu sagen *hat*; es steht ihr außerdem nicht zu, das Wort zu ergreifen. Ist dem Weibe also eine nichts-sagende Existenz und Rolle zugedacht? Mitnichten. Das Schweigen ist vielsagend.

Im jahwistischen Mythos ist es gemeint als Zeichen der Bescheidenheit und Schicklichkeit. Es ist ja schon ungewöhnlich genug, daß »es« so nackt dasteht. Zwar nicht eben Unterwürfigkeit und Zur-Verfügung-Stehen; aber doch eine sittsame Zurückhaltung, ein bescheidenes Abwarten entsprechen auch heute gelegentlich noch dem »natürlichen Empfinden« bezüglich dessen, was sich für ein junges Mädchen schickt. Wenn sie dann rowdyhaft auftritt – um so schlimmer. Oder verständlich? Im übrigen weiß man es aus den Romanen, was da einst erwartet wurde – ein schelmisches Lächeln, ein holdes Erröten, und der Jüngling ist hin.

Ach. Und wenn: Wäre es denn falsch? Ist es denn schlimm? Muß das geändert und abgeschafft werden? Es hat sich ja schon weithin von selber abgeschafft; aber ist es nicht auch »irgendwie« schade? Weiß man nicht mehr um die Macht des Schweigens, gerade in erotischen Situationen und noch weit entfernt vom Gedanken an »die Sache«? Da, wo kein Befehl – »sei schön und schweig!« –, keine Sittsamkeitsregeln und kein sonstiger äußerer Zwang das Schweigen erzwingen, da kann solches Schweigen zwischen Frau und Mann sehr viel in Bewegung bringen und mächtiger wirken als viele Worte. Natürlich kann es Zeichen der Verlegenheit sein, so wie vieles Reden auch. Es kann aber auch ein Zeichen selbstsicherer Überlegenheit sein. Reden kann, abgesehen von dem, was gesagt wird, vieldeutig sein. Schweigen desgleichen; man redet ja nicht umsonst von »vieldeutigem Schweigen«. So ist denn auch das Schweigen der Paradiesesbraut der besitzergreifenden Lyrik Adams gegenüber höchst vieldeutig. Wie möchte es die Frau von heute gedeutet haben?

Als Macht? Als Macht des reinen Seins. Das bloße Erscheinen der Frau – bloß! – wirkt ja zweifellos überwältigend auf Adam. Sie ist so über die Maßen schön. Ihr Blick, ihr Lächeln; und alles übrige – das kennt man doch, auch ohne Lyrik und Roman, Film und Fernsehen. Man weiß doch, wie das wirkt, und also braucht der Mythos kein Wort darüber zu verlieren. Das Erscheinen des Weibes wirkt auf Adam faszinos, numinos, epiphan. Wie aber sagt der neue Werther von Plenzdorf aus dem volkseigenen Betrieb? »Ich denk', mich streift ein Omnibus.« Es haut ihn um. Das ist's. Die Paradiesesbraut wirkt auf Adam ohne ein einziges Wort und ohne den kleinsten ihrer Finger zu rühren. Ihr bloßes Sosein zwingt den Mann zur Reaktion. Sie ist – oder scheint sie nur? – die unbewegte Bewegerin.

Wäre das nicht was? In der Tat: Es ist der Wunschtraum des Mannes, so bewegt und hingerissen zu werden vom Weibe als einem beinahe höheren Wesen, das inspiriert und aktiviert; höchste seelische und sonstige Potenzen freisetzt und ihn emporreißt zu Höchstleistungen. Die Braut auf dem Podest, das Edelweib im Naturzustande: schön, keusch, erotisch, überaus erhaben, ja heilig; das Weibliche, das hinanzieht: eine abendländische Tradition, die ihre Wurzeln freilich nicht im jahwistischen Mythos hat, sondern im Lavendelduft der mittelalterlichen Provence. Ist es eine gute Tradition, wünschenswert für die Frau? Möchte eine Braut sich so vergöttert sehen? So angebetet auf den Knien des Herzens? Um welchen Preis? denkt die Braut und schaut skeptisch. Wo ist der Mann, der je so stillehalten mußte, um als Ideal der Frau verehrt zu werden? Sie zu inspirieren; sie hinzureißen zu Höchstleistungen als Künstlerin, Dichterin, als Mensch ganz und gar? – Zurück zu den Realitäten des Mythos.

Als *Ohnmacht* also wäre das Schweigen der Paradiesesbraut zu deuten? Es bedeutet zumindest, daß ihr kein Herrschaftsanspruch zusteht in dem gleichen ausgesprochenen Sinne wie dem Mann. Die Macht des Wortes, der aneignenden Namengebung ist *ihm* gegeben. Frau muß sich, wie das Tier, gefallen lassen, daß *man* sie benennt. Damit wird ihr in der Tat auch vorgeschrieben, wie sie sich in einer Situation erotischer Begegnung zu verhalten hat: passiv-animierend. Wenn die heutige Frau so deutet, dann deutet sie nicht ohne heimlichen Groll. Warum?

Sie meint die Erfahrung gemacht zu haben, daß der Mann grundsätzlich von gleicher erotischer Anziehungskraft auf die Frau sein kann, und warum soll sie, nur weil sie Frau ist, anders reagieren als der Mann? Warum soll er nicht reagieren, wie man es von der Frau erwartet: passiv, zurückhaltend, *farouche*, und der Jägerin den Genuß der Jagd lassen? Das natürliche Machtgleichgewicht wird empfindlich gestört, individuelles Temperament wird verkrüppelt und Heuchelei zur Tugend erklärt, wenn dem Manne die Initiative, der Frau das Abwarten, allenfalls noch die subtil-gezielte Provokation zu- und auseinandererkannt werden. – Richtig: Dieses erotische Rollenspiel ist von gestern. Es geht nun alles ungezwungener und durcheinander zu, und manchmal ist es schön, und manchmal genauso frustrierend wie vorher, nur aus anderen Gründen. Heißt: Auch die Gleichberechtigung im erotischen Rollenspiel löst nicht das Glücksproblem.

Die Ohnmacht der Paradiesesbraut besteht in erster Linie darin, daß sie tatsächlich zur Verfügung steht und daß sie ist, was sie ist, in Abhängigkeit vom Manne, um dessentwillen sie geschaffen wurde. Es kommt ihr kein selbständiges Sein zu, und ein engagierter und erzürnter Feminismus mag zu Recht feststellen, daß diese Traumfrau Adams, dieses patriarchale Ideal von Weib und Paradiesesbraut wenig mehr darstellt als pure Natur: ein faszinoses Stück Fleisch, das da in der Gegend steht, als hätte »es« des Geistes Hauch auch nicht im mindesten verspürt. Eine Sache, ein Objekt, aber keine Person. Solche Kritik klingt vertraut und ist ja auch weithin angebracht. Könnte es eine andere Deutung des Schweigens der Frau geben, jenseits von Macht und Ohnmacht, oder richtiger vielleicht: genau dazwischen?

Rätsel Weib: Einsamkeit. Man weiß es aus Erfahrung: Wer als Braut zu viel schweigt, nicht zu Worte kommt, fängt als Eheweib eines Tages zu keifen an. Die Frau, die als schöner Traum auf hohem Podeste dem bewundernden Mann zur Verfügung steht; die lächelnde, schweigende Sphinx mit langen Haaren und kurzem Verstand, die erklärt eines Tages, daß sie die Nase voll habe vom Weihrauch der Bewunderung und vom trüben Dunst der Mißverständnisse. Sie steigt herab und aus und stiefelt davon. Die Ergänzung macht sich selbständig; die Liegenschaft bekommt Beine. Ist's nicht eben dies, was im Paradiese geschieht? *Weil Adam sie nicht zu Worte kommen läßt, geht Eva hin und beginnt ein Gespräch mit der Schlange.* Weil sie so sehr angeeignet wird, schreitet sie zur Tat und in die verhängnisvolle und doch notwendige Freiheit.

Das »Rätsel Weib«, das, was den Mann in Bann schlägt, ihn irritiert, ihn an- und aufregt, besteht aus der nach innen gewandten Einsamkeit des Nicht-Verstandenwerdens. Also neunzehntes Jahrhundert: die Unverstandene? So stelle ich es mir vor. Wurde es nicht bereits deutlich: Dieser Adam begeistert sich an einem Naturphänomen. Er umkleidet das Sein des Weibes mit der emotionalen Wahrheit, die *ihn* erbaut. Er fragt nicht danach, was *sie* denkt und fühlt, die Frau. Er fragt nicht nach *ihrer* Wahrheit, ihren Gefühlen und Bedürfnissen. Dialog; ein gegenseitiges Verstehenwollen ist nicht vorgesehen im Paradies, in diesem patri-idealen Urzustande zwischen Mann und Frau. Das geschah gewiß nicht nur versehentlich. Dem Jahwisten ist anderes wichtiger als romantische Seelengespräche und dialogische Existenz. Das darf man streng und sachlich feststellen. Er schrieb den Mythos nicht auf, um schöne Seelen zu erbauen in Salons oder gepflegten Eigenheimen. Aber eben. Muß darum die gebildete, sozial soweit abgesicherte, mehr von geistig-seelischen als von materiellen und überlebensstrategischen Problemen geplagte Frau dieser Breiten auf ein ihr gemäßes Verstandenwerden verzichten? Verzichten, weil es größere

Probleme gibt? Für sie ist mangelnde Dialogbereitschaft von seiten des Mannes ein Grund, sich zurückzuziehen und eigene Wege zu gehen. Sie kann es sich ja leisten. Als Frau empfindet sie ihre Bedürftigkeit nicht weniger als der Mann. Wo da zwei zu zweit sind und nur einer Bescheid weiß und entscheidet, »wie die Dinge wirklich sind«; nur einer das Wort hat und die Beziehung »gestaltet«, da wird das Schweigen des anderen hintergründig und kann bedrohlich werden. Rückzug findet statt in die Einsamkeit, nicht nur des Zweifelns und Grübelns, sondern auch der einsamen Entschlüsse.

Rätsel Weib im Paradies: Der Wurm sitzt nicht im Apfel. Er nagt sich durch das Schweigen der Braut. Da hineingelangt ist er durch die vielen und schönen und anmaßenden Worte, mit welchen der Mann das extra und exklusiv für *ihn* erschaffene Weib – definiert.

Die Verführerin: Sehnsucht und Übergangsritual

» . . . und nahm und aß und gab auch ihrem Mann,
und er aß.«

Die Frau, allein gelassen im Schweigen, geht hin und versucht, sich einen Reim auf Adams Verse zu machen. Bei diesem Versuch gerät sie in Versuchung und endet als Verführerin. Die deutende Frau von heute ist jedoch bereits der Versuchung erlegen, die Schuld zurückzuschieben auf den Mann, der es an Dialogbereitschaft mangeln ließ und damit die Frau ins unheilschwangere Schweigen drängte. Gerechterweise müßte sie doch sehen und zugestehen, daß Adam es gar nicht böse meint. Auch Überheblichkeit liegt ihm im Grunde fern. Er ist doch so überaus glücklich, endlich seine Traumfrau vor sich zu haben, sein für ewig. Das müßte doch auch diese Eva verstehen und auf ihn zugehen, statt hinzugehen und Dummheiten zu machen, hintenherum. *Sie* hätte das Wort eben ergreifen müssen. Sie hätte ihn aufklären müssen, zuallererst im Umgang mit einem Mitmenschen, sodann auch mit einer Frau. »Höre, mein Freund«, hätte sie sagen müssen, oder auch »mein Lieber« oder sogar »mein Schatz«, und: »Wie wär's, wenn wir die Zeit im Paradiese hier nutzen würden, uns darüber zu verständigen, wer für wen geschaffen worden ist? Du interessierst mich nämlich auch ein wenig, gewissermaßen. Ja, du wärst ganz mein Fall.« So oder ähnlich, und schön wär's gewesen. Aber nicht im Interesse des Mythos. Der Grund dafür muß tiefer liegen als an der Oberfläche männlicher Gedankenlosigkeit: Dieser Konstruktionsfehler im paradiesischen Urverhältnis von Mann und Frau ist eingeplant und notwendig. Wie hätte die Welt sonst in Gang kommen sollen?

Die Geschichte fängt nun erst eigentlich an, und das Subjekt der Handlung ist *sie*, die nach der Aussageabsicht des Mythos die Hauptschuld daran trägt, daß das Paradies verlorenging und das Leben in dieser Welt so mühselig und beladen ist. Wie ging das zu, Schritt für Schritt?

Vorentscheidung: Es ist hinlänglich bekannt, daß es zwei Meinungen gibt, den sogenannten Sündenfall betreffend. A sagt, es geht um Sex. B sagt, es geht nicht um Sex. A ist eher volkstümlich; B ist theologisch. B sagt: Es geht beim Essen der verbotenen Frucht ganz allgemein um Ungehorsam und Eigenmächtigkeit des Menschen gegenüber Gott, ohne besonderen Bezug auf Sexualität. A sagt: Das sieht doch ein Blinder mit dem Krückstock, daß es sich bei »Apfel« und Schlange um Sexualsymbolik handelt. Warum will man das nicht wahrhaben? – Weil da ein gar zu langer Rattenschwanz von leibfeindlichen, lust-diffamierenden und repressiven Traditionen durch die christliche Sittengeschichte sich zieht, und das ist doch peinlich, meint B.

Peinlich ist es freilich, doch darum nicht weniger tief-, ja vielleicht sogar abgründig. Überdies läßt sich das, was da geschieht, auch ohne Sündenbegriff verstehen. Keiner der vielen Ausdrücke für »Sünde« kommt in Genesis 3 vor, und auch von einem »Fall« ist nicht die Rede. Das liegt am poetisch-symbolischen Wesen des Mythos. Er spricht anschaulicher von »List« und »Lust« im Zusammenhang von Schlange und Apfel. Freilich steht am Ende eine Trennung, die Vertreibung aus dem Paradies, also doch Sünde im Sinne von Sonderung, und das Elend dieser Welt beginnt. Abgründig ist der Fall, weil ein höchstes Schöpfungsgut sich als unheilvoll erweist. Die einen sagen, es sei die Freiheit der Entscheidung, also ein Teil der Gottesebenbildlichkeit, die dem Menschen zum Verhängnis wurde; die anderen sagen, es sei das, woran die Freiheit sich zu entscheiden hatte – das war nun eben diese verbotene Frucht, dieser »Apfel«. Da es sich nun ausgerechnet um Männlein und Weiblein handelt, ausdrücklich füreinander geschaffen, so erschiene es doch abwegig, dem Problem Sexualität aus dem Wege gehen zu wollen, selbst wenn man zugestehen wird, daß Hybris, Sein-wollen-wie-Gott, das Motiv der Tabumißachtung ist. Die Vorentscheidung fällt also zugunsten der volkstümlichen Meinung: Es geht um Sex.

Bildbetrachtung: Die Paradiesesbraut ist dabei, sich von Adam ab- und anderen Dingen zuzuwenden. Die Situation lädt ein zur Bildbetrachtung. – Von Max Klinger gibt es einen Zyklus Radierungen »Eva und die Zukunft«. Das erste Blatt, ein Querformat, veranschaulicht die Stimmung der Frau, ehe sie sich erhebt und zur Tat schreitet. »Während Adam im Hintergrund unter einem dreistämmigen Baum schläft, hockt Eva sinnend am Ufer des Teiches, dem Erwachen der sinnlichen Begier und der Reflexion über diese Gefühle hingegeben . . . Von einer noch unschuldigen Naivität der Eva kann nicht die Rede sein. Ihr Leib ist durch das lange Haar schamhaft verhüllt, und auch die seitliche Hockhaltung drückt reflektierte Scham und damit bereits eine moralische Restriktion aus.«[39]

Man kann hinzufügen: Eva sitzt im üppigen Gras, ganz vorne im Vordergrund. Das Gewässer zu ihren Füßen könnte ihr als Spiegel dienen. Aber sie sinniert ins Unbestimmte. Ihr Blick ist nahezu starr nach innen gerichtet; so als lausche sie. Die rechte Hand im Haargelock, nahe am linken Ohr, verstärkt diesen Eindruck. Mit gestrecktem Arm stützt sie sich flachhändig auf ein Erdhügelchen, und die Finger dieser Hand scheinen nervös zu spielen mit Vorstellungen und Einflüsterungen, die nicht besonders zärtlicher Natur sein mögen. Träumt der Blick dieser Eva, dann träumt er eher finster. »Warte nur, mein Lieber . . .« Eine Schlange ist nirgends zu sehen. Die ringelt sich durch die Gehirnwindungen der Klingerschen Paradiesesbraut, die da sitzt wie eine sitzengelassene Philosophiestudentin. Einer solchen sieht sie jedenfalls sehr viel ähnlicher als einem Lilith-Vamp oder einer Unschuld vom Lande. Sie sitzt und zweifelt; während Adam schläft. Woran zweifelt sie? Darf man wirklich schon von »reflektierter *Scham*« sprechen? Mir erscheint sie noch im Vorstadium allfälliger Schamgefühle. Es ist ja auch noch nichts geschehen.

Nackt und ohne Scham: Eros ohne Sex? Läßt man sich ein auf die volkstümliche Deutung, so wird zunächst die Frage sich erheben, warum Gott verboten habe, vom Baume der Erkenntnis zu essen. Die Frage also nach dem Sinn des Sex-Tabus. Darüber nachzugrübeln ist ja nicht neu. Einst hätte die Antwort auf diese Frage höchst einfach ausfallen können, sonntagsschuleneinfach. Vorausgesetzt nämlich, man betrachte Adam und Eva im Paradies als Bräutigam und Braut (was sie ja nicht einmal sind), so wäre doch klar: Die sollen warten bis zur Hochzeit, die Gott dann wohl auch irgendwann anberaumt hätte. Die sollen das Wichtigste, Schönste und Schwierigste nicht schon vorher ausprobieren wollen. Eine richtige Braut und wenn das weiße Kleid irgendeinen Sinn haben soll – wie? Die sind doch beide nackt! Richtig. Man muß zuallererst über den Sinn der Nacktheit ohne Scham nachdenken.

Max Klinger, »Eva und die Zukunft« (Radierung), Hamburger Kunsthalle

Nackt ist die Braut, um die es hier geht. Bekleidet ist sie mit ihrer glatten, tau- und jugendfrischen Haut, lilien- und alabasterweiß, pfirsich- oder rosenfarben überhaucht, wie von Rubens oder von Makart gemalt. Eine blonde Germanin also, allenfalls eine dunkellockige Romanin? Warum nicht eine rothäutige Irokesin mit blauschwarzem Haar? Eine zimtbraune Inderin? Eine teegelbzarte Chinesin? Oder jene ebenholzschwarze, palmölglänzende Bantubraut? Weil dergleichen Pigmentierungsphantasien ablenken würden vom Wesentlichen; das ist: die Nacktheit ohne Scham.

Man sagt: Das ist Symbol für des Menschen ursprüngliche Unschuld, und man möchte das ganz allgemein verstanden wissen: Der Mensch lebt noch in vollem Einvernehmen mit Gott; als braves, gehorsames Kind gewissermaßen. Volkstümlich verengt auf des Menschen Geschlechtlichkeit, bedeutet es: Mann und Frau leben noch unwissend-unerfahren, in erotischer Einfalt und ohne sexuelle Verwirrung. Verliebt ineinander, gewiß; und nicht ohne erotische Irritationen – aber solche von der angenehmen Art. Noch unberührt von den Qualen und allen übrigen Dämonien sexuellen Begehrens samt allen Zwiespälten, zu welchen auch das Schamgefühl gehört . . .

Aha! Also doch eine indirekte Verteufelung des Sexuellen?! Also doch nicht die schöne, natürliche Unbefangenheit, die am Hohenliede so zu bewundern ist, wo sexuelle Erfüllung der erotischen Sehnsucht so selbstverständlich und überdies ein glückhaft Berauschendes ist? Dieses Wunderschöne soll im Paradiese und ausgerechnet zwischen zweien, die ausdrücklich füreinander geschaffen wurden, ein *Tabu* gewesen sein? Nackt und ohne Scham soll Eros *ohne* Sex bedeuten? Da haben wir's wieder. Diese puritanische Prüderie! Dieses Gehemmte und Verklemmte! Diese altjüngferliche Verkniffenheit angesichts des Selbstverständlichsten in dieser Welt!

Man braucht sich nicht so aufzuregen. Man muß dem Mythos bei solcher Deutung nicht umgehend Leibfeindlichkeit unterstellen. Könnte nicht vielmehr der Eindruck entstehen, als wehe den Jahwisten hier, wo er feststellt: »nackt und ohne Scham«, ein Hauch klassisch-griechischer Empfänglichkeit an für die Schönheit des nackten menschlichen Körpers? Ein Hauch interesselosen Wohlgefallens wie beim Anblick einer

Venus, eines Apoll in weißem Marmor? Sollte nicht der Schöpfer- und Künstlergott selbst sein Doppel-Meisterwerk mit erhabenem, ästhetischem Genuß betrachten können? Sollten Adam und Eva einander nicht eine Weile schön finden können, ohne gleich »zur Sache« zu kommen? Die Liebenden des Hohenliedes liegen einander auch nicht permanent in den Armen – wie entsetzlich langweilig wäre das; wie stumpfsinnig. Sie genießen einander die allermeiste Zeit erotisch-ästhetisch. »Ein Weizenhaufe ist dein Leib, mit Lilien umsteckt.« / »Ein Elfenbeinkunstwerk, mit Saphirsteinen geschmückt.« Eine erotische Beziehung beginnt doch damit, daß man Augen hat zu sehen. Zu sehen auch, daß es da einen weiten Spielraum gibt, eine unendliche Fülle von Möglichkeiten zwischen Eros und Sexus; zwischen dem sublimen Trieb und dem sexuellen Trott. In diesem Spielraum *vor* dem sexuellen Übergangsritual bedeutet »nackt ohne Scham« in der Tat Eros *ohne* Sex. In diesem Spielraum findet statt, was den eigentlichen Reiz und das Geheimnis der Brautzeit und einer jeden erotischen Beziehung ausmacht.

Erotischer Advent in träumender Unschuld: Man möchte es den beiden im Paradiese gönnen; besonders der Eva, ehe sie hingeht und in ihrem Schweigen zu zweifeln beginnt. Das Paradies soll eine Weile *Brautgarten* sein, blühend von schönen Gefühlen; ein Zustand erotischer Verzauberung und Erwartung. Es ist vorsorgliche Schöpferweisheit, die da sagt: Ihr sollt nicht essen vom Baume der Erkenntnis. Was der Schöpfer im voraus weiß, das erkennt der Mensch im nachhinein, wenn er über gemachte Erfahrungen nachdenkt. Das Nachdenken über erfahrene Sexualität kann zu unterschiedlichen und oft auch in sich widersprüchlichen Erkenntnissen führen: Es ist wunderbar – es ist widerlich – es ist eigentlich langweilig – es ist mal dies und mal das und mal alles durcheinander. Warum aber seufzt dichterisch die Volksseele: »Ach, daß sie ewig grünen bliebe, die schöne Zeit der jungen Liebe!«? Wenn der schöne Wahn doch dauern wollte! »Warum hat jeder Frühling, ach, nur einen Mai? / Warum geht denn die Liebe, ach, so schnell vorbei?« Es reimt sich und es geht nach der gleichen Melodie: daß es vorher schöner ist als nachher. Und daß die Intensität einer erotischen Beziehung nicht von sexueller Erfüllung abhängt. Gelegentlich findet sich darüber sogar eine Nebenbemerkung in pragmatischen Vätergeschichten: »Also diente Jakob um Rahel sieben Jahre, und sie kamen ihm vor wie sieben Tage, so lieb hatte er sie« (Gen 29,20). Es wird dem Verliebten nicht langweilig, und der Verliebten erst recht nicht. Sie leben vom unerschöpflichen Reichtum ihrer Gefühle und Phantasien, spannungs- und erlebnisreich im Reiche der Innerlichkeit. Es ist da etwas, das die Welt so wundersam einfärbt, himmelblau und rosenrot bei Tag; honigmonden bei Nacht und in den Vorgefühlen der Erfüllung – erotischer Advent.

Und womit verbringen sie den ganzen Tag in diesem Urzustande? Sie weiden einer in des anderen Dunstkreise; denn einander nahe sein ist viel. Adam macht sich im Garten zu schaffen nach des Schöpfers Gebot. Er gräbt und legt einen Garten mitten im Garten an, mit noch einem Zaun drum rum; denn die Ziegen und Schafe sind ja recht nett, aber in ihrer Zutraulichkeit können sie den zahmen Kohl vom wilden nicht unterscheiden. Eva züchtet nämlich Gemüse; alles, was man so auch als Rohkost essen kann – Tomaten, Zuckererbsen, Erdbeeren; aber auch Lauch, Zwiebeln und Knoblauch. Adam veredelt Rosen. Eva jätet Unkraut, falls es das gibt. Sie sät auch weiße Rettiche und rote Radieschen. Sie schnuppert hier und da und auch an Adam. Er reibt sich nach dem morgendlichen Bad mit herb-frischen Kräutern ein. Es könnte aber auch gegen die Mücken sein. Eva findet ein winziges blaues Blümchen irgendwo im Palmenschatten; denn die Vegetation ist natürlich tropisch. Sie geht zu Adam und fragt, wie das wohl heiße, denn er ist ja der Namengeber. Er weiß es nicht. Eva steht ein bißchen zu nahe mit ihrem Blümchen, und es ist alles sehr grün ringsum und warm, und sie hat ihre langen Haare aufgesteckt. Ist aber sonst ganz normal nackt. Zwischendurch gibt es eine kleine Trockenzeit. Adam holt Wasser vom Bach in einem Topf, den Eva getöpfert hat. Er erfindet allerlei Handwerkszeug; aber mehr aus Spielerei und zum Zeitvertreib, und alle diese Beschäftigungen sind eigentlich Nebensache. Die Hauptsache, das ist der Zustand träumender Unschuld, über den die Dichter viel gedichtet haben in früheren Zeiten; aber auch die Philosophen haben über ihn nachgedacht, nachdem so handliche Begriffe wie »Essenz« und »Existenz« erfunden worden waren und zur Verfügung standen.

»Träumende Unschuld« – so heißt »nackt und ohne Scham« auf philosophisch, wenn man Metaphysik und Psychologie miteinander verheiratet. Unschuld ist gleichbedeutend mit Unerfahrenheit; Träumen ist eine Vorstufe der Tat. Es ist nicht die einzige Vorstufe; es gibt auch gezieltes Planen oder den Affekt als Sprungbrett in die Tat. Aber im Hinblick auf Zwischenmenschliches, Erfüllungen oder Versagungen, ist das Träumen mit offenen Augen, im Unterschied zum Tiefschlaf also, existenzphilosophisch eine wichtige Kategorie des Daseins. Des Menschen wesentliches Sein, sagt der Philosoph, seine *Essenz*, liegt in seinen noch unrealisierten Möglichkeiten, so guten wie bösen. Zwischen Geburt und Tod besteht das Leben aus lauter Möglichkeiten. Manche von ihnen realisieren sich schicksalhaft-zwanghaft; das Schuldigwerden etwa und das Leiden. Andere stehen dem Menschen zur mehr oder minder freien Verfügung innerhalb vorgegebener gesellschaftlicher Normen – Sex etwa. »Träumende Unschuld« in dieser Hinsicht bedeutet: Noch leben die Liebenden im Traumland der Möglichkeiten. Theoretisch wissen sie von den beiden »Bäumen«, dem der Erkenntnis und dem des Lebens ohne Tod. Sie wissen um Sex, Tod und Schuld – es wurde ihnen ja gesagt: Esset nicht, sonst werdet ihr sterben. Um die Verwirklichungsmöglichkeiten dieser drei Existenzialien wissen sie vage und verworren und damit genau der Wirkung eines Tabus entsprechend. Es sind da Furcht und ein heimliches Grauen; und es ist da Neugier: Wie mag es wohl sein? Wie sich anfühlen? Wie sich auswirken? Es sind da Vorgefühle und Ahnungen. Das macht diese Art Unschuld zwiespältig, ja spröde und brüchig. Es ist nicht dumpfe Unschuld von der Art des Tieres. Es ist auch keine naive Unbefangenheit. Der Geist und die Freiheit sind bereits zwischenhineingekommen.

Eva sitzt am Rande des Gewässers, so wie der Künstler sie da hingesetzt hat. Nicht reflektierte Scham drückt ihre Körperhaltung aus, sondern träumende Unschuld. Sie nimmt Möglichkeiten wahr und vorweg in Richtung ihrer Verwirklichung. Träumend transzendiert sie aus der Essenz hinüber zu den unbekannten Ufern der Existenz, der Verwirklichung von Dasein als gelebtem Leben in dieser Welt. Im Zentrum dieser Möglichkeiten steht der »Baum der Erkenntnis«, das heißt der

Erfahrung – das sexuelle Abenteuer im Wortverstande: das, was im erotischen Advent auf Mann und Frau »zukommt«.

Sexualsymbolik Apfel und Schlange. Daß die Frucht am Baum der Erkenntnis ein Apfel gewesen sei, ist volkstümliche Veranschaulichung: etwas Rundes, Rotbäckiges, lieblich anzuschaun und begehrenswert. Etwas, das Lust macht, hineinzubeißen. Die Schlange hingegen: kein besonders attraktives Wesen. Ein leises Grauen bleibt dem Menschen angesichts dieses bein-, flügel- und flossenlosen Geschöpfes, das da so nackt und geschmeidig durch Gras, Geröll und enge Spalten schlüpft und sich zwängt und so jäh sich aufbäumen kann. Etwas, das zischt und züngelt; dessen Biß tödlich sein kann und das mit starrer Pupille aus wimpernlosem Auge seine Opfer zu bannen vermag. Ein Wesen zudem, das häutend sich zu verjüngen scheint. Kein Zweifel: Phallussymbolik. Und doch bedeutet die Schlange mehr als nur Sex. Sie verführt *mit List* zur Lust.

Das Gespräch Evas mit der Schlange ist so fein eingefädelt von seiten der Verführerin, die sich durch Baumgeäst und Hirnverzweigungen windet, daß Psychologen ihre Freude am Analysieren haben und Demagogen bis heute davon lernen. Das ist oft und bis in alle Einzelheiten beschrieben worden: die Entzweiung der Einfalt durch den Zweifel; die Halbwahrheiten bezüglich der Gottgleichheit; vor allem aber das Motiv der Frau, aus dem Ganzen »klug« werden zu wollen.

Die Schlange ist listig. Der Apfel macht Lust. List und Lust, das ist's, was hinter Schlange und Apfel steckt. List und Lust der »Mutter Natur«. Die Paradiesesbraut steht als Frau in zwiespältiger Verbindung mit Mächten, die dem Gebot des Schöpfergottes zumindest streckenweise widerstreben, und das aus nicht ganz einsichtigen Gründen. Nur, das eine hat man immer gewußt: daß es zum »Wesen des Weibes« gehört, ein Stück Natur zu sein auf viel offenkundigere und zähklebrigere Weise als der Mann. So leuchtet es ohne weiteres ein, daß *sie* es ist, die sich so angelegentlich für Apfel und Schlange interessiert, für runde Realitäten und für das Geheimnis des Schöpfergottes – möchte sie doch »sein wie Gott« und wissen, gewissermaßen, »was die Welt / Im Innersten zusammenhält«.

Damit ist angedeutet, daß Apfel und Schlange als Symbole nicht nur eine genitale Angelegenheit meinen; so als müßte der

Sexualakt die Pforten des Paradieses zur Welt hin aufsprengen. Es geht um Tief- und Hintergründigeres. Diese beiden mythischen Symbole sind Relikte und Kristallisationskerne zugleich: Relikte verdrängter Mythologien; Ansatzpunkte für Metaphysik. Das darf man sich kurz vor Augen führen, um mit Staunen zu gewahren, wie diese Paradiesesbraut, das Objekt männlicher Besitz- und Ergänzungsphantasien; das schwache, leichtfertige, verführbare Weib, zum Mittelpunkt eines Dramas von – nimmt man alles nur in allem und soweit es unseren Erdball betrifft – weltbewegenden Ausmaßen wird.

Lilith und Luzifer. Natur und Geist: Zunächst Mythologisches aus der Umwelt der Bibel. Ist die Schlange nicht ein kanaanäisches Fruchtbarkeitssymbol? War Lilith, die Sex-Dämonin, nicht Adams erste Frau? Wer war sie, ehe sie auf die Ebene des Aberglaubens und talmudischer Spekulationen herabsank? Eine Muttergöttin war sie nicht; aber auch kein babylonischer Sturmdämon. Auf die Spur von Liliths Ursprüngen führt Luzifer, der gefallene Engel, der gefallene Stern. Einst der »Lichtbringer«, der strahlende Morgenstern; nun der düstere Fürst der Finsternis. Jedoch beileibe kein hinkender, stinkender Ziegenbock. Milton, der den Verlust des Paradieses bedichtet hat, hat auch dieses richtig festgestellt: Ein überaus schönes, intelligentes, stolzes und aber leider anmaßendes Engelwesen war Luzifer vor seinem Fall und blieb es auch danach. Ein überaus gewaltiger Widersacher seines Herrn; »groß Macht und viel List / Sein grausam Rüstung ist«; Teil des Teils, der anfangs alles war; Geist der Verneinung und des Zweifels – ein solcher ward der Paradiesesbraut als Verführer zugedacht: ein Animus, dem eine Frau noch heut verfallen könnte, und das mit Lust. Warum? Er redet mit ihr.

Zwillingsschwester und Doppelgängerin Luzifers ist Astarte, die Abendsternin. Sie ist die große erotische Göttin des alten Orients, Inanna-Ischtar; die Herrin über den Sexualtrieb. Lilith ist ihr kleines Schwesterchen aus der Provinz. Sie darf Adam einweihen in Liebeslust; entspricht seiner Animaprojektion wohl besser als diese Eva, die sich mit Luzifer und der Schlange verbündet. Es ergeben sich auf mythologischer Ebene also ähnliche Verdoppelungen wie in der modernen Archetypendialektik.

Die Mythologie der sexuellen Verführung oder Initiation erscheint harmlos im Vergleich mit dem, was sich auf der metaphysisch reflektierenden Ebene abspielt. Metaphysik heißt Suche nach letzten Wirklichkeiten oder Prinzipien »hinter« dem vordergründig Erfahrbaren der sinnlichen Welt. Das Denkergebnis sind abstrakte Begriffe vom Typ Natur und Geist. Gott der Herr des Genesis-Mythos ist nicht nur Schöpfer, sondern auch Gesetzgeber im kreatürlichen wie im sittlichen Bereich. Sieht man Genesis 1,28 und Genesis 2,17 im Sinne der Endredaktion zusammen, so ergibt sich, daß Gott dem Priestermythos zufolge einen ausdrücklichen Vermehrungsbefehl, als Segen verstanden, erläßt, während Gott der Herr in der jahwistischen Erzählung das Lustprinzip tabuisiert. Was Wunder, wenn seine Übertretung um so mehr reizt. So kann man einen Konflikt konstruieren zwischen Vater-Gott-Geist und Mutter-Göttin-Natur, in welchem die Frau sich gegen Gott-Vater für Mutter-Natur entscheidet – soweit hier von einer Entscheidung überhaupt gesprochen werden kann. Die Frau merkt sowenig wie der Mann, daß sie im Grunde, im Prinzip, Spielball höherer Mächte ist. Das gehört zum Menschsein des Menschen. In diesem Falle meint die Frau zu führen, und sie wird *ver*führt. Mutter-Natur, um deren Schoß und Busen das Schlänglein züngelt, bedient sich des Geistprinzips der List und des Mischprinzips der Lust, um ihren Endzweck zu erreichen. Im Mythos geht es zunächst darum, die Welt in Gang zu bringen. Später, vor den Toren des Paradieses, geht es dann um die Erhaltung der Art, im Wettlauf mit dem Tode.

Wo findet nun das Drama statt, in dessen peripatetischem Mittelpunkte die Paradiesesbraut stehen soll? Es findet statt im Schnittpunkt zweier Weltanschauungen. – Da gab es einmal, sagen die einen, die sich auf die Seite des Geistes und der reinen Essenzen schlagen, einen idealen Zustand, ein Paradies der ungetrübten Gottesnähe, zeitlos. Alles war schön und gut, bis des Weibes Drang nach unten, die fleischliche Begier samt den Folgen, das Elend dieser Welt verursachten. »Denn alles, was entsteht, ist wert, daß es zugrunde geht; drum besser wär's, es würde nichts geboren«, sagt Mephisto in Goethes »Faust«. Das Elend dieser Welt ist schlimmer als das blanke Nichts. Das Weib ist schuld an der ewigen Wiederkehr des gleichen – Elends. Sie hat den Weltprozeß in Gang gesetzt; sie dreht unermüdlich weiter am Rad der Wiedergeburten. Hätte sie sich nicht verführen lassen zur Fleischeslust; hätte sie den Mann nicht verführt, so wäre diese schlechteste aller möglichen Welten ein bloßer Alptraum geblieben. Dramatisch im katastrophalen Sinne ist der Augenblick, da das Weib den Einflüsterungen der Mutter-Natur-Schlange erliegt und mit dem Lustprinzip unvermeidlich auch alle physischen Übel samt allem metaphysischen Katzenjammer in die Welt setzt.

Ganz im Gegenteil, sagt die optimistischere Weltansicht. Es ist im Grunde alles gut in dieser besten aller möglichen Welten. Schuld am Elend sind die Herrschaftsverhältnisse, und die muß man ändern. Die Frau hat recht daran getan, die Initiative zu ergreifen, weg von den Traumwelten, hin zu den Realitäten. Sie folgt ihrem Instinkt und der Mutter-Natur. Das Paradies ist eine Utopie und nicht wert, daß man ihm nachweint. Dramatisch im schöpferischen Sinne und fast dem Urknall zu vergleichen ist der Augenblick, da die Frau, dynamisch und risikofreudig, Gebrauch macht von ihrer Freiheit und das Tabu durchbricht – sie, die Schwester des Prometheus. Da steht sie und hat sich noch immer zu entscheiden . . .

Verführung als Übergangsritual: Übergangsriten finden statt an Grenzpunkten der Existenz. Deren gibt es im natürlichen Lebensbereiche im wesentlichen drei: Geburt, Tod und dazwischen sexuelle Initiationsriten in Verbindung mit Pubertät und/oder Eheschließung. Immer hört etwas auf, und etwas anderes beginnt. Die Geburt befördert den Menschen aus dem Dunkel des Mutterschoßes ans Licht der Welt. Der Tod nimmt ihn zurück ins Dunkel, sei es des »Nichts«, sei es einer anderen Seinsweise. Bei der sexuellen Initiation ergibt sich eine größere Variationsbreite der Sinngebungen; bis dahin, daß von »Sinn« in einem sozialrituellen Sinne keine Rede mehr sein kann: Die »erste Erfahrung« ergibt sich privat ganz nebenbei.

Der sexuelle Übergangsritus im Paradies hat keine soziale, er hat metaphysische Bedeutung; an ihm hängt Sein oder Nicht-Sein von Welt vor den Toren des Paradieses. Das Essen der verbotenen Frucht ist Symbol des Sexualaktes. Dieser Akt kann seinerseits als Symbol der naturgegebenen Möglichkeit von Grenzüberschreitung begriffen werden. Die Entscheidung *für* diesen Akt wird vom Mythos als Verführung, als Überlistung dargestellt. Verführung ist der Sog einer Macht, die sich als stärker erweist als besseres Wissen oder moralischer Widerstand. Hier aber kommt noch ein Wertekonflikt hinzu: Dem Verbot steht eine Verheißung entgegen, und der Zustand träumender Unschuld treibt wie von selbst in die Entscheidung für Existenz gegen Essenz. Das reine Sein des Geistes wird seiner selbst überdrüssig. Am anderen Ufer lockt das »wirkliche Leben«, und da will der Geist (das Weib!) hinüber, auf die Gefahr hin, unterzugehn . . .

Man mag sich noch einmal vergegenwärtigen, wie die Verführung herkömmlicherweise interpretiert worden ist. Da zeigt sich doch die Leichtfertigkeit, ja der Schwachsinn des Weibes: zu meinen, sie könne sich eigenmächtig Wissen aneignen, Erfahrungen machen, »sein wie Gott«! Sagt der Patriarch. Und die feministische Theologin kontert: Eva ist die erste Emanze. Sie emanzipiert sich vom lustfeindlichen Gebot des Patriarchengottes. Sie gehorcht einer größeren Gottheit: der Mutter Natur, noch vor aller Fortpflanzungsabsicht. Wie Prometheus den Göttern das Feuer stahl, um es als Wohltat und Anfang der Kultur den Menschen zu bringen, so bringt Eva das Lustprinzip zu Stand und Wesen, das Götter und Menschen erfreut; nur den Gott der Patriarchen nicht. So wird sie also unversehens zur Mystagogin des Realitätsprinzips »Natur«, erst der großen erotischen Göttin und später der Großen Mutter Fruchtbarkeit . . .

Verführt wird also, dem Mythos zufolge, zuerst das Weib, das daraufhin den Mann verführt: » . . . und gab auch ihrem Manne, und er aß« – der Trottel! sagen die einen. Nein, sagen die anderen, es grenzt an Tragik. Warum? Vorausgesetzt ist, daß sie einander lieben im Zustande träumender Unschuld, daß Evas Liebe jedoch von des Gedankens Blässe angekränkelt und wurmstichig ist in dem Sinne, daß sie Adam das besitzergreifend Selbstbezogene seiner Liebe übelnimmt. Sie will es ihm nun zeigen, daß sie auch jemand mit eigenem Selbst und eigener Entscheidungsfreiheit ist, und so ist sie nun dabei, ihn in den Tabubruch hineinzuziehen. Das Tabu steht zwischen ihnen; geheimnisvoll doppeldeutig, gefährlich und faszinos. Und nun ist es also doch soweit, und die Grenze ist erreicht.

Erotische Sehnsucht, je länger hingehalten, verspricht um so überzeugender die Möglichkeit ekstatischer Erfüllung und ist bereit, alles umzuwerfen, Sitte, Gesetz und Gottesgebote. Sie fürchtet letztlich auch nicht den Tod. Eros *kann* Gegen-Gott werden, hindrängend auf sexuelle Erfüllung der Sehnsucht. Er kann ein Gottesverhältnis, das sich auf Gebot und Gehorsam gründet, vollgültig ersetzen – vorübergehend. Eva, die da meint, eine eigene Entscheidung zu fällen, kann also im Grunde auch nicht anders. Sie kann Adam nur verführen, weil sie selber bereits eine Verführte ist. In ihrer Liebe zueinander vergessen beide Gott, Verbot und Tod. Vielleicht erfahren sie ein Gottgleichsein im Glück ihres *égoisme à deux*, ihres vorerst nichts als lustbetonten Egoismus zu zweit. Das wäre dann Teil ihrer Schuld. Wenn der Mann so fraglos nimmt und ißt, so bedeutet das: Die beiden sind bereits eins in ihrer Sehnsucht nacheinander. Der Mann will genau das, was die Frau will. Nicht: »Ein Tor ist immer willig, wenn eine Törin will«; sondern: »wie ein Bogenstrich, der aus zwei Saiten *eine* Stimme zieht«. Adam wollte, aber er traute sich nicht. Eva mußte die Initiative ergreifen. Und das im patriarchalen Mythos? Selbstverständlich. Die ätiologische Absicht erfordert es. Es soll ja erklärt und begründet werden, warum die Frau so viel härter bestraft wurde als der Mann. Nun eben, weil sie die größere Schuld auf sich lud, indem sie die Initiative ergriff. Sie riß den Mann mit hinein ins Verhängnis.

Verführung und Erfüllung der Sehnsucht sind das Ende der träumenden Unschuld, und wenigstens einen Augenblick lang möchte man wünschen, daß die beiden um den Preis der Vertreibung aus dem Paradies doch wenigstens *einmal* ein höchstes Glück genossen haben mögen. Es ist dies ja nur eine Möglichkeit unter anderen. Aber ohne die Erwägung einer solchen Möglichkeit des Glücks wäre das Ganze doch gar zu traurig. Ist schon ein vollkommenes Einander-Verstehen im Paradiese offenbar nicht möglich, sollte doch wenigstens ein leibhaftiges Glück möglich sein. Was sagt die Nachgeschichte?

Nachgeschichte: Schuld, Scham, Plagen mancherlei

Der Mythos hat bis hierher seine Antwort gegeben auf die Frage: Warum lebt der Mensch nicht mehr im ursprünglichen Glück der Gottesnähe? Nach dem »Fall« bleibt nur noch übrig, kurz zu erwähnen, was jedermann kennt und wovon die Fragestellung ausging: die Übel dieser Welt in Auswahl. Dic Deutung des Mythos gerät hier noch in mancherlei Schwierigkeiten. Sie anzudeuten heißt, einen letzten realistischen Blick zu werfen auf das Verhältnis von Mann und Frau, so wie es sich dem Jahwisten darstellt, und am Ende zu fragen: Wie erlösungsbedürftig ist die mythische Braut als »Mutter aller Lebenden«, als Eva?

Die Enttäuschte: nackt, ernüchtert, angeklagt
»Da gingen ihnen die Augen auf . . .«

Diese Feststellung betrifft beide. Beide kommen sie zur Erkenntnis durch Erfahrung. Wie sieht es aus im Paradies danach? Was wird da im nachhinein erkannt, empfunden und als unabänderlich hingenommen?

Nacktheit und Scham: Als erste Reaktion nach dem vorausgesetzten Glück der Erfüllung ein Gefühl, das wieder im Staube endet, im Sich-verkriechen-Wollen? Es sieht so aus, als sollte hier die fünfte Essenz des Menschseins sich verwirklichen; denn Schamgefühl ist dem Menschen so eigen wie Sprache, Arbeit, Scheu vor einem Tabu und Entscheidungsfreiheit. Sinnlos, hier wieder mit Moralpolemik einzusetzen. Wer Sexualität zum harmlosen Spaß an der Freud verwässern und gleichzeitig das Lustprinzip zum Sinn des Seins hinaufdestillieren möchte, um damit Schamgefühle überflüssig zu machen, der möge das tun und sich das sonnige Gemüt bewahren. Der jahwistische Mythos malt die Sache in etwas düstereren Farben, und die Erfahrung scheint ihm leider recht zu geben. Sexualität, Scham- und Schuldgefühle scheinen beim Menschen doch nicht nur erziehungsbedingt so oft ineinanderverfilzt. Man braucht an den Geist als Widersacher der Seele nicht zu glauben, um zu erfahren, daß – »spricht die Seele / erfüllt sich die

Sehnsucht / so spricht, ach, schon die Seele nicht mehr / so ist's, ach, schon die Sehnsucht nicht mehr« – das Sexuelle selten ein reiner Genuß und meistens durch irgendwelche Beimischungen des Denkens gestört wird, wo nicht *in actu*, so doch irgendwann danach. Dies ist das mindeste, was man dem Mythos an Wahrheit zur Sache zugestehen muß. In einem umfassenderen Sinne bedeutet Nacktheit, verbunden mit Schamgefühlen (symbolisiert durch das Feigenblatt), des Menschen Gewahrwerden seiner kreatürlichen Hilflosigkeit, ja seiner Todesverfallenheit. Hier geht es dann nicht im engeren Sinne um genital-moralische Scham und Schuldgefühle, sondern um die Erkenntnis, daß die Lust, die Ewigkeit will und einen Augenblick lang vielleicht das Gefühl der Gottgleichheit geben kann, zurücksinkt in den Staub. Aus dem Gott wird wieder ein Wurm.

Ernüchterung: Wir halten auf der einen Seite zähe fest die Möglichkeit des Glücks in der Erfüllung der erotischen Sehnsucht, auch wenn *danach* die Ernüchterung einsetzt. Es kann aber auch die andere Möglichkeit nicht ausgeschlossen werden: daß Eva in den Apfel biß, und der war madig, und sie spuckte aus. »In der Tat«, denkt die Nicht-mehr-Braut, »das hatte ich mir anders vorgestellt.« Also nichts von ekstatischer Glückserfahrung, sondern eher Ekel. Dazwischen gibt es die Melancholie der Erfüllung. Es war ganz schön, aber was nun? Das erotische Verlangen kommt und geht, und es geht um so eher und unbeschwerter, je schneller und leichter es Befriedigung findet. Und es endet in Frustration.

Ernüchterung wird der Frau aber nicht nur im erotischen Bereich der Lusterwartung zuteil, sondern auch und schlimmer noch jenseits des Lustprinzips im Bereich ihrer emotionalen Bindung an den Mann. Sie liebt ihn doch, und er schiebt ihr nun die Schuld zu, um sich selber zu entschuldigen. Wenn da wirklich ein ekstatisches Glücksgefühl der Gottgleichheit voraufging, verbunden gar mit der Bereitschaft, miteinander zu sterben, so wäre diese nachträgliche Beschuldigung wahrlich der niederschmetterndste Teil des ganzen Falles. Am Boden zerstört, in den Staub getreten, verrottet, verfault – das ganze Glück des vereinigten Fleisches: schaudervoll, höchst schaudervoll. So finden in der Tat manche Exegeten, daß dieser

Adam, von Gott zur Rechenschaft gezogen, sich als ein gar elender Feigling erweist; ein überaus verächtlicher Egoist, dem nur daran gelegen ist, seine eigene kostbare Haut zu retten. Aber, darf die Exegetin hier einwenden, sagt dieser Adam nicht die reine und einfache Wahrheit? »Sie gab, und ich nahm.« Darüber hinaus aber deutet er mit verzweifelter Logik an, daß letztlich Gott selbst an diesem Falle schuld ist; *er* war es ja schließlich, der das Weib schuf und ihm, Adam, gab. Hat er nicht recht? – Das Verhältnis zwischen Mann und Frau ist damit grundlegend erschüttert. Der Mann ist enttäuscht, und die Frau noch viel mehr. Die Entzweiung ist da nach der eigenmächtigen Vereinigung, und die beiden Einzelteile bleiben aneinandergekettet auf Gedeih und Verderb bis hin zu Strindbergs »Totentanz« und darüber hinaus . . .

Das Eingeständnis der Frau, »die Schlange verführte mich«, bringt ebenfalls Enttäuschung zum Ausdruck. Sie sagt nicht: »Ich tat es, weil ich ihn liebte und weil ich ihm zeigen wollte, daß ich auch wer bin.« Sie sagt nicht: »Warum hat er mich nicht gewarnt und zurückgehalten?« Sie gibt ihren Irrtum zu, verweist aber ebenfalls auf ein Nicht-Ich als Verursacher der Übertretung. Dadurch entsteht eine merkwürdige Parallelität zwischen dem Schweigen der Frau in Genesis 2 und ihrem Verzicht in Genesis 3, ihrerseits den Mann anzuklagen. Sie bleibt der Schlange zugewandt. Enttäuscht vom Manne als dem Partner ihrer Schuld, wendet sie sich wieder dem geheimnisvollen Ursprung der »Sünde« zu, nachdenklich. Während der Mann damit beschäftigt ist, sich zu rechtfertigen vor Gott und die Frau zu beschuldigen, darf man sich die Frau grübelnd vorstellen – noch hat sie ja Zeit dazu: grübelnd über dem Geheimnis der Schlange, die das Glück der Gottgleichheit versprach . . .

Vorprogrammiertes Unglück: Sie grübelt. Warum mußte es so kommen, wie es kam, und anders als erwartet? War die schiefe Ebene, war das existentielle Mißverständnis zwischen Mann und Frau vorprogrammiert? Darin, daß der Mann nur an das Seine denkt und auf Aneignung bedacht ist. Darin, daß die Frau sich ins Schweigen zurückzieht. Darin, daß beide, weil sie trotz allem in träumender Unschuld aufeinander bezogen leben, sich schließlich auf die sexuelle Erfüllung einigen, ohne sonst viel voneinander zu wissen oder zu verstehen? »Uns zu lieben, ohn' uns zu verstehen / In dem andern sehn, was er nie war; / Immer frisch auf Traumglück auszugehen / Und zu schwanken auch in Traumgefahr«? (Goethe, An Lida). Was will der Mann? Das Seine. Was will die Frau? Sie selbst sein. Wo Übereinstimmung zustande kommt, handelt es sich da um eine glückliche Illusion? Um so wichtiger wäre ein tragfähiges Ethos, das auch noch Bestand haben kann, wenn die Illusionen verfliegen. Haben das die Moralisten nicht immer gesagt? Kämen heute Moralistinnen zu Worte, würden sie eine bessere Verknüpfung von Sexualität und Sittlichkeit zustande bringen als der alte jahwistische Mythos von Adam und Eva? Weiß Eva, was sie will?

Die »Mutter aller Lebenden«: erlösungsbedürftig
»Und Adam nannte sein Weib Eva.«

Was der Mythos als Straffolge des »Sündenfalls« beschreibt, das sind die Vorfindlichkeiten, die ihm Anlaß geben, nach den Verursachungen zu fragen. Sind die Ursachen festgestellt, dann ist, was ist, nicht mehr befremdlich, sondern alles geht mit rechten Dingen zu. Alles hat seine Ordnung, von Gott in seiner Gerechtigkeit so verfügt. Niemand hat einen Grund, sich zu beklagen oder gar sich aufzulehnen. Der Mann insbesondere darf beruhigt sein: Gott der Herr selbst hat ihm die Herrschaft über das schwache Weib zugesprochen. Und was meint das schwache Weib dazu?

Eine Handvoll Staub: Die Frau steht noch immer und grübelt. Sie weiß fürs erste nur, was sie aus Erfahrung weiß: Die Verheißung der Schlange war nicht völlig falsch. »Der Mensch ist geworden wie unsereiner« (Gen 3,22) stellt Gott fest. Diese Gottgleichheit aber bezieht sich nur auf ein Wissen, nicht auf ein Sein. »Wie Gott« ist der Mensch geworden in der Erkenntnis, daß er *nicht* ist wie Gott, sondern Kreatur und daß er sterben muß, eines Tages. Sie weiß, daß es keinen Sinn hat zu fragen wie das Kind in der Sonntagsschule: »Und warum hat der liebe Gott die böse Schlange geschaffen und den giftigen Apfelbaum gepflanzt?« Verworren erscheint ihr die Verknüpfung von Tod, Schuld und Sexualität. Ist es primitiv oder zeugt es von hoher Sittlichkeit, wenn der Mensch die Schuld an seinem Sterbenmüssen sich selber zuschiebt, um Gott und seine Schöpfung zu entlasten? Wem das nicht paßt, der kann ja das Verhängnis vorziehen. Bei aller Verworrenheit scheint doch ein gewisser Tiefsinn in der Verknüpfung von Sexualität und Tod zu liegen. Weil ihr gesext habt, müßt ihr sterben, sagt der Mythos – nicht sofort, aber eines Tages, und sie werden hinwegvertrieben vom Baum des Lebens. »Pervers« ist daran lediglich die Umkehrung der Naturkausalität. Weil Tod vorgesehen ist im Programm des Lebens, deshalb ist Sexualität als Mittel der Fortpflanzung eingeplant. Also: Weil ihr eines Tages sterben müßt, deshalb könnt, dürft und sollt ihr sexen – zum Zwecke der Fortpflanzung, und auch darin dem Menschenschöpfer Gott ein wenig ähnlich sein.

Dem Manne wird es gesagt, nicht der Frau: Zurückkehren sollst du zur Erde, von der du genommen bist, »denn Staub bist du«. Das Ende führt zurück zum Anfang, zur Adamah, zur Mutter-Erde, die nun verflucht wird ebenso wie die Schlange. Staub sind beide, Mann und Weib; aber nun erfaßt der Mann die Situation, dieweilen Eva noch grübelt, und reißt die Initiative wieder an sich. Auf das Stichwort Staub hin wendet er sich entschlossen weg von Gott und hin zum Weibe, das er als einzigen Ausweg aus dieser hoffnungslosen Lage erkennt; das, worüber Eva noch nachgrübelt, ist ihm klar:

Eva – Adams Lebenswille: Der Mann erkennt in der Frau die Möglichkeit, den Tod zu übertrumpfen und seinen Lebenswillen zu verwirklichen. Mit der Namengebung fährt er fort in seinem Herrschaftsgebaren und kann sich solches nun mit gutem Gewissen leisten, denn es wurde ihm ja von Gott dem Herrn eigens bestätigt. Der Mann erkennt seine Abhängigkeit von der Frau als »Mutter aller Lebenden« und muß sich eben deswegen seiner Verfügungsgewalt über sie vergewissern. Zweifellos will auch die Frau das Dennoch des Lebens gegen den Tod. Ja, dieses Dennoch scheint so sehr in *ihrer* Macht zu stehen, da *sie* ja das neue Leben hervorbringt, daß der Mann die Frau doppelt von sich abhängig sehen möchte: rechtlich *und* erotisch. Sie soll *seinen* Lebenswillen verkörpern. Sie soll gebären – *seine* Kinder. Fortpflanzen wird er *sein* Geschlecht vom Vater zum Sohne. *Sein* Name wird leben in den Genealogien. Das Weib wird wiederum sein: Mittel zum Zweck.

Eva – das geplagte Weib: Ungleich härter als der Mann wird die Frau bestraft. Das Todesgeschick trifft auch sie. Ihr Brot im Schweiße ihres Angesichtes erarbeitet auch sie in den allermeisten Kulturen dieser Erde. Hinzu also kommen die Beschwerden der Schwangerschaft und die Schmerzen der Geburt. Angesichts solcher Plagen mußte sich wohl der Gedanke aufdrängen: Was für eine ungeheuere Schuld muß das Weib auf sich geladen haben, daß es so gestraft wird eben da, wo es seine ureigenste Bestimmung erfüllt? – Schlimmer noch erscheint die Verschärfung von Zugehörigkeit zu Hörigkeit: »Dein Verlangen soll nach dem Manne sein, und er soll dein Herr sein.« Das bedeutet Versklavung von Leib *und* Seele. Die natürliche erotische Sehnsucht der Frau nach dem Manne wird ihr als Strick um den Hals gelegt, und sie soll womöglich noch Lust an ihrer Unterdrückung haben. So ist es eben in der »gefallenen Schöpfung«, sagt der Patriarch und erklärt im gleichen Atemzuge, daß alles in Ordnung, in bester »Schöpfungsordnung« sei.

Wunderliche Welt des patriarchalen Mythos! Neben manchem Tiefsinn so viel an Überheblichkeit und Naivität, mag die Braut von heute denken, und alle Brautromantik ist dahin. Zu den Verdammten dieser Erde gehört offenbar auch das Weib als Nicht-mehr-Braut. Da mag sie sitzen und vor sich hinstarren, alleingelassen zwischen Schweiß, Blut und Staub. Wer wird sich ihrer erbarmen? Wer soll sie erlösen vom Fluche dieses Weib-seins?

Eva – erlösungsbedürftig: Wenn die Sache der Frau mit dem Manne also steht, dann ist es wohl nicht gut, zu heiraten. Will sie dennoch Mutter werden, so muß sie noch immer einen Sinn suchen in Schmerzen und Beschwerden. Dankbar darf sie sein für Vernunft und Wissenschaft der Männer, die der Mutter Natur ein Stück Geheimnis entwanden, um es anzuwenden zur Erleichterung der Plagen. Wo aber Schmerz und Beschwer sinnvoll-notwendig sind im Naturgeschehen, da wird sie sich von den hilflos-schiefen Ätiologien des alten Väter-Mythos nicht beirren lassen. Einem neuen Logos wird sie vertrauen und sich am tieferen und tröstlicheren Sinn einer Analogie festhalten, die sich unter den Worten eines Abschiednehmenden findet; eines Mannes, der in vielem anders war als die anderen; eines Mannes, der da trösten will in der Angst und im

Angesicht des Todes, dem er selber entgegengeht, in der Blüte seiner Jahre, wenn andere heiraten, um ein Weib zu beherrschen zum Zwecke der Fortdauer in Nachkommenschaft. Er weiß um Schmerz und Beschwer; er weiß, was auf ihn wartet, und er sagt: Die Freude wird größer sein und vergessen lassen, was dahinten liegt. Er schaut nicht zurück; er sucht keine Schuld. Er sieht den Sinn von Angst und Beschwer im Auftrieb zu Freude: Evangelium nach Johannes, Kap. 16,21.

Was hingegen des Mannes Herrschaftsanspruch angeht, so hat die Frau, das muß man zugeben, zu allen Zeiten auch Mittel und Wege gefunden, sich zu »rächen«, den Anspruch zu unterwandern nach der Dialektik von Herr und Knecht und je nach Geist- und Geldvermögen. Blickte sie sich um auf weiter Flur nach einer Möglichkeit, ihrem Schicksal und dem Machtkampf mit dem Manne zu entgehen, so blieb ihr durch lange Jahrhunderte hindurch der Weg ins Kloster, sofern sie ihn freiwillig ging. Sie »nahm den Schleier« und folgte dem, der nicht nur den Jungfrauen, sondern auch den Huren das Himmelreich verheißen hatte. Ihm sich zu weihen, der nichts von ihnen wollte als ihre unendliche *Sehnsucht*; ihm, der bereit gewesen war, sich hinzugeben ganz, bis in den Tod; ihm zu gehören war Glück und Freiheit und ewige Zugehörigkeit in einem. Er allein konnte Herr sein und Geliebter zugleich; und kein Mann darf sich anmaßen, auch nicht auf analogischen Schleichwegen, was diesem Einen allein zusteht . . .

Aber nun, aber heute?

Ist nicht alles viel komplizierter geworden? Wer kennt sich noch aus im Dickicht der Verschlingungen von Sex und Sittlichkeit? Schwieriger noch: der Widersprüche und Unsicherheiten in Urteil und Empfindungen von gut und böse, falsch und richtig? Hat der Mythos nicht recht, wenn er so sehr auf einem sittlichen Prinzip besteht da, wo es um Sexualität geht? Auf einem restriktiven Prinzip, das verhindern will, daß der Mensch sich gänzlich hin- und aufgibt am Busen der Mutter Natur?

Und was die Braut im besonderen angeht: Sollte deren Initiation nicht äußerster Sorgfalt bedürfen? Hat das Tabu nicht einen guten und tiefen Sinn? Kurz: Die ganze fromme Moral christlicher Ehebüchlein von gestern, ob deren biederer Prüderie man gern die Nase rümpft, weil es da gar zu muffig duftete von Empfehlungen vorehelicher Keuschheit zwecks Charakterbildung oder auch nur, weil es sich eben so gehörte nach alter Väter-, ja wahrlich mehr noch Müttersitte und weil man von der Pille noch nichts wußte oder nichts wissen wollte – diese verstaubte Moral wagt sich hervor aus ihrer Ecke und zeigt verschämt her, was sie in ihrem stillen Winkel bewahrt hat: das Teilchen Wahrheit aus dem alten Patriarchenmythos. Sie könnte ja auch reaktionär auftrumpfen angesichts schwieriger Freiheit und offenkundiger Unlustgefühle unter den Fahnen des Lustprinzips: Da seht ihr, wohin man kommt unter dem emanzipatorischen Zwange zu Sexkonsum und Promiskuität in dieser permissiven Gesellschaft! Aber was soll's. Wo Weisheit und Einsicht des Mythos sich leiser vernehmen lassen, schenkt man ihnen vielleicht eher Gehör, fast wie einem Geheimnis. Und was wird es flüstern? War es nicht schön im Zustande träumender Unschuld? Ging es nicht schief, weil alles zu unbedacht und ungeduldig gefordert und erledigt wurde? Wenn aber Sexualität eine gute Gabe Gottes ist, des Schöpfers, etwas Schönes und vielleicht sogar Heiliges, wer weiß – sollte man dann nicht behutsam damit umgehen? Ist es nicht schade, wenn Schindluder getrieben wird mit dem Schönen? Wenn man es verramscht auf dem freien Markte der Möglichkeiten? Wen macht es glücklich? Die Braut, die keine mehr ist, wenn sie sich zur Hochzeit entschließt?

Also wäre der Sexus erlösungsbedürftig? Wer soll ihn erlösen – Eros? Dieses wunderlich unberechenbare Gemisch von Geist-Natur und Natur-Geist, das schon längst an seinem eigenen Begriffe irre geworden ist? Sollen wir uns am Ende wieder auf die zahme, lahme Agape verweisen lassen? Die Gute, die saft- und salzlos ihre Pflichten erfüllt? Soll etwa *sie* die Braut, die Frau erlösen? Das Verhältnis heilen zwischen Frau und Mann? Wer weiß – wenn man sie sich zu einer heiligen Dreifaltigkeit denken könnte, Sexus, Eros und Agape, diese drei . . . Das Rezept ist alt, von vorgestern. Aber immerhin: verschiedentlich doch auch getestet mit gewissem Erfolg. Es wäre da Mutter Natur als Seinsgrund: Sexualität als Lust und List; sodann Eros als Beseelung und Vergeistigung; Agape aber als Versittlichung, aufsteigend aus natürlichem Wurzelgrund; nicht wider- und nicht unnatürlich, aber auch nicht naturhörig. Geist der Liebe, der erlöst und versöhnt und neues Leben ermöglicht: im Schoß der Frau; im Herzen der Braut; in der Seele auch noch der Greisin, die sich zurücksehnt zum Staube, zu Mutter Erde als dem Anders-Sein Gottes, der da Geist ist und Liebe.

Zweite Variation: Die kultische Braut

»Für lange, für immer hab ICH ihn umarmt.«
Heilige Hochzeit im Lande Sumer

Monolog der letzten Inanna-Priesterin von Uruk
im Jahre 1929 vor Chr.

Einführung

Die Paradiesesbraut des biblischen Mythos ist keine »richtige« Braut, denn es fehlt ein richtiges *Ritual.* Ein solches erfordert, daß Gesellschaft vorhanden sei, die auf irgendeine Weise teilnimmt. Einmaligkeit (für den einzelnen) oder Wiederholbarkeit sind dabei nicht so entscheidend wie dies, daß eine Ordnung vorgegeben ist und ein Sinn besteht, der viele, vielleicht sogar alle angeht, weil davon das Bestehen des Ganzen abhängt. – Nach der isolierten Betrachtung der erotischen Urbeziehung, bei welcher träumende Gefühle und erwachendes Begehren eine ausschlaggebende Rolle spielen, soll nun das Ritual in den Mittelpunkt gestellt werden, gründend auf einem Mythos, vollzogen als kultischer Akt unter völliger Absehung von Gefühlen, weil hochpolitischen Interessen dienend. *Heilige Hochzeit* ist hier nicht bloße Erzählung, Zeus und Hera, Himmel und Erde; wird auch nicht als mystisches In-eins-Fließen der Seele mit Gott gedacht oder erfahren, sondern vollzieht sich im Fleisch: geschlechtliche Vereinigung im festlich-feierlichen Rahmen eines Tempel-, Stadt- und Staatskultes zu Ehren einer großen Göttin.

Dergleichen findet man nicht überall. Man meint es gefunden zu haben *im Lande Sumer*, unter dem Schutt der Jahrtausende, den die Archäologen nach und nach beiseite geschaufelt haben, um darunter viele Tausende von Tontafeln und -täfelchen zu entdecken neben den noch immer gewaltigen Stümpfen von Tempeltürmen im Wüstensand, zwischen den imposanten Grundmauerresten von Palästen, wo es Archive gab und Schreiberschulen, wo man geduldig saß und den Rohrgriffel in den weichen Ton drückte, Zeichen um Zeichen, Keilschrift, kulturerhaltend drei Jahrtausende lang über den ganzen alten Orient hin – ja, bis hin in den Schwarzen Walfisch zu Askalon, wo dem Dattelweinzecher die Rechnung »in Keilschrift auf sechs Ziegelstein'« dargebracht ward, ehe der Hausknecht aus Nubierland den Zahlungsunfähigen vor die Tür warf . . .

Der Phantasie sind keine Grenzen gesetzt, und sie läßt sich kaum bezähmen. Wer einmal im Schutt des Zweistromlandes gebuddelt hat, hingelangt vielleicht mit Karl May zu den Ruinen von Babylon und zum Birs Nimrud in halbwüchsiger Abenteuerlust; später etwas anspruchsvoller mit Botta nach Ninive, mit Koldewey zum Ischtar-Tor nach Babel, mit Woolley in die Königsgräber von Ur; und wer sich zusammen mit den unentwegten Deutschen in Uruk (Warka, Erech) herumgetrieben hat, der kann sich nur schwer wieder aus dem Bann dieser versunkenen und bruchstückhaft wiederentdeckten Welt befreien. Ist für ernsthafte Wissenschaft das Leben schon zu kurz, so bleibt doch die Möglichkeit einer episodischen Einfühlung in die eine oder andere Einzelheit dieser uralten Hochkultur, die heute in den Museen ihren Nachruhm erlebt. Eine solche Einzelheit ist das Ritual der *Heiligen Hochzeit*, und wir kommen zurück zu den Keilschriftzeichen auf Tontafeln.

Was man über dieses Ritual weiß, verdankt man den Dichtern einer Anzahl von Königshymnen aus der Ur-III- und Isinzeit, der letzten Glanzzeit Sumers um 2000 vor Chr. Auf Tontafeln ist das also geschrieben, und es liegt in den Museen, und wer es nicht selber entziffern kann, der muß sich auf die Übersetzungen der Sumerologen verlassen.[40] Ungeklärt ist die Frage, ob dieses Ritual zu jedem Neujahrsfest stattfand oder nur jeweils anläßlich der Inthronisation eines Königs.[41] Auch weiß man bislang nicht zu sagen, welcher Klasse von Tempelfrauen die Vertreterin und Repräsentantin der Göttin angehörte und welche Rolle sie vielleicht im Hintergrunde noch spielte. Hier ist Raum für Spekulationen. Was die Hymnen unumwunden sagen, ist dies: Ein heiliges Beilager findet statt, und anschließend wird dem König »das Schicksal bestimmt«, und ein Festmahl findet statt.

Genügt das, um einen nachtlangen »Monolog der letzten Inanna-Priesterin« zu erdichten? Kaum. Man muß noch ein wenig mehr wissen über zweitausend Jahre sumerische Geschichte; über die Götterwelt und vor allem über *Inanna*, denn *sie* ist ja die große Göttin und Braut der Heiligen Hochzeit, und der Bräutigam, dessen Rolle der König spielt, ist *Dumuzi*. Welche Rolle schreibt ihm der Mythos zu? Wir werden uns einen knappen Überblick über den historischen und mythologischen Hintergrund des in Frage stehenden Rituals verschaffen.

Das Land Sumer lag einstens da, wo dem biblischen Mythos

zufolge Eden gelegen haben könnte und wo heute überwiegend Wüste liegt und der Golfkrieg sich hinzog. Da lag einst die paradiesische Götterinsel Dilmun. Euphrat und Tigris und ein ausgedehntes Netz von Kanälen ermöglichten eine blühende Landwirtschaft und Viehzucht, unabhängig vom jährlichen Regen, der spärlich fiel.

Die Geschichte der Sumerer, ein Volk unbekannter Herkunft, beginnt um 3000 vor Chr. In Eridu, Ur und Uruk entstanden Tempel und Städte, und eine Zeitlang ging es friedlich zu. Der berühmteste Held der Zeit war Gilgamesch von Uruk. Er war auf der Suche nach Unsterblichkeit, und als er das Kräutlein des Lebens endlich gefunden hatte, schnappte es ihm eine Schlange weg. Um die Mitte des dritten Jahrtausends entstand das erste semitische Großreich Sargons von Akkade. Seine Mutter hatte ihn in einem Schilfkörbchen dem Fluß anvertraut, und ein Wasserschöpfer zog ihn heraus und auf. Nach seinem Enkel Naramsin zerfiel das Reich. In Lagasch, einem der sumerischen Stadtstaaten, herrschte Gudea als guter Hirte seines Volkes und Friedefürst. Nach ihm kommt die letzte Blütezeit Sumers mit der dritten Dynastie von Ur (2100–2000); Urnammu, Schulgi, Schusin, Ibbisin heißen die Könige. Vor allem in einer großen Schulgi-Hymne kommt das Ritual der Heiligen Hochzeit deutlich zur Sprache. Die Dynastie von Isin tritt im zwanzigsten Jahrhundert vor Chr. das Erbe von Ur-III an und führt auch die Tradition der Heiligen Hochzeit weiter. Iddin-dagan, Ischme-dagan und Lipit-Ischtar sind die wichtigsten Könige, über deren Heilige Hochzeit mit Inanna es Hymnen gibt. Die Dynastie von Isin wurde abgelöst durch die von Larsa, die kein Interesse mehr an diesem Ritual zeigte.

Die Götterwelt Sumers wimmelt von Göttern, großen und kleinen. Uns interessieren nur die größten, denn zu ihnen gehört Inanna. – An der Spitze des Pantheons stand ursprünglich *An*, der Himmel als höchste Instanz. In Uruk hatte An einen Tempel. Später trat an die Spitze *Enlil*, der Herr des Luftraumes. Er verlieh das Königtum und beschloß Schicksal zusammen mit An. Sein Hauptkultort war Nippur. *Enki* war der »Herr der Erde«, genauer: des Süßwasserozeans unter der Erde, des Abzu. Er war der Gott der Weisheit und der Weltordnung. Sein Haupttempel war in Eridu. Die Schwester Enlils und Muttergöttin war *Nin-Hursag*, eine Gebärerin von Göttern und Erschafferin von Menschen. Sie tritt später ganz zurück hinter Inanna. Zu erwähnen wäre noch *Nanna-Su'en*, der Mondgott von Ur. Seine Gemahlin ist *Ningal*. Beide werden gelegentlich als Eltern Inannas vorgestellt.

Inanna. Sie ist weder Mutter- noch Fruchtbarkeitsgöttin, sondern die Herrin des Geschlechtstriebes und des Kriegsglücks; weshalb sie auch das Schicksal der Herrscher bestimmen kann. Sie ist die *Große Hetäre*. Ihr ursprüngliches Symbol war ein Schilfringbündel. Am Himmel war sie der Abendstern, der noch heute Venus heißt: ein Planet. Die Mythen wissen viel über sie zu erzählen. Nur zwei seien erwähnt. In dem einen entführt sie Enki die *Me*; das sind göttlich-magische Kultur-, Daseins- und Ordnungswerte, deren Liste ziemlich bunt gemischt anmutet. Es sind ihrer über hundert, darunter etwa das Priestertum, der Geschlechtsakt, die Schmiedekunst, das betrübte Herz und Musikinstrumente. Das alles brachte Inanna auf ihrem Schiff nach Uruk, wo ihr Haupttempel, das *E-anna* stand, mit mächtigem Stufenturm in den Himmel ragend. Die Reste sind zu besichtigen: das, was der Wüstenwind nicht wieder zugeweht hat. – Der andere Mythos erzählt die inzwischen schon weithin bekannte Geschichte von *Inannas Gang in die Unterwelt*. Sie wollte dort ihre Macht auch über die Toten ausdehnen; doch ihre »Schwester« Erischkigal erwies sich als stärker. Inanna hing nackt am Todespfahl. Enki zauberte sie ins Leben und an die Oberwelt zurück. Weil Dumuzi, König von Uruk und Gemahl von ihren Gnaden, nicht genügend Respekt vor ihr bekundete, gab sie ihn den Dämonen der Unterwelt preis.

Dumuzi also. Sein Verhältnis zu Inanna ist »das schwierigste Problem der sumerischen Religionsgeschichte«.[42] Wer Dumuzi war, darüber ist keine Klarheit zu gewinnen, vermutlich ein »halbmythischer«, später vergöttlichter König. Er ist Inannas Geliebter in einem äußerst prekären Sinne. Mythos und Hymnen nennen ihn zwar »Gemahl«, aber mehr beschwörend. In Wirklichkeit ist er eher ihr Knecht und Diener, »Sohn« in einem Sinne, der nicht auf Mutter bezogen ist, sondern auf Herrin, die außer einer erotischen Laune rein gar nichts an den Geliebten bindet. Sie erwählt ihn, und sie kann ihn wieder fallenlassen, wenn etwas an ihm ihr nicht mehr gefällt. Dumuzi ist ihr Spielball. Inanna ist Dumuzis Schicksal, Glück und Unglück.

Dumu-Zi bedeutet »rechter Sohn«. Ein solcher ist er zum einen als junger Hirt bei den Herden, der sein Leben wagt im Kampf mit dem Raubtier; zum anderen ist er es als Liebling der Göttin, die Helden liebt. Er hat den Bei- und Ehrennamen *Ama'uschum'gal'anna*, wörtlich: »(Meine) Mutter (ist der) Drache, (der) große, des Himmels.« Das könnte auf ein Sternbild hinweisen und symbolischer Hinweis auf die Vergöttlichung des Königs als Gemahl der Inanna sein. Denn diesem Zwecke der *Vergöttlichung* dient das Ritual, das im Tempel der Inanna als kultisches Staatsritual stattfindet. Als göttlicher Gemahl der Göttin kann der Herrscher seine Herrschaft gesichert glauben. Die Heilige Hochzeit dient also im weitesten Sinne dem Wohle des Gemeinwesens, als dessen höchster Vertreter der König die Göttin an sich zu binden versucht.

Das Interesse und die Rolle der *Priesterschaft* bei diesem Ritual ist nicht leicht zu bestimmen. Die Anfänge Uruks sind theokratisch bestimmt durch Priesterkönige; später entwickelten sich Tempel und Palast jedoch auseinander. Vollzieht der König jedoch die Heilige Hochzeit mit Inanna in Uruk, so bezeichnet er sich als ihren *en*-Priester. Bei der weiblichen Priesterschaft unterscheidet man mehrere Klassen von »Tempelfrauen«, von den gewöhnlichen Freudenmädchen ganz unten bis zu höchsten Amtsträgerinnen, die offenbar zu Keuschheit verpflichtet waren, außer wenn das Ritual es anders befahl. Welche Rolle den einzelnen Klassen sonst noch zugedacht war, ist unklar. Nur von der *en*-Priesterin des Mondgottes Nanna von Ur ist sicher bezeugt, daß sie ein politisch und religiös einflußreiches Amt innehatte. Der größte Theologe Sumers ist, soweit die Überlieferung reicht, eine *en*-Priesterin von Ur: *Enheduanna*, die Tochter Sargons.

Hier beginnt nun das unwissenschaftlich-freie Phantasieren des Monologs; hier knüpft die Fabulierfreude an und stellt eine Reihe ähnlich einflußreicher Priesterinnen sich vor als Repräsentantinnen der Inanna, als »Herrscherinnen-Bräute«: Tabuierte, Gottgeweihte, als deren letzte eine Namenlose auftritt. Die Namen der übrigen drei sind frei erfunden, wie auch die

Spalten der Zederntür. Frei erfunden sind die 360 Stufen, die hinaufführen ins Brautgemach der Göttin; nicht aber das Sexagesimalsystem. Erfunden die Phiolen mit den geheimnisvollen Tränklein; erfunden Sternrosette und Schicksalsband; und das ganze unglückselige Herzeleid, das diese Einsame auf irgendeiner nicht näher bestimmbaren »Sternenterrasse« des Tempelturmes vor sich hinformuliert – ? Es ist so frei erfunden wie die rasende Haßliebe der Penthesilea oder die erotische Hörigkeit des Käthchens von Heilbronn. Erfunden zu mehreren Zwekken, die wir uns wiederum ins Vierfache auffächern.

1. Ein uraltes, in Sumer historisch belegbares Ritual, die Vereinigung des Paares in kultisch vorgegebenem Rahmen, soll zu lebendiger Anschaulichkeit wiedererweckt und farbig dargestellt werden. Das erfordert Lokalkolorit und Kulissen im Wüstensand. Wenn der gewaltige, pyramidisch ansteigende Stufenturm des Inanna-Tempels von Uruk mit seiner Großen Treppe samt nächtlicher Fackelbeleuchtung Erinnerungen an antikisierende Breitleinwandschinken wachruft, dann ist das die Schuld von Metro-Goldwyn-Mayer.

2. Das Ritual soll zunächst als funktionierend dargestellt werden. Sein Ursprung und Sinn sollen in Umrissen deutlich werden. Die langen Geschichtsrückblicke der Priesterin geben nicht nur Auskunft über Sumer (historisch belegbar) und über die drei oder vier Vorgängerinnen dieser letzten »Herrscherin-Braut« (völlig frei erfunden); sie geben indirekt auch Auskunft über diese namenlos Monologisierende selbst. Sie ist eine Gebildete, und sie breitet ihr Bildungsgut aus. Es zeugt von Traditionstreue und Verantwortungsbewußtsein ihrem hohen Amte gegenüber. Sie ist nicht irgendeine. Sie weiß Bescheid. Das muß sie sich selber beweisen, außerdem ist die Nacht lang.

3. Das Ritual soll sodann innerseelisch zum Flimmern gebracht werden; denn nach außen, zur Öffentlichkeit hin, wird es bis zuletzt starr durchgehalten. Dieses Flimmern kann die Leinwand nicht so gut; es ist Sache des psychologischen Romans, der Bewußtseinsströme und inneren Monologe. Das Rezept ist einfach: Die kultisch-formale Korrektheit, die heilige Pflichterfüllung wird verwirrt durch ein Herz, das ins Spiel kommt. Da sie es niemandem sagen kann, steht sie da und apostrophiert die Sterne – die Sternin, die Göttin.

4. Das Ritual soll damit enden, daß es von innen her aus den Fugen gerät. Aus der kultisch-rituell »richtigen« Braut wird, wider ihren Willen, eine – wahre Braut.

Monolog der Inanna-Priesterin

Noch einmal? Noch ein und ein letztes Mal? Wozu? Noch einmal so tun als ob, um den heiligen Schein zu wahren? Scheinheiliges zelebrieren zur Erhaltung dieses Staates, der zerbröckelt, lautlos, wie Lehmziegelwerk zerbröckelt in flimmernder Glut über der Niederung? Ist nicht alles längst zu Ende geglaubt und verbraucht in zu großer Heiligkeit? Und umsonst und sinnlos – alles? All die Jahre . . . Und was auf dem Spiele stand, Ansehen, Macht, Herrschaft. Die Hohe-und-Erhabene selbst. Ihr Bild auf Erden. Ich. Amt und Würden galt es zu verwalten, nicht Empfindungen zu pflegen – muß ich es mir immer wieder sagen? Klingt es doch wie vorweggenommene Totenklage; wie Abstieg in die Unterwelt ohne Wiederkehr . . .

Wie ist es stille und einsam hier oben und in der Abendkühle. Schon füllt sich das weite Gewölbe des hohen *An* wie mit dunklem Wein; in der Tiefe erlöschen Licht und Lärm, und die Wächter schließen die Tore der inneren Tempelmauer. Mensch und Vieh kriechen in die niederen Lehmhütten, die ich nie betreten habe, nur erraten kann: Schilf und Stroh in einer Ecke und das Glück, das mir nicht zusteht – mir, in meinen heiligen Gemächern. Mir, auf der Sternenterrasse des erhabenen *E-Anna*, hochaufragend in die Wölbung des ewigen *An* . . .

Es steht mir nicht zu. Ich habe es nicht herbeigerufen. Es kam. Es stieg die dreihundertundsechzig Stufen empor und war da. Wer hat es willkommen geheißen beim ersten Blick der Begegnung? Wer hat es mir geschickt, wenn nicht *sie*? Warum? Wozu? Mich zu versuchen? Im Himmel und auf Erden kennt man sie und ihrer Gottheit Walten . . .

Nun denn. »Die hohe Himmelsherrin will ich grüßen, die Gottgeweihte, die –« Schon kündigt sich ihr Erscheinen an, schon blinkt es durch die rauchige Dämmerung über der Steppe. Da steht sie, die Erhabene, und herrscht einsam eine

Weile am weiten Gewölbe. Wie eine Fürstin zieht sie dem Heer der Sterne vorauf. Bis sich das Dunkel vertieft und hervortritt *Ama'uschum'gal'anna*, der Sohn des Großen Himmelsdrachen, der Hirte, der Held, der sich vor keinem Raubtier fürchtet und vor keiner Feinde Schar. Dann schießt sie ihre Silberstrahlen hinüber zu ihm, dem Größten und Schönsten ihrer zahllosen Gefolgschaft. Silberblicke schießt sie – ja, immer schielt sie nach dem Größten und Schönsten, und dennoch weiß man nie, wen sie gerade meint . . .

»Die hohe Himmelsherrin will ich grüßen –« Sie erscheint, unwiderstehlich in ihrem Glanze, Königin der Nacht im Sternenmantel, heldenhafte Tochter des *Nanna-Su'en*. Sie erscheint, und die vier Weltgegenden, das ganze Land, die große Stadt liegen zu ihren Füßen, Mensch und Vieh, und »der Stier im Joche hebt den Kopf zu ihr«.

Zu ihren Füßen liegt die Stadt, liegt Uruk, tausendjährig. Was sich den Blicken entzieht im halben Dunkel, im Sternenzwielicht der mondlosen Nacht – ist es nicht wirklicher als meine Verwirrung? Das wohlgefügte Ziegelwerk der Tempel, Tieftempel und Hochtempel; die reine Wohnung der Götter und derer, die ihnen dienen mit Leib und Leben: Priesterinnen und Priester, Sklaven und Sklavinnen, Handwerker, Händler, Bauleute . . . Jenseits der doppelten Mauer das Viertel der Vornehmen, ihre großen Häuser und Höfe, und die Plätze der ungeheueren Stadt; und dann das Gewirr und Gewimmel der engen Gassen und der Lehmhütten, wo Volk und Vieh gedrängt zusammenhausen, um Raum zu lassen für Gärten und Palmenhaine, Weideland und Wassergräben innerhalb der großen Mauer, die den Namen des Vorzeithelden lebendig erhält unter den Lebenden: *Gilgamesch*. Er, der *ihr* Thron und Bett verschafft hat in dieser Stadt, die da hingelagert liegt wie eine riesige Hürde am Ufer des Euphrat; wie ein riesiger Pferch für Götter, Menschen und Vieh . . .

Zu ihren Füßen liegt das Land Sumer, schon lange nicht mehr das Land der Sumerer allein. Von Eridu bis Nippur; vom unteren Meer und den Marschen bis dorthinauf, wo die beiden Flüsse einander sich nähern in ihrem Lauf herab von den Gebirgen; einander sich nähern und wieder auseinanderstreben, um erst im Schilfrohrdickicht der Marschen vielarmig einander zu umarmen und ineinanderzufließen . . . Nicht nach den Marschen geht meine Sehnsucht. Und niemals ging sie nach Ur, wie sie nun nach Isin geht . . . »Auf lange, für immer –?« Für wenige Jahre noch, zwei oder drei? Für niemals mehr?

Es ist geschehen. Des zu gedenken ist schrecklich und – wundertörichtschön . . .

»Die hohe Himmelsherrin will ich –« Die Entsetzliche, die doch schuld ist an allem, was mir die Jahre zu Ewigkeiten dehnt und den einen Tag, die eine Nacht zum Fiebertraume macht – mir, ach mir ganz allein.

Wunderbare, Unbarmherzige; Herrscherin, Heldin; göttliche Braut und Große Hetäre! Wer kann deinen Namen deuten! Wer deiner Gottheit Walten begreifen oder ihm widerstehn! Bekleidet mit dem Schreckensglanz des Kampfes und der Liebeslust, verkehrst du rechts in links und links in rechts und verwirrst der Dinge ordentlichen Lauf. Womit habe ich dich erzürnt?

Habe ich dir nicht zwanzig Jahre lang treu gedient? Gedient, dir, der Pflicht gehorchend, nicht dem eigenen Trieb; gehorsam dem Tabu, das du auf mich gelegt hast? In Frieden und allen Ehren hätte ich mich zurückziehen können von dem hohen Amt, das ich für dich verwaltet habe – ach, und doch und dennoch, dieses eine, das nicht hätte sein dürfen und das ich umarme wie tödliches Glück – ist es *meine*, ist es nicht *deine* Schuld? Unberechenbare! Du verhängst das Tabu und du durchbrichst es. Du forderst das Opfer und du verwirfst es. Höchstes Glück und tiefste Erniedrigung sind dein Werk und Wirken. Wer kann es dir je recht machen? Wer kann dich verpflichten durch Hochzeitsmahl oder Keuschheitsgelübde, durch Hingabe oder Verzicht? Wer kann deine großen Riten ergründen? Dein Geheimnis ist so alt wie die Welt; so alt wie die Welt mein Glück und mein Unglück . . .

Du warst auf Erden, lange ehe das Königtum vom Himmel herabkam. Das junge Mädchen, das aus der Schilfhütte trat, in den Tagen der Urzeit; sie, die zwischen den Schilfringbündeln hervortrat, die Jungfrau, die den Mond zum ersten Male geschaut – warst du. Offenbar war die Macht deines großen Tabu, von oben bis unten, glühendes Eis und eisige Glut. Den Jüngling, der dich erblickte, hast du verwirrt und gequält. Du hast ihn beglückt und gedemütigt. Alle Liebesqualen sind deine Erfindung, alle Begier und alle Lust. Mensch und Tier beherrscht dein Gesetz gleichermaßen. Die ungehemmte Brunst des Raubtiers in feuchtem Dickicht oder trockener Steppe ist dein Treiben. Nach deinem Willen vermehrt sich das Vieh auf der Weide, Schaf und Rind. Du machst, daß die Schlange ihre Haut abstreift und sich verjüngt. Und bist du nicht selbst im Stäuben des gelben Staubs im Dattelpalmenhain und im Duft der roten Anemonen? Unbegrenzt ist deine Herrschaft auf Erden und im Himmel. Wollust hast du dem Wurm gegeben, und der Priester steht vor deiner Statue in dämmernder Cella und sinnt deinem Brautgeheimnis nach . . .

Was habe *ich* je davon begriffen? Ich, deine Priesterin, deine göttliche Repräsentantin in Heiliger Hochzeit – nur dies: Unbegreiflich widersprüchlich sind deine Willensoffenbarungen unter den Menschen. Wurm und Stier wissen, was sie wollen und sollen; eindeutig ist dein Gesetz für Vieh und Tier und Dattelpalmen. Aber Vieldeutiges hast du den Menschen bestimmt und den Frauen zumal . . .

Und also stehe ich hier einsam und ratlos vor deinem fernen Sternenangesicht, das zweideutig blinkt. Stehe allein auf hoher Tempelterrasse und an der Spitze der Hierarchie deiner heiligen Herrschaft und suche nach dem Sinn dessen, was du über mich verhängt hast wie in einer plötzlichen Laune . . .

Du hattest mir von Jugend an beschieden, anders zu sein als die anderen. Anders zu sein als die Frauen des Volkes. Anders zu sein als deine kleinen Töchter der Freude, die Sklavinnen des Heiligtums und der freien Liebe. Anderes ward mir, deiner höchsten Priesterin, auferlegt, und ich war's zufrieden, zwanzig Jahre lang, und stolz darauf und fühlte mich erwählt –

Hab' ich sie je beneidet, deine »Täubchen«; beneidet um ihre Freiheit, ihre regelmäßigen Ausflüge, ihre gottgeweihte Lust? Wo es ihnen beliebt, dienen sie dir. Bedarf der Hirte ihrer draußen bei den Hürden, sie folgt ihm und bleibt bei ihm, solange es ihr gefällt. Gelüstet es den Mann auf der Gasse, im Schatten der Tempelmauer: Sie ist bereit. Was bliebe ihr auch anderes übrig. In den Schenken, wo das Gerstenbier schäumt, sitzt sie als Schenkin und lacht, und der Männer Herz schlägt schnell. Will sie einer ganz für sich und zur Ehefrau, so warnt man ihn: Unfügsam wird sie sein und Widerpart geben und, wenn sie des Gatten überdrüssig ist, anderswo suchen, wessen sie bedarf. Verachtet habe ich sie; herabgesehen habe ich auf die niederen Weihen deiner kleinen Töchter und auf ihre Freiheit, die von Sklaverei nicht zu unterscheiden ist. Verachtet habe ich sie und Mitleid gehabt, wenn sie alt wurden und aus den Spinn- und Webkammern des unteren Tempels ihre brüchigen Liedlein klangen.

Hab' ich sie beneidet, die einfachen Frauen des Volkes, die des Abends auf dem Stroh in enger Hütte im Schoß eines legitimen Gatten sich sättigten? Das war mein Hunger nicht. Ich gedachte ihrer Plage auf den Feldern, in den Lauch- und Lattichgärten; der Plage ihrer Schwangerschaften und des mühsamen Glücks ihrer Mutterschaft, mit dem *du* nichts zu tun hast. Freilich – man macht sich auch was vor. Vielleicht betrog ich mich. Aber was hilft's. Es steht mir nicht zu, und gelitten hab' ich nie darob.

Anderes hat mir Leiden bereitet, und *du* weißt es. Anderes ist's, das mich mit Neid erfüllt – seitdem. Seit diesen sechs Jahren, die sich zu Ewigkeiten dehnen von Neujahr zu Neujahr. Neidvoll sehe ich hinab auf die Liebesspiele der höheren Töchter dieser Stadt; auf die Gesellschaftsspiele derer, die im Palastviertel wohnen, in welchem kein König mehr weilt, seit Enlil das Königtum denen von Ur gab und du tatenlos zusahst. Und nun: Was kümmert dich Isin? Du schaust vom Himmel herab und hast deine Lust an den Liedern, die man auf den großen Plätzen des Palastviertels singt, des Nachts bei Vollmond; ja selbst am hellen Tage dringen sie bis zu mir herauf und verwirren mich und ziehen mich in ihren Bann wider dein außerordentliches Gebot –

»Verwichne Nacht, da ich, die Herrin, helle schien,
Als ich so leuchtete, als ich so tanzte,
Als ich so sang und tanzte,
Da traf ich ihn, da traf ich ihn:
Dumuzi kam und nahm mich bei der Hand,
Uschum'gal'anna, er umarmte mich . . .«

Sie spielen *Inanna* und *Dumuzi*. Sie holen dich vom Himmel herab, dich und deinen Geliebten aus Urzeittagen. Die verwöhnten Töchter und liebeshungrigen Söhne der Stadt flirten dich vom Himmel herab – um diese Liebesleichtigkeit beneide ich sie. Um dieses Glück, das der Sehnsucht bunte Flügel gibt; um dieses fraglose Einander-zugetan-Sein. Um das unverstellte Einander-verfallen-Sein beneide ich sie; um die Hochflut der Gefühle, die ineinanderfließen wie Euphrat und Tigris in den leuchtenden Marschen . . . Alles übrige ist Lüge über dich und deine erhabene Gottheit: Sie verharmlosen dich, du Schreckliche, zur verspielten Schönen mit Lattichhaar und Ausreden für die Mutter Ningal. Du wirst, du Hohe, Ungebundene, zur biederen Hausfrau erniedrigt, Leintücher zählend, Hochzeitsgeschenke besichtigend, Dattel- und Lapislazuli-Haufen. Seit wann wärst du auf Ehe erpicht. Die Sehnsucht stiftest du und die Liebeslust; aber nie den verpflichtenden Bund einer Ehe. Das will man dir aufdrängen, immer wieder, und immer wieder entziehst du dich. In den Ekstasen der Umarmungen bist du und in den Sehnsuchtsqualen unerfüllter Leidenschaft. Man weiß von deinen Werken: »die Männer zehrtest du auf wie frischen Gartenlauch«, die Frauen ließest du liebessiech zurück auf dem Stroh wie auf weichem Pfühle – hast du doch deine Freude dran zum Friedenszeitvertreib . . .

So kommst du also nun und quälst mich, und die Lieder der Liebenden sind wie Fieber in meinem Gebein. Was nützen die Hochfluten des Euphrat, die im Frühling vorüberfluten, vorüber an Isin, vorüber an Uruk, und die Felder überschwemmen und die Marschen zum Leuchten bringen – sie erreichen mich nicht. Ich bin wie glühende Hochsteppe im Sommer; bin wie einsames Hügelland, über das lustlos der Wind hinweht – das ist dein Werk. Dies: einem geheiligten Ritual, dem größten deiner Riten, durch strenge Tabuverfügung so Lust wie Liebe zu entziehen; das, was höchste Erfüllung sein könnte, zum leersten und ödesten aller Vollzüge zu machen – leer und öde vor lauter Heiligkeit, ja, es zum Widersinn werden zu lassen und dann: das Tabu auf der einen Seite zu durchbrechen, willkürlich, grundlos, und es auf der anderen Seite zu befestigen wie eine Stadt mit doppelter Ringmauer. Oder grausamer noch: einen schwankenden Schilfringbündelsteg zu legen über bodenlosen Sumpf im Schilfrohrdickicht: einzige Möglichkeit der Begegnung zwischen festen Ufern, und wer wagt – verliert. Du aber thronst am hohen Himmel, in unerreichbarer Ferne, und weidest dich an den Qualen deiner Opfer. Vielleicht ist es dir auch völlig gleichgültig, und ich weiß nicht, was schlimmer ist – o, es ist unerträglich! Und »weil ich es nicht mehr ertrage, mehr zu scheinen, als ich bin / Werf ich dir die Sternrosette auf die Erde zürnend hin!«. Das Leben ist so kurz, das Glück so selten – ich will nicht mehr mich selbst verleugnen; ich will – was will ich? Geständnisse machen? Tontafeln herumliegen lassen? Die falsche Phiole ganz aus Versehen –?

Ach, was hilft's. Was hilft der Zorn, was hilft die Verzweiflung; was hilft es, eine Gottheit anzuklagen. Es steht der Priesterin nicht an. Sowenig wie anderes ihr zusteht. Wenn aber *sie* mich quält und im Stiche läßt, an welchen der großen Götter im Himmel oder unter der Erde soll ich mich wenden? Dort zwischen Mittag und Morgen liegen die Marschen. Dort sind die Tiefen des Abzu. Wird der Alte mich hören? Wird er mir helfen?

Enki von Eridu, uralter Gott der Marschen; alter Schamane; Gott der Weisheit und des geheimen Wissens, der du in den Tiefen des unteren Ozeans wohnst: Gib mir Licht in dem Verstande! Ziehe meinen Sinn hinab in die Vergangenheit. Wende meinen Sinn hinweg von *ihr* – du kennst sie. Auch dich Alten hat sie einst bezaubert und dir sämtliche *Me* entführt, und doch hast du ihr's am Ende nicht übelgenommen und hast sie zurückgezaubert aus der Unterwelt, als sie am Pfahl der Todesgöttin hing. Hole mich, das Opfer ihrer Willkür, zurück aus der Umklammerung der Liebes-Leiden-Hoffnungslosigkeit!

Wahrhaftig, ich will mich besinnen. Die Überlieferung will ich mir vor Augen stellen, ob sie mich vielleicht zu Vernunft und Einsicht bringen kann. Ich will es mir wiederholen, hier und in dieser Nacht, alles, was ich auswendig weiß wie eine endlose Tempelbauhymne: die lange Litanei der heiligen Herrscherinnen-Bräute, weitergegeben von Mund zu Mund, von einer Generation zur anderen – niemals wird man es einer Tontafel anvertrauen. Sage ist es, die auch mich vereinnahmen wird, sobald meine Zeit vorbei ist. Ich will sie an mir vorüberziehen lassen, die Prozession all derer, die mir voraufgingen. Ich will sie mir ansehen, ob ich ein Vorbild finde meiner Verwirrung und eine, deren Weisheit ich nacheifern kann. Denn von *mir* soll überliefert werden, was *ich* will. Und ich weiß, was ich *nicht* will.

Die Prozession der Herrscherinnen-Bräute von Uruk. Wieviel an Verworrenem, an Geschichte und Schicksal, ging vorauf, ehe die erste von ihnen das hohe Amt antrat! Wie tief muß ich hinabtauchen in die Vergangenheit, um die Ursprünge dieses Rituals zu begreifen – um zu begreifen, an welchem Ende ich vielleicht stehe . . . Mag die Nacht schlaflos damit hingehen. Erleuchte sie mir, o Enki, mit dem Unterwasserleuchten des Abzu; mit deiner großen und tiefen Weisheit, die alle Leidenschaft kühlt . . .

Dieses Ritual, das mir zur Qual wird, noch keine zweihundert Jahre ist es alt. Eine kurze Zeit, gedenkt man der Zeiten davor, seit das Königtum vom Himmel herabkam und *Inanna* – wie eine Fremde will ich sie nennen –, Herrin der Schilfhütte und des Abendhimmels, die magisch-göttlichen, Tempel und Leben erhaltenden *Me*-Kräfte von Eridu nach Uruk brachte, wo ihr großer Tempel stand und steht und wo ich stehe. Hier pflanzte sie den *huluppu*-Baum; hier befestigte ihr »Bruder« *Gilgamesch* ihre Herrschaft; sie schenkte ihm Froninstrumente, und die Große Mauer ward gebaut. Immer hat sie Könige, Helden und Hirten begünstigt. Den Hirten, der das wilde Tier bezwang; den Helden, der ins ferne Zederngebirge zog, um Ungeheuer zu erschlagen; den König, der unzählige Feinde besiegte zu ihren Ehren. Und die Könige buhlten um ihre Gunst, und manche nannten sich stolz ihren »Geliebten« oder gar ihren »Gemahl«, und das Volk ließ seiner Phantasie freien Lauf. *Sargon*, geheimnisumwittert: Unter Palmen, sagt man, nahte sie ihm, da er ein Gärtner war im Garten seines Ziehvaters, der ihn aus dem Fluß gezogen hatte. Sie, die auch die Hand im Spiele hatte bei seiner Mutter, die als Priesterin das Keuschheitsgelübde brach, als der Unbekannte, der Mann aus der Steppe, ihr nahte, um einen Sohn zu zeugen in verbotener Liebeslust. Treu geblieben ist sie dem großen Sargon wie selten einem ihrer Günstlinge. Eine lange Regierungszeit schenkte sie ihm und den Sieg in vierunddreißig Schlachten. Treu blieb sie ihm bis zu seinem Tod; sie, das Geheimnis seines Glücks. Dann kam der Enkel *Naramsin*, Hybris und Verhängnis. Als Stern neben der Sternin ließ er sich darstellen auf hoher Siegesstele. »Gott von Akkade, Gemahl der Ischtar Annunitum« nannte er sich, und sie – wandte sich von ihm ab. Sie ließ ihn fallen, und das Reich zerfiel. Akkade fiel. Seitdem weiß man von ihrer Unberechenbarkeit nicht nur in der Liebe, sondern auch im Krieg und im Schicksal der großen Reichsgefüge. Die Priester dachten nach. Sie suchten und fanden eine Erklärung: *Naramsin*, der »König der vier Weltgegenden«, hatte der Göttin, seiner Gemahlin und Herrin, den schuldigen Respekt versagt, sei es aus Leichtsinn, sei es aus Überheblichkeit. So ward *Dumuzi-Ama'uschum'gal'anna* vom Himmel hinab in die Unterwelt gestürzt. *Sie*, die ihn erhöht hatte, sie war es auch, die ihn erniedrigte: Seht euch vor, ihr Herrscher auf Erden, ihr Könige von Sumer und Akkad! – Die Gutäer besetzten das Land, und *Gudea*, der gute Hirte von Lagasch, sah sich vor. Er zog es vor, zu seiner »Mutter im Himmel«, Gatumdug, zu beten. Sein Sinn stand nicht nach Gemahlschaft mit der Unberechenbaren von Uruk, *Inanna-Ischtar*.

Noch keine zweihundert Jahre ist es her, daß wieder ein Held erstand in Uruk: *Utuhegal*, der die Gutäer vertrieb. Er wagte von neuem den Bund mit der Göttin. Sie gab ihm ein günstiges Orakel; sie gab ihm den Sieg; aber kurz darauf schon mußte er sterben. Seine Nachfolge trat *Urnammu* an, und es begann die glorreiche Zeit von Ur, es begann die große Zeit der Heiligen Hochzeiten von Uruk . . .

Wie viele Hände, Füße und Münder hatten die Priester im Spiele; die Priester der Göttin von Uruk? Bedeutet Hochzeit doch Fest und Geschenke. Heilige Hochzeit der Göttin mit dem jeweiligen Herrscher mußte bedeuten: die Überfülle der Opfergaben; mehr als gewöhnliche Abgaben jemals zusammenbringen. Und wie bringt man den König von Ur dazu, sich zu solcher Hochzeit Neujahr um Neujahr nach Uruk zu begeben samt Schiffsladungen voller Gerste, Datteln, Flachs, Wolle, Rinder, Schafe, Fisch, Leder, Lapislazuli, Gold und Erdpech, Zinn und Silber; die ganze Fülle dessen, was täglich und jährlich gebraucht wird, um dieser Tempelstadt ein so arbeitsames wie angenehmes Leben zu ermöglichen – je nachdem, wer man ist und welche Rolle man spielt; wie also bringt man den König von Ur dazu, solches alles herbeizuschaffen? Man bedeutet ihm, wie bedeutungsvoll es für ihn und seine Herrschaft sei, sich der Gunst der Göttin so hoch und heilig wie nur möglich zu versichern; sie zu verpflichten; sich an sie zu binden in Heiliger Hochzeit und als »Gemahlin«; sich ihr als gehorsamer Gemahl stolz und demütig zugleich zu nahen, Jahr für Jahr, um ihrer Schicksalsentscheidung zu lauschen nach würdig vollzogenem Beilager. Und: Willst du ein Gott sein schon zu Lebzeiten, wird man ihm einflüstern, wer könnte dir solche Göttlichkeit verleihen und bestätigen, wenn nicht die Göttin – sie selbst und leibhaftig?!

Fürwahr: »sie selbst und leibhaftig«! Weiß die Sage doch, daß die Große Unbekannte, die das Amt der Herrscherin-Braut als erste innehatte, das Ritual in allen Einzelheiten festlegte und die Ausbildung der höchsten Klasse von Priesterinnen auf dieses Amt hin neu regelte – daß es keine andere als Inanna selbst gewesen sei. Inanna, die um *Urnammu*, ihren Liebling, trauerte, als der Tod ihn dahinraffte mitten in seinem großen Werk. Der Gesetzeskodex zwar war abgeschlossen; doch die Tempeltürme von Ur und Uruk ragten unvollendet in den Himmel. Die Göttin, sagt man, ging zu Enlil, um Urnammu loszubitten aus der Unterwelt; denn das Klagen um ihn in Ur und ganz Sumer war groß. Doch es half nichts. So wollte sie fortan alljährlich Heilige Hochzeit halten mit dem Sohn und Nachfolger, und ihn hat sie wahrlich groß gemacht: *Schulgi*. Zweimal zwanzig Jahre lang beglückte sie ihn zu jedem Neujahrsfest aufs neue. Schulgi, der König und Gott, kam gehorsam jedes Jahr von Ur herauf nach Uruk. Er kam, seine hohe Herrscherin-Braut, die Jungfrau Inanna, zu umarmen und sich von ihr das Schicksal bestimmen zu lassen. Er kam als *Dumuzi-Ama'uschum'gal'anna*, Unterwelt und Sternenzelt in eins knüpfend mit heiligen Banden, und sie blieb ihm treu, wie sie nur je dem großen Sargon treu geblieben war. Ein Wunder – siebenundvierzig Jahre lang. Oder doch immerhin vierzig. Denn Schulgi wurde, obwohl ein Gott, er wurde nicht jünger; und flüsternd deutet die Überlieferung an, daß die Göttin sich zurückzog, als Schulgi sechzig war. Sie zog sich zurück und schob ihrem königlich-göttlichen Bräutigam eine Stellvertreterin unter: Ixeria, die erste, sorgfältig ausgewählte und in alle Geheimnisse des heiligen Rituals eingeweihte *lukur*-Priesterin, deren Herkunft aus einer der vornehmsten Familien Uruks man kennt und von deren Schicksal die Überlieferung – zuviel weiß.

Nein. Es soll dergleichen nie wieder geschehen. Nichts soll man erfahren und weitersagen von mir. Der Nachthimmel mag es erfahren; aber niemand sonst. Mögen die großen Götter meine Zeugen sein und die Sterne; nicht aber Menschen . . .

Die unglückliche *Ixeria.* Sie war zwanzig, und Schulgi war so alt, wie er eben war, und es blieben ihm noch sieben Jahre. Vielleicht war er der Meinung, er müsse noch immer den jugendlichen Helden spielen, der er einst war, als er an ein und demselben Tage zweimal zwischen Ur und Nippur hin- und herzurasen pflegte – er kam pflichtschuldigst angekrochen bis zuletzt. Und die arme Ixeria – sie machte die Augen zu und dachte an Uruk. Es wurden ja bestimmte Tränklein erst später gebraut. – Dann kam *Amarsu'en* zur Regierung. Da war sie siebenundzwanzig und er immerhin erst fünfzig. Er regierte nur acht Jahre; und während dieser Zeit versah Ixeria ihr hohes Amt mit Gleichmut und Würde. Der König starb am bösartigen »Biß eines Schuhs«; daran war ganz sicherlich nicht die Göttin schuld, sondern ein niederer Dämon; zudem war er fast sechzig. Kein Unglück also. Den Thron bestieg *Schusin*, ein erheblich jüngerer Bruder des Amarsu'en. Und das Unglück nahm seinen Lauf – für Ixeria.

Schusin, der Charmeur. Ein Mann in den besten Jahren, etwa vierzig. Seit zwanzig Jahren Militärgouverneur von Uruk und der Schwarm aller höheren Töchter aus dem Palastviertel, davon etlichen die Ehre zuteil ward, in den Harem des Angeschwärmten zu wandern. Hatte Ixeria ihn gekannt, ehe sie, fünfzehnjährig, dem Tempel geweiht wurde? Man weiß es nicht. Was man weiß über die Affäre, gereicht dem Amt und seiner Würde zur Schande: die Herrscherin-Braut, inzwischen fünfunddreißig, verliebte sich in der ersten Hochzeitsnacht sterblich in den Gott und König, dessen Charme sie widerstandslos erlag. Die Zederntüren im Brautgemach der Göttin hatten damals Spalten; man weiß, wie Überlieferung zustande kommt. Aber Zederntürengeflüster hätte man geheimhalten können. Gerüchte hätten nicht genügt. Es kam schlimmer: Sie gab Beweise preis. Sie, deren heiliges Amt es erforderte, als Repräsentantin der Göttin dem König, und sei er ein Gott, ihre Gunst huldvoll von oben herab zu gewähren – sie lag dem Schusin zu Füßen. Mit anderen Worten: Sie fing an zu dichten und drehte durch. Wie anders soll man sich's erklären, daß sie ihre Tontafeln ausgerechnet da zum Trocknen in die Sonne legte, wo ein Oberpriester sie finden mußte? Und was las man:

»Weil ich es gesagt habe, weil ich es gesagt habe,
Hat mir der hohe Herr ein Geschenk gegeben –
Ein goldenes Gehänge mit Lapislazuli-Perlen.
Herr, dein Geschenk ist voller Güte;
Schusin, dein Geschenk ist voller Güte.
Mein Gott! Der Schenkin Rauschtrank ist süß,
Wie ihr Rauschtrank ist ihre Scham süß!
Schusin, der du mich begnadet hast,
Mein Schusin, der du mich berührt hast!
Mein König! Gott deines Landes!«

Das war unerträglich. Ein Skandal. Ich aber habe es auswendig gelernt. Hätte sie es doch für sich behalten! Hätte sie das Dichten bleiben lassen oder wenigstens keine Tontafeln herumliegen lassen! Nun liegt das in den Archiven für ewige Zeiten; die Schande einer Priesterin, die sich hinreißen ließ von ihrer Leidenschaft. Wie würdelos. Wie demütigend für das hohe Amt. Wie menschlich – und alle Macht ist hin. Schwachheit, dein Name ist Weib.

Hundert Jahre ist das her und ist wie heut. Man hat sie umgehend abgesetzt und frühpensioniert. Man hätte sie eigentlich deklassieren und in die Spinnstuben schicken müssen, wo die ergrauten Töchter der Großen Hetäre sitzen und den dünnen Faden ihres Lebens zu Ende spinnen. Man wagte es nicht; denn das Machtgleichgewicht zwischen der Priesterschaft von Uruk und dem König von Ur war ein wohlausgewogenes, das keine Störung vertrug. Vielleicht hätte Schusin die abgesetzte Herrscherin-Braut doch noch in seinen Harem geholt; aber die Zeiten begannen unruhig zu werden. Von Nordwesten drangen die Martu-Nomaden vor, und Schusin war mit dem Bau seiner großen Mauer beschäftigt, die dem Reich noch eine Weile den Frieden sichern sollte. Gibt es nicht immer Dinge im Leben eines »Herrschers der vier Weltgegenden«, die wichtiger sind als das Schicksal einer Liebenden? Muß nicht eben darum das Amt der höchsten Priesterin der Inanna wichtiger sein als die Herzensverwirrung wegen eines Königs, der einmal im Jahr das heilige Ritual zu vollziehen kommt und dem dabei seine schlechthinnige Abhängigkeit von der Göttin klar und deutlich werden soll und nicht die späte Leidenschaft einer ergrauenden Priesterin, die sich von Charme und Geschenken um den Finger wickeln läßt – ? Als eine Überlegene hat sie ihm zu begegnen, kühl und geheimnisvoll; ihr Wissen ihre Macht; ihr Schoß ein Symbol. Wer liebt, ist verloren. Wer sein Herz entdeckt, hat bereits das Ritual verraten und vergeht sich am Tabu, das der Göttin und der Priesterin Macht verleiht. Wie einfach sich das aufsagen läßt . . .

Ixeria starb mit vierzig und an gebrochenem Herzen, zwei Jahre nach ihrem geliebten Schusin, den sie nie wiedersah. Nächtelang, sagt man, habe sie auf dieser Sternenterrasse gestanden und nach Ur hinübergeseufzt, und ihr Geist habe sich verwirrt – abwechselnd habe sie der Göttin geflucht und sie angefleht. Mit vierzig also starb sie, und ihr Leib, sagt man, sei noch jugendlich gewesen wie der einer Zwanzigjährigen. Freilich kommt das Alter langsamer ohne harte Arbeit auf den Feldern, in den Gärten, in Haus und Hof, in den Spinn- und Webstuben; ohne erschöpfende Schwangerschaften; ohne Dauerbereitschaft zur Befriedigung der Lust, sei's der eigenen, sei's fremder. Freilich kommt das Alter langsamer, wenn man die Kräutlein und Tränklein kennt, die Salben und kostbaren Öle, und teilnimmt an den Opfermahlzeiten der Götter. Gewiß kommt es langsamer, wenn die Jahre vergehen mit der Aneignung und Weitergabe von Geheimnissen; mit Dichten und Denken im Dienste der Götter und des Tempels. Langsamer kommt es; doch es kommt. Aber was Ixeria angeht und ihre Jugendlichkeit mit vierzig – ich glaube, die Sehnsucht erhielt sie so jung. Sie starb ihm von innen her nach . . .

Die gute *Ypsilante* ließ sich das Schicksal ihrer Vorgängerin eine Warnung sein. Sie machte es besser, ja geradezu vollkommen. Jeder Novizin bis heute wird sie als Vorbild hingestellt, so wie sie war in ihren jungen Jahren. Mit ihren zwanzig, fünfundzwanzig Jahren gewährte sie in kaltglühender, übersinnlicher Sinnlichkeit dem König das Beilager, und Schusin war fassungslos. Die Spalten der Zederntür haben es weitererzählt. Ypsilante machte sich offenbar nichts aus Schusin; sie hatte aber auch nichts gegen ihn. Sie war gefeit gegen den Unwiderstehlichen, an dem Ixeria gescheitert war. Und Schusin hatte einen gewaltigen Respekt vor ihr. Vielleicht war er tatsächlich verunsichert und im Ungewissen darüber, ob er sich einem Weibe nahte oder einer Göttin. An Ixeria hatte er erlebt, was ihm sein Harem auch bot: des Weibes liebende Schwachheit und Hingabe. Diese neue Herrscherin-Braut war nun ganz anders. Hatte etwa doch die Göttin eingegriffen, um ihre Ehre zu retten? Schusin, sagt man, lauschte den Orakeln Ypsilantes aufmerksamer als den Kriegsberichten seiner Generale. So sollte es sein. Diese Herrscherin-Braut war die Repräsentantin in höchster Vollendung, ununterscheidbar in ihrem Gebaren von der Göttin selbst. So will es die Sage. Eine Göttin muß sie darstellen, die sich zwar hingibt, doch in eben dieser Hingabe, die ein Gewähren ist, zu Furcht und Zittern zwingt. So will es der Mythos. So will es die Priesterschaft: daß der König und Gott nie vergesse, daß diese göttliche Braut und Gemahlin die Dämonen der Unterwelt auf ihn loslassen kann, sollte er ihr in irgend etwas mißfallen; sollte er ihr gar die gehörige Achtung versagen. Dumuzi weilt nicht umsonst in der Unterwelt, mag er auch ein Gott sein. Man weiß, um welcher Hoffart willen die Göttin ihn vom Throne stieß. Darf der König ihr nahen, Jahr um Jahr, wenn die Schicksalsentscheidung ansteht; darf er ihr nahen als *Dumuzi-Ama'uschum'-gal'anna*, so ist er gewarnt im voraus.

Diese Lehre hatte Ypsilante wohlbegriffen. Der Vorbildlichen konnte Schusin also nichts anhaben. Noch lebte ja auch Ixeria weitere fünf Jahre lang, die Gefallene, Geächtete, Verwirrte, das warnende Beispiel . . .

Es ging auch mit *Ibbisin* viele Jahre gut. Als er zwanzigjährig zur Regierung kam, war Ypsilante sechsundzwanzig. Ob es dieser Altersunterschied war, der sie schließlich doch noch ins illegitime Abseits der Gefühle trieb?

Zunächst einmal ging es zehn Jahre lang gut mit dem jungen König. Sie blieb die vollkommen Korrekte, auch wenn mit den Jahren, wie man erzählt, ihre unterkühlte Sinnlichkeit einer gelassenen Würde wich, wie man sie bei einer fürstlichen Matrone, einer erotisch angewärmten Muttergöttin erwarten darf, nicht aber nun gerade bei Inanna-Ischtar. Doch wie dem auch gewesen sein mag; sie war erfahren, und ihr Einfluß auf Ibbisin war wohltuend und wichtig für die Priesterschaft von Uruk, vor allem, als die Zeiten kritisch wurden und das Reich von Ur zu zerbröckeln begann. Die Priesterschaft von Ur war auf dem laufenden, und Ypsilante war es auch: Die Sterne standen nicht gut für Ibbisin. Die große Friedens- und Blütezeit von Ur neigte sich ihrem Ende zu.

Ypsilante wurde sechsunddreißig in dem Jahre, als *Ischbierra*, die »Stinkpflanze aus Mari« – hinter vorgehaltener Hand flüstert man dieses Schimpfwort noch immer in Uruk und Ur –, als dieser ungetreue Gefolgsmann seines Herrn die Getreidelieferungen für Ur unterschlug, den Widerstand gegen die Martu-Nomaden aufgab und sich selbständig machte in Isin. Am Neujahrsfest darauf, so weiß die Überlieferung, saßen die Priesterin und der König beisammen im Brautgemach der Göttin, berieten Verteidigungsmaßnahmen und rechneten Überlebensmöglichkeiten aus. In Ur herrschte Hungersnot. Die Hochzeitsgeschenke für das *E-Anna* von Uruk fielen dürftig aus. Zweifelnd und sorgenvoll war Ibbisin vor die Herrscherin-Braut getreten und hatte wohl erwartet, verstoßen zu werden. Da muß sich in Ypsilante zum ersten Male das unstatthafte Gefühl mütterlichen Mitleidens geregt haben. Sie wich ab vom Ritual, und an die Stelle allgemein-ungenauer »Schicksalsbestimmung« trat gezieltes politisches Planen: Der Bau einer weiteren Schutzmauer um Ur wurde beschlossen. Ob da noch Heilige Hochzeit stattfand –? Warum hat mein Gedächtnis hier eine Lücke? Die Spalten der Zederntür waren zu der Zeit doch noch nicht verklebt. Vielleicht *will* man hier nichts wissen. Vielleicht hatte die Unberechenbare von Uruk sich wieder einmal auf und davon gemacht – zu ihrem neuen Günstling Ischbierra von Isin. Von Osten drohte Elam. Das Jahrtausend ging zu Ende.

Ibbisin baute notdürftig die Mauer um Ur. Solange er die

Stadt noch verlassen konnte und Uruk erreichbar war, kam er getreulich zu jedem Neujahrsfest. Wurde die Göttin untreu, so blieb er doch treu. Ypsilante aber wurde ihrem Auftrage untreu. Sie wich vom Wege ab; nicht zur Linken, wie Ixeria, sondern zur Rechten. Sie fiel dem König nicht liebeskrank zu Füßen; sie saß und tröstete ihn, und die Spalten der Zederntür waren Zeuge: Sie tröstete ihn, wie eine Mutter ihren Sohn tröstet.

Ypsilante wurde vierzig, und niemand dachte daran, sie aufs Altenteil zu setzen und einer Neulingin dieses schwierige Amt anzuvertrauen. Die Priesterschaft war zum ersten Male ratlos. Weder die Martu-Nomaden noch die Elamiter waren willkommen, noch auch Ischbierra von Isin. Es hätte ewig so weitergehen sollen mit Ur; wozu war das Ritual der Heiligen Hochzeit erfunden worden? War die Göttin des Spiels müde? War etwas falsch gemacht worden? War sie unwillig? Wie wäre ihr Wille zu erkennen gewesen?

Die höchste Priesterin der Inanna ging ihren Weg unbeirrt und offenbar ohne sich weiter um den Willen oder Unwillen der Göttin zu kümmern. Die Überlieferung ist hier lückenhaft. Dies immerhin weiß man: Ypsilante war siebenundvierzig und völlig ergraut, als Ibbisin zum letzten Male nach Uruk kam, um das Neujahrsfest zu feiern. Das war drei Jahre vor der Katastrophe. Es lag wie beklemmende Ahnung über der Stadt. Die Zeremonien wurden auf das Allernotwendigste beschränkt. Es gab auch kaum etwas zu essen, weil kaum etwas geerntet worden war: Die Martu machten die Gegend unsicher; die elamitischen Spähtrupps durchzogen das Land. Wer ahnte es nicht: *An* und *Enlil* hatten Schlimmes beschlossen. Ypsilante saß mit Ibbisin, dem letzten König von Ur, im Brautgemach der Göttin die Nacht hindurch, und die Spalten der Zederntür überliefern, daß die Priesterin Worte der Weisheit sprach: wie dem Tod und dem Untergang des Reiches mit Würde zu begegnen sei. Daß es ein Heldentum gebe, das bereitmache zum Leiden. Daß der Götter Schicksalspruch zwar unabwendbar sei wie der Tod und dennoch die Liebe dem Leben Sinn und Erfüllung geben könne – freilich nicht die Liebe der Inanna. Man hat diese seltsamen Gedanken überliefert, unbegriffen, doch mit dunkler Ahnung, daß es sich um

Ketzereien handelt. Möglich, daß ob solcher Orakel Ypsilantes der Göttin Untreue sich in Zorn wandelte. Denn von solch leidensbereiter Liebe weiß sie in der Tat nichts und *will* davon nichts wissen. Zudem muß ein so unheldisch trostbedürftiger König ihren höchsten Unwillen erregen. Wie dem auch sei – Ibbisins Schicksal war besiegelt, und Ypsilantes war es auch.

Drei Jahre später kam Elam mit Heeresmacht über Ur. Ibbisin ließ sich in seinem Palaste gefangennehmen und ging, in voller Kenntnis des Zusammenbruchs, nach Elam in die Verbannung und in den Tod. Er gab sich gefangen mit klarem Blick und ruhiger Würde, das Unvermeidliche gefaßt bejahend, leidensbereit. Man brachte die Nachricht nach Uruk. Die Priesterschaft hörte den Boten schweigend an. In einer Nische des unteren Tempels, neben der Statue der Inanna, sagt man, stand Ypsilante. Am nächsten Morgen fand man sie tot im oberen Brautgemach, neben sich ein Tontäfelchen, ein Brief Ibbisins: » . . . und nun, meine Mutter, meine Schwester, meine Braut: Ich werde tun, wie du mich gelehrt hast. Freundlicher warst du mir und barmherziger als die Göttin. Ohne Bitterkeit wird mir der Tod sein. Leb wohl.« – Sie war fünfzig, als sie starb. Es war im Jahre zweitausendunddrei, und dies ist der dunkelste Teil der Überlieferung. Den Sinn von Ypsilantes Liebes- und Todesweisheit – ich habe ihn nie begriffen. Ist es Ketzerei, welcher der Götter hat sie ihr eingeflüstert oder welcher fremde Gott –?

Schreckliches brach über Sumer und Ur herein im Jahre zweitausendunddrei. Die Götter und Göttinnen verließen ihre Heiligtümer im ganzen Lande. Umsonst ging *Nanna*, umsonst ging *Ninlil* zu *Enlil* nach Nippur, das Verhängnis von Ur abzuwenden. *An* und *Enlil* hatten beschlossen, die Zeiten zu ändern, die Normen zunichte zu machen. Laut erhob sich die Klage um Ur –

»Das Blut des Landes ist vergossen,
wie wenn Kupfer und Zinn in den Schmelzofen sich ergießen.
Die Leichen sind zergangen
wie Schaffett in der Sonne.
Männer liegen mit dem Mund im Staub,

vom Kriegsbeil getroffen,
Als wären sie dort, wo ihre Mutter sie gebar,
liegen sie im Blut.
Ohne berauscht zu sein, taumeln die Menschen umher . . .«

Fast ein Jahrhundert Heiliger Hochzeit umsonst? Hatte man das Glück und die Göttin auf ewig binden wollen an Ur? War sie dem Reich und seinen Herrschern nicht treu geblieben, fast so lange wie dem großen Sargon und seinem Reich? Wer will sie schelten, die Große Hetäre? Sie schenkt ihre Gunst und sie entzieht sie wieder, ganz nach Belieben. Manche freilich sagen, im Einvernehmen mit *An* und *Enlil*: »Der Stadt Ur ward Königsherrschaft gewährt«, sprach *Enlil.* »Es ward ihr keine ewige Herrschaft gewährt. Wann hätte man je eine Königsherrschaft gesehen, die ewig währte?!« Und: »*Inanna* hat Kampf und Kriegsglück dem rebellischen Lande gegeben« – und Ischbierra saß in Isin, unweit von Nippur, und wartete zu . . .

Es kam das *Große Interregnum*: Fast dreißig Jahre lang gab es keine Herrscherin-Braut und keine Heilige Hochzeit in Uruk mehr. Wer auch hätte da königlich-göttliches Beilager halten sollen? Der »Wilde von Isin«? Und hatte das Ritual zudem und nach allem nicht seinen Sinn verloren? Alles schien zu Ende – und doch ging alles weiter, einen Schritt nach dem anderen. Die Herren von Isin schwangen sich auf zur Nachfolgeschaft des Reiches von Ur. Was Ur geschaffen, nahm Isin in Besitz: Beamtenschaft, Schreiberschulen, Bauhöfe und Handelsbeziehungen. *Ischbierra* vertrieb die Elamiter aus Ur und baute die Stadt wieder auf. Sein Sohn brachte die verschleppte Kultstatue des Mondgottes nach Ur zurück. In den Schreiberschulen wurde fleißig Sumerisch geschrieben, kopiert und gedichtet. Sie sprachen Akkadisch, die Herren von Isin; sie sind ja Semiten; aber sie ließen Sumerisch schreiben. Das, was Ischbierra in Besitz genommen hatte in sumerischen Landen, erwies sich als machtvoll, und so wandelte der Besitz nach und nach die Besitzer. Schon *Schu-ili-schu* war nur noch ein Halb-Wilder, und *Iddin-dagan* vollends gebärdete sich sumerischer als ein Sumerer.

Die Heilige Hochzeit aber ließ auf sich warten. Ischbierra nannte sich zwar nach dem Vorbilde Größerer »König der vier Weltgegenden« und ließ seinen Namen wie den Namen eines

Gottes schreiben; er hielt sich jedoch an Enlil von Nippur, das näher lag als Uruk. Inanna aber – nun, sie schien Gefallen zu finden an dem Usurpator, die Treulose am Treulosen, die Freibeuterin am Freibeuter. Nach Heiliger Hochzeit stand ihr offenbar der Sinn ebensowenig wie ihrem neuen Günstling. Die Priesterschaft von Isin mußte es ja wissen, sie, die Verwirrung zu stiften begann, indem sie behauptete, *Nin-insina*, die Herrin von Isin, und *Ninsi'ana*, die Sternin und Göttin von Uruk, seien ein und dieselbe. Und wozu Heilige Hochzeit, wenn die Abgaben sowieso nach Isin kamen und außerdem Enlil von Nippur schon seinen Anteil forderte? Vor allem aber: Wozu ein kultisch bindendes Ritual, wenn das Glück auch so funktioniert, in völlig freier Liebe?

Die glanzvolle Tradition von Ur setzte sich schließlich auch kultisch wieder durch, wenigstens als Abglanz. Es mag an den Hymnendichtern gelegen haben, die in den Schreiberschulen Hochzeitshymnen auf Schulgi abschrieben und, weil sie so schön waren, selber noch welche hinzudichteten und in Umlauf brachten. Das mag den Epigonenehrgeiz derer von Isin angestachelt haben. Vielleicht fiel der Priesterschaft der Inanna in Uruk auch etwas Zweckdienliches ein. Die Überlieferung ist seltsam zurückhaltend und ungenau hinsichtlich der Wiedereinführung der Heiligen Hochzeit. Es ging ja auch zunächst einmal schief, und darüber redete Zetanna nicht so gern; das kann man verstehen.

Eines Tages also kam Nachricht herüber von Isin, daß man wieder Heilige Hochzeit zu feiern gedenke, und die Priesterschaft dieses erhabenen Tempels der Inanna ernannte *Zetanna* zur ersten Herrscherin-Braut nach dem Interregnum. Der König von Isin und Sohn Ischbierras, *Schu-ili-schu*, war schon vorgerückten Alters; hatte doch sein Vater so lange regiert. Man sagt, daß Schu sich redlich Mühe gab, Sumerer zu sein. Aber er hatte seine Kindheit noch unter den Halbnomaden von Mari verbracht; das hing ihm an und machte ihm zu schaffen. Das Sumerische muß ihm gestanden haben wie einem Wasserbüffel die Lapislazuliperücke. Seine Göttlichkeit muß wie verbeulte Bronze gewesen sein. Er meinte es ehrlich und konnte nichts dafür. Zetanna aber war bereit und gefaßt auf den »Halbwilden von Isin«.

Das Neujahrsfest kam. Wer nicht kam, war der König von Isin. Weder König noch Schiffe noch Opfergaben als Hochzeitsgeschenke ließen sich am Euphratquai von Uruk sehen. Was war da vorgefallen? Der Priesterschaft von Isin war es in letzter Minute gelungen, den König davon zu überzeugen, daß die Göttin sich von Uruk nach Isin begeben habe, um daselbst Heilige Hochzeit zu feiern. Wenig später verbreitete sich das Gerücht, daß die Feier im Tempel der *Nin-Insina* ein rituelles Fiasko gewesen sei. Weder der König noch die eilends zur »Herrscherin-Braut« ernannte Priesterin hätten gewußt, was zu tun sei und wo – außer eben zu kohabitieren. Der König sei verärgert gewesen und die Priesterschaft in großer Verlegenheit. Bald darauf kam offiziell Botschaft von Isin, daß der König das nächste Mal ganz sicher nach Uruk zu kommen gedenke.

Er kam, samt Schiffsladungen. Man gab ihm einen Zeremonienmeister bei bis zur »Toreröffnung«. Alles übrige war sodann Zetannas Sache. Sie kam mit dem Halbwilden zurecht – man weiß nicht, wie. Die Spalten der Zederntür müssen zu jener Zeit verklebt worden sein, und das Brauen bestimmter Tränklein hatte begonnen. Zetanna jedoch, so viel weiß man, flößte dem König von Isin Respekt ein; sie machte ihm klar, daß das Brautgemach der Göttin von Uruk kein Nebengelaß des königlichen Harems ist. *Schu-ili-schu* kam noch ein- oder zweimal, ehe er starb und den Thron von Isin samt dem Reiche von Sumer und Akkad seinem Sohne *Iddin-dagan* hinterließ.

Zetanna und *Iddin-dagan*! Es war ihre große Zeit. Zwanzig Jahre lang, denn man ließ sie amtieren bis zu seinem Tod. Die Zeiten Schulgis schienen wiedergekehrt, obwohl es immer wieder Schwierigkeiten gab zwischendurch. Denn die Priesterschaft von Isin sah neidvoll auf die jährlichen Schiffsladungen, die euphratabwärts nach Uruk zogen, statt ihre Kostbarkeiten für den Tempel der Nin-Insina zu löschen. Sie brachten es fertig, besser informiert und vorbereitet, daß Iddin-dagan zwei- oder dreimal in Isin feierte, »im Palaste, im Hause, das dem Lande die Anweisungen erteilt«. Man bestellte eine große Hymne auf Sumerisch und sandte eine Abschrift nach Uruk, und so weiß man, wie man sich in Isin Heilige Hochzeit vorstellt oder gar darstellt:

»Der König geht stolz erhobenen Hauptes zum heiligen Schoß,
Geht stolz erhobenen Hauptes zum Schoß Inannas.
Ama'uschum'gal'anna liegt bei ihr, kost ihren heiligen Leib.
Nachdem die Herrin sich im heiligen Schoß des Lagers gesättigt,
Spricht sie an der Stätte des Lagers zu ihm:
›Des Helden Iddin-dagan bin ich‹« –

Öffentlichkeit statt Toreröffnungszeremonie. Eine kindische Dein-bin-ich-Redensart statt Schicksalsentscheid. Verfälschungen und Geschmacklosigkeiten. Aber vielleicht bin ich nur eifersüchtig. Es ist schwierig zwischen Verachtung und Anerkennung. Sie wissen nicht, was sie tun. Vieles wirkt peinlich und schief, und gleichwohl meinen sie es aufrichtig. Wahrscheinlich schwankte Zetanna ähnlich, wie ich schwankte – bis vor wenigen Jahren. Sie hat nie viel darüber geredet. Sie war alt und müde, als Iddin-dagan starb, vor einem Vierteljahrhundert. Er war zehn Jahre älter als sie, und sie ließ sich noch sieben Jahre Zeit mit dem Sterben. Eine hochgeachtete, fürstliche Matrone, deren Erfolge und Verdienste um das heilige Ritual unbestreitbar sind. Ihr war es zu verdanken, daß Iddin-dagan davon Abstand nahm, das Fest endgültig in seine Residenzstadt zu verlegen. Aber immer, wenn ich sie danach fragte, *wie* sie es zustande gebracht habe, hob sie nur leicht die Schultern und zog die Mundwinkel herab. Die Spalten der Zederntür blieben verklebt. Die Überlieferung tappt im dunkeln. Zetanna lebte und starb wie ein Rätsel – ungelöst. Iddin-dagan kann die Ursache nicht gewesen sein. Er war ein König von guten sumerischen Sitten; sehr um Frieden und Sicherheit im Lande bemüht und auch um Gerechtigkeit, kurz: Er war ein braver Mann. Ein braver Mann – war es das? Er war ein Mann ohne männliche Strahlkraft; ich entsinne mich; ich habe ihn ja noch erlebt, als Novizin. Ein braver Mann. Man preist zu Recht sein Friedenswerk. Es war eine gute Zeit. Vielleicht etwas langweilig. Inanna-Ischtar schien eher schläfrig auf Sumer und Akkad und insbesondere auf Isin herabzublicken; so als hätte sie keine besondere Lust zu irgend etwas. Aber sie blieb dem Iddin-dagan treu. Treu wie eine träge Löwin, die sich in der Schattenkühle rekelt. Ihr königlich-göttlicher Gemahl war kein Kriegsheld. Blieb sie ihm treu aus unergründlicher Langeweile; oder war sie überhaupt nicht im Lande, sondern hinten, fern im Hochlande von Urartu mit Krieg und Kriegsgeschrei beschäftigt? Weiß man denn je, wo sie weilt und was ihr abgründiges Herz plant? Zetanna jedoch und zwanzig Jahre – es macht nachdenklich. Vielleicht war es Leere und Überdruß. Das könnte ich ihr nachfühlen. Wer besser als ich. Immer das gleiche, auch wenn es nur einmal im Jahre ist. Leer und öde vor lauter Heiligkeit ist's, und das Herz schrumpft zusammen wie eine Gurke, wenn die Wurzeln das Grundwasser nicht mehr erreichen . . . Zetanna machte solch einen zusammengeschrumpften Eindruck in ihren letzten Jahren – hob die Schulter, zog die Mundwinkel herunter, und die Fledermäuse strichen lautlos durch die Dämmerung . . . Hier oben saß sie oft, wo ich jetzt sitze; und wenn die Sternin am Himmel erschien, wandte sie ihr den Rücken zu und wickelte sich fester in ihr wollenes Matronengewand . . .

Habe ich Grund, ein Gleiches zu tun?

Ich hätte gehabt; die Erhabene weiß es. Nun aber – ich weiß nicht, was ich wünschen soll, wenn ich Zetannas gedenke. Wenn ich meiner eigenen zwanzig Jahre gedenke, die geradlinig dahingingen, bis *Es* geschah . . .

Ich war zweiundzwanzig, und *Ischme-dagan* war etwa acht Jahre älter, als er nach seines Vaters Tod den Thron von Isin bestieg. Zwei Jahre Verspätung – Zetanna amtierte ja über ihr vierzigstes Jahr hinaus – hatten mich schon ungeduldig werden lassen: Ich war mir meiner Macht bewußt und wollte sie auch wirksam sehen. Es gelang vollkommen. Ich genoß meine Überlegenheit und machte meiner Vorgängerin und der Göttin alle Ehre. Mein eigenes Lob kann ich singen, wie nur je ein König oder ein Gott sein Lob singen lassen konnte.

Ischme-dagan versuchte, ähnliche Schwierigkeiten zu machen wie sein Vater. Er wollte es zur Abwechslung mit *Baba*, der Göttin von Lagasch, versuchen, die doch eine Göttergemahlin ist mit legitimem Göttergemahl. Er ließ einen Hymnus dichten auf die »Jungfrau, Mutter Baba«. Ich brachte ihm bei, daß zwar die Große Hetäre Inanna »Jungfrau« genannt werden könne, weil sie unabhängig ist von einem Gemahl; daß aus dem gleichen Grunde auch eine Muttergöttin wie *Gatumdug* »Jungfrau« sei, niemals aber eine Göttergemahlin wie *Baba*, und deutete an, daß die Hymnendichterlinge theologisch Barbaren seien, außerstande auch, den Unterschied zwischen einer Baba, der »erbarmungsvollen, weitherzigen Kuh des Landes Sumer«, und der »furchterregenden Heldin« Inanna von Uruk zu begreifen. Man warf das in einen Topf und vermengte Götter und Kompetenzen in epigonaler Ignoranz. Ich war überzeugt von meinem Amt und Lehrauftrag, und Ischme-dagan war in meine Hand gegeben, die ganze Nacht hindurch. Der König von Isin kam mir, der alteingesessenen Bürgerin von Uruk und Priesterin der Großen Göttin, vor wie ein Halb-Barbar, der er gewiß nicht war. Er hatte sogar ein wenig Sumerisch gelernt. Ich aber sprach fließend Akkadisch, und sicher habe ich ihn gründlich eingeschüchtert, in dieser ersten Nacht, mit meiner strengen Belehrung. Vielleicht auch wirkte meine Pedanterie so furchterregend auf ihn, daß er mir, wo nicht die »Braut«, so doch die Herrscherin glauben mußte. Was er begriffen hat, theologisch, weiß ich nicht. Und was das Ritual und die »Braut« angeht, so gab es seit einiger Zeit jene begier-erregenden Tränklein, welche dem König seine Abhängigkeit von der Göttin über die Schicksalsbestimmung hinaus sehr leiblich ins Bewußtsein drängten. Schreckte die Strenge der Herrscherin ab, so verfügte sie zugleich über die Macht, ihn an sich zu fesseln – wenn sie wollte.

Das Ritual sah vor, daß ich wollen sollte. Ischme-dagan war mir als Mann gleichgültig. Er war das Objekt meiner heiligen Pflichterfüllung und meines Machtanspruchs. Ich vollzog das Ritual mit erhabener Gleichgültigkeit. Fast zwanzig Jahre lang und genau nach den Vorschriften des auferlegten Tabus. Am wichtigsten war mir dabei die Ausübung von Macht. War Ischme-dagan König und Gott, so war ich die Repräsentantin der Großen Göttin. War er Dumuzi-Ama'uschum'gal'anna, so war ich Inanna-Ischtar. Wer hier von wem abhängig war, darüber konnte gar kein Zweifel aufkommen. Ich unterließ es auch nicht, ihm in einer weiteren Neujahrsnacht den Mythos, die heilige Erzählung von »Inannas Gang in die Unterwelt« sehr eingehend zu exegesieren, um ihm klarzumachen: So kann es auch dir ergehen, wenn du der Göttin irgend Respekt schuldig bleibst. Die Unruhen, welche die Martu-Nomaden immer wieder verursachten; die Verwüstungen einzelner Razzien im Norden des Landes, die vor allem Nippur betrafen; vor allem aber eine Niederlage vor den Toren von Kisch – diese Ereignisse, wohlverteilt über die Jahre, waren nützliche Hinweise auf die Macht der Göttin, in deren Hand das Schicksal des Reiches, das Kriegsglück des Herrschers lag.

So war das also meine große Zeit: kalten Herzens Macht auszuüben vermittels eines Rituals, vollzogen ohne Lust, ohne Liebe, ohne innere Beteiligung – eine grausam leere Mitte zwischen der dumpfen Brunst des Tieres und der Seele Sehnsucht nach einem leibhaftigen Zeichen. Eine Leere, vollgestopft mit Priestertheologie und des Volkes Aberglauben; vollgestopft mit Mythos und Bedeutung – und ich glaubte dran. Es war da weder Begier noch Widerwille. Völlig losgelöst von Empfindungen, nur dem hohen Ziele dienstbar: es recht und richtig zu machen zu Ehren der Göttin, zum Wohle Uruks und des Reiches. Der Göttin Gunst und Gnade zu symbolisieren in einem rein formalen Akt, ohne persönliche Anteilnahme: So war es vorgeschrieben. So wollte es das Ritual im Brautgemach der Göttin. So wollte ich es und wußte um meine Macht, kühl, überlegen, herrisch und streng. Fast zwanzig Jahre lang, und mein Leben ging dahin . . .

Und nun? Schon um die heilige Zahl ist meine Zeit überschritten, seit Ischme-dagan starb vor sieben Jahren und der Sohn den Thron von Isin bestieg. Hätte ich mich zurückgezogen zur vorgeschriebenen Zeit, so wäre es nicht geschehen und alles ganz anders – besser? schlimmer?

Und was hab' ich gewollt? Ich, mit halbergrautem Haar und stolz auf Erfolg und Erfahrung so vieler Jahre – welchen Erfolg? welche Erfahrung? –, ich wollte, zur Krönung meiner Karriere – warum sonst? –, an dem Jüngeren wollte ich meine Macht noch erproben – oder war's etwas anderes?

Es war nicht schwierig, Amtsverlängerung zu erwirken. Man wußte, was in Larsa vor sich geht. Die Priesterschaft wußte es; schließlich liegt Larsa vor den Toren Uruks. Man wußte, daß es der junge König schwer haben würde. Wer sollte ihm zur Seite stehen, wenn nicht die Göttin selbst in der Person ihrer höchsten Priesterin? Die erfahrene, um zehn, zwölf Jahre ältere Würdenträgerin und der immerhin nicht mehr blutjunge, immerhin schon fast dreißigjährige Thronfolger . . .

Was nun? Bis hierher, o Enki von Eridu, hast du mir Weisheit gegeben und Licht in dem Verstande. Gegenwärtig ist mir die Überlieferung; denn was bin ich ohne sie? Die Schicksale meiner Vorgängerinnen, ich weiß sie in allen Einzelheiten. Aber wo ist das wegweisende Vorbild? Ich bin nicht Ixeria. Ich lasse keine Tontafeln herumliegen. Ich bin auch nicht wie Ypsilante. Ihre Weisheit bleibt mir fremd und unbegreiflich. Und Zetanna? Vielleicht war ich auf dem Wege Zetannas, von innen her zu schrumpfen, auszutrocknen – das Herz wie ein verhutzelter, entkernter Granatapfel; das Äußere drum herum rund und schön wie ein Mondkürbis, honiggoldgelb, aber innen alles ausgefressen vom kleinen schwarzen Ungeziefer eines ungreifbaren Ungenügens, so daß schließlich nur die harte Schale einer Kalebasse übrigbleibt – so vielleicht? Ist Zetanna mit den abwehrend hochgezogenen Schultern und verächtlich? enttäuscht? herabgezogenen Mundwinkeln – war sie der Schatten eines Erschreckens in meiner Seele, einer Ahnung, die ich nicht wahrhaben wollte –? *Ich*. Und wer bin ich, im Angesicht dieses Sternenhimmels?

Die letzte Herrscherin-Braut von Uruk bin ich.

Sechs Jahre ist es her; bald sind es sieben. Es steht vor mir, klar und gegenwärtig wie dieser Sternenhimmel: der Ort, der Augenblick, der mir die Schicksalsentscheidung aus den Händen fallen ließ; der meiner grauen Haare spottete und aller Erfahrung, Macht und Überlegenheit.

Es ging diesem Augenblick anderes vorauf, nach den fast zwanzig Jahren mit Ischme-dagan. Anderes, aber was genau? Ich fühlte mich anders als sonst. Es ist, sagte ich mir, weil etwas Neues, Unbekanntes naht: ein neuer König. Ich hatte den Thronfolger nie gesehen; auch den Vater nie nach ihm gefragt. Aber nun fragte ich *mich*: Was hat der Vater dem Sohn von mir erzählt? Alle Welt weiß, wie wichtig es ist, daß der König ein gutes Verhältnis zur höchsten Priesterin der Inanna von Uruk und damit zu ihrer Priesterschaft herzustellen und aufrechtzuerhalten imstande ist. Der Thronfolger mußte zumindest wissen, daß er es hier mit einer alten, erfahrenen Herrscherin-Braut zu tun bekommen würde, denn meine Amtsverlängerung war beim Tode Ischme-dagans offiziell bekanntgegeben worden.

Alledem dachte ich nach in den Wochen vor dem Thronbesteigungs-Neujahrsfest, und ich war nicht so ruhig wie sonst und immer, all die Jahre. Das Fest kam näher, und ich fühlte mich – seltsam. Ich fühlte mich unerträglich jung; so jung, wie eine Frau sich nur mit vierzig fühlen kann. Ich war wie gärender Dattelwein. Der letzte Tag des alten Jahres kam, angefüllt vom frühen Morgen bis zum späten Nachmittag mit vorbereitenden Ritualen. Die Badezeremonie; ich ließ sie über mich ergehen. Die Ankleidezeremonie, ich wußte, wie wichtig jede Einzelheit war, das Ordnen des Haars, das Befestigen der Krone, das Anlegen der schweren Gold- und Lapislazuligehänge; das Fälteln der Falten am langen, reinweißen Mantelgewand aus Wolle und Leinen – wußte, wie wichtig alles war, und merkte, daß meine Gedanken nicht bei der Sache waren. Sie schwirrten in der Gegend umher wie junge Schwalben. Mein Inneres glich der Stadt von den Euphratquais bis in die inneren Tempelhöfe: alles in festlicher Unruhe – nur: Festlich war meine Unruhe nicht. Sie war anders, wie mit Angst gemischt. Angst wovor? Ich konnte es mir nicht denken und ärgerte mich. Und ich nahm mir vor, besonders streng zu sein mit dem neuen König von Isin.

Am frühen Nachmittag fand die Huldigungszeremonie vor dem Kultbild der Göttin statt, in der unteren Cella. Feierlich geleitet von Priesterinnen und Priestern, näherte ich mich der thronenden Gestalt im Halbdunkel und nahm die Sternrosette, das Szepter aus ihrer Hand entgegen. Nie habe ich das Antlitz der Göttin richtig gesehen; in Weihrauch und heilige Dämmernis ist es immerdar gehüllt; aber an diesem Tage war es mir, als spiele ein Lächeln um ihren marmornen Mund – ob huldvoll oder grausam, das entging meinem verwirrten Sinn. Ich hatte Mühe, das Gleichmaß meiner Schritte und die hoheitsvolle Starre meines Gesichts zu wahren . . .

Am späten Nachmittag war das Fest in vollem Gange. Die

Schiffsladungen mit den Hochzeits- und Opfergaben waren schon Tage zuvor angekommen. Nun kam das Königsschiff von Isin, und eine lange Prozession von Priestern und Priesterinnen, dazu eine große Volksmenge, zog hinab zum Euphrat, den Herrscher und sein Gefolge zu empfangen und ihn zum *Gipar* des *E-anna* zu geleiten. Daselbst, in den priesterlichen Gemächern des *en* von Uruk, hatte der erste Teil des Inthronisations- und Neujahrsrituals stattzufinden: Bad und Willkommenstrunk und die feierliche Bekleidung mit den Gewändern der *en-*, der Priesterfürstenwürde. Sodann auch hier eine große Huldigungszeremonie und Loyalitätsbezeugungen von seiten der Priesterschaft. So wollte es das heilige Ritual, und so hatte ich es zwanzig Jahre lang von oben herab, aus den Fenstern meiner Gemächer miterlebt, ohne daß es mich je bewegt hätte. Was da im arkadenumrankten Innenhof des *Gipar* vor sich ging, das hatte mich auch beim ersten Male mit *Ischme-dagan* nicht beeindruckt. So vollkommen war mein Tabu gewesen, daß meine Ruhe der einer Statue glich, einer Götterstatue. Bis zu dem Tage, da zum ersten Male nach Uruk kam und diesen Tempel der Inanna betrat – und der Klang der Fanfaren drang zu mir –: *Lipit-Ischtar*.

In meinen Gemächern ging ich unruhig auf und ab, während die Prozession durch die Straßen der Stadt zog. Ich wußte nichts von ihm – außer seinem Namen. Im nachhinein kommt es mir, daß es vielleicht dieser Name war, der mich im voraus irritiert hat. *Lipit-Ischtar* – »Ischtar hat berührt«: Klang das nicht wie »Liebling der Ischtar«? Wo es doch ganz allein *mir* zustand, zu entscheiden, ob er Gnade finden würde vor der Göttin?! So ist es vielleicht auch dies gewesen: Hybris. *Meine* Überheblichkeit. Wollte ich wirklich nichts als den Willen der Göttin tun gemäß dem mir auferlegten Tabu und Machtmandat: zu herrschen durch souverän gewährte, ja verfügte, oder vorenthaltene Lust? Nichts als ihr Werkzeug sein: wollte ich das? Ich redete es mir ein. Ich fühlte mich selber als Gottheit. Diese seltsame Unruhe minderte nicht etwa, sie steigerte mein Machtgefühl; sie bestärkte mich in meinem Willen zur Macht. Ich wollte mein eigener Mythos sein und die Schauspielerin meiner Ideale . . .

In den späten Nachmittagsstunden, da Lipit-Ischtar unter

priesterlichem Geleit und geziemendem Jubel in diesen Tempel einzog, war ich zu einem Machtkampf bereit. Ich trat an ein Fenster; tief unten erblickte ich den purpurblauen Baldachin und hörte die Empfangsgesänge heraufsummen zu mir. Die weißen Prozessionsschleifen der Priester und das bunte Gewimmel des Volkes erschienen mir so überraschend fremd, als ob ich das nie zuvor gesehen hätte. Der König betrat das *Gipar* – ich sah nur eine vereinzelte Gestalt, vor welcher alles zurückwich und Raum ließ; erkennen konnte ich nichts von meiner Höhe herab. Ich hätte mich nun nach der anderen Seite wenden müssen, nach dem großen Zeremonienhofe des höher gelegenen Gipar, um alles genau verfolgen zu können; um auch zum ersten Male das Gesicht des Königs zu sehen, ungesehen hinter den Perlenvorhängen meiner Fenster – was hielt mich davon ab? Was tat ich? Ich stieg, wider die Vorschrift und ohne daß mir solches bewußt wurde, ich stieg vorzeitig den geheimen Gang zum Brautgemach der Göttin empor. Die vielen Stufen in diesem gewundenen, engen Treppenschacht! Ich stieg sie leicht und dennoch langsam und wiederholte mir den Wortlaut verschiedener Begrüßungshymnen, so als könnte ich sie plötzlich vergessen. Dann stand ich im blau-goldenen Brautgemach, dort oben, auf der höchsten Terrasse dieses erhabenen Tempels; dort oben, wo einmal im Jahre *Dumuzi-Ama'uschum'gal' anna* der Göttin naht, um sich in ihrem Schoße als würdiger Gemahl zu erweisen und aus ihrem Munde sein und des Reiches Schicksal zu erfahren . . . Das Schicksal wartete daselbst auf mich.

Es wurde dunkel, und die Toreröffnungszeremonie rückte näher. Ich saß auf dem Prunkbett und ließ mich einfrieren. Es gelang nur äußerst mühsam. Im Tempelvorhof weit unten schwoll das Summen der festlich versammelten Menge an und ab. Trommeln und Pauken setzten hohl gedämpft ein, und die Sistren klirrten dazwischen wie silberne Ohrgehänge. Die Tempelsänger stimmten die große Inanna-Hymne an, das Große Paukenlied: »Die hohe Himmelsherrin will ich grüßen . . .« Ich erhob mich mit der gleichen Mühe, mit welcher ich meine Erstarrung herbeigezwungen hatte. Ich trat an das schmale Ostfenster des Brautgemachs. Ein vertrauter Anblick bot sich mir, und dennoch schien alles fern und fremd. Die einbrechende Nacht, deren Schatten die Stadt bereits überschwemmten, während das Hochgemach noch im Widerschein der untergehenden Sonne lag. Die Menge des Volkes, die langsam in Ehrfurcht und Schweigen versank, während die Gesänge stiegen wie Wasserfluten. Dann: eine Bewegung am Hauptportal des Gipar – der König! Die Menge weicht zurück, und er schreitet, begleitet von zwei Priestern, auf die breite Treppe des Hochtempels zu; auf diese Treppe, die wie eine endlose Leiter emporführt zum Brautgemach, an beiden Seiten, Stufe um Stufe, von Fackeln erhellt – bis auf die letzten sechzig Stufen, die der König allein und im Dunkeln, bei dumpfem Trommelklang, emporsteigen muß. Öffnet sich ihm dann goldstrahlend die schmale Pforte des Brautgemachs, so löst sich das erwartungsvolle Schweigen der Menge in einem brausenden Jubelruf – das Orakel ist symbolisch im voraus erteilt, das Schicksal günstig entschieden: Die Göttin läßt den König bei sich ein. Das neue Jahr wird Glück bringen, und das Volk gibt sich nächtlichen Lustbarkeiten hin, Trinken, Tanzen, Gaukelspielen, aber keinem wilden Liebesdurcheinander. Nur die Gelegenheit macht hier, wie sonst auch, Diebe. Der große Festschmaus findet dann am Neujahrstage statt; an festlicher Tafel im Gipar für Priester und Vornehme der Stadt zu Ehren der Göttin, zu Ehren des Königs und seines Gefolges. Und die hohe Priesterin der Inanna, die Herrscherin-Braut, sitzt auf ihrem Throne und der König an ihrer Seite. So war das immer gewesen; aber ich fühlte mich, als würde es nie mehr so sein. Ich wußte nicht, warum und woran es lag, und stand da und erwartete das Nahen des Fürsten von Isin und Königs von Sumer und Akkad. Das Nahen *Lipit-Ischtars* . . .

Ja, ich weiß, wie es war. Wie ein Rollsiegel sich dem feuchten Lehm einprägt und seine wenigen Figuren endlos wiederholt, so wiederholt sich in meiner Erinnerung endlos das Siegelbild der wenigen Augenblicke, die mein Schicksal entschieden. Des Augenblicks, da er den Fuß auf die erste Stufe der großen Treppe setzte; des Augenblicks, da er vor mir stand im Lichte der schmalen Pforte; des Augenblicks, da er den Alabasterpokal aus meiner Hand entgegennahm . . .

Winzig klein stand er unter mir; dreihundertundsechzig Stufen tief. Allein gelassen von seinen beiden Begleitern, stand er in einem großen Halbkreis weißgewandeter Priesterinnen und Priester, ein blaugoldener Funke im flackernden Lichte der Fackeln, im rotgelben Sand am Fuße dieser Treppe. Er stand, und um ihn war Schweigen. Er stand, worauf wartete er? Gab ihm ein Priester ein Zeichen? Er setzte langsam den rechten Fuß auf die erste Stufe – und zögerte wieder. Er zögerte und sah empor. Ich sah hinab und erkannte nichts als dieses Zögern und sah, daß er stand wie einer, der zweifelt, ob er das Ziel erreichen kann. Etwas wie Enttäuschung regte sich in mir, ja wie Verachtung. Noch nie hatte ein König gezögert vor der ersten Stufe, gleich beim ersten Schritt. War das nicht ein schlechtes Zeichen? Wurde das Volk nicht unruhig? Nach einer Krönung meiner Karriere sah das nicht aus. Und dann, in das abflauende Gemurmel der Menge hinein, dies – ein nie Dagewesenes:

Lipit-Ischtar, der König von Isin, begann die große Treppe hinaufzusteigen. Er stieg die ersten sechzig Stufen, und das Volksgemurmel erstarb. Es war des Königs Recht, sich auf jeder der vier Zwischenterrassen des Tempelturmes nach Maßgabe seines Alters und seiner Erschöpfung auszuruhen, und ich weiß von keinem, der davon nicht Gebrauch gemacht hätte. Lipit-Ischtar hielt auf keiner der Terrassen inne. Lipit-Ischtar stieg; er stieg langsam, aber in einem Gleichmaß, das unaufhaltsam schien wie der Lauf der Sterne. Hundertundzwanzig, zweihundertundvierzig Stufen – mit der Stetigkeit eines ebenmäßigen Herzschlags stieg Lipit-Ischtar von Stufe zu Stufe, von Terrasse zu Terrasse. Ich stand und sah seinem Steigen entgegen. Enttäuschung und Verachtung waren längst gewichen. Mir war, als steige mit jedem seiner Schritte eine Flut, die mich erreichen und hinwegschwemmen müßte. Ich klammerte mich an meine Insignien, Sternrosette und Schicksalsband, und stand am Fenster und sah ihm entgegen, fassungslos. Ich sah, daß er leicht geneigten Hauptes stieg; ich sah das blau-goldene Leuchten seines Gewandes im unruhigen Schein der Fackeln bis zum Ende der vierten Terrasse. Dann war da nur noch Dunkel, und tief unten setzte der dumpfe Rhythmus der Großen Trommel ein: Lipit-Ischtar hatte, ohne auch nur ein Zögern anzudeuten, die letzte, die steilste, die dunkle Treppe betreten, sechzig Stufen . . .

Ich sah nichts mehr. Ich starrte ins Dunkel und fühlte, wie es stieg und stieg, und konnte den dumpfen Schlag der Trommel nicht mehr unterscheiden vom Schlagen meines Herzens, das sich rundete und schwoll wie die pralle Frucht des Mondes am fünfzehnten Tag. Der schwere Brustschmuck beengte mich; die Götterkrone drückte auf meiner Stirn und beklemmte meine Schläfen. Ich glaube, ich war nahe daran, die Besinnung zu verlieren. Es gingen heiße und kalte Wellen durch mich hindurch, und meine Hände waren feucht. Ich hörte, wie unten die Epiphanie-Hymne angestimmt wurde, und wußte: Nun muß ich das Tor öffnen. Ich muß die schmale Pforte öffnen und erscheinen. Ich riß mich aus meiner Starre; die Sternrosette fiel mir aus der Hand – ich konnte mich nicht danach bücken. Mit äußerster Not und wie gegen einen Sturm ankämpfend erreichte ich das Erscheinungstor, zog den Riegel zurück, öffnete die hohen, schmalen Flügel und stand auf der Schwelle im blau-goldenen Lichte des Brautgemachs, wie das Ritual es vorschreibt. Ich stand – wie vor einem Abgrund . . .

Ich stand und vernahm dumpfes Brausen, wie bei einem Deichbruch, wenn die Fluten des Euphrat in die Niederungen sich ergießen, Busch und Baum und Hütte mit sich reißend in lehmgelben Strudeln – es brandete herauf der Jubel der Menge, und vor mir im Halbdunkel, eine Stufe tiefer, hochaufgerichtet, reglos wie eine Statue, stand Lipit-Ischtar.

Er stand mir gegenüber. Das Licht fiel voll auf sein leicht emporgewandtes Gesicht – habe ich ihn gesehen in diesem ersten Augenblick? Wie zögernd habe ich es mir nachträglich angeeignet: das dunkle Haargeringel um Stirn und Mund; die Mondsichelbögen der Brauen; die flachgewölbten Flanken der Wangen und der spröde, schmalgeschweifte Stolz dieses Mundes. Vielleicht sah ich die Augen als einziges in diesem Augenblick – etwas genau Gezeichnetes, mit scharfem Griffel Geritztes, wie aus dunklem Achat Geschnitztes, und dieser verletzende Glanz. Ich weiß nicht, was es war. Ich stand und sah ihm ins Gesicht mit der vernichtenden Starrheit einer alten Göttermaske, und er – hielt mir stand. Keine Wimper zuckte; das zumindest nahm ich wahr. Kühl und beherrscht, eine genaue Mitte haltend zwischen königlichem Selbstbewußtsein und ehrerbietiger Scheu, stand Lipit-Ischtar und sah mich an, und im Westen stand *sie*, in eiskaltem Glanz, und stand mir im Rücken, und ich spürte ihren Dolch, der die unheilbare Wunde schlug, aus der ich blute . . .

Ich weiß nicht, wie lange wir so standen. Vielleicht nur einen Herzschlag lang, der herausfiel aus aller Zeit; und seitdem – seitdem – und nichts ist mehr, wie es war. – Ich trat den einen Schritt zur Seite, den das Ritual vorschreibt, um ihm den Eingang freizugeben. Er trat ins Brautgemach mit dem gleichen überlegten Zögern, mit welchem er die erste Stufe der großen Treppe betreten hatte. Der Jubel des Volkes unten brandete noch einmal auf und verebbte. Ich schloß das Tor. Göttin und Gott, Priesterin und König waren allein und dem nicht-öffentlichen Fortgang des Rituals überlassen.

Ich weiß nicht mehr genau, wie die Nacht verging. Ich war wie in den Tiefen des Abzu, wie in einer Unterwasserwelt. Ich glaube, ich sagte auswendig Gelerntes auf; und er schwieg. Er schwieg zurückhaltend-aufmerksam, vorsichtig beobachtend, und er kam mir älter und gesetzter vor, als ich mir einen noch nicht Dreißigjährigen vorgestellt hatte. Ich weiß, daß ich mich vollkommen in der Gewalt hatte und daß ich alles richtig machte – wie eine Töpferscheibe, die man in die richtige Drehung versetzt hat. Ich amtierte; ich funktionierte. Ich trug mich und meine Gewänder, meine Krone, meine Insignien mit Würde und Überlegenheit – bis auf die Sternrosette. Die lag auf den Alabasterfliesen neben der Tür. Das war der einzige Augenblick, der mich noch hätte aus der Fassung bringen können: Er sah sie liegen, bückte sich, hob sie auf und reichte sie mir mit seltsam fragendem Blick. Ich nahm sie ohne Erklärung an mich und hielt sie fest, klammerte mich beinahe daran, an dieses Zeichen meiner göttlichen Vollmacht. Zufällig fiel mein Blick auf die Perlmutt-Intarsie, innen, im Herzen der Rosette: Sie war zersprungen. Begann *sie* schon, mir mit Omina zu drohen? Ich nahm es hin ohne Erschrecken. Das Schreckliche war bereits geschehen.

Dennoch: Alles machte ich richtig – bis zum entscheidenden Augenblick. Als es Zeit war und ich sah, daß er unruhig wurde, mischte ich ihm den Trank der Begier mit dem Trank der Träume. Er sah zu. Ich reichte ihm den Alabasterpokal. Er zögerte abermals; sah mir ins Gesicht mit forschendem, beinahe mißtrauischem Blick. »Bist du bereit?« fragte ich streng und sprach akkadisch. »Ich bin bereit, Herrin«, antwortete er und sprach sumerisch – reines, wohlklingendes Sumerisch, und mein Inneres klang mit. Er nahm den Pokal aus meiner Hand, ohne meine Hand zu berühren. Ich sah ihn an; er sah mich an, indem er den Becher sehr bedachtsam an die Lippen setzte. Sah mich an und da – trat ein Lächeln in seine Augen? Ich sah, wie es flüchtig über seinen Mund hinhuschte und in den Augen widerschien; wie das geschuppte Silber, das im Sonnenlicht über den Wasserspiegel schnellt und wieder versinkt. Ich sah es und riß es an mich, wie eine Bettlerin das Almosen an sich reißt, das man ihr zuwirft, und verbarg es wie ein Räuber seinen Raub . . .

Nie habe ich so schreckliches Glück empfunden wie in jener Nacht. Lipit-Ischtar lag auf dem Prunkbett, überwältigt von unruhigem Schlaf. Neben ihm, starr wie aus Stein, lag ich als göttliche Braut und ertrug, was ich nie ertragen hatte, und fand keinen Namen dafür. Durch das Westfenster sah ich die Sternin untergehn und wußte nicht, ob zu danken sei oder zu fluchen oder um Vergebung zu flehen. Ich hatte das Ritual geändert in eigener Machtvollkommenheit und in meines Herzens Verwirrung: An meiner Seite schlief unruhig der König von Isin und träumte, was nicht stattfand . . .

Am nächsten Tage, beim großen Neujahrsfest, saß er neben mir auf dem Hochsitz, auf daß allem Volke noch einmal vor Augen geführt würde: Lipit-Ischtar hat als Dumuzi-Ama' uschum'gal'anna Gnade gefunden in den Armen seiner göttlichen Braut, der Jungfrau Inanna-Ischtar. Sie würdigt ihn ihrer Gemahlschaft. Er ist inthronisiert und zugleich für das neue Jahr mit günstigem Schicksalsbescheid versehen. – Wir saßen, gewandet und geschmückt wie Götterstatuen, ließen die langen Orakelrezitationen und überschwenglichen Lobgesänge über uns ergehen und saßen nebeneinander wie zwei völlig Fremde und hatten einander nichts mehr zu sagen, weder auf akkadisch noch auf sumerisch. Ich suchte dem Schmerz der Trennung standzuhalten, der bohrend und brennend in meinem Inneren sich ausbreitete. Noch während er neben mir saß, warf ich meine Hoffnung voraus auf das kommende Neujahrsfest. Während der Abschiedszeremonie suchte ich seinen Blick und weiß nicht, was ich mir einbildete: Das gleiche forschende Mißtrauen lagerte auf den schön geschwungenen Bögen seiner Brauen und machte die Augen schmal und abweisend. Das gab mir wenigstens einen Teil meiner Überlegenheit zurück: Mochten ihm ruhig Zweifel kommen an der Person und Leibhaftigkeit derjenigen, die ihn umarmt, die er umarmt hatte im heiligen Brautgemach. Mochte solche Ungewißheit mit ihm gehen bis nach Isin und ihn begleiten das ganze Jahr hindurch; auf diese Weise mußten seine Gedanken doch immer wieder zurückkehren nach Uruk . . . So redete ich mir ein. So suchte ich mich im Gleichgewicht zu halten, und meine Tage, meine Nächte waren erfüllt vom unmöglichen Glück dieser Liebe, die *sie* mir wider alle Vorschrift und Abmachung antat im vierzigsten Jahre meines Lebens, das sich dem Ende zuneigt . . .

Als er zum *zweiten* Male kam, brachte er ein kostbares Geschenk mit, und es war an mir, mißtrauisch zu werden: Dergleichen war im Ritual nicht vorgesehen. Hatte man es ihm nicht gesagt? Alle Hochzeitsgeschenke dieser Art waren dem Schatzmeister zu übergeben; so war es seit dem »Fall Ixeria« festgelegt. Erst zögerte ich; dann sah ich genauer hin und erschrak: Es war ein Stirnband, wie es Schusin Ixeria zum Geschenk gemacht hatte. Ich zog die Hand zurück; ich kämpfte einen kurzen Kampf – und nahm es an. Und er lächelte wie einer, der ein Geheimnis durchschaut hat; und dieses Lächeln brachte mich zur Besinnung. Ich nahm mein Herz und schloß es in eine fest ineinander verzahnte Muschelschale, schob das Stirnband achtlos beiseite und führte durch, was ich mir vorgenommen und mit dem Priesterkollegium der Inneren Kammer beraten und abgesprochen hatte: Ich legte ihm die Notwendigkeit einer Gesetzessammlung dar. Er kannte den *Kodex Urnammu.* Er wußte von den Reformen *Urukaginas.* Ich bewunderte seine sumerische Bildung. Lipit-Ischtar, aus dem Stamme der Halbwilden von Isin, hatte sie sich angeeignet, als wäre sie seines eigenen Blutes, seiner eigenen Kultur. Er fragte nach Einzelheiten, über die er im Zweifel schien. Er sagte, in Mari – und besann sich zurück auf die Tradition seiner Vorväter aus dem Nordwesten –, in Mari kaufe man eine Braut um Silber. Seien die Schekel dargezählt, so gehöre dem Manne die Frau ohne weitere Formalitäten. Ich sagte ihm, daß es anders sei in Sumer; daß ein Hochzeitsmahl die Ehe begründe. »Schreibe es fest in deinem Gesetz«, sagte ich. »Eine Frau ist nicht wie ein Stück Vieh, das man kauft. Eine Braut ist die Zukunft des Mannes; man ehrt sie mit Geschenken und einem Festmahl.« Ich sah, wie während meiner Rede sein Blick hinüberschweifte zu dem Stirnband, das ich so wortlos beiseite geschoben hatte. Wir saßen an dem kleinen vergoldeten Zedernholztischchen auf niederen Polstern, und das uneindeutig angenommene Geschenk lag drüben, auf dem hohen Prunkbett. »So wärst du, Herrin«, sagte er, da ich geendet hatte, »so wärst du meine Zukunft – ?« Er sprach leise und wie geistesabwesend und als sei die Frage nicht an mich gerichtet. Sein Blick ging durch das Westfenster hinaus in die Nacht, hinüber zu der Sternin, die dem Horizont zusank. Und wanderte weiter, nachdenklich, müde oder von Trauer überschattet, oder war's meine eigene Hoffnungslosigkeit . . . wanderte weiter zu den Phiolen in der Nische über dem Bett – es war wiederum an der Zeit, das Ritual zu vollenden. Mein Herz spaltete sich in zwei Teile, wie eine Muschel sich spaltet, sich langsam öffnet, um ihr Inneres preiszugeben zwischen den harten Schalen – siehe, dies ist für dich. Ich erhob mich. Er erhob sich. Ich zögerte einen qualvollen Augenblick lang. Mit stummem Blick suchte ich zu ergründen, was ich mit Worten nicht erfragen durfte. Da sah ich, daß er diesmal ganz ruhig blieb. Ja, ich meinte, auf seinen Lippen wieder jenes Lächeln wahrzunehmen, das mich zu erraten schien. Da tat ich wie beim ersten Male: Ich mischte den Trank der Begier mit dem Trank der Träume und verbrachte den Rest der Nacht neben ihm im Bewußtsein meiner Macht über ihn und im ohnmächtigen Zwiespalt meiner Gefühle.

Lag und legte mir Gründe hin und her, zurecht und wieder zurück und fand keine Lösung, keinen Ausweg aus der Wirrnis. Wahrhaftig, er weiß es so gut wie ich, und es gilt noch immer: Es geht im Grunde nicht um Lust. Lust schenkt dem König ein ganzer Harem zu Isin, oder eine Lieblingssklavin, die ihn versklavt mit Liebeskünsten und jungen Reizen. Es geht nicht um Nachkommenschaft. Legitime Söhne schenkt ihm seine Großgemahlin, die er zu dieser Würde erhob aus bündnispolitischen Gründen. Es geht um Macht und Herrschaft und um die Bestätigung der Göttlichkeit des Königs. Als Repräsentantin der Göttin, als Exponentin der Priesterschaft von Uruk bin ich ihm Mittel zum Zweck. An meinem Wohlwollen mag ihm liegen; sehr viel sogar. An meiner Liebe nicht. Sie würde alles nur komplizieren. Warum aber brachte er das Geschenk? Mich zu versuchen? Oder brachte er es arglosen Herzens, nicht wissend, daß dergleichen abweicht vom Ritual? Was hat er bereits begriffen? Was bedeutet dieses Lächeln, das mich im letzten Augenblick zur Besinnung bringt? – So bin *ich* abgewichen; so ist *er* abgewichen. Vereint sind wir im Abweichen von diesem Ritual – in unvereinbare Richtungen. Er sucht Macht über mich zu gewinnen. Ich flüchte mich zu den Phiolen und täusche ihn – warum? Was zwanzig Jahre lang Ausdruck heiliger Pflichterfüllung bei unbeteiligtem Herzen war, das kann nicht zum fleischlichen Symbol einer späten Leidenschaft werden. Da möge *sie* zusehen. Ich verweigere mich, weil ich liebe . . . So lag ich neben ihm und räsonnierte und dachte an die unglückliche Ixeria . . .

Das zweite Jahr war schlimm – nahe am Dichten und Durchdrehen. Vor allem wegen dieses Stirnbandes, das ich nicht zu deuten vermochte. Ixerias warnendes Beispiel machte, daß ich keine Tontafeln herumliegen ließ. Das Stirnband hütete ich als meinen kostbarsten und geheimsten Schatz. Und wenn in den Vollmondnächten die Dumuzi- und Inanna-Lieder zu mir heraufdrangen, wand ich mir dieses wunderbare Gehänge aus dünnen Goldblättchen und Lapislazuli-Perlen um das gepeinigte Haupt, nestelte es in mein ergrauendes Haar und stand am Fenster und bildete mir ein, es sei ein Liebesgeschenk Lipit-Ischtars und Lipit-Ischtar umarme mich, und wachte auf aus meinen Träumen und wußte: Es kann nicht sein. Es darf nicht sein. Mein Geheimnis muß es bleiben.

Als er zum *dritten* Male kam, meinte ich ihm die Verwunderung darüber anzumerken, daß ich noch immer amtierte. Er, der sich so eingehend für die Traditionen Sumers interessierte und vieles davon in seinem Gesetzeskodex festschrieb, mochte wohl auch wissen, daß einer Herrscherin-Braut runde zwanzig Jahre zustanden. Gewiß war meine Amtsverlängerung bekanntgegeben worden – aber wie lange sollte das noch gehen? Seine eigenen Augen konnten ihn belehren: Die Götterkrone verbarg nicht mein graues Haar. Oder ahnte ihm etwas im Hinblick auf die Phiolen? – Verwunderung also meinte ich ihm anzumerken; aber es war nicht die Zeit, eine halbe Nacht mit Verwunderung hinzubringen. Larsa war dabei, sich zum Rivalen von Isin aufzuschwingen. Sollte der König kampflos zusehen? Es war Kriegs- oder Friedensrat zu halten, und ich riet zum Frieden. Es lohnt sich nicht, sagte ich. Worum willst du kämpfen? *Gungunum*, der Fürst von Larsa, wird dir vermutlich Ur abnehmen; aber es bleibt dir Uruk. Mag Ur abfallen; Uruk wird dir treu bleiben. Auch Nippur wirst du behalten, solange du regierst, sagte ich. Ich gab ihm den Rat, seine Tochter *Ennin-sunzi*, obwohl fast noch ein Kind, durch das Leber-Omen zur *en*-Priesterin des Mondgottes von Ur erwählen zu lassen. »So bleibt dir heimliche Herrschaft in Ur; denn der Fürst von Larsa müßte sie in diesem Amte anerkennen nach alter Tradition.«

Wir redeten Politik die halbe Nacht. Ich sah, wie sehr ihm an meinem Rate lag. Wie ernst er mich nahm als politisch Verbündete. So ernst, wie er mich niemals nehmen könnte, säße da eine Liebende bei ihm im Brautgemach. So ist es. Jedes Bekenntnis käme einer Unterwerfung gleich. Das Wissen um meine Liebe gäbe ihm Macht über mich und wäre für ihn eine Versuchung, sei es zur Eitelkeit, sei es zur Verachtung. Die Liebe der Göttin fordert und verpflichtet, und er hat sich zu fügen. Die Liebe der Priesterin, die aus ihrer Rolle fällt, gäbe ihm die Überlegenheit des Gewährens oder Verweigerns – das darf nicht sein. Es darf nicht sein um der Liebe willen, die mich beglückt und quält. Quält, denn vielleicht . . . vielleicht hat *sie* auch ihm – und er darf es nicht sagen – auch ihm – und er kann es nicht glauben, daß ich . . . daß er . . . und so den Rest der Nacht und der gleiche Betrug.

Es durfte nicht sein, und dennoch: Ich wagte das Geschenk, bei jenem dritten Male. Er ging von mir fort, und ich schenkte ihm einen Talisman . . . Als Lipit-Ischtar erwachte aus Traum und Rausch und vor mir stand wie benommen, an jenem Neujahrsmorgen, da schenkte ich ihm eine einzige, seltene Perle aus den Muscheln von Dilmun. Sie war dem Brustschmuck der Göttin entnommen; dem Brustschmuck ihrer Statue, die in der unteren Cella steht, hatte ich sie – entwendet. Hatte ich sie mir nicht selbst entwendet? Meinem festverschlossenen Muschelherzen entnommen, darin sie gewachsen war . . . Ich hielt ihm das kleine, runde, tränengleiche, das matt schimmernde Beinahe-Nichts hin auf flacher Hand, und er sah mich fragend an, da ich nichts sagte. Ich wagte ein Lächeln. Er gab es behutsam, ungläubig beinahe, zurück: Wie ist das möglich? Dann hob er langsam die Rechte und hielt sie mir hin, flach und offen wie meine. »Mir, Herrin, steht es an, zu empfangen – nicht zu nehmen. Was immer es sei.« Wieder sprach er sumerisch, und ich lauschte dem Wohlklang seiner Stimme, und ihrer Leidenschaftslosigkeit gab ich mich hin, und alles geschah langsam, denn Hast sah ich nie an ihm, und ich glich mich an. Ich neigte meine Hand über die seine, Kante an Kante, vorsichtig, und ließ die Perle hinübergleiten, und sie lag da, mattweiß in hellem Sandbraun. Und da er die Hand nicht sofort schloß noch entzog, lag, mit einer weiteren kleinen Drehung, meine Hand so auf der seinen, daß die Perle in den Schalen unserer Hände sich verbarg. Er nahm es hin, unbewegt. Nichts verriet ihn mir. Nichts ging je über diese Berührung hinaus.

Er kam zum *vierten* Male, vor drei Jahren. Gungunum von Larsa hatte Ur besetzt, friedlich, ohne Krieg. Die Tochter Lipit-Ischtars residierte, des ungeachtet, in der Stadt des Mondgottes. Der König von Isin machte einen gelassenen Eindruck. »Du hast mich Friedfertigkeit gelehrt, Herrin«, sagte er und sah mir ruhig ins erwartungsvolle Gesicht. »Du. Wird *sie* mich weiterhin ihrer Gemahlschaft würdigen?« Ich musterte ihn, leise beunruhigt: Warum unterschied er, ritualwidrig, mich und die Göttin? »Du kennst die Geschichte des Reiches von Sargon bis zu dir selbst«, sagte ich, um nur etwas zu sagen und meine Unruhe zu verbergen. Er lächelte matt. »Und wie lange noch werde *ich* Gnade finden – vor *dir*, meine Herrin?« – »Vor mir?« fragte ich zurück und merkte, wie das rituelle Rollenspiel aus den Fugen geriet. Lipit-Ischtar war dabei, mich und das Ritual zu verwirren mit Fragen, die nicht gestellt werden durften. Ich hatte so sehr auf sein Kommen gewartet. Das ganze Jahr hatte ich ihm erst nach- und dann voraufgeträumt. Nun war er wieder da für eine Nacht. Ich hatte ihn für mich allein und große Mühe, im Gleichgewicht zu bleiben. Was wollte Lipit-Ischtar mit dieser Frage? Mir das Geständnis erleichtern?

Wirklich spielte ich zwischendurch mit dem Gedanken, allem ein Ende zu machen durch das sinnloseste aller Bekenntnisse. Ein Ende zu machen der Ungewißheit und der Mühsal, mehr zu scheinen als zu sein – nichts als ein schwaches Weib. Ein Ende zu machen einer fast zweihundertjährigen Tradition. War nicht sowieso alles in merklich-unmerklicher Auflösung begriffen? Welchen Sinn konnte das Ritual noch haben? Für mich einzig den Sinn, den König von Isin nach Uruk zu bringen, in dieses Brautgemach, in die ohnmächtige Machtsphäre meines Rollenspiels. Hatte er nicht alles bereits durchschaut? Woran glaubte er denn noch? – »Wie lange noch?« wiederholte er seine Frage und schreckte mich auf aus meinen Gedanken. »Bis du so alt bist, wie ich war, als du zum ersten Male nach Uruk kamst«, sagte ich, einer unbestimmten Eingebung folgend oder einem Wunsche. Er sah mich zweifelnd an und schwieg. Ich erwiderte seinen Blick, unsicher, vielleicht auch resigniert. Es gab keinen Weg hinüber oder herüber. »Vielleicht ist es lange genug«, sagte er nach geraumer Weile; »vielleicht kann ich tun, was noch zu tun ist.« Er dachte an sein zerfallendes Reich. Ich dachte an die Unmöglichkeit meiner Liebe . . .

Ich entsinne mich, daß wir kaum noch etwas zu reden hatten in dieser vierten Nacht. Wir saßen da und schwiegen ein jeder vor sich hin. Es war, als starrten wir beide in einen Fluß, dessen Wasser unaufhaltsam dem unteren Meere und einer unendlichen Leere zuströmten. Es war nichts zu machen. Er mußte wissen, was ich durfte und was nicht. Und ich – um mir die Erwiderung meiner Neigung wenigstens einbilden zu können, ich sagte mir: Auch er weiß, was ihm erlaubt ist und was nicht. Er ist, selbst wenn er nicht alles mehr glaubt, zu – fromm, Gesetze zu übertreten. Und ich liebte ihn um so mehr. Aber dann, noch ehe es Zeit war und in beinahe herausforderndem Ton, sagte er, was meine Träume verwirrte und mich in Ratlosigkeit stürzte, er sagte: »Gib mir den Trank des schönen Betrugs, auf daß es getan werde und der heilige Schein gewahrt bleibe.« Das war unerhört. Es kam einer Lästerung der Göttin und des heiligen Rituals gleich. Ich hätte ihn zurechtweisen müssen. Von meiner Machtbefugnis hätte ich Gebrauch machen müssen – aber wie? Es war dergleichen noch nie aus eines Königs Munde vernommen worden, so weit die Überlieferung der Zederntür zurückreicht. Nunmehr, und ich dankte allen großen Göttern, waren die Spalten endgültig verklebt, und ich konnte sicher sein, daß solche Lästerung außer mir und der Göttin niemand vernahm und niemand, außer dem Lästerer, Zeuge meiner Bestürzung sein konnte. So fest verklemmt stak ich in meiner Rolle, daß mir nicht zu Bewußtsein kam, daß Lipit-Ischtar ja nichts als die reine Wahrheit sprach. Er hatte den Betrug durchschaut – und was nun? Ich erhob mich wie auf Befehl, unfähig, einen klaren Gedanken zu fassen. Ich sammelte den Rest meines Willens und Bewußtseins darauf, den Trank richtig zu mischen, und es blitzte dazwischen eine letzte, verzweifelte Möglichkeit auf, als mein flatternder Blick die dritte Phiole streifte, die in der Nische über dem Brautbett steht: eine winzige, alabasterne, die eine letzte Lösung aller Probleme enthält – und ich schauderte zurück im selben Augenblick. Nein, das nicht. – Er nahm, was ich ihm gab, und trank. Warum, wenn er den Betrug durchschaut hatte? Und warum nannte er ihn »schön«? Schlaflos lag ich neben ihm, der unruhig schlief, und die Öllämpchen flackerten im Nachtwind, der zum Westfenster hereinwehte und zum Ostfenster wieder hinauszog . . .

Im vierten Jahre besetzte Larsa die Mündung des *Iturungal*-Kanals. Lipit-Ischtar verzichtete auf kriegerische Auseinandersetzung und sandte Botschaft, er werde das Neujahrsfest in der Residenzstadt feiern, wie es ja schon seine Vorväter gelegentlich getan. Die Priesterschaft von Uruk grollte und wollte mit dem Zorn der Göttin drohen. Ich beschwichtigte sie nach Maßgabe der mir zur Verfügung stehenden Einsicht in die politische Lage. Es trieb alles in die alte Kleinstaaterei zurück. Es war sinnlos, um ein Großreich zu kämpfen, das seit der Katastrophe von Ur mehr Wunschbild als Wirklichkeit war. Ich hatte mich so weit wieder gefaßt, daß ich Lipit-Ischtar lieber fern in Isin und am Leben wünschte als ruhmvoll bei den Schatten der Unterwelt. Solange er lebte, war Hoffnung – worauf? Ich weiß es nicht. Solange er lebt, bin ich seine einzig legitime, göttliche Herrscherin-Braut, mag er gleich in Isin feiern. So redete ich mir ein. – Ich verbrachte das fünfte Neujahrsfest allein. Man feierte irgendwie. Ich war überflüssig. Ich hoffte auf das nächste Mal.

Er kam, vor einem Jahr. Er kam zum *sechsten* Neujahrsfest. Kam, sich das Schicksal für sein sechstes Regierungsjahr bestimmen zu lassen. Larsa hatte die Zufahrt nach Uruk freigegeben; vielleicht war es dem Einfluß *Enninsunzis* in Ur zu verdanken. Er kam. Kam er zum letzten Male? Ich versagte mir Fragen, wie es gewesen sei im Jahre zuvor, in Isin. Ich beherrschte meine Eifersucht, die sinnlos-illegitime. Es war anders als alle Jahre zuvor, schöner und schrecklicher. *Er* redete, und ich hörte ihm zu, wie er zuvor mir zugehört hatte. Er sprach leise und langsam, zögernd und manchmal stockend. Seine Stimme, seine Worte prägten sich mir ein, so als sollte ich ihn nie wieder hören, nie wiedersehen . . . und ist es nicht eben dies, was mein Leben ins Stocken bringt: *seine* Resignation und Müdigkeit? Seine Bereitschaft, dem Ende entgegenzusehen, ruhig und gelassen?

»Ich weiß«, so ging seine Rede, »ich weiß, daß mir nicht mehr viele Jahre bleiben. Ich bin noch nicht vierzig Jahre und fühle mich schon alt. So alt wie du, Herrin; vielleicht noch älter. Alt und müde. Möge der Königsmantel langsam von meinen Schultern gleiten. Er ist dünn geworden, und ich beginne zu frieren. Mein Reich zerbröckelt: friedlich, nach deinem Rat. Unter meinen Söhnen ist keiner, der zum Nachfolger taugt. *Urninurta*, mein Wezir – er mag sich den Thron nehmen oder geben lassen, wenn es soweit ist. Ich weiß, daß *sie* frei ist, zu geben und zu nehmen, wie es ihr gefällt, nach Lust und Laune. Als ihr Liebling hab' ich mich nie gefühlt. Ja, sie hat mich berührt – doch unfaßbar, wie flirrende Luft über der Steppe, eisig-heiß. Immer war mir, als umarmte mich ein Trugbild. Was war's? – Die Hymnendichter lügen. Sie lügen im Dienste des Reiches und der Vorstellung, daß der König ein Gott sei. Aber ich bin nicht ›der Löwe, der allen vorangeht‹; ich bin nicht ›der Drache, der das Maul aufsperrt‹ oder ›der Wildstier mit dem leuchtenden, bunten Auge‹. Recht und Gerechtigkeit wollte ich schaffen im Lande, und meine Gesetzgebung ist vollendet. Mögen kommende Geschlechter meiner gedenken um dessentwillen. Wer bin ich sonst? ›Begehrter Gemahl der Ischtar‹, ›der im Orte Uruk der heiligen Inanna Herzenswonne ist‹ –? Herrin, ich habe dir die Tontafeln herbeischaffen lassen, auf welchen alles geschrieben ist, was die Dichter sich ausgedacht haben nach Art der Hymnendichter. Das magst du vergleichen mit dem, was deine Augen gesehen, deine Ohren gehört haben, und dein Herz – vergleiche es mit dem, was dein Herz dir sagt.« Endete also und sah mich an, als sehe er durch mich hindurch. Und ich? Saß da, Glück und Traurigkeit im Herzen zu gleichen Teilen, und verlängerte sein Schweigen.

»Wirst du wiederkommen?« fragte ich schließlich, und noch einmal war ich nahe daran, mich zu verraten, meine Sehnsucht nach ihm, meine Angst um ihn. Warum sollte ich ihm nicht vertrauen? Aber was gab es da noch zu verraten? Er holte seinen Blick zurück aus unbestimmter Ferne und sah mich verwundert an – oder war es wieder jenes behutsam überlegene Lächeln, das nichts wollte als mich schonen? »Wer ist's, die mir das Schicksal bestimmt?« fragte er zurück, und ich schwieg. Ich fühlte mich elend. Es war, als ob mir alles entglitte; nein, schlimmer noch: als ob ich es halten könnte, wenn ich nur die Hand danach ausstreckte. Aber diese meine Hand lag kraftlos in meinem Schoß, und das Schweigen nahm mir die Luft zum Atmen weg, und ich hatte Angst, seinem Blick zu begegnen, und wußte, wie alt ich bin . . . »Möge die Qual ein Ende nehmen«, hörte ich ihn murmeln, und beide saßen wir wie erstarrt, und ich fühlte mich müde und meinte zu frieren wie er. Was blieb zu reden übrig? Und was zu tun?

Mühsam erhob ich mich, als es Zeit war, holte die Phiolen aus der Nische über dem Bett und machte mich daran, den Trank zu mischen. Ich spürte seinen Blick auf meinen Händen, wurde unsicher und verschüttete einen Teil der kostbaren Essenzen. Ich reichte ihm den Pokal mit beiden Händen; ich glaube, ich zitterte vor Kälte, oder vor Fieber oder was immer es war, das mich so jämmerlich schwach machte. Ich hielt ihm das also hin, wie immer, und er – wies es zurück. »Nein, Herrin. Wozu.« Er weigerte sich. Ich stand und starrte ihn an, weit entfernt von Entrüstung oder Zorn. Ich fühlte mich – wie völlig entkleidet. Ich stand da wie nackt. Lipit-Ischtar sah mich an mit ruhig-beherrschtem Blick, und dieser Blick verhinderte, daß ich – an ihm niedersank. Ich ging zum Westfenster und stellte den ungeleerten Pokal da hinein und vor das Angesicht der Sternin. Ich wandte mich und sah, daß Lipit-Ischtar das

Brautbett bestieg, langsam, und sich hinlegte und dalag, blau-und-gold gewandet, in vollem königlichen Ornat, reglos wie eine Götterstatue und mit offenen Augen. Ich stand und verlor erst in diesem Augenblick die Fassung, wie ich sie verloren hatte an dem Abend, als er zum ersten Male die große Treppe emporstieg. Ein nie gekannter Schauder überfiel mich bei dem Gedanken, daß nun das heilige Ritual bei vollem Bewußtsein zu vollziehen sei und zum ersten Male – ein Schauder wie vor dem Tode selbst. Meiner Seele Sehnsucht, die ihre wilden Ranken nach *ihm* ausstreckte, sie schreckte zurück vor der göttlichen Forderung, sich im Fleische zu erfüllen – zu vernichten. Ich liebe ihn, diesen Mann, diesen königlich-selbstbeherrschten; ich liebe ihn – anders, als das Ritual es vorschreibt.

Wiederum weiß ich nicht, wie lange ich so stand. Schließlich hob ich die schwere Götterkrone von meinem Haupt, legte den kostbaren Brustschmuck ab und ließ Schicksalsband und Sternrosette zu Boden gleiten. Ich ging und stieg zum Bett hinauf und legte mich neben ihn und lag da im langen, weißen Mantelgewande. Was ich öffentlich nicht tragen darf, das schöne, das Stirnband, ich trug es heimlich auf der Brust, und sonst war kein Schmuck an mir in jener Nacht. So lag ich da, mit offenen Augen auch ich, und das Licht der Öllämpchen flackerte wieder über uns hin. Reglos wie zwei Tote lagen wir, und doch nahm ich sein Atmen wahr in dieser Stunde der Wahrheit – wie nahe waren wir einander? Wie fern? Die Sternin ging unter; von den Alabasterfliesen empor duftete der Duft der verschütteten Essenzen, bitter und süß, und vermischte sich mit dem Nachtwind . . .

Im ersten Morgengrauen erhob sich Lipit-Ischtar und ging, wortlos. Noch ehe die Sonne über den Bergen von Elam aufging; noch ehe der Euphrat zu leuchten begann, verließ er das Brautgemach und stieg langsam die große Treppe hinab, sechzig Stufen bis zur vierten; einhundertundachtzig Stufen bis zur ersten Terrasse; einhundertundzwanzig bis zum Fuß des Tempelturms der Inanna. Ich stand am Fenster und sah ihm nach und hatte das Gefühl: Dies ist das Ende. Es war ein Skandal; denn dieser Abschied war wider die Vorschrift des Rituals. – Ach, hätte er Uruk verlassen in dieser frühen Morgenstunde: Er wäre mir näher geblieben. Aber der König von Isin und noch immer auch von Sumer und Akkad – Lipit-Ischtar vermied den Skandal. Er verließ Uruk nicht wie ein Dieb bei halber Nacht und nur, weil im Brautgemach der Göttin der geheime Hauptteil des heiligen Rituals aus den Fugen gegangen war. Das Neujahrsfestmahl fand statt samt öffentlicher Orakelverkündigung. Neben mir, auf dem Hochsitz, saß ein Ferner und Fremder, und ich selber war wie in einem Fiebertraum. Es summte in meinem Kopfe; ich fühlte mich abwechselnd heiß und kalt und fiel, da mein Auftritt zu Ende war, fieberfrostgeschüttelt auf mein Bett. Lange war ich krank, und ohne Widerstreben wäre ich hinabgestiegen in die Unterwelt, wäre nicht das starke Lebenselixier der Hoffnung gewesen – der Hoffnung, ihn wiederzusehen, trotz aller Hoffnungslosigkeit, trotz aller Fremdheit, trotz aller Unmöglichkeit, mich zu mir selbst zu bekennen in klaren Worten und zu fragen: »Und du?« Es hält mich am Leben und läßt mich vergessen, wie alt ich bin – und wie vorgerückt die Nacht ist, die da dauert . . .

Wird er kommen? Werde ich ihn noch einmal sehen? Warum hält es an? Warum vergeht es nicht? Warum stehe ich noch immer und seufze meine Sehnsucht nach Isin hin, wo Lipit-Ischtar Gemahlin, Thron und Harem hat? Ist nicht alles in friedlich-schmerzloser Auflösung begriffen – das Reich, das Ritual, dieser mein Körper, den ich entzog um der Sehnsucht willen, die anderes will . . . Hält *es* mich fest? Halte *ich* es fest? Halte ich es, weil mir sonst nichts mehr bleibt? Ich will nicht sterben wie Zetanna, verhutzelt an Herz und Seele und achselzuckend. Jung und unruhig erhielt mich die Sehnsucht sechs, bald sind es sieben Jahre lang, und nur die Unterwelt wird mein Geheimnis erfahren. Doch hier und jetzt und solange ich noch lebe –?

»Die hohe Himmelsherrin will ich grüßen, die Gottgeweihte, die –« – die mir die Wunde schlug, heimtückisch mit silbernem Dolch, rücklings. Die Wunde, daraus ich blute und lebe. Gnädig und barmherzig bist du; schrecklich und wunderbar. Du erhöhst bis an den Himmel; du verstößt bis in die Unterwelt. Ich will dich preisen: daß ich begriffen habe mit eigenem Herzen die Lieder der Liebenden. Preisen will ich dich trotz aller Qualen, dich, Anstifterin der Sehnsucht nach dem unmöglichen Glück . . .

Indes, auch dir sei Preis, Enki, uralter Gott, der du wohnst in den leuchtenden Marschen von Eridu. Alter Schamane, der du Weisheit träufelst dem heißen Herzen und Licht gibst dem Verstande, so Glück wie Schmerz zu durchleuchten mit dem Unterwasserleuchten des Abzu, darinnen sich das hohe Gewölbe widerspiegelt des ewigen *An*: Dank, daß du mich bewahrt hast vor der Torheit eines Geständnisses. Selbst wenn er mein Spiel durchschaute und das Herz, das schwache, eines Weibes erkannte: Der Mund der Priesterin blieb stumm. Kein Wort hat meine Liebe in seine Verfügung gegeben. Ich bin, die ich war und bleiben werde bis an mein baldiges Ende: Herrscherin-Braut und Repräsentantin der Göttin, an deren Gunst er nicht mehr glaubt.

Geh unter, Sternin. Er bedarf deiner nicht mehr. Er schilt nicht. Er schmäht nicht. Er überläßt es Späteren. Gelassen läßt Lipit-Ischtar den Königsmantel von den Schultern gleiten, und mich umweht es kühl wie Vorahnung: Die Götterkrone werde ich nicht mehr tragen und nicht mehr emporsteigen ins Brautgemach, ihn zu empfangen. Auf dieser Sternenterrasse werde ich den Rest meiner Nächte verbringen, und den Rest meiner Tage in meinen heiligen Gemächern, wieder und wieder die Tontafeln entziffernd, die er mir bringen ließ, und das Dichten der Hymnendichter vergleichen mit dem, was meine Augen sahen und meine Ohren hörten. Vergleichen mit dem, was mein Herz fühlte und keiner Tontafel je anvertraute.

Was überleben wird in den Archiven, schief und übertrieben:

»So spricht Lipit-Ischtar, der König von Sumer und
Akkad:
Den königlichen Palast, meinen Wohnsitz, betrete ich.
Meine Gemahlin, die heilige Inanna, freut sich darob.
Auf meinem Thron erfahre ich ihren Schicksalsspruch.
An das Lager, den Ort ihrer Herzensfreude, trete ich:
Für lange, für immer hat sie mich umarmt . . .«

So lügen die Dichter. Auch wenn sie etwas begriffen haben vom Wunsche der Herrscher, mit der Göttin und des Schicksals Mächten einen ewigen Bund zu flechten und die Unbindbare zu binden in Heiliger Hochzeit – »für lange, für immer«.

Lipit-Ischtars Wunsch ist das nicht mehr. Weiß er mein Geheimnis, so weiß ich das seine.

Geh unter, Sternin. Dieser dein Liebling, den du »berührt« hast; er, den du mir schicktest zu spätem Glück, zu später Liebesqual – er bedarf deiner nicht mehr. Für lange, für immer hab' *ich* ihn umarmt – in unerfüllbarer, in unvergänglicher Sehnsucht . . .

Dritte Variation: Die paradoxe Braut

»Wohlan, so will ich sie nunmehr verführen.«
Liebeswerben um eine Ehebrecherin

Sehr freie Paraphrase einer Prophetenvision
(Hosea 2,4-25)

Es erschien vor Jahren ein Predigtbüchlein mit dem Reiztitel »Die Hochzeit der Hure«.[43] Die Alliteration; das Paradox; das Umfeld erotischer Assoziationen: es mußte Neugier und Befremden erregen. Fast hörte es sich nach theologischer Marktschreierei an. Wer sah wohl schon den prophetischen Zeigefinger: »*Du* bist die Hure!« – ? Ein irritierender Titel auf jeden Fall, und der Zweck ist erreicht: ins Nachdenken soll er verführen.

Was ist es, das hier Befremden und Neugier erregt? Bei wem? Bei einer richtigen Hure wohl kaum. Die hat sich achselzuckend daran gewöhnt, daß sie als Schimpfwort im Umlauf ist und Besseres von ihr nicht zu erwarten ist. Befremden also bei gewöhnlichen Bürgersleuten, vor allem solchen, die außer Adam und Eva auch noch anderes in der Bibel interessieren könnte und die ungefähr wissen, was ein Prophet ist: einer, der kein Blatt vor den Mund nimmt. Ein Beinahe-Außenseiter der Gesellschaft; fast – ja, fast wie die Hure auch.

Das Befremden, das beabsichtigte, ergibt sich in mehrerer Hinsicht. Zum einen aus dem Wissen, daß die Hure ihrem Wesen nach Hochzeit und Ehe verschmäht. Die Verachtete verachtet, was der braven Bürgerin als hohes Gut erscheint. Erfährt man sodann, daß »Hure« hier als Schimpfwort für eine Ehebrecherin steht, so ist man wiederum ratlos. Das Problem der lustlosen Gattin, der die Lust erst im Ehebruch wiederkommt, kann so verständnisvoll dargestellt werden, daß der Begriff darunter zu leiden beginnt. Sein Odium verflüchtigt sich gewissermaßen. Die Ehebrecherin wird nicht mehr gesteinigt wie einst, als das Gesetz es befahl. Es wird ihr kein scharlachroter Buchstabe mehr ans Gewand geheftet, und an den Pranger führt man sie nicht mehr. Auch bringt sie sich nicht mehr um wie noch die arme Emma Bovary. Sie läßt sich notfalls scheiden. Oder man lebt getrennt. Oder man redet einfach nicht darüber, und der Begriff stirbt aus.

Fast möchte es scheinen, als müsse man ihn künstlich neubeleben, den Begriff der Ehebrecherin, um das Skandalöse oder vielleicht auch Wunderbare am Paradox der Hochzeit einer solchen »Hure« voll ausschöpfen zu können. Vergegenwärtigen muß man sich, daß eine Ehebrecherin etwas sehr Häßliches und Schandbares ist und daß der ehrbar-edle Begriff der Braut sich ganz zu Recht dagegen sträubt, mit »so einer« zusammengejocht zu werden. Die Ehebrecherin als Braut – das kann nach guter, alter Tradition wirklich nicht mit rechten Dingen zugehen. Da geht etwas gegen den Strich und gegen ein noch nicht ganz überwundenes Gefühl: daß eine »richtige« Braut etwas Einmaliges ist im Leben einer Frau. Selbst wenn die erste Ehe ein Irrtum war und das Glück erst mit der zweiten in Aussicht steht – das zweite Mal kann doch nur ein Aufguß sein vom Bodensatz des ersten Mals.

Es kommt aber noch komplizierter. Der Moralist nämlich wagt, entgegen modernem Zerrüttungsprinzip, die Schuldfrage aufzuwerfen. Vielleicht war der erste Mann, dem da die Ehe gebrochen wurde, gar kein Scheusal. Vielleicht war vielmehr die Frau ein Flittchen; ein ganz und gar leichtfertiges und herzloses Weib. Was ja vorkommen soll. Selbstsüchtig und niederträchtig. Und eine solche dann nochmals als Braut? Nicht ganz einfach einzusehen. Ganz abgesehen davon, daß hier dann eben auch keine Jungfrau mehr den Brautbegriff zur Vollkommenheit rundet. Um das Ganze aber gänzlich aus den Geleisen des Herkömmlichen zu bringen, erfährt man schließlich noch, daß derjenige, mit welchem diese Ehebrecherin und Hure die neue Ehe schließt, noch einmal Hochzeit feiert, kein anderer ist als der betrogene erste Ehemann. Sehr merkwürdig.

Man sucht nach Vorbildern und findet keine. Menelaos führt Krieg um Helena, die mit dem Trojaner Paris auf und davon gegangen ist. Aber liebt er sie? Umwirbt er sie aufs neue? Es geht um seine Ehre und um seinen rechtmäßigen Besitz. Wo wirklich einmal ein gehörnter Gatte seiner fremdgehenden Gattin nachläuft, um sie werbend zurückzugewinnen, da sind wir bei Boccaccio; die derben Töne des Fabliau klingen an und das Gaudium der Operette: »Holde Schöne, hör diese Töne; hör mein zärtliches Liebesgestöhne . . . dein geliebtester Gatte ist da!« Das ist nicht jedermanns Geschmack. Es ist peinlich. Der eine wendet sich verlegen ab, der andere grinst schadenfroh.

Man darf also befremdet eine Braue heben. Man darf sogar die Stirne runzeln, wenn man vernimmt, daß es sich bei diesem merkwürdigen Sachverhalt um eine Prophetenvision handeln soll, verbürgt in einem Text Heiliger Schrift, Anspruch erhebend auf Offenbarungswahrheit. Wundern darf man sich, wenn der Prophet Hosea in anstößig-paradoxer Symbolik das Volk der Erwählung zur »Hure« erklärt, zur Ehebrecherin, die dem *Herrn*, ihrem Gott, untreu wurde mit vielen Liebhabern; und die eben dieser betrogene Gott und Eheherr in einem zweideutigen Spiel erotischer Verführung endgültig für sich zurückzugewinnen versucht.

Hoseas Ehegleichnis und Verführungsvision, seine Braut- und Hochzeitssymbolik, steht merkwürdig-fragwürdig vereinzelt im Kanon, trotz aller Nachahmung bei späteren. Die feinfühligen Verlegenheiten, in welche das exegetisch-kommentierende Bemühen um Hosea 2,16 immer wieder gerät, zeigen nicht weniger als eine entschlossen zupackende und moralisch zurechtbiegende Auslegungskunst, daß das, was hier visionär erschaut wird, nicht ganz einfach zu fassen und eindeutig darzustellen ist. Wo von der Verführung einer Frau die Rede ist, da drängt Sexuelles sich ganz von selber auf. Ist der Verführer ein Gott, so mag das im Polytheismus hingehen. Handelt es sich jedoch um Jahwe, so muß sich dies bei aller Metaphorik befremdlich anfühlen und Anstoß erregen im Umkreis einer Religion, der man es ausdrücklich zugute hält, daß sie sich an der »Divinisierung des Sexus«, an seiner Vergöttlichung also, nicht beteiligt habe; daß ihr Gottesbegriff, bei aller Männlichkeit der Metaphorik, »jenseits des Geschlechtlichen« stehe; und daß durch den Gedanken der Schöpfung grundsätzlich alle Natur, also auch der Sexus-Eros-Komplex, ihrer mythischen Mächtigkeit entkleidet sei. Übrig also blieben Bilder – sind sie nicht Zeichen, daß Verdrängtes lebendig blieb? Das wenige, das sich in der Verführungsmetapher Hoseas ans Bewußtsein der Sprache wagt, genügt, um den größeren Zusammenhängen nachzuspüren in dichterisch sehr frei phantasierender Paraphrase; balancierend auf dem wackeligen Assoziationengerüst einer erotischen Metapher, die Vision des Propheten nachempfindend auszuschmücken; mit ein paar Körnchen Wüstensandtradition eine Oasen-Fata Morgana zu beschwören im eschatologischen Gegenlicht trüber Gegenwartserfahrung . . .

Der Lärm auf den Bergen: Götterfeste in Israel
Hosea und seine Zeit. Die Ehe des Propheten

Eine Metapher soll im Mittelpunkt stehen. Eine Metapher ist Text in einem Kontext mit doppeltem Boden. Wenn Hosea »Verführung« sagt oder »Wüste«, dann muß, wer ihn verstehen will, den historisch-kritischen Blick sehr aufmerksam in die Runde schweifen lassen, räumlich und zeitlich. Denn eine Metapher überträgt nicht nur von einem Wirklichkeitsbereich auf den anderen; sie ist, vor allem wenn sie eine lebensvolle, aussagestarke Metapher ist, zuallererst in sich selbst welthaltig. Wie kam in sie hinein, was man aus ihr herausholt? Wie kam Hoseas Verführungsmetapher zustande? Man muß sich umsehen in der großen wie in der kleinen Welt des Propheten: in seiner Zeit und in seiner Ehe.

Kommt man aus Richtung Sumer ins Israel der klassischen Propheten, so durchquert man nicht nur zwölfhundert Jahre und die syrische Wüste; man überschreitet auch, nach allgemeiner Meinung, die Grenze zwischen den polytheistischen »Naturreligionen« des alten Orient und der monotheistischen Offenbarung, die vom Sinai kam und Israel eine Sonderstellung unter den Völkern zuwies. Nicht alles, aber doch fast alles ist »ganz anders« beschaffen als unter den Völkern. Die Auffassung etwa von dem, was heilig ist und was Sünde. Steht in Sumer eine Frau im Geruche der Heiligkeit, wenn sie einer Göttin als Hierodule dient, so ist es in Israel eine Sünde und ein Greuel, die Tochter zur Kedesche weihen zu lassen. Genießt in Sumer Sexuelles höchste kultische Ehren, im Ritual der Heiligen Hochzeit etwa, so gilt in Israel dergleichen als unrein im kultischen Bereich und fällt unter das Priester- und Prophetenverdikt der »Unzucht«. Hochzeit und heilig ergeben einen Widerspruch, sofern man als die alleingültige Tradition die der klassischen Propheten ansehen will.

Was in vorexilischer Zeit für sündhaft oder für heilig gehalten wurde, das bietet sich dem historisch-kritischen Blick pluralistischer dar, als nachträgliche dogmatische Vereinfachungen der Schreiber es gemeinhin wissen lassen möchten. Vereinfacht wird zwar auch in der folgenden Kurzdarstellung, jedoch nach historischen, nicht nach dogmatischen Maßstäben.

Hosea, zwischen Homer und Hesiod, zur Zeit der Gründung Roms etwa, blickt auf vier- bis sechshundert Jahre Seßhaftigkeit israelitischer Stammesverbände im Lande Kanaan, zwischen Dan und Beerscheba, zurück. Kanaan: uraltes Kulturland, voller Göttinnen und Götter, voller »Baale«. *Sie* gelten noch immer als die rechtmäßigen Besitzer des Landes, so weit der Glaube des Volkes reicht, auch wenn es immer wieder Reibereien gab, seit Israel aus der Wüste kam, angeführt von seinem Stammesgott Jahwe und Josua, dem kriegerischen Häuptling, Ansprüche erhebend zwischen friedlichem Weidewechsel und blutiger Eroberung. Ein kleines Großreich entstand zwischenhinein, in einem Augenblick weltpolitischer Windstille: Davids. Kanaanäische Städte wurden einverleibt unter Salomo. Kunst, Wissenschaft und Handel blühten eine Weile. Die Königin von Saba kam; das Reich zerfiel, Nordreich, Südreich. Im Süden, sieht man ab von Athalja, der Usurpatorin, nichts Besonderes, zweihundert Jahre lang. Im Norden: Isebel, die Prinzessin aus Tyrus, das herrische Weib, die Erzfeindin des Propheten Elia. Eine Episode: Baal oder Jahwe auf dem Berge Karmel. Hundert Jahre später führt Hosea diesen Kampf weiter. Seine Widerpartnerin ist nicht eine Königin aus der stolzen Stadt Samaria; es ist ein Bauernmädchen aus der Provinz. Sie heißt *Gomer* und ist seine Frau.

Diese seine Frau: Sie ist das Problem, das sein Gott ihm vor die Füße geworfen hat, oder richtiger: vor die Schwelle seines Herzens. Gomer nämlich ist eine Ehebrecherin und eine Hure – in den Augen des Propheten. Warum? Das ist eine komplizierte Geschichte, und doch hört es sich ganz einfach an. Gomer nämlich ist eine einfältig-fromme Frau aus dem Volke, der Erde zugewandt, Kinder gebärend und die Götter ehrend nach des Landes Brauch. Hosea aber ist einer anderen Tradition verhaftet, die ihre Wurzeln in den Tagen der Wüstenzeit hat. Mit anderen Worten: Die Ehe ist eine religiöse Mesalliance. Und doch kam sie zustande auf Gottesbefehl: »Geh, nimm ein Hurenweib und Hurenkinder; denn das Land hurt hinter Jahwe weg.« So sprach der Gott, durch welchen Hosea sich zum Propheten berufen fühlt; der Gott aus der Wüste, der dieses Land den Vätern verheißen hatte.

Das Land also »hurt«, und Gomer hurt auch. Ein schlimmer

Vorwurf und wörtlich gemeint. Denn Israel hat sich im Laufe der Zeit »akkulturiert«, wie man heute sagen würde. Vergessen ist die nomadische Vergangenheit; die Kultur des Landes Kanaan ist die Agrikultur, und dieselbe ist undenkbar ohne die Götter des Kulturlandes: die Baale groß und klein, männlich und weiblich, wie es sich für einen ordentlichen Polytheismus gehört. Unter anderem gibt es da *Aschera*, mütterlich, vegetativ, halb Roggenmuhme, halb Welten- und Lebensbaum, verwurzelt im Erdigen und gleichwohl kosmisches Prinzip: ewige Wiederkehr des gleichen, jahraus, jahrein. Dann, dynamischer, dämonischer: *Astarte*, erotisch-aggressiv und lustbetont; die Göttin der Kedeschen und der Festpromiskuität. Hier beginnt die Wörtlichkeit des Vorwurfs der »Hurerei«:

Israel feiert Feste. Es feiert die Feste, wie sie fallen, zu jeglicher Jahreszeit, droben auf der Höhe, im heiligen Hain bei den heiligen Steinen unter heiligen Bäumen. Das ganze Dorf zieht hinauf, jung und alt, Frauen und Männer. Emsig amtieren die Priester; schlachten, räuchern, segnen; und deflorieren junge, heiratsfähige Mädchen zu Bräuten. Auch Fremdlinge aus der Umgebung finden sich ein und dürfen mitmachen. Das Deflorationsrecht steht auch ihnen zu. Und wenn das Fest auf der Höhe seinen Höhepunkt erreicht hat; wenn Wein zu Gesang und fröhlichem Lärm befreit, dann finden sich Weib und Mann wahllos zusammen, und Gomer ist auch dabei. Im Schatten der Terebinthen, der Silberpappeln und Sommereichen gibt sie sich fremden Männern hin zu Ehren der Kedeschengöttin, der Astarte. Sie und alle jungen Frauen, Freundinnen, Nachbarinnen. Es gehört zum Ritual des Festes wie Essen und Trinken, Weihrauch, Musik und Orakelbefragung. Festpromiskuität, nach dem Willen der Großen Göttin, der Herrin des reinen Triebs, der Verschwendungslust, die keinen Zweck kennt, die nur sich selber will und weiß, daß alles übrige sich gegebenenfalls von selbst ergibt . . .

So also liegen die Dinge: durcheinander wie Weib und Mann auf den Höhen. Nicht nur verehrt Israel andere Götter neben Jahwe; es verehrt sie auch noch auf *solche* Weise. Auf eine Weise, die alle Vätersitte außer Kraft setzt. Weder wird der junge Mann eine unberührte Jungfrau ins Brautbett bekommen, noch werden des allein besitzberechtigten Eheherrn

Rechte respektiert. Denn es ist der Ehefrauen Recht und Freiheit, sich fremden Männern hinzugeben im Höhenkult. So hält es kanaanäische Volksfrömmigkeit für heilig und gut, und das »Land«, das Bauernvolk Israels, hat diesen Glauben und diese Kultpraxis übernommen und hält sie für vereinbar mit dem Glauben an den Nationalgott Jahwe, der ein Baal unter anderen Baalen geworden ist, gleichgeschaltet, »kontextualisiert«.

Schrecklich für Hosea. Schrecklich für die kleine Schar der Jahwetreuen, die den Väterglauben des Propheten teilen. Diese Getreuen, »Prophetensöhne« sind's aus der geistigen Nachkommenschaft Elias, der gen Himmel fuhr in feurigem Wagen, ohne auf Erden viel ausgerichtet zu haben, trotz des Blutes, das den Kischonbach färbte; trotz des Blutes, das kurz darauf Jehu vergoß zu Jesreel . . . Der Zeiten Verderbnis ist schlimmer als je zuvor. Aber noch gibt es diese kleine Schar, dahinvegetierend am Rande des friedlichen Wohlstands und dumpfer Kulturlandverhaftung. Angewiesen auf ein wenig Weideland für Schaf und Ziege, zurückgeblieben in halbmonadischer Lebensweise, leben sie ihrem Glauben fast »wie von Ägypten her«. Sie wissen, daß die Strafe kommen wird, katastrophal. Der Prophet predigt, mahnt und warnt. Vergeblich. Prophetenlos. Man versteht nicht, was er will. »Man«, das ist die Mehrheit. Sollte die Mehrheit nicht wissen, was gut und recht und heilig ist? Gomer ist Teil der Mehrheit. Was bleibt der Minderheit übrig? Was bleibt Hosea übrig? Nicht einmal die Gewißheit, ob die drei Kinder Gomers auch die seinen sind. Die patriarchale Ehe ist aus den Fugen. Das Gottesverhältnis Israels ist aus den Fugen. Die Welt ist aus den Fugen.

Die Eifersucht ist eine Leidenschaft . . .
Situationsprolog zur Prophetenvision

Frühling ist's im galiläischen Hügelland, und das Gras ist grün. Der erste Regen nach der Sommerdürre ist gefallen; der gelbe Ginster blüht, die roten Anemonen. Hoch und weit ist der Himmel und blau, der Himmel des *Baal Schamem*, wer immer das sein mag. Darunter die Erde, feucht und warm und festlich. Alles kehrt wieder an den jugendfrischen Ursprung des Lebens, und das will gefeiert sein. Wieder findet ein Fest auf der Höhe statt, und Gomer ist auch dabei.

Drunten im Dorf, etwas abseits von den einfachen Lehmhütten der Bauern, im dürftigen Schatten eines Maulbeerbaums, der sich über das niedrige Gemäuer eines kleinen Gehöftes neigt, sitzt Hosea, der Prophet. Er sitzt auf dem Boden, auf einer Strohmatte, mit untergeschlagenen Beinen nach Nomadenart. Die Ellenbogen hat er auf die Knie gestützt, den Kopf hält er gesenkt zwischen geballten Fäusten. In den Schläfen hämmert Ohnmacht; das Auge blickt starr, der Geist ist in Gärung.

Er sitzt nicht allein. Nach und nach sind sie gekommen, an diesem Tag, und sie sitzen um ihn im Halbkreis, die Getreuen. Schweigend sitzen sie, keiner wagt eine Frage, denn sie sehen, daß die Hand Jahwes schwer auf dem Propheten lastet und daß der Grimm groß ist . . . Es sind ihrer wenige, eine ernste, düstere Schar älterer Männer, bärtiger Patriarchen; geschart um diesen noch jungen Hosea ben Beeri, dem ein Gottesbefehl solch symbolträchtiges Schicksal auflud. Die Namen der drei »Hurenkinder«; die Ehe selbst mit dieser *Gomer bat Diblaim*: sind sie nicht Zeichen und Vorbedeutung; unheimliche Drohgebärde Jahwes, beredter als viele Worte für die Wissenden und Eingeweihten?

Wissend um das nahende Verhängnis; wissend, daß dieses Volk dort oben auf der Kulthöhe einer Strafkatastrophe entgegenfeiert – also sitzen die Getreuen im dünnen Schatten des Maulbeerbaums, schweigend, erwartungsvoll. Wird ein Wort ergehen in dieser Stunde? Gibt es noch eine Hoffnung über die zu erwartende Katastrophe hinaus?

Nichts dergleichen scheinen diese geballten Fäuste anzudeuten. Was da gärt und wühlt und nagt; was da schwelt wie ein Feuer in feuchtem Laub; was da brennt wie glühende Kohle auf bloßer Haut – das ist die *Eifersucht*. Unerbittlich wie die Unterwelt, hohnlachend der Definitionen – »ein Moment im Emotionskomplex erotischer Leidenschaft, welches in Latenz verharrt, solange der Ausschließlichkeitsanspruch des Liebenden gewahrt bleibt; virulent wird jedoch und zerstörerisch hervorbricht, sobald dieser Anspruch bedroht erscheint«. »Erscheint«! Als ob es da noch etwas zu bezweifeln gäbe! Als ob es da nicht um objektive Rechtsverletzungen ginge! »Objektiv« in der Tat – vom Standpunkt patriarchaler Jahwetraditionen aus betrachtet. Der öffentlich hintergangene Eheherr Hosea ist im Recht, im althergebrachten Recht, das in *seinen* Kreisen unangetastet in Geltung steht. Die Eifersucht, mag sie sich noch so irrational gebärden, sie ist legal, gestützt durch Sitte und Gesetz. Mehr noch: Auch ohne den geringsten Funken Eifersucht wäre der Eheherr berechtigt, ja verpflichtet, das zuchtlose Eheweib zu züchtigen, zu verstoßen, wo nicht gar hinrichten zu lassen. Die Liebe ist's, die Eifersucht, die alles so kompliziert. Die eifersüchtige Liebe, die sich nicht abfinden kann mit Untreue und Nicht-mehr-geliebt-Sein. Geht es also nicht nur um verletztes Recht, um mißachtete Herrschafts- und Besitzansprüche? Geht es letztlich um Abgründigeres, das zu seiner Rechtfertigung keiner Rechtsordnungen mehr bedarf? Ein Etwas, das unsagbare Leiden schafft . . .

Es schwelt; es schwärt; es quält. Das erwartungsvolle Schweigen der Getreuen beginnt zu knistern. Da – endlich! – öffnet der Prophet den Mund:

»Rechtet mit eurer Mutter! Bringt sie – «, nein, nicht »um«. »Bringt sie zurecht!«

Die Ehebrecherin vor Gericht: verstockt
Ehe aus den Fugen

Die Stimme beschwörend erhoben, die Hände flach hingebreitet, plädierend, bittend, eine Aufforderung – so beginnt Hosea seinen »Großen Eifersuchtsmonolog«. Ein Beginn auf Hoffnung hin. Von wem ist die Rede? Geht es um Gomer? Geht es um Israel? Es geht vollkommen zweideutig durcheinander. Wichtig ist nur dies, daß hier eine Frau als Ehebrecherin vor Gericht gestellt wird. Kläger und Richter zugleich ist der Eheherr.

Sein erstes Wort zeigt, daß er bei allem Grimm ob des ihm zugefügten Unrechts ein rechtlicher Mann ist: Er beginnt mit einem Schlichtungsversuch. Mahnung und Warnung; Hoffnung auf die Macht des Wortes – vergeblich. Die Ehebrecherin steht im Banne ihrer Liebhaber und deren Liebesgaben, buhlend um Hurenlohn. Ihre Schuld steht fest; aber sie denkt nicht daran, diese Schuld einzusehen. Sie hält, was sie tut, offenbar und unbegreiflicherweise, für ihr gutes Recht. Mit einem Wort: Sie zeigt sich verstockt, und die hingebreiteten, versöhnungsbereiten Hände ziehen sich zurück, ballen sich wieder zu Fäusten. So bleibt nur noch Verurteilung, und die Strafandrohungen steigern sich ins unerwartet Maßlose und fast sadistisch Grausame: die Schande des Nacktausziehens; der qualvolle Tod des Verdurstens. Erotische Vernichtungsphantasien, Ezechielisches vorwegnehmend: »Vor den Augen ihrer Liebhaber« soll das »Aufdecken ihrer Scham« geschehen. Warum? Nicht hilfloses Mitleid werden die Liebhaber zeigen, auch nicht nur Gleichgültigkeit; nein, weit Schlimmeres: Grinsen, Schadenfreude, hämische Verachtung. Diese Hure soll sich fühlen wie der letzte Dreck. Auftrumpfend wird der Eheherr es allen zeigen, wie erbärmlich das vermeintliche Recht und die angemaßte Freiheit der Ehebrecherin in seiner Ehegewalt sich winden und zappeln und zugrunde gehen. Keines Erbarmens wird sie mehr würdig sein, diese Ehr-, Gewissen- und Herzlose; die Pflichtvergessene; das elende, das schlechte Weib; diese Hure, diese Nutte; diese – diese geile Götzenkalle; diese – Gomer?

Auf den Höhen rings um das Dorf versprüht der Ginster seine Blütenpracht frühlingsgoldgelb. Eitergiftgelb schwärt die Eifersucht in der Seele des Propheten, vermengt mit dem Willen zur Macht und zum Rechtbehalten – oder scheint es nur so? Warum bricht die Strafandrohung ab in eine unerwartete Klage:

»Mich aber hat sie vergessen« –?

Wenn die wilden Vernichtungsphantasien nicht so sehr einem Herrschaftswahn und Besitzinstinkt als vielmehr einem wilden Schmerz entlodert wären? Dem Schmerz und dem Selbsterhaltungstrieb der Liebe, die da weiß: Ohne Gegenliebe vergehe ich. Vergessen-Werden ist so gut wie Nicht-mehr-Sein –?

Die frustrierte Hure: naiv-realistisch
Ehe als Notlösung

Erschöpfte Pause. Schweigen. Ratlos blicken die Männer in den gelb und grau gefleckten Staub zu ihren Füßen. Wie soll das weitergehen? Das kann doch nicht das Ende sein? Sollen solche Drohungen und diese unerwartete Klage, die da in der Luft hängt wie ein Richtschwert ohne Griff – sollen das die letzten Worte sein?

Reglos sitzt der Prophet, aus tiefer Erregung abgestürzt in tiefes Schweigen. Worauf starrt er so geistesabwesend? Zu seinen Füßen krabbelt, zwischen allerlei Hindernissen, Strohhalmen, Holzsplittern, Steinchen und Scherben, ein winziges Käfertier; krabbelt hin und her, stößt hier an und dort und findet offenbar die richtige Richtung nicht mehr im Licht- und Schattengewirr, das der Maulbeerbaum wirft. Dann kommt es murmelnd und kaum hörbar von den Lippen des Erschöpften, der mühsam wieder aufzutauchen scheint aus Tiefen, in welchen Einsicht wohnt in Möglichkeiten, die dem Wachbewußtsein verschlossen bleiben – und was murmelt der Prophet?

»Darum versperre ich jetzt deinen Weg . . .«

»Deinen Weg«: Er redet die Treulose an, die soeben noch Abgeurteilte und Fortgeworfene. Anrede – verhüllte Sprachgeste persönlicher Zuwendung und der Einsicht: daß die Eifersucht an die Grenzen des rechtlich Einklagbaren gestoßen ist; daß weder ethische Appelle noch legalistischer Zwang das bewirken können, worum allein es gehen kann?

Den Weg zu den Höhen versperren; ein Labyrinth aus Dornenzäunen und Steinwällen; Sackgassen, in welchen sie sich verlaufen muß, wenn sie den Liebhabern nachläuft . . . Ja, irre werden müßte sie an ihrem Ziele und sich müdelaufen. Totlaufen müßte sich ihr Verlangen, die illegitime Sehnsucht . . . Eine klug erfundene, umsichtig eingerichtete Schutzhaft und Bewahrungsmaßnahme müßte dieser Frau alle Bewegungsfreiheit lassen und ihr dennoch Grenzen setzen, dergestalt, daß in hektischer Steigerung des Verlangens nach den Liebhabern, in vergeblichem Jagen nach einem Ziele, das unauffindbar wird, der erschöpfte Zusammenbruch unvermeidlich wird. Stillstand und Besinnung: Die Ausweglosigkeit müßte zur Einsicht ins Aussichtslose führen.

Nicht Recht und Forderungen also, sondern erotische Frustration sollen die Ehebrecherin von den Liebhabern abbringen. Die starken Bande der Abhängigkeit, der Lust und der Sehnsucht müssen gelockert und aufgelöst werden. Sie muß sich im Stich gelassen fühlen. Sie muß enttäuscht werden. Wie das konkret und im einzelnen bewerkstelligt werden soll – will er Gomer einsperren? soll das Land verwüstet werden? –, das darf man nicht fragen, sonst springt die Analogie aus den Geleisen. Es geht um eine zukünftige Möglichkeit der Hinführung zu Besinnung und Umkehr.

»Ich will gehen und umkehren«, läßt der Prophet, in der Ferne eines zukünftigen Tages, die frustrierte Hure sagen. Zurück will sie zum »ersten Mann«. In der vorweggenommenen Erinnerung der Frau, in einem fingierten Zitat, kommt der vergessene Ehemann zu sich selbst zurück. Doch was ist das für eine, die da zu ihm zurückkehren will? Was ist das für eine »Umkehr«?! Herbeigeführt durch die Ungunst der Umstände, ganz und gar ohne Begeisterung; ganz einfach faute de mieux, als Notlösung in auswegloser Situation. Es kommt da keine Schuldbewußte. Umkehren will die gestrandete Ehebrecherin, weil es ihr »damals«, beim ersten Manne, besser ging als nun, da die Liebhaber nicht mehr zu haben sind. Und es geht dabei nicht um Liebe, sondern um Lebensmittel, um Güter rein materieller Art: Korn, Wein, Öl, Flachs. Naiv-realistisch denkt die Frau allein an die Wiederherstellung einer Versorgungsehe. Ehe als Notlösung: In der Not soll der Eheherr wieder zur Notwendigkeit werden. Von Schuldbewußtsein oder Reue fehlt jede Andeutung. So ist der Weg der Ehebrecherin: Sie ißt und wischt sich den Mund und spricht: Ich habe nichts Böses getan. – Eine Umkehr also aus reinen Nützlichkeitserwägungen, ohne innere Neigung. Der Not gehorchend, nicht dem Trieb des Herzens. Soll das alles sein?

Vielleicht – wäre es besser als gar nichts. Vielleicht könnte das Ziel damit erreicht sein: die Ehefrau wieder in ehelichem Gewahrsam zu haben; über sie verfügen zu können nach gutem, altem, patriarchalem Recht. Genügt solches doch bisweilen der Eifersucht als elementarem Besitzinstinkt. Von der Rechtslage her bliebe die Möglichkeit des nachträglichen Strafverzichts. Der Eheherr könnte sich als großzügig erweisen.

Indes, dergleichen könnte wohl bald in den alten Trott zurückführen, und die Wiederkehr des gleichen wäre auch hier garantiert: weglaufen, umkehren, weglaufen und so weiter . . . Hosea muß etwas dergleichen geahnt haben, denn sein Monolog ist mit dieser Andeutung einer Umkehr faute de mieux noch nicht zu Ende. Es muß noch etwas »ganz anderes« geschehen, denn aus der Ehebrecherin soll eine wahrhaft Liebende werden, eine Braut im runden und vollen Sinne, eine wirkliche *kallah*.

Verführung in der Wüste: das Brautwunder
Ehe erotisch überholt

Wieder ist der Prophet ins Schweigen zurückgesunken, dieweil die Sonne sich langsam gen Abend neigt und ein leichter Wind aufkommt und sich einnistet im schütteren Laub des Maulbeerbaums. Unruhe beschleicht die Getreuen. Entscheidendes muß jetzt geschehen, inmitten der Halbherzigkeit einer Umkehr, die nichts anderes wäre als ein Weg zurück in die ausgetretenen Geleise eines pflichtschuldigen Gehorsams ohne liebende Zuneigung. Aber was könnte, was müßte da geschehen, wenn aus dieser frustrierten und resignierten Hure eine in ewiger Treue liebende Frau werden soll?

Die hagere Gestalt Hoseas, die da in sich versunken am Boden hockt, reckt sich langsam empor. Nun sitzt er ganz gerade und erhobenen Hauptes. Erwartungsvoll sind alle Augen auf ihn gerichtet – wohin aber blickt der Prophet? Sein Auge geht in sehr weite Fernen; blickt er nicht geradewegs in die Sonne, die sich rot zu färben beginnt? Was sieht er? Welche Vision steigt in ihm auf? Was hört er? Welches Wort geschieht zu ihm? Unerträglich wird die Spannung. Da – wie Trommelwirbel und Donnergrollen, gefolgt von einem Paukenschlag, der fernhin hallt:

»DARUM – SIEHE – ICH!«

Verwirrendes Sistrenrascheln und Trompetenklang:

»ICH – EIN SIE VERFÜHRENDER!«

Vorstellungsschock »Verführung«

Die Runde der Männer schrickt zusammen. Es breitet sich aus wie Wellenbewegung, als ob ein Stein ins Wasser fiel. Unerhört! Solch ein Bild! Solch ein Begriff! Welch ein Wagnis! Sieht er nicht die Schwelle? Den Skandal? Eine Unmöglichkeit!

Was für eine Übertragung! Sich das vorzustellen – grotesk, absurd, ja lästerlich! Ist er nun ganz von Sinnen vor Eifersucht und Sehnsucht nach diesem Weib?

»Verführen«! Heißt: betören, überreden – sexuell, eine Jungfrau, wie das Gesetz es verbietet. Ein Verstoß gegen Sitte und Anstand, eine Töricht-Einfältige zu verleiten. Ein Verführer steht im moralischen Zwielicht, ja im Abseits, im Dunkel des Bösen. »Wenn dich die bösen Buben locken . . .« Ein Verführer verhandelt nicht offen und ehrlich um eine Braut; er geht hintenherum krumme Wege. Aber nun und in diesem Falle: Sie ist doch eine Ehebrecherin und keine Jungfrau. Purer Unsinn also. Will er sein eigenes, verworfenes Weib, wenn sie wiederkommt, etwa vergewaltigen? Widersinnig. Und, Gipfel des Widersinns: eine solche »verführen« zu wollen. Ihr zu nahen, als wäre sie eine unschuldige Jungfrau; ein taufrisches Geschöpf; eine Lilie in der frühesten Morgenfrühe . . . Vor allem aber – und hier spalten sich Sinn und Empfindung, und ein Abgrund tut sich auf: das alles, jenseits von Recht und Moral, Gesetz und Ordnung und Mannesvernunft; das alles sich vorzustellen in der Übertragung auf Israel und – nein. Es ist unmöglich. Man stolpert. Man stürzt.

Sie wirkt nach, die »bestürzende Intimität« der Metaphorik, bis in die Gegenwart, und sie schafft sich Ausdruck dort, wo man bereit ist, dieses Bild der Verführung ernst zu nehmen: »Hosea sagt es so, daß man erschrickt und ihm erregt ins Wort fallen möchte: Nein, hör auf! So kann man von diesen Dingen doch nicht reden! Man hat das Gefühl: Entweder ist das eine unerträgliche religiöse Indiskretion, eine theologische Zudringlichkeit, die Gott lästert, weil sie Gottes Liebe bis an die Grenzen des Unwürdigen hin karikiert – oder es ist vielleicht wirklich eine Preisgabe des göttlichen Herzens, die zu vernehmen unsere Ohren zu unheilig sind.«[44]

Heilig-göttliches Geheimnis oder gotteslästerliche Karikatur? Gewagte Sprache und ein erstaunliches Bild zum mindesten; vielleicht sogar »grob anthropomorph«. Vielleicht sogar ein »häßliches Spiel«? Jahwe »vermummt als Dämon«, um sich an Israel »heranzumachen«, betörend-verlockend und abstoßend zugleich? Oder ließe sich die Szene umdeuten zu reiner Agape, geht es vielleicht um Erbarmen mit der Gestrauchelten und zu Schanden Gefallenen? Es geht nicht; sowenig wie mit der Saloppheit davongeschwommener Felle und der Gehörntheit gewöhnlicher Ehemänner. Die Liebe, die bei Hosea am Werke ist, die sucht eifersüchtig sehr wohl das Ihre; sie zeigte sich bis zum äußersten erbittert angesichts erfahrener Ohnmacht den Liebhabern gegenüber; sie rechnete das Böse, durch Undankbarkeit Zugefügte, durchaus an in maßlosen Strafdrohungen. Diese eifersüchtige Liebe erträgt Treulosigkeit durchaus nicht. Auch glaubt sie nicht, daß alles ohne weiteres so weitergehen könne nach solch dubioser Umkehr. Sie hofft deshalb auf den Erfolg der Verführung, und sie wird dulden, daß da Zweideutigkeiten entstehen, daß »Unsittliches« sich ins Spiel mischt im Triumphe einer Macht, die allein imstande sein wird, das Wunder zu vollbringen.

Wüste als Wunderland

Nicht an beliebigem Ort wird Verführung geschehen; nicht in diesem Lande Kanaan, das von Verführern wimmelt und wo der eine vom anderen ununterscheidbar wird. Nicht in diesem Lande, das von Milch und Honig fließt und von berauschendem Wein. Dieses Land, das als Geschenk der Liebhaber erscheint, ist nicht der rechte Ort. Wohin also?

»Ich will sie in die Wüste führen . . .«

Beifälliges Murmeln in der Runde. Der Schock wird aufgefangen von andeutungsweisem Verstehen. Hier ist von Vertrautem die Rede. Die Wüste! Man weiß, was das bedeutet. Man weiß, wie es jenseits des Sees aussieht, jenseits der Eichenwälder und der fetten Weiden von Baschan, dort, wo Wald und Weide zu Ende gehen und das dürre Gestrüpp beginnt und dann das Geröll, der schwarze Basalt, die Lavafelder und Sandeinöden der syrischen Wüste. Diese Männer sind da bisweilen hindurchgezogen, auf den alten Karawanenstraßen und jenseits des Jordan bis hinab in den Negev und hinüber zur Sinaihalbinsel, wo es nach Ägypten geht und wo die Väter vor Zeiten herkamen . . . Man weiß, was die Wüste, ja was bereits die Steppe für ein Bauernvolk bedeuten: saatenloses, unfruchtbares Land ohne Lebensmöglichkeit; Todesland, heimgesucht von Nachtgespenstern und Sturmdämonen. Aus der Wüste steigt der sengende Ostwind auf, unter dessen Gluthauch alles verdorrt . . .

Und doch ist das nur die halbe Wüstenwirklichkeit. Denn die Wüste mit ihren kleinen Oasen, mit ihren einsamen Wadis und uralten Felsengebirgen; die Wüste unter dem unbarmherzigen Licht der Sonne, unter eisklar funkelndem Sternenhimmel; die Wüste mit ihren spärlichen Steppenrändern und ihren dürftigen Lebensmöglichkeiten – sie ist auch der Ort der Reinheit und der Freiheit; ein Ort stolzer Bedürfnislosigkeit. Wo sonst, wenn nicht in der Wüste, ist der Luxus des Verzichts möglich? Ein Verzicht auf so vieles, was im Kulturlande als unverzichtbar erscheint . . . Ja, rein ist die Wüste und dem Himmel nahe, und weniges ist unendlich viel: ein Palmenschatten, eine Handvoll Wasser, ein einziger Blick zwischen Mann und Mädchen, am Brunnen, am Zelteingang. Unendlich mehr als die verwirrende Fülle im fruchtbaren Lande, als der besinnungslose Rausch der Feste auf den Höhen ist das wenige, das in der Wüste geschieht. Vielfältig hallt es wider in den weiten Gewölben der Seele, durch deren Stille die Sehnsucht weht, bereit für das eine und einzige Abenteuer des Lebens: erblickt und erwählt zu werden – das Weib von dem Manne, der ihr Leben mit Mutterehren erfüllen wird; der Mann von seinem Gott, der ihn für würdig erachten wird, ein Krieger und Führer zu sein, ein Patriarch für die Seinen . . .

Andeutungsweise verstehen die Männer: an strengem, dürftigem, todesnahem Ort; in der Wüste und in Gefahrennähe – da könnte das Rettende sich ereignen. Aus der Erinnerung wächst die Hoffnung: Hier könnte das Wunder Wirklichkeit werden. Hier könnte das korrupte Herz der Hure wieder heil werden und sich erneuern in reiner Neigung zu dem einen, der ihr alles sein will. Ein Wunder jenseits der Worte. Wunder im wüsten Lande. Wüste als Wunderland . . .

Das Brautereignis. Vision einer erotischen Epiphanie

Wenige Worte nur; aufreizend wenige hat der Prophet parat für das Wunder. Es ist, als verschlüge es ihm die Sprache. Vier Begriffe – Wüste, Verführung, *ich, sie* –, randvoll an Bedeutung, bieten der Phantasie mehr Spielraum als eine ganze

Chronik von Ereignissen. Ist der Prophet nicht nur Sager, sondern auch Seher, dann muß sich hinter dem, was er sagt, das Gesicht erkennen lassen, wie verworren, wunderlich oder vage auch immer. Das Schau-Ereignis einer erotischen Epiphanie: Wie soll man es sich vorstellen? Wie ließe es sich darstellen?

Theatralik des Geschehens deutet sich formal mit der Satzkonstruktion an. Das Ereignis ist versprachlicht in »numinosem Nominalstil«, verzichtend auf das finite Verb, um das Wesentliche mit der geballten Substanz eines Nomens hinzustellen wie einen Granitblock. Es steht da zum Anschauen: EIN-SIE-VERFÜHRENDER. Dazu die Dynamik eines dreistufigen Anlaufs: (1) »darum / wohlan«, will sagen: rebus sic stantibus muß ein außerordentlicher Entschluß diese Dinge in Bewegung bringen; (2) »siehe!«, eine Interjektion; der ausgestreckte Arm, die erhobene Stimme, der hinweisende Finger: Es gibt etwas zu sehen, zu erfahren, zu erkennen; (3) »ICH«, Personalpronomen in emphatischer Vollform, ICH und kein anderer. Dieses ICH aufs engste verbunden mit dem Partizip, partizipierend an Wesen und Wirkung der Verführung. Der Ursprung der Verführung ist Person. Von dieser Personmitte strahlt das Machtereignis aus und hat ein genaues und einziges Ziel: SIE. Theatralisch ist dies alles nicht nur wegen der emphatischen Syntax, sondern vor allem, weil das »siehe!« auf ein Schau- und Erscheinungsereignis hinweist: auf die Vision einer Epiphanie.

Epiphanie und Vision verhalten sich zueinander wie ein Äußeres zu einem Inneren. Epiphan wird ein Gott, wenn er erscheint in der Gefahr, um zu helfen. Epiphan wurde Jahwe vorzüglich im Krieg, Astarte hingegen in den Orgien des Höhenkults: Ihr Eingreifen bestand in der Befreiung des Triebes zu sich selbst. Solche Epiphanien der Astarte, von Hosea erfahren im Widerstreit der Gefühle zwischen Abscheu und Faszination, solche Empfindungen, abgesunken ins Unbewußte, tauchen im »inneren Gesicht« der Prophetenvision wieder auf und vermischen sich mit Bewußtem und Gewolltem. So umgreift die Vision die Epiphanie. Was der Prophet schaut, ist doppelt unwirklich: Es ist innen und nicht außen, es ist zukünftig und nicht gegenwärtig. Doch die Sprache zwingt es ins Sein – als Hoffnungsvorschein.

Verführung der Ehebrecherin zur Braut. Da unten im Dorf, in das langsam die Schatten kriechen; in dem einsamen Gehöft, in das der Lärm von der Kulthöhe herabweht, wenn der Wind seitwärts schwenkt; im Kreise der bärtigen Patriarchen, die gespannt dem Entscheidenden entgegenharren; dort, vor dem inneren Auge des Propheten, der in katatonischer Ekstase aufrecht auf der schäbigen Strohmatte sitzt – da findet die Vision einer Epiphanie statt. Weit fort von der tierischen Brunst auf der Kulthöhe, fern diesem ewigen Sich-Wälzen im ewig gärenden Urschlamm des Urmuttergrundes agrarischer Mysterien; dort, weit fort in der Wüste, wird es stattfinden, und die Sprache holt es herein in die Gegenwart dieser Abendstunde, da der Prophet dunkelnden Auges in die untergehende Sonne starrt . . . Was sieht er?

Abenddämmerung über weiter Wüste. Schwarzes Geröll und Felsgestein; dazwischen eine Sandanwehung, eine Bodensenke, eine kleine Oase: Dattelpalmen, Akazien, Tamarisken. Und am Rande die kostbare Quelle mit dem Wasser des Lebens, sorgsam eingefaßt mit roh behauenen Steinen, ein tiefer Schacht. – Ein paar Nomadenfamilien lagern hier, vorübergehend. Aus den schwarzen Ziegenhaarzelten kommen die Mädchen und Frauen zum Wasserschöpfen; schwarzverhüllt die Ehefrauen; in buntgestreiften Kleidern, unverschleiert, die jungen Mädchen. Sie kommen, und die jungen Burschen lungern schon herum, auf Brautschau. Es darf geschäkert werden, in allen Ehren. An diesem Abend flüstert man sich Neuigkeiten und Vermutungen zu. Angekommen ist von ungefähr, niemand weiß woher, ein Unbekannter. Schwarzer Burnus, goldgestickt; schwere, silberne Dolche im breiten Gürtel. Geritten kam er auf edlem Roß, und mit sich auf einem Maultier führt er ein Weib, tiefverhüllt, zitternd, schluchzend, sehr geängstigt offenbar. Er läßt sie einfach da sitzen, während schon sein Zelt aufgeschlagen steht. Wer ist sie? Sein Eheweib? Eine Sklavin? Eine Entführte? Schauerlich, so ausgeliefert zu sein und so im ungewissen. Ist sie etwa eine – Ehebrecherin? Soll hier eine Hinrichtung stattfinden? Die Neugier der Frauen bleibt unbefriedigt an diesem Abend, und am nächsten Morgen brechen alle auf und ziehen weiter, jede Familie in eine andere Richtung, und ausgehandelt wurden, wie üblich, ein paar Verlöbnisse in diesen wenigen Oasentagen. – Zurück bleiben der Unbekannte und das Weib und die Ungewißheit. Sie weiß nicht, wer *er* ist. Sie fürchtet sich. Wovor? Es kam alles so unerwartet.

Wie kam es? Sie war soeben dabei gewesen, umzukehren zu ihrem ersten Mann, nachdem es aus war mit den Liebhabern, aus unerfindlichen Gründen. Da stand dieser da am Wege und sagte: Komm. An der Wegbiegung stand er, aufrecht neben seinem Roß und so reich gekleidet; fast völlig verhüllt das dunkle Gesicht, wie einer aus der Wüste: nur die Augen sichtbar – die Augen, und irgend etwas stieg da auf und legte sich wie ein bunter Nebel um sie. Kommst du? Ein Halsband hielt er ihr hin, Silber und Karneol; und das Maultier stand bereit, und sie fühlte sich so erschöpft, und irgend etwas erinnerte sie – aber was genau war's? War der da ein heimlicher Verehrer? Einer der geheimnisvollen Fremden von den Höhen und den unvergeßlichen Festen? Sie folgte ihm wie willenlos. Und dann führte er sie in diese greuliche Wüste. Ist sie einem Sklavenhändler in die Hände gefallen? Er hat sie bislang nicht angerührt. Sie ist ja auch kein junges Mädchen mehr. Sie fühlt sich verbraucht und müde. Dazu die Angst und die Ungewißheit. Ist alles nun zu Ende? Aber warum und wieso? Was hat sie Unrechtes getan? Die Götter hat sie geehrt und getan, was die Priester guthießen auf den Höhen. Was will da nun dieser da? Welch schreckliches Schicksal braut sich zusammen an diesem von allen Göttern und guten Geistern verlassenen Ort?

Wieder wird es Abend. Den ganzen Tag über hat sie Zeit gehabt, nachzudenken und zu fasten in dem winzigen Nebenzelte, in das der Unbekannte sie eingesperrt hat. Sie hat keinen Hunger; Durst hat sie. Aber größer noch ist ihre Angst inmitten der Ungewißheit. Sie hat sich nicht hinausgewagt und hinüber zur Quelle. Wie soll sie diese Nacht überstehen? Wie soll –; was nun? Der Zelteingang wird zurückgeschlagen. Eine Stimme befiehlt ihr, Wasser zu holen.

Sie kriecht mühsam hervor. Wasser holen – womit? Da ist nirgends ein Gefäß. Nicht einmal eine Tonkrugscherbe. Sie hat nichts als ihre leeren Hände. Sie erhebt sich und geht, stolpert in ihren langen, grauen Lumpen durch den rötlichen Sand, über den in langen Streifen die krummen schwarzen Schatten der Palmen liegen. Sie schleppt die Schwere ihres erschöpften Körpers dahin, wo die Quelle aus der Tiefe entspringt, und sieht: viel zu tief. Ihre Arme sind zu kurz; die Hände können den Wasserspiegel nicht erreichen. Sie hockt sich neben den Brunnenschacht, und es beginnt zu flimmern vor ihren Augen. Der Himmel vor ihr, im Westen, färbt sich purpur mit violetten Wolkenbändern. Rot glüht der Sonnenball; rot wie Opferblut und Granatapfel-Inneres durch die Dornbüsche, die schwarz im schwarzen Gerölle stehen, weit draußen. Über den Wipfeln der Palmen wölbt sich Abendhimmel, diamanten klar. Das sieht sie nicht. Sie starrt vor sich hin in den Sand. Hoffnungslos. Umkommen vor Durst: hier. Umkommen als Verkommene, Verworfene; als Ehebrecherin und Hure, und dabei hat sie doch nur getan, was alle taten. Es reicht nicht einmal zur Verzweiflung. Der Durst löscht alles aus. Das Delirium beginnt . . .

Da hinein fällt ein Schatten, und eine Stimme macht die dumpfe Stille durchsichtig: »Gomer. Steh auf und trinke –« Eine Stimme wie ein kühler Atem, wohltuend, leise und sehr freundlich. Diese Stimme, unverstellt – *seine* Stimme! Heißkaltes Erschrecken. Es raubt ihr nicht die Besinnung; es macht sie hellwach, und sie erhebt sich, leicht, mühelos und wie emporgehoben. Das Wunderbare – was ist es? Das Unbegreifliche, das Ereignis wird: Sie steht vor *ihm*. *Er* steht vor ihr. Er steht vor der untergehenden Sonne; den schwarzen Burnus zurückgeschlagen, in blendend weißem Gewand mit Purpurrändern. Königlich steht er vor ihr und wie aus dunklem Basalt gemeißelt. Sie sieht ihn wie zum ersten Male – so. In solch verwirrender Gestalt, halb richtender Engel, halb lockender Dämon und ob solcher Zweideutigkeit doppelt faszinos. Sein Gesicht kann sie nicht erkennen in diesem abendlichen Gegenlicht; aber die Stimme gibt ihr Gewißheit, daß dieser der Mann ist, dem sie rechtens gehört. Sie, die Ehebrecherin. Und fühlt im gleichen Augenblick und im Widerspruch dazu nicht minder gewiß, daß dieses »rechtens« hinwegschrumpft zu völliger Bedeutungslosigkeit, hier und jetzt. Empor quillt, wie aus verschütteten Tiefen, ein Neues, nie Gefühltes . . .

»Trinke doch.« Kein Befehl; eine Einladung, eine Bitte. Und sie wird gewahr: Hände, ineinandergelegt zu einer Schale, hingehalten, ihr, gefüllt mit Wasser, das zwischen den Fingern hindurchrinnt in den Sand zu ihren Füßen. Trinken aus dem Becher seiner Hände? Ist es ein Fieberschauer? Etwas wie eine leichte Brise kommt auf, durchweht die Oase, und siehe: Was einst und immer wieder schwer zur Erde niederfiel, jene dumpfe Sehnsucht nach grenzenlosem Vermischen – das erhebt sich und steigt über die Palmenwipfel empor in die quellwasserklare Diamantschale des Abendhimmels; steigt empor in luzider Ekstase, in durchsichtiger Gewißheit: Diesen – liebe ich. Warum? Ich weiß es nicht. Mag er mich strafen. Mag er mich verstoßen. Mag er mich umkommen lassen an diesem Ort – es ist dies ganz gleichgültig im Erleben dieses Glücks, das die Seele zu zersprengen droht. Möge der Augenblick dauern und festwurzeln an diesem Ort! Möge meine Seele immer und ewig diese beseligende Sehnsucht verspüren; diesen Durst, der an diese Quelle bannt . . .

»Willst du nicht trinken?« Und er kommt noch einen Schritt auf sie zu und ist nahe, und die Sonne ist untergegangen, und siehe: Aufstrahlt im Westen Astarte – Stern der Begegnung und des Neubeginns in der Wüste.

Sie wird trinken und erwachen aus dem Delirium der einzigen Wahrheit, die sie fortan und für immer in den Geleisen ehelicher Treue halten wird. Doch noch soll von Ehe keine Rede sein. Noch ist viel Zeit . . . ER wird sie in sein Zelt führen. Mag es kostbar ausgestattet sein oder dürftig scheinen: ER ist bei ihr. Er wird ihr zu Herzen reden. Zweideutiges auflösen ins Eindeutige: ICH bin, der ich sein will für DICH. Zuwendung wird geschehen über das reine Machterlebnis hinaus. ER wird den Zauberbann des rein Erotischen lockern nach der Seite liebenden Verstehens hin. Worte der Verheißung wird er sprechen; Rückkehr ins Land der Weinberge. Aber was liegt daran, hier und jetzt! In einer Nacht wie dieser unter den Sternen der Wüste . . .

Für diese Nacht: ein Brautgewand aus Purpurwolle, warm und wunderbar, leuchtend im flackernden Feuer vor dem Zelte wie Rubin, in Gold gefaßt. Hinweg die schmutzigen, verbrauchten Lumpen; hinweg die Hurenmale zwischen den Brüsten, die Amulette, die daran erinnern, daß sie bei anderen, bei Fremden das Glück suchte in der Entfremdung des Rausches.

Hinweg alle Zeichen der Unzucht, die daran erinnern, daß sie »eine solche« – ein von illegitimen Leidenschaften zerrüttetes, von vielen Liebhabern verunreinigtes Eheweib; eine der Todesstrafe und gerechter Schande verfallene Ehebrecherin – war. Als Geliebte umworben wie eine Jungfrau; als Liebende hingerissen wie ein junges Mädchen im Glücksgefühl der ersten Liebe, wird SIE, glückverwirrt nach außen, nach innen gewandelt in tiefstem Herzen, den geliebten Mann erhören und ihm angehören ganz, in dieser Nacht und noch ehe ein neues Verlöbnis, feierlich, mit Brautgaben und Zusagen, den Ehebund wiederherstellen wird nach Recht und Ordnung. Das hat Zeit. Wichtig ist, was hier und jetzt geschieht. *Jetzt* ist sie Braut und Geliebte von ganzem Herzen und ganzer Seele. Dieses JETZT muß sich runden und erfüllen zur Ewigkeit eines Endgültigkeitserlebnisses. Dieser Augenblick, diese Liebesnacht in der Wüste, muß das Ereignis der Vergänglichkeit entreißen. Es ist ein Ein-für-Allemal. Es kann nicht wiederholt werden. So, aus dem tiefen Quell bräutlicher Liebe, wird sie immer lieben. So, wie sie jetzt liebt im Lichte der erotischen Epiphanie; in diesem Licht, das innen leuchtet. Die Ehe ist erotisch überholt. Sie wird ornamentale Zutat sein; ein Zugeständnis an vorgegebene Traditionen. »Mein Mann«, wird die Braut sagen in dieser Nacht, und nicht: »mein Herr«. Wie alles einst so – scheinbar? - schön und glückhaft begann, so soll es – wesenhaft – sein und sich nie mehr ändern. Vergessen werden die Liebhaber sein; versunken und vernichtet in der Nacht des Nicht-mehr-Gedenkens; sie, die Ursache aller Verwirrung und aller Eifersucht und allen Leidens.

Dort in der Wüste wird es geschehen, das Brautwunder. Das Wunder der Verführung und Verwandlung der Ehebrecherin und Hure in eine Braut . . . In einem purpurroten Kleide, leuchtend wie Anemonen im Frühling, wird die Braut im Eingang des Zeltes sitzen, am Morgen nach der Brautnacht, der vor- und nachehelichen, und der neue Tag wird das Geheimnis des Abends und der Nacht bewahren bis in alle Ewigkeit . . .

Alles Vergängliche ist nur ein Gleichnis
Epilog

Soll man es stören, zerdenken und zerdeuten, das schöne Bild, die Oasen-Fata Morgana, die Vision des Propheten, nachempfunden, freischweifend, im Abstande von zweitausendsiebenhundertundfünfzig Jahren und daher, trotz Palmen und sonstigem Lokalkolorit, recht melodramatisch psychologisierend, während es dem Propheten damals doch im Grunde um etwas anderes ging, um Recht und Ordnung nämlich und darum, wie ein sich selbst und seinem angestammten Gott sich entfremdendes Volk wieder zur Vernunft zu bringen sei –?

Ja, darum geht es. Die schöne Bilderbuchgeschichte ist »nur ein Gleichnis«. Der Sache nach geht es um Israels eschatologische Umkehr und Bekehrung; um seine Wiederannahme als Bundesvolk und ähnliches. Da ist das lustvoll lebendige Fleisch der Anschauung zwar hinweggeschrumpft; aber man hat dafür ein dogmatisch unzerbrechliches Begriffs-Skelett in Händen, mit dem sich argumentieren läßt. Bilder, Metaphern können sehr inspirativ wirken; sie haben aber auch einen Hang zur Verführung ins Uferlose, Allzubunte und in die bloß unterhaltsame Zerstreuung. »Nur ein Gleichnis« ist Hoseas Verführungsvision. Aber das, worum es geht, gewinnt durch das Gleichnis doch etwas Wesentliches – was ist's?

Das Wesentliche an der Ehebruchs- und Brautmetaphorik Hoseas ist das gnadenhaft erneuerte Herz. Eine solche Erneuerung ist mit ethischen, gar rechtlichen Kategorien nicht erfaßbar. Vergleichbar ist der Unverfügbarkeit der göttlichen Gnade die Unverfügbarkeit des Erotischen: Es läßt sich nicht befehlen, nicht erzwingen. Es geschieht, oder es geschieht nicht. Im erotischen Ereignis fallen Natur und Gnade gewissermaßen zusammen. Das ist der Vergleichspunkt, der sich begrifflich sehr viel schwieriger darstellen läßt als mit einer Geschichte, die »aus dem Leben« erzählt.

Hoseas Gleichnis führt zurück in die Ehe, in einen Bund, der verpflichtet, vor allem die Frau, das Volk. Ist es realistisches Zugeständnis an der Liebe Vergänglichkeit? Ist das Ehegehäuse notwendig, damit etwas bleibt, wenn der Geist der Liebe entweicht? Oder ist an ein Drittes gedacht: die Ehe als

Äußeres der Liebe; die Liebe als Inneres der Ehe? Das wäre nichts anderes als das romantische Eheideal, das, seit zweihundert Jahren zum Scheitern verurteilt, sich durchhält. Die spontane, überströmende Liebe der Braut ist vergänglich und Gleichnis. Weil es aber so schön war und ist und immer wieder sein wird, kann sie erhoben werden zum ewigen Ideal; zum Wesen des wahren Gottesverhältnisses, zu lieben »von ganzem Herzen und ganzer Seele«; erhoben zum hohen Gestirn, leuchtend am eschatologischen Horizont des Propheten Hosea seit zweitausendsiebenhundertundfünfzig Jahren.

Vierte Variation: Die mystische Braut

»I don't know how to love him . . .«
Magdalenenliebe

Meditationen zu einem Lied aus der Rock-Oper
»Jesus Christ Superstar«

Die Sensation ist längst verraucht; Empörung und Begeisterung sind zu Kulturschutt geworden. Keiner rümpft mehr die gebildete Nase ob der Geschmacklosigkeiten der Hippie-Theologie von damals – bald zwanzig Jahre ist es her. Und was heißt da »Theologie«? Was da hysterisch schrillte und liederliche Emotionen exhibitionierte, das war ein Machwerk, an welchem eine ernst zu nehmende Theologie, und die deutsche zumal, nur verachtend vorübergehen konnte. Das war unter die Leute gekommen als Film, als Schallplatte, auch als Bühnenaufführung, und was war's? Wieder einmal war da das Leben Jesu romanhaft verkitscht, schlimmer noch: geschäftstüchtig verramscht worden. Denn das Geschäft blühte. Warum wohl? Offenbar fühlten die Jungen von damals sich von *diesem* Jesus verstanden, mochte das Ganze zehnmal Kitsch sein und dazu schwer definierbarer, weder süß noch sauer, sondern ausgeflippter, rauschhaft frustrierter Kitsch und eine Ungehörigkeit dazu: sowohl historisch-kritisch als auch dogmatisch betrachtet; vom herkömmlichen frommen Gefühl ganz zu schweigen. Verstanden fühlten sie sich, denn zur Sprache kam, in Musik hinein explodierte, was viele dumpf empfanden, die wenigsten jedoch zu formulieren vermochten: die Frage nach dem Sinn eines bürgerlich-wohl-und-anständig vorprogrammierten Lebens inmitten einer unheilen Welt.

Es war das Daseinsgefühl aus dem Jugend-Untergrund, das da mitriß und durchdrehte. Die Hippies im freiheitlichen Westen waren am Ende mit ihrer Illusion einer besseren Welt, blumig und gewaltfrei, make love, not war. Es fielen auch zu viele Bomben im fernen Osten, und niemand wußte mehr so recht, was es da noch zu verteidigen gab. Die heimische Freiheit bestand aus Routine, Leistungsdruck, Parties, Profit und Blech. Die Revolte bestand in Verweigerung und in dem Versuch, das Leben psychedelisch, träumend und in Trance, zu bewältigen. Musik wurde zum Massenerlebnis, und von der freien Liebe erhoffte man Wunder und von den Gurus auch. So ähnlich oder ungefähr war's, und dann stand dieser *Jesus Christ Superstar*[45] auf der Bühne und sang und sagte: Mir geht's wie euch; ich kann auch nichts machen. Und geht zugrunde an der Droge Gott.

»Dieser Jesus« – was da auf der Bühne steht, das ist nun

freilich nicht das blasse Gespenst, das aus redaktionsgeschichtlichen Zettelkästen steigt. Es ist auch nicht der mild lächelnde Heiland frommer Legenden; kein dogmatisch abgeklärter Rabbi, dem Leben halb schon abgewandt, ewige Wahrheiten lehrend, triefend von Weisheit. Nichts dergleichen und von wegen edel sei der Mensch, hilfreich und gut. Gärend jung und unruhig ist dieser Jesus, ekstatisch vom Geiste Gottes durchglüht und von Dämonen umwinselt; hochgetragen von den Hoffnungen der Massen und fallengelassen von ihrer Enttäuschung. Denn er ist auch nicht der Held sozialer Revolution und politischer Befreiung, kämpfend um Recht und Gerechtigkeit für die Erniedrigten und Beleidigten. Sondern und vielmehr:

Dieser Jesus im Tohuwabohu plärrender Krüppel, blinder und lahmer; im Inferno der Hosanna brüllenden Volksmenge; eingeklemmt und isoliert in die dumpfe Begriffsstutzigkeit, in die Gottesherrschaftsphantastereien seiner Jünger; dieser Jesus inmitten der Massenhysterie – inmitten der Labilen, Verrückten und Korrupten wird der Heilige Gottes angesteckt und selber halb verrückt und durchaus hysterisch (»Wahrlich, unsere Krankheiten hat er getragen, und auf sich lud er unsere Frustrationen; wir aber hielten ihn für unzurechnungsfähig, ein Übergeschnappter, ein Versager«) . . .

Und dann plötzlich geschieht es, und es wird unerträglich sentimental. Dieser Superstar – soeben noch schreit er hilfesuchende Krüppel an: »Heilt euch selber!« Judas, der ihn zwielichtig liebt (homoerotisch, wer weiß), den wird er zu Verrat und Selbstmord treiben und im Mief der weinerlichen Weinseligkeit der übrigen Apostel das letzte Abendmahl feiern, ehe er hinausgeht nach Gethsemane – da, irgendwo dazwischen, dem Nervenzusammenbruch nahe, er, der Superstar, fleht eine Stimme ihn an, zärtlich, beschwörend, die Stimme einer Frau: »Try not to get worried« (Quäl dich nicht so; laß dich nicht kaputtmachen): Maria Magdalena. Dem Regisseur bleibt anheimgegeben, was mit dieser Szene letztlich gesagt werden soll. Zumindest soviel: Jesus, kurz vor seinem Tode, sucht und findet Trost, ein wenig kreatürlichen Frieden, bei der Dirne – »I think I shall sleep well tonight«. Er betet nicht zu seinem allmächtigen Vater; er bettet sich in die Liebe der Großen

Sünderin . . . Da steht sie, im hektisch zuckenden Laserlicht der Bühne, die kleine, sentimentale Hure, und singt sich anschließend ihre Liebe zu Jesus Christ Superstar vom Leibe.

Hier, das muß man zugestehen, war der Skandal endlich einmal echt. Kein existentiales Fundamental-Blabla; lediglich ein wenig Nähe und Zärtlichkeit einer Frau – der Skandal einer ganz gewöhnlichen, ganz unhimmlischen Liebschaft? Es wird nicht eindeutig klar, worum es geht. Um so besser. Davon lebt alle Interpretation, Möglichkeiten erwägend. Was läge hier also vor? Spätbürgerliche Grisettensentimentalität? Eine Sünde wider die guten Sitten, gegen das fromme Gefühl oder gegen den guten Geschmack? Was immer es gewesen sein mochte, die Gestalt der Maria Magdalena rückte mit dieser Rock-Oper eindrücklich ins Bewußtsein des Medienpublikums. Ihre Liebe, die Liebe der »Freundin des Herrn Jesus«, wurde hier und da sogar von den Kanzeln protestantischer Kirchen gepredigt, wo man denn auch gebührend Anstoß nahm. Denn nicht nur Hippies, auch junge Vikare fühlten sich ein und – horribile dictu, damals! – ältere Theologinnen desgleichen, selbst wenn sie es verschämt und verwirrt für sich behielten. Auf welchen Nerv war hier gebohrt worden? Auf die Lust am Paradox? Am Tabubruch? Auf das unterschwellig schwelende Bedürfnis, Eros heimzuholen in eine Religion, die ihn als heidnisch abgeschoben und verleumdet hat? Was ist's, das die Gestalt und die Liebe der Maria Magdalena so irritierend changieren läßt zwischen purpurdunkler Leidenschaft und azurner Sehnsucht nach dem Absoluten?

Die Legende hat sie reich umrankt. Sie ward als die Sünderin erkannt, die Jesu Haupt und Füße salbte im Hause des Pharisäers (Lukas 7,37-50); auch mit Maria von Bethanien, die das bessere Teil erwählt hatte, sitzend zu Jesu Füßen, wurde sie gleichgesetzt (Lukas 10,39-42). Sie folgte ihm unter das Kreuz. Ihr als erster erschien der Auferstandene am Ostermorgen – *noli me tangere*. Büßend habe sie sich dann zurückgezogen in die Wüste, manche sagen nach Südfrankreich. Andere verwechseln sie mit Maria von Ägypten, die einige hundert Jahre später lebte (um 400), aber auch eine »Sünderin« gewesen war und einsam in der Wüste starb – was liegt an Unterscheidungen historisch-kritischer Art. Es geht um den christlichen Archetyp der »Großen Sünderin«. Als schöne Büßerin im goldenen Mantel ihrer langen Haare haben die Maler des Barocks sie gemalt, eine üppige Venus, tränenüberströmt. Nur Donatello hat es gewagt, eine dürre Eremitin im härenen Gewand aus Holz zu schnitzen: *ecce mulier* – die verlorene Tochter; das gefallene und in die Gnade übersinnlicher Liebe heimgekehrte Weib.

Aus der noch ganz und gar sinnlichen, wiewohl an den Rändern bereits ins Unmögliche abbröckelnden Liebe der Maria Magdalena macht die Rock-Oper nun ein Lied. Jenes einzig schöne Lied, melodiös und fiebernd; das Lied, das ein Ohrwurm war lange Jahre und zugleich ganz Seele, verzehrt in perplexer Sehnsucht; ein Liebeslied sehr eigenartiger Art; das Brautlied einer Frau, die in den Augen der patriarchalen Gesellschaft eine »Gefallene« ist. Ein Lied aus Worten und Empfindungen, die des Nachempfindens Wort für Wort wert sind:

I DON'T KNOW HOW TO LOVE HIM . . .

Ich weiß nicht, wie – soll ich meine Seele halten, daß sie nicht an deine rührt? Es ist ein monologisches Lied. Sie singt es ins Leere aus dem Übervollen ihrer ratlosen Sehnsucht. Der, dem es gilt, schläft. Und wenn er wacht, ist er überwiegend mit anderem beschäftigt und mit ihr nur nebenbei. Der Geliebte also: hinweggesunken in tröstlichen Schlaf. Die Liebende: überwach vor Verwirrung. Was sie empfindet, ist weit entfernt von der Eindeutigkeit leidenschaftlichen Begehrens. Ihre Liebe knäuelt sich im Kampf mit sich selber. Diese kleine Hure weiß nämlich, wer sie ist und wer sie sein will, und weiß, was sie sich selber schuldig ist. Keine Spur von zerknirschtem Sündenbewußtsein. Sehr im Gegenteil: Stolz ist sie auf ihre bisherige Karriere. Denn diese Maria aus Magdala ist eine aus dem Hause und Geschlecht der Großen erotischen Göttin, der Inanna-Ischtar-Astarte. Eine Verführerin und Verbraucherin von Männern ist sie, hetärisch-selbstbewußt und selbstbestimmt. Sie singt und sagt es unumwunden: *»I've had so many men before / In very many ways / He's just one more –«* das sucht sie sich nun schon beinahe verzweifelt einzureden, daß dieser-da auch »nur ein Mann« sei, einer mehr in der langen Kette genußvoll verrauchter Männer, die sie nach Gebrauch wegwarf wie Kippen. Sie denkt zurück, wie sie einst war, *»so calm, so cool, no lover's fool / Running ev'ry show«*, sie, die große Komödiantin und souveräne

Hetäre, die überlegen Liebende, kühl und keines Liebhabers Spielball – in der Begegnung mit diesem Manne, der so seltsam anders ist, wird sie irre an sich selbst, *»I've been changed, yes really changed | In these past few days when I've seen myself | I seem like someone else.«* Sie hat sich selber zugeschaut und es nicht für möglich gehalten: Sie ist nicht mehr die, welche sie war und auf die sie stolz war. Unbegreiflich die Veränderung, die Selbstentfremdung hin zu etwas anderem; das Umfühlen, das Überwältigtwerden – es wirft sie völlig aus der Bahn und aus ihrer überlegenen Position. Sie kann sich so schnell nicht damit abfinden. *»Don't you think it's rather funny | I should be in this position«* – es ist doch lachhaft. Mir, daß *mir* so etwas passieren soll. Es ist un-glaub-lich. Ich – in diese Falle. *Das*, nein, das hab' ich mir nicht träumen lassen. Daß ich da hineingetappt bin, das ist doch ein Skandal, daß es dahin kommen mußte – *»I never thought I'd come to thi-i-is | What's it all about?«* Ja, was ist's? *»I don't know how to take this | I don't see why he moves me«*: Was soll ich damit; was soll ich mit mir und diesem Unbegreiflichen anfangen? Bislang hatte sie andere und sich selber in der Hand und spielte, wie es ihr gefiel. Jetzt ist *sie* Spielball, hin- und hergeworfen, daß ihr der Verstand stillesteht. Was ist zu tun; wie soll das weitergehen? *»Should I bring him down, should I scream and shout | Should I speak of love, let my feelings out?«* – hysterisch werden, eine Szene machen, durchdrehen? Ein Geständnis: »Ich liebe dich«? Wie lächerlich! Sich diesem-da an den Hals werfen: *»have pity on me, I am in love – I, too deeply to tell«*? Sie sprechen ja wirklich zwei verschiedene Sprachen; aber Verständigung müßte doch möglich sein. Was hält sie also davor zurück, sich dem Geliebten an den Hals zu werfen? Was hält sie davon ab, ein Geständnis zu machen, da doch von den Hemmungen jungfräulicher Sittsamkeit keine Rede sein kann? Ist es ein heimliches Ahnen, daß sie über diesen-da keine Macht erlangen kann? Sie sagt, wie es sich anfühlt: *»He scares me so.«*

Sie kann es nicht ordentlich in Worte bringen, und wie sollte sie. Es ist ja ein unordentliches Gefühl – kam nicht Eros aus dem Chaos? Ist er nicht schön und schrecklich zugleich? *»He scares me so«*: Es überfällt sie in Jesu Nähe und Gegenwart jener purpurne Schrecken, der zum Geheimnis der Großen Hetäre gehört. Sie hat es noch nie erlebt, daß diese Macht von einem

Manne her sie anfällt. Es ist fremd und unheimlich und schwer zu erklären, denn es ist eben auch schön auf unerklärlich-unwiderstehliche Art. Die Dichter versuchen es in Sprache zu zwingen, in Bilder zu bannen; es ist ein großes, ein überwältigendes und verwirrendes Aufflammen und Anblicken: »Masken! Masken! Daß man Eros blende. / Wer erträgt sein strahlendes Gesicht –« (Rilke). Strahlend nicht etwa vor Glück, sondern eher einer tödlichen Strahlung ähnlich, seelenversengend und schauernd kühl zugleich: »Und er wirft den namenlosen Schauder / Wie ein Tempelinnres über sie«, wie ein rieselndes Schleiergewand. Sie erlebt es wie die reinste Jungfrau: das Zurückschaudern erotischer Sehnsucht vor dem Ziel der Sehnsucht. Ihr Lied sagt es in klaren Worten: Sie fürchtet sich vor der Erwiderung ihrer Liebe. *»Yet, if he said he loved me / I'd be lost, I'd be frightened / I couldn't cope, just couldn't cope / I'd turn my head, I'd back away / I wouldn't want to know / He scares me so.«*

Eine ratlos frustrierte Erotik geistert durch dieses Lied. Hilflos ist die Hetäre – sie, an welcher die Macht der Großen Göttin sich zu offenbaren pflegte, um die Männer in den Bann der Leidenschaft zu schlagen –, hilflos ist sie der Erfahrung dieser Macht preisgegeben. Alles ist neu und fremd für sie und sehr viel komplizierter als gewöhnlich, weil der Mann, um den es geht, kein gewöhnlicher Mann ist. Und die Leidenschaft, noch einmal, kein rauschhaftes Begehren, Purpur, Blut und Rosen, sondern das Leiden einer sinnlich-sinnlosen Liebe. Sinnlos, weil diese Liebe keine natürliche Erfüllung finden kann; weil sie einen Sinn im Übersinnlichen suchen muß, in immer höhere und blauere Himmel der Entsagung steigend, wo die Luft zum Leben dünn wird . . .

Die letzten drei Sätze des Liedes sagen genial einfach das Geheimnis der wahren Braut: *»He scares me so / I want him so / I love him so.«* Ich habe Angst und weiß nicht, wovor. Ich entbehre seiner so sehr. Ich liebe ihn. Die Superstar-Magdalena liebt mit den Gefühlswidersprüchen einer unbescholtenen Braut und ihrer ersten Liebe. Der Geliebte aber bleibt unerreichbar. Hier beginnt die Tragödie, menschlich gesprochen.

Die Tragödie. Auf den Begriff läßt sie sich so leicht nicht bringen, und doch wäre etwas Richtiges daran, wenn man sagen wollte, hier scheitere Eros an Agape. Man darf die Begriffe nur nicht wie Granitblöcke einander gegenüberstellen. Man muß zulassen, daß sie einander umspielen und durchdringen. Erotisch ist die Magdalenenliebe, denn sie liebt den Mann in Jesus. Der aber ist überwiegend von einer anderen Liebe beseelt und besessen, die in der Frau den erlösungsbedürftigen Menschen sieht, wenngleich sich dieser Jesus in dieser Oper den Trost weiblicher Zärtlichkeit nicht versagt. An der Geistigkeit seiner höheren, nämlich umfassenden Menschenliebe muß die leidenschaftlich verwirrte Frauenliebe scheitern. Die natürlichste aller Lebensmöglichkeiten muß scheitern am Todestrieb, der »ewiges Leben« will. Scheitert sicher und gewiß auch an der Gesellschaft und an den Umständen, die nicht zu ändern sind; und in den Augen dieser Gesellschaft ist der Superstar ja zweifellos ein Lebensuntüchtiger, ein Versager, einer, der letztlich selber schuld an allem ist, was ihn ins Verderben stürzt. So etwas ist untauglich zur Bewältigung eines normalen Lebens. Es taugt im nachhinein allenfalls zur Erbauung derer, die sich ein schlechtes Gewissen leisten können. Ja, diese selbstzerstörerische himmlische Liebe zu Gott und den Menschen, mit welcher dieser Jesus geradewegs – und obwohl ihm zwischenhinein Zweifel kommen – ans Kreuz und in die geschichtliche Unsterblichkeit hineinmarschiert und sich offenbar wenig kümmert um die Gefühle seiner Jüngerinnen und Jünger. Und seiner Mutter. Hat er denn etwa nur sich selbst geopfert? Hat er nicht auch denen, die ihn liebten, ein unsagbares Martyrium bereitet? Der Schmerzen der Mutter – *stabat Mater dolorosa* – gedenkt man immerhin; man würdigt sie, man billigt ihr Miterlöserverdienste zu und eine Krone im Himmel. Und die Brautliebe der Maria Magdalena? Bleibt es den Mystikerinnen vorbehalten, ihrer zu gedenken und sich einzufühlen? Oder ist diese ganze Angelegenheit letztlich so sentimental, so peinlich rührselig, so abgeschmackt empfindsam; mit einem Wort: so unerträglicher Edelkitsch und Seelenschmalz, daß es dem besseren Geschmacke bereits eine Zumutung ist, auch nur daran zu denken? So könnte es sein. Könnte es auch anders sein? Wo sind die Kriterien, das zu entscheiden?

Magdalenenliebe im Stadium noch vorhandener Hoffnung: Was will sie? »Komm«, sagt sie, »und geh zurück mit mir nach Galiläa, in das armselige Dorf, aus dem du kamst. Weißt du noch, wie schön dort der Frühling war mit roten Anemonen und gelben Narzissen? Und das kleine Haus, die dunkle Höhle, in die man sich so gut verkriechen konnte? Alles will ich für dich tun – die schwere Arbeit auf dem Felde und das mühsame Wasserholen vom Brunnen. Komm und verzichte auf diesen schrecklichen Weltruhm. Reiß dich los von deinem himmlischen Vater, der solche Opfer, unmenschliche, verlangt, von dir, von mir. Laß uns leben und lieben und ruhmlos sterben, irgendwo im galiläischen Hügelland; unsere Liebe sei unser Grab. Was soll ich allein und ohne dich? *Come, my beloved / Let us go forth into the fields / And lodge in the villages . . .*«

Was wird sie zur Antwort erhalten? »Es ist gut, auch für dich, daß ich fortgehe und hingehe zu meinem Vater. Besseres bleibt dir als die Erfüllung einer irdischen Liebe: die unendliche Sehnsucht als Quell lebendigen Wassers, der ins ewige Leben sprudelt. Jetzt kannst du es nicht ertragen und meinst, daran sterben zu müssen. Indes: Dein Herz erschrecke nicht. Glaube. Und wenn du mich liebst, wirst du tun, wofür ich gelebt habe und zu sterben bereit bin. Frieden lasse ich dir. Meinen Frieden gebe ich dir. Dein Herz erschrecke nicht und verzage nicht . . .«? Nein, so spricht der Superstar nicht, so johanneisch abgeklärt – so nicht. Diese Worte kommen von jenseits der Tragödie, von jenseits des Grabes und erdgebundener Vernunft. Auf der Bühne der Rock-Oper kämpft der Superstar seinen letzten Kampf mit dem Vater in Gethsemane. Da weiß er durchaus nicht, warum das alles sein muß. Maria Magdalena tritt ganz zurück und in den Schatten des Kreuzes. Der Vorhang fällt, und wäre da nicht das Gerücht und der Vorschein des Ostermorgens – es wäre zum Verzweifeln.

Das Lied ist zu Ende. Die Oper ist zu Ende. Die Legende geht weiter. An der Mutter hielt sie fest als einzig sicherem Ursprung des Sohnes auf Erden. Sie gelangte zu theologischen und liturgischen Ehren. Maria Magdalena blieb im Schatten ihrer unmöglichen Liebe, und da ist sie auch am besten aufgehoben. Für beide Frauen, die Mutter und die Geliebte, gilt jedoch die eine weisheitliche Einsicht: Der Frauen Herz muß bluten um die Liebe; der Männer Herz muß bluten um das Licht . . .

Magdalenenliebe im Lichte des Ostermorgens, im Vorschein einer höheren Hoffnung: Hört die Wunde nun etwa auf zu bluten? Wie geht es weiter, wenn der Vorhang gefallen ist? Wir winden der »Freundin des Herrn Jesus« ein paar zusätzliche, auf freiem Feld gepflückte Blumen in den Legendenkranz ihres Lebens und ihrer Liebe, um bis zum Tode bei ihr zu sein . . .

Maria Magdalena, die Liebende mit dem verwirrten Lebenssinn; in der bräutlich erweckten Seele die harzene Sehnsucht nach dem Einen und Einzigen, der ihr nicht gehören kann; auf den sie verzichten mußte um seiner höheren Sendung willen: Was tut sie, wenn sie aus dem Garten geht, hinweg von dem, der ihr noch die letzte Berührung versagt? Sie geht weit fort, sei es nach Südfrankreich, sei es in die Wüste Ägyptens. Dort lebt sie als Eremitin, weltabgewandt; lebt einzig und allein aus dem unerschöpflichen Reichtum ihrer unerfüllten Liebe, die sich zu goldbraun gestreiftem Bernstein der Erinnerung und vorweggenommener letztendlicher Vereinigung im Licht der Ewigkeit verklärt, darinnen alles ungelebte Leben unverwest aufbewahrt bleibt. Ihre Gemütsverfassung ist nicht die, wie die Legende will, einer zerknirschten Büßerin – es ist die einer Mystikerin, welche die Höhe, Breite und Tiefe ihrer Liebe zu ergründen sucht. Als solche ist sie die *ideale Braut* ihres am Kreuz und in die Auferstehung hinein erhöhten Bräutigams. Sie ist die geistliche, die mystische Braut, die ihr absolutes Gefühl an den himmlischen Bräutigam verschwendet . . .

Wie macht sie das? Sie singt. Sie singt das Lied, das man noch hundert Jahre nach der Hinrichtung des Rabbi aus Nazareth in den Weinhäusern sang und dafür des Fluches Rabbi Akibas gewärtig sein mußte: Sie singt das *Lied der Lieder*. Wer, wenn nicht die einstige und erfolgreiche Hetäre aus Magdala, sollte sich besser dieser Lieder entsinnen! Sie weiß sie auswendig; sie hat sie oft genug gesungen im Duett mit ihrem jeweiligen Liebhaber, und inzwischen hat sich ja auch die historische Kritik weitgehend dahin geeinigt, daß es sich beim Hohenliede um profane Liebeslyrik handelte, ursprünglich. Da nicht nur Gefühle, sondern auch Fleischeslust besungen werden: heiter, unbefangen; hellenistische Schäferspiele nach städtisch verfeinertem Geschmack. Mit dem Begriff einer »vergeistigten Profanität« meint man der ursprünglichen Sinnlichkeit dieser Lieder nun gerecht werden zu können, und was homiletisch nicht möglich ist – »Esset ihr Freunde und trinkt / Und berauscht euch an Liebeslust!« läßt sich noch nicht von den Kanzeln predigen –, das kann moraltheologisch und katechetisch durchaus brauchbar sein.[46] Nun aber: Für Maria Magdalena, für die Mystikerin in der Wüste, ist der Sinn der Worte dieser Liebeslieder ein anderer geworden. Nein, kein »ganz anderer«; das wäre zu einfach. Zwar hat die Liebe sich gewandelt zwischen damals, im Weinhaus, und jetzt, in der Wüstenhöhle; aber eine völlig andere ist sie nicht geworden; denn die Gnade, die da hinzukam, die vervollkommnet die Natur, die zugrunde liegt; sie entwurzelt sie nicht. »Aufgehoben« wird sie, die Natur; nicht nur, weil man sich seit Hegel dieser tief- und doppelsinnigen Begriffsspielerei nicht entschlagen kann, sondern auch, weil die Begrifflichkeit wie von selber weiterspielt: sublimiert wird; über die Schwelle des Naturursprungs hinweg- und hinaufgehoben wird die Liebe, allen Sublimierungsallergien der Moderne zum Trotz. Was da vor sich geht, wenn aus der erotisch kühl überlegenen Liebeskunst der Hetäre die mystische Liebessehnsucht der Braut Christi wird, das ist auf keine handlich-einfache Formel zu bringen. Weder die Dreiteilung Sexus, Eros und Agape tut's noch auch die simplere Zweiteilung in heidnisch-egoistischen Eros und christlich-altruistische Agape. Es ist verwickelter. Der sinnlich-übersinnliche Duft der Rose entströmt dem sinnlich-schönen Blütenkelch; derselbe aber kann sich nur entfalten, weil Säfte steigen, und die kommen von unten. Das Geheimnis liegt sowohl bei den Wurzeln des verworrenen Lebens als auch im Paradox von naturhafter Entelechie und göttlicher Gnade. Das Wunder *kann* erblühen und der Duft sich verströmen – es muß sich jedoch nicht notwendig so fügen. Es muß das Unverfügbare hinzukommen: die Gnade.

Maria Magdalena sitzt im Schatten ihrer Höhle in der Einöde und singt das schönste der Lieder Salomos – »Deine Liebe ist süßer als Wein / Darum haben die Mädchen dich gern«; immer waren sie um dich und suchten deine Nähe, seit den

Tagen von Bethabara, da du dich hingabst in die Jordantiefen der Taufe . . . »Sage mir, du, den meine Seele liebt, wo weilst du? / Ich will ihn suchen, den meine Seele liebt . . .« Einsam irrte ich lange in Galiläa umher . . . Unter den Apfelbäumen von Tabne weckte ich dich mit dem lautlosen Ruf meiner Seele, da du schliefest in großer Unschuld . . . Weißt du noch? Es war später Frühling; die Gräser blühten in den Wiesen, und wir gingen zu dritt durch das Hügelland, und du hast phantasiert von einer Meuterei, die du anzetteln könntest, wenn du wolltest, und alle würden dir folgen – wohin? Ach, wohin? Nach Kana, das Wasser in Wein zu verwandeln? »Ich suchte ihn, aber ich fand ihn nicht / Krank bin ich vor Liebe – noch immer.« »Bis der Morgenwind weht und die Schatten fliehn / Komm, mein Geliebter . . .« Und sie singt sich auch die Erwiderungen: »Du, meine Taube in Felsenklüften / Im Versteck an der Bergwand / Laß deine Stimme mich hören . . .« »Wie schön bist du, meine Freundin, wie schön . . . / Meine Schwester, meine Braut . . .« »Wer ist sie, die da erscheint wie die Morgenröte / Schön wie der Vollmond, rein wie die Sonne, und wie Heerscharen furchtbar?!« Hier beginnen dann die Schwierigkeiten und die Ketzereien der Mystiker insgemein: daß der himmlische Bräutigam erschrecken soll seinerseits vor der himmelstürmend andringenden Todes- und Vereinigungssehnsucht der Braut, vor dem Glanz ihrer Seelenschönheit, die seinem göttlichen Glanze gleich ist. Und wäre nicht gar die Liebende göttlicher als der Geliebte? Was bleibt von dir, mein Geliebter, wenn ich aufhöre, dich zu lieben? »Ich weiß, daß ohne mich Gott nicht ein Nu kann leben / Werd' ich zunicht', er muß vor Not den Geist aufgeben« (Angelus Silesius). Das ist es: die vollkommene Abhängigkeit der Liebenden voneinander. Denn auch die Liebende weiß: Was bleibt von mir, wenn ich aufhöre zu lieben? Nichts. Diese Gegenseitigkeit hält die Mystiker noch einigermaßen im Gleichgewicht. Erst bei späteren stürzt die reine Vernunft ab in den Illusionismus.

Maria Magdalena sitzt und singt, und das Hohelied wird zum Gefäß ihrer Inspiration und mystischen Christusliebe, und von Jesus Christ Superstar sind wir sehr weit entfernt. Sie weiß längst, wie sie ihn lieben soll, und sie sehnt sich nach dem *connubium spirituale*, nach der geistlichen Hochzeit, nach dem höchsten Augenblick glückseliger Vereinigung. Sie sitzt und singt und versenkt sich in Allegorien. »Und ich warte auf dich im Baumgarten der Liebe / . . . / Und ich mache dir da ein Bett / Aus dem lustvollen Grase der heiligen Erkenntnis«: so später Mechthild von Magdeburg. Maria von Magdala will allein bleiben mit dem Reichtum ihrer Liebe. Sie denkt nicht daran, zu missionieren oder Bücher zu schreiben. Sie wird ihre Perlen nicht ins Getriebe der Welt streuen; auf den Jahrmärkten der Eitelkeit wird sie nicht feilbieten ihres Herzens heiligstes Geheimnis. Ihre Liebe ist ihr Leben, und dieses Lebens Leben – heiliger Geist; himmlischer Duft der Rose, die sich verströmt mitten im Kreuz sinnerfüllter Entsagung . . . Alt und grau und runzlig wird diese Heilige, und alles an ihr schlottert, auch das härene Gewand; vielleicht ist's auch die braune, von Sonne, Wind und Wetter ausgedörrte und ledern gegerbte Haut. Eine Donatello-Figur; schlimmer: eine Vogelscheuche. Wie eine Wurzel, schrundig und krumm, aus dürrem Erdreich. Weder Gestalt noch Schöne . . . Glatt und hell und spiegelklar freilich ist ihre Seele und gleicht einem Quellenteiche im Oasenschatten, in der ersten Morgenfrühe, wenn es im Osten aufdämmert über der Wüste, Glanz der Ewigkeit; wenn es sich über das stille Wasser hinbreitet wie ein Erröten, Licht vom unerschöpften Lichte, und ein Windhauch sich erhebt und ein kühles Zittern ihn willkommen heißt: Nun ist der Augenblick da.

Ein Löwe, sagt man, habe den unverwesten Kadaver bewacht und ein Mönch ihn später begraben. Man kann eine Weile dabei verweilen, sinnierend über den Sinn eines solchen Lebens, eines solchen Todes, einer solchen Liebe . . . Die mystische Braut blickt einen an mit geschlossenen Augen. Einen, einen Einzigen blickt sie an; sie dürstet und sie betet: »Herr, gib mir immer diesen Durst, der zum Quell lebendigen Wassers wird, der ins ewige Leben entspringt.«

Epilog. Zu diesem Typ der mystischen Braut gibt es eine literarische Variante, eine berühmte, eine Rilkesche. Es handelt sich um eine Art Betrachtung, und der sich da Gedanken macht, ist ein junger Mensch mit Namen Malte Laurids Brigge. Nach dem Willen des Dichters macht dieser Malte Aufzeichnungen über mancherlei, was die Existenzphilosophie später auf ihre

Weise breitgetreten hat bis zur Trivialität. Unter anderem macht Malte sich Gedanken über die Liebe in ihrer ungängigsten Gestalt: der mystischen, die ganz aus dem absoluten Gefühl, aus erotischer Vergeistigung lebt und dabei das Leben transzendiert.

Eine Abendgesellschaft »in Venedig, im Herbst, in einem jener Salons, in denen Fremde sich vorübergehend um die Dame des Hauses versammeln, die fremd ist wie sie«.[47] Eine junge Frau singt ein unerwartetes Lied: »Du, dem ich's nicht sage . . . / Sieh dir die Liebenden an / Wenn erst das Bekennen begann / Wie bald sie lügen. / . . . / . . . Duft ohne Rest. / Ach, in den Armen hab ich sie alle verloren / Du nur, du wirst immer wieder geboren / Weil ich niemals dich anhielt, halt ich dich fest.« – Malte steht und sinniert: »Manchmal, früher, fragte ich mich, warum Abelone die Kalorien ihres großartigen Gefühls nicht an Gott wandte. Ich weiß, sie sehnte sich, ihrer Liebe alles Transitive zu nehmen, aber konnte ihr wahrhaftiges Herz sich darüber täuschen, daß Gott nur eine Richtung der Liebe ist, kein Liebesgegenstand? Wußte sie nicht, daß keine Gegenliebe von ihm zu befürchten ist? Kannte sie nicht die Zurückhaltung dieses überlegenen Geliebten, der die Lust ruhig hinausschiebt, um uns, Langsame, unser ganzes Herz leisten zu lassen? Oder wollte sie Christus vermeiden? Fürchtete sie, halben Wegs von ihm aufgehalten, an ihm zur Geliebten zu werden? – Fast glaube ich es, wenn ich bedenke, wie an dieser Erleichterung Gottes eine so einfältig Liebende wie Mechthild, eine so hinreißende wie Therese von Avila, eine so wunde wie die Selige Rose von Lima hinsinken konnte, nachgiebig, doch geliebt. Ach, der für die Schwachen ein Helfer war, ist diesen Starken ein Unrecht; wo sie schon nichts mehr erwarten als den unendlichen Weg, da tritt sie noch einmal im spannenden Vorhimmel ein Gestalteter an und verwöhnt sie mit Unterkunft und verwirrt sie mit Mannheit. Seines starkbrechenden Herzens Linse nimmt noch einmal ihre schon parallelen Herzstrahlen zusammen, und sie, die die Engel schon ganz für Gott zu erhalten hofften, flammen auf in der Dürre ihrer Sehnsucht. (Geliebtsein heißt aufbrennen. Lieben ist: leuchten mit unerschöpflichem Öle. Geliebtwerden ist Vergehen; Lieben ist Dauern.)«

Anmerkungen

1 Die Braut. Geliebt, verkauft, getauscht, geraubt. Zur Rolle der Frau im Kulturvergleich. Zweibändige Materialiensammlung zu einer Ausstellung des Rautenstrauch-Joest-Museums für Völkerkunde in der Josef-Haubrich-Kunsthalle Köln vom 26. Juli bis 13. Oktober 1985. Herausgegeben von Gisela Völger und Karin v. Welck. Mit einer Einführung von René König, Köln 1985

2 Hegels Phänomenologie des Geistes (1807) ist eine wissenschaftlich-systematische Darstellung der Erscheinungsformen des Geistes »in der dialektischen und historischen Stufenfolge seiner Gestalten von den unmittelbaren sinnlichen Gegebenheiten über das Selbstbewußtsein, die Sittlichkeit, Kunst, Religion . . .« (Klaus/Buhr, Philosophisches Wörterbuch, Leipzig 1969, S. 835)

3 Bei Husserl (Ideen zu einer reinen Phänomenologie, 1913) ist Phänomenologie in erster Linie eine Erkenntnismethode. Bei der »Wesensschau«, die weithin auf Einfühlung beruht, geht es um das intuitive Erfassen eines Gegenstandes oder einer Gegebenheit. Sie will beschreiben, nicht erklären.

4 Vgl. Eva Marie von Münch, Die Braut, die nicht Braut sein will. Zusammenleben ohne Trauschein, in: Die Braut, Bd. 2, S. 698–701

5 Frei nach Heinrich Heine, Die Grenadiere (»Was schert mich Weib, was schert mich Kind /. . . / Laß sie betteln gehn, wenn sie hungrig sind«)

6 Edith Hörandner, »Ganz in Weiß« – Anmerkungen zur Entwicklung des weißen Hochzeitskleides, in: Die Braut, Bd. 1, S. 333

7 Vgl. zum folgenden Helga Kessler-Aurisch, Hochzeitsmode als Spiegel sozialer Wirklichkeit, in: Die Braut, Bd. 1, S. 316–329

8 Aktuell. Das Lexikon der Gegenwart, 3. Aufl. Dortmund 1984, S. 178

9 Ursula Pommer, Mutterwahn und Vatertick. Altersunterschiede in der Partnerschaft, München 1986

10 Annette von Droste-Hülshoff, An Levin Schücking

11 Es handelt sich um die zweite Strophe von Victor Hugos Gedicht »Les Djinns«, das sind Dämonen im islamischen Volksglauben

12 Sören Kierkegaard, Entweder–Oder, Erster Teil, VIII (Kopenhagen 1843), hrsg. von Hermann Diem, München 1975

13 Denis de Rougemont, L'amour et l'Occident, Paris 1939, 2. Aufl. 1956

14 Theodor Storm, Elisabeth

15 Gustave Meyrink, Des deutschen Spießers Wunderhorn. Gesammelte Novellen (1913), Berlin 1958

16 Martin Greiffenhagen (Hrsg.), Pfarrerskinder. Autobiographisches zu einem protestantischen Thema, Stuttgart 1982, S. 231f.

17 a.a.O., S. 34
18 Aktuell, S. 2907
19 ebenda
20 Gedichtzitate aus: Else Lasker-Schüler, Helles Schlafen – dunkles Wachen, München 1964
21 Aktuell, S. 179
22 Vgl. zum folgenden André Bejin, Ehen ohne Trauschein, in: Die Braut, Bd. 1, S. 774–779
23 Christan F. Feest, Die Hochzeit des Edlen Wilden, in: Die Braut, Bd. 1, S. 381
24 Leona Siebenschön, Ehe zwischen Trieb und Trott, München 1968, S. 277
25 Erich Neumann, Die große Mutter. Der Archetyp des großen Weiblichen, Zürich 1956, S. 61
26 Robert Graves, The Greek Myths, vol 1, Penguin Books, 1960, S. 50
27 Vgl. den Beitrag von Wanda Bronska-Pampuch, Ergebnisse bei den Marxisten, in: Christa Rotzoll (Hrsg.), Emanzipation und Ehe. Zehn Antworten auf eine heikle Frage, München 1969, S. 102–132
28 William Shakespeare, Sonnets, CXVI (Das 116. Sonett: »Let me not to the marriage of true minds . . .«)
29 Denis de Rougemont, L'amour et l'Occident, besonders Livre VII, L'amour action, ou la fidelité
30 Zitiert nach Albright, From Stoneage to Christianity, [2]1957, S. 234 (»the great goddesses who conceive but do not bear«). Albright interpretiert den Text gegen dessen ausdrücklichen Wortlaut.
31 Vgl. dazu etwa Sr. Isa Vermehren rscj, Braut Christi, in: Die Braut, Bd. 1, S. 156–163
32 Eva-Maria (Hrsg.), deFloration – entBlütung. Autobiografisches zu einem weiblichen Thema, Frankfurt 1985
33 Hugo von Hofmannsthal, Die Frau ohne Schatten, Oper (Musik von Richard Strauss) und Erzählung 1919
34 Sören Kierkegaard, Entweder–Oder, Zweiter Teil, I, »Die ästhetische Gültigkeit der Ehe«
35 Rainer Maria Rilke, Gesammelte Gedichte. Erschienen im Insel-Verlag 1962, S. 25
36 Die Braut, Bd. 1, Bildtafel XVI
37 Susanne Henle, Gegen die festgeschriebene Rolle der Frau. Brautbilder europäischer Künstlerinnen des 20. Jahrhunderts, in: Die Braut, Bd. 1, S. 372f.
38 ebenda
39 Fr. Gross in: Werner Hofmann (Hrsg.), Luther und die Folgen für die Kunst, München 1983, S. 557
40 Falkenstein/von Soden, Sumerische und akkadische Hymnen und Gebete, Zürich/Stuttgart 1953
41 J. Renger, Heilige Hochzeit, in: Reallexikon der Assyriologie und vorderasiatischen Archäologie, Berlin/New York 1975. Ders. ebenda über »Inthronisation«
42 J. van Dijk, Sumerische Religion, in: Asmussen, Laessoe, Colpe (Hrsg.), Handbuch der Religionsgeschichte, Bd. 1, Göttingen 1971

43 H.W. Wolff, Die Hochzeit der Hure. Hosea heute, München 1979.
44 G. von Rad, Predigten, München 1972, S. 52
45 Andrew Lloyd Webber and Tim Rice, Jesus Christ Superstar. A Rock Opera, 1970
46 Vgl. Günther Krinetzki, Kommentar zum Hohenlied. Bildsprache und theologische Botschaft, Frankfurt 1981
47 Rainer Maria Rilke, Die Aufzeichnungen des Malte Laurids Brigge. Roman (1910), dtv München 1962, S. 163. Die folgenden Zitate ebenda, S. 166–168

Hans Jürgen Schultz (Hrsg.)
Liebespaare

280 Seiten, gebunden, ISBN 3-7831-0968-X

Die Namen der porträtierten Liebespaare sprechen für sich: Der Bogen spannt sich von Winnie und Nelson Mandela, Simone de Beauvoir und Jean Paul Sartre bis zu Eva König und Gotthold Ephraim Lessing. Diese Porträts geben auch Einblick in das spannungsgeladene Verhältnis zwischen Eros und Moral, zwischen den Liebenden und ihrer Umwelt, an dem sie nicht selten scheiterten. Die Autorinnen und Autoren erzählen ebenso kenntnisreich wie kritisch von dem, was sich im Umfeld eines Liebespaares und in diesen selbst abgespielt hat. So entsteht ein Kaleidoskop des Menschlich-Allzumenschlichen ebenso wie der aufopferungsvollen Treue. Dem Band liegt eine Sendereihe des Süddeutschen Rundfunks vom Herbst 1988 zugrunde.

Verena Kast
Trauern

Phasen und Chancen des psychischen Prozesses

174 Seiten, kartoniert, ISBN 3-7831-0660-5

»Da wir uns wesentlich aus den Beziehungen zu Mitmenschen verstehen, Bindungen ein wesentlicher Aspekt unseres Selbst- und Welterlebens sind, werden wir durch den Tod eines geliebten Menschen in unserem bisherigen Selbst- und Weltverständnis erschüttert. Die Trauer ist die Emotion, durch die wir Abschied nehmen, Probleme der zerbrochenen Beziehung aufarbeiten und so viel als möglich von der Beziehung und von den Eigenheiten des Partners integrieren können, so daß wir mit einem neuen Selbst- und Weltverständnis weiterzuleben vermögen.« *Verena Kast im Vorwort*

Kreuz Verlag

Rita Freedman
Die Opfer der Venus

Vom Zwang, schön zu sein

280 Seiten mit Schwarzweiß-Abb., kartoniert, ISBN 3-268-00072-7

Wer schön sein will, muß leiden, lernt schon das kleine Mädchen. Der Vorzug, als »schönes Geschlecht« betrachtet zu werden, kommt die Frauen teurer zu stehen als nur die Millionenausgaben für die Schönheitspflege. Die Autorin zeigt auf, daß die Idealisierung der weiblichen Schönheit nur den darunterliegenden Glauben an die weibliche Minderwertigkeit verdeckt. Unsere Schönheitsideale vermitteln daher zwiespältige Botschaften – wie wir es auch anstellen: immer bleibt etwas »falsch« an uns. Kein Buch gegen die Schönheit, aber eines, das zur individuellen unverwechselbaren Schönheit auffordert. Es begleitet die Frau auf dem Weg vom »schönen Geschlecht« zur attraktiven Persönlichkeit.

Angelika Schmidt-Biesalski (Hrsg.)
Befreit zu Rede und Tanz

Frauen umschreiben ihr Gottesbild

160 Seiten, kartoniert, ISBN 3-7831-0967-1

Dieser Band vereinigt Bekenntnisse von Frauen, die über ihr heutiges Gottes- und Göttinnenbild Auskunft geben. Allen gemeinsam ist ein tiefes religiöses Engagement, in dem das Ringen um Befreiung von traditionellen Gottesbildern und von traditionellen Formen der Verehrung noch nachschwingt. Die Beiträge zeigen, daß die Gottesfrage eingebettet ist in einen Prozeß des Erkennens, des Engagements, der Selbstfindung und der weitergehenden Befreiung. So ist dieser Band ein wichtiges Dokument über die gegenwärtige Haltung der Frauen, die in der jüdisch-christlichen Tradition verwurzelt sind und sich hinausgewagt haben in religiöses Neuland.

Kreuz Verlag